Aktives Telefonmarketing

# Studien zum Europäischen und Internationalen Wirtschaftsrecht

## Studies in European and International Economic Law

Herausgegeben von/eds.
Peter Hay, Meinhard Hilf, Herbert Kronke, Wolfgang Oehler

Band/Volume 17

PETER LANG
Frankfurt am Main · Berlin · Bern · Bruxelles · New York · Oxford · Wien

Renate Dendorfer

# Aktives Telefonmarketing

Erfassung und Neubewertung
der wettbewerbsrechtlichen
Beurteilung
unerbetener Werbeanrufe

Unter Berücksichtigung
europarechtlicher Entwicklungen
und US-amerikanischer Regelungen

PETER LANG
Europäischer Verlag der Wissenschaften

**Bibliografische Information Der Deutschen Bibliothek**
Die Deutsche Bibliothek verzeichnet diese Publikation in der Deutschen Nationalbibliografie; detaillierte bibliografische Daten sind im Internet über <http://dnb.ddb.de> abrufbar.

Zugl.: Bielefeld, Univ., Diss., 2000

D 361
ISSN 0941-3650
ISBN 3-631-37501-8



www.peterlang.de

# VORWORT

Das Thema dieser Arbeit, die von der juristischen Fakultät der *Universität Bielefeld* im Jahre 2000 als Dissertation angenommen wurde, entwickelte sich im Laufe der Bearbeitung zum „juristischen Dauerbrenner".

Die Themenwahl ist dem Weitblick meines Doktorvaters *Professor Dr. Wolfgang Oehler* zu verdanken, der bereits zu einem frühen Zeitpunkt erkannte, dass die wettbewerbsrechtlichen Fragen und Probleme zum aktiven Telefonmarketing sowohl die Praxis als auch die Gerichte über Jahre hinweg beschäftigen werden. Ihm gilt mein uneingeschränkter und tiefer Dank jedoch nicht nur für die Auswahl des Themas, sondern insbesondere für die vielfältigen Anregungen, die sorgfältige Durchsicht der fertiggestellten Arbeit sowie für deren Aufnahme in diese Schriftenreihe. Seine Geduld und seine wohlwollende Begleitung meiner Bemühungen um den Aufbau, die Inhalte und letztendlich die Veröffentlichung der Arbeit verdienen besondere Erwähnung und Anerkennung.

Dem Zweitgutachter *Professor Dr. Peter Schwerdtner* danke ich für die schnelle Durchsicht der Arbeit, die fördernde Kritik zu den in dieser Arbeit vertretenen Liberalisierungsansätzen und insbesondere dafür, dass er und seine Mitarbeiterin *Ina Lehmann* meine ungeduldigen „telefonischen" Anfragen nach dem Stand der Korrektur stets gelassen hingenommen haben.

Mein besonderer Dank gebührt *Brigitte Weber,* der „guten Seele" des Lehrstuhls von Professor Dr. Oehler. Sie stand mir während der Bearbeitungszeit und der Zeit des ungeduldigen Wartens auf das Korrekturergebnis mit großem Verständnis und immer wieder mit ermunternden Worten freundschaftlich zur Seite.

Der *Deutsche Direktmarketingverband e.V.* hat das Entstehen dieser Arbeit durch die Überlassung von Material gefördert und unterstützt, wofür ich ebenfalls danke. Da die Direktmarketing-Branche gerade zum Zeitpunkt der Veröffentlichung dieser Arbeit erhebliche Bemühungen unternimmt, eine Liberalisierung der Rechtsprechung und Gesetzeslage zum aktiven Telefonmarketing zu erreichen, verbinde ich mit meinem Dank die Hoffnung, mit dieser Arbeit einen Beitrag zu der damit verbundenen Diskussion leisten zu können.

Meine *Eltern* haben mich in den Jahren bis zur Veröffentlichung dieser Arbeit mit all ihrer Liebe und Fürsorge begleitet und mir immer wieder Mut und Zuversicht gegeben. Ihnen gebührt nicht nur all meine Liebe, mein tiefer Respekt und Dank, sondern ihnen ist auch diese Arbeit gewidmet.

Das ursprüngliche Manuskript war im November 1998 abgeschlossen. Das Thema ist jedoch nach wie vor im Fluss, so dass sich nach diesem Zeitpunkt maßgebliche Fortentwicklungen in der deutschen Rechtsprechung, der deutschen und europäischen Gesetzgebung und in der Literatur ergeben haben. Aus diesem Grund wurde das Manuskript vor der Veröffentlichung nochmals auf den neuesten Stand der deutschen und europäischen Rechtslage (01.05.2003) gebracht.

Eine Anregung aus dem Erstgutachten aufgreifend soll nun das nachfolgende Zitat aus Artur Millers Bühnenstück: *Tod eines Handlungsreisenden* (S. 66) zu der Ausarbeitung überleiten. Dort sagte Willy Loman:

> *„. . . Und ich war fest entschlossen aufzubrechen, als ich im Parker-Haus einen Handlungsreisenden traf. Er hieß Dave Singleman. War vierundachtzig Jahre alt und verscheuerte Ware in einunddreißig Staaten! Und der alte Dave ging auf sein Zimmer, verstehst du, schlüpfte in seine Pantoffeln aus grünem Samt – werd' ich nie vergessen –, nahm sein Telefon und rief die Kunden an, und so, ohne je sein Zimmer zu verlassen, verdiente er, im Alter von vierundachtzig, sein Geld. Und als ich das sah, wusste ich, dass Verkaufen der Traumberuf schlechthin ist. Weil, was kann befriedigender sein, als im Alter von vierundachtzig, in zwanzig oder dreißig verschiedene Städte zu fahren, und du brauchst nur den Telefonhörer abzunehmen, um von ganz verschiedenen Leuten begrüßt, geliebt und unterstützt zu werden? . . .“*

Unglücklicherweise entwickelte sich Willy Loman's Klinkenputzerexistenz so, wie man es sich schablonenhaft vorstellt: Erfolglos, unbeliebt bei den Kunden und als Belastung für seine Umwelt. Ob ihm dieses Schicksal in der heutigen Zeit als Telefonverkäufer, Key Account Manager oder Global Merchant erspart geblieben wäre, wird unbeantwortet bleiben.

Das Bestreben, die mit den Werbemethoden des Direktmarketing verbundenen *„Übergriffe“* auf die Verbraucherprivatsphäre abzuwehren, insbesondere wenn sie über das Telefon erfolgen, ist jedoch geblieben. Diese Arbeit soll einen Beitrag zu der in diesem Zusammenhang geführten Diskussion über die *Rechtmäßigkeit aktiver Telefonwerbung* leisten, die durch die bevorstehende Reform des UWG neue Brisanz erlangen wird.

München, im Mai 2003 Renate Dendorfer

# Inhaltsverzeichnis

# Abkürzungsverzeichnis

Die deutschen Abkürzungen wurden – soweit möglich – mit *Kirchner, Hildebert/Kastner, Fritz,* Abkürzungsverzeichnis der Rechtsprache, 4. Auflage, Berlin/New York 1993 abgestimmt.

Die amerikanische Literatur wird nach *A Uniform System of Citation,* 15th Edition, herausgegeben von The Harvard Law Review Association, zitiert.

| | |
|---|---|
| a. A. | anderer Ansicht |
| AblEG | Amtsblatt der EG |
| Abs. | Absatz |
| ADAD | Automatic Dialing and Announcing Devices |
| ADRMP | Automatic Dialer Recorded Message Players |
| a. F. | alte Fassung |
| AfP | Archiv für Presserecht |
| AG | Amtsgericht |
| AGBG | Gesetz zur Regelung des Rechts der Allgemeinen Geschäftsbedingungen vom 09.12. 1976 (BGBl. I 3317) |
| ALI-ABA | American Law Institute – American Bar Association |
| Allg. | Allgemein |
| a.m. | ante meridiem |
| Am. Bus. L. J. | American Business Law Journal |
| Anh. | Anhang |
| Art. | Artikel |
| ASAI | Advertising Standards Authority for Ireland |

| | |
|---|---|
| AT & T | American Telephone & Telegraph Company |
| Az. | Aktenzeichen |
| | |
| BB | Der Betriebs-Berater |
| BCASPP | British Code of Advertising and Sales Promotion Practice (Großbritannien) |
| B.C.L. Rev. | Boston College Law Review |
| Beil. | Beilage |
| BGB | Bürgerliches Gesetzbuch |
| BGBl. | Bundesgesetzblatt |
| BGH | Bundesgerichtshof |
| BGHZ | Entscheidungen des Bundesgerichtshofs in Zivilsachen |
| Bgrdg. | Begründung |
| Bl. | Blatt |
| Bl. f. PMZ | Blatt für Patent-, Muster und Zeichenwesen |
| BMI | Bundesministerium des Inneren |
| BMJ | Bundesministerium der Justiz |
| BT-Drucks. | Bundestags-Drucksache |
| Btx | Bildschirmtext |
| Btx-StV. | Btx-Staatsvertrag vom 18.03.1983, ratifiziert durch Gesetz vom 21.11.1983 (BGBl. I 699) |
| BVerfG | Bundesverfassungsgericht |
| BVerfGE | Entscheidungen des Bundesverfassungsgerichts |
| BVP | Bureau de Vérification des Publicités (Frankreich) |
| BW | Burgerlijk Wetboek (Niederlande) |
| | |
| c.c. | Code Civil (Frankreich) |
| cert. denied | certiorari denied |

| | |
|---|---|
| C.F.R. | Code of Federal Regulations (USA) |
| Cir. | Circuit (USA) |
| Colum. Bus. L. Rev. | Columbia Business Law Review |
| Computer Law. | Computer Lawyer |
| Computer/L. J. | Computer/Law Journal |
| Cong. | Congress (USA) |
| CONG. REC. | Congressional Record (USA) |
| c.p. | Codice Penale (Frankreich) |
| CR | Computer und Recht |
| | |
| DB | Der Betrieb |
| DBW | Die Betriebswirtschaft |
| DDV | Deutscher Direktmarketing Verband (e.V.) |
| ders. | derselbe |
| dies. | dieselbe |
| DM | Direktmarketing / Deutsche Mark |
| DMA | Direct Marketing Association (Großbritannien) |
| DMSA | Dutch Association for Direct Marketing, Distance Selling and Sales Promotion |
| D. N. J. | District of New Jersey |
| D. Or. | District of Oregon |
| | |
| EASA | European Advertising Standards Alliance |
| ed. | Edition |
| EDMA | European Direct Marketing Association |
| EG | Europäische Gemeinschaft |
| EGBGB | Einführungsgesetz zum Bürgerlichen Gesetzbuch vom 18.08.1896 (RGBl. 604) |

| | |
|---|---|
| EGG | Gesetz über die rechtlichen Rahmenbedingungen für den elektronischen Geschäftsverkehr vom 14.12.2001 (BGBl. 2001 I 3721 (Elektronischer Geschäftsverkehr-Gesetz) |
| EGV | Vertrag zur Gründung der Europäischen Gemeinschaft vom 25.03.1957 |
| Einf. | Einführung |
| Einl. | Einleitung |
| eMail | Elektronic Mail |
| Emory L. J. | Emory Law Journal |
| endg. | endgültig |
| et. seq. | et sequentia (und folgende) |
| EU | Europäische Union |
| EuGH | Europäischer Gerichtshof |
| EuGVÜ | Übereinkommen der Europäischen Gemeinschaft über die gerichtliche Zuständigkeit und die Vollstreckung gerichtlicher Entscheidungen in Zivil- und Handelssachen vom 27.09. 1968, ratifiziert durch das Gesetz vom 24.07. 1972 (BGBl. II 773 ff.) |
| EuGVVO | Verordnung (EG) NR. 44/2001 des Rates vom 22.12.2000 über die gerichtliche Zuständigkeit und die Anerkennung und Vollstreckung von Entscheidungen in Zivil- und Handelssachen |
| EuR | Europarecht |
| EuZW | Europäische Zeitschrift für Wirtschaftsrecht |
| EWG | Europäische Wirtschaftsgemeinschaft |
| EWiR | Entscheidungen zum Wirtschaftsrecht |
| EWS | Europäisches Wirtschafts- und Steuerrecht |
| f. | folgend |
| ff. | fortfolgende |

| | |
|---|---|
| F. 3d | Federal 3rd edition (USA) |
| FAZ | Frankfurter Allgemeine Zeitung |
| FCC | Federal Commercial Commission |
| Fed. Comm. L. J. | Federal Communications Law Journal |
| FED!M/FEDMA | Federation of European Direct Marketing |
| FernAbsG | Gesetz über Fernabsatzverträge und andere Fragen des Verbraucherrechts vom 27.06. 2000 (Fernabsatzgesetz, BGBl. I 887), berichtigt am 21.07.2000 (BGBl. I 1139) |
| FernUSG | Gesetz zum Schutz der Teilnehmer am Fernunterricht vom 24.08.1976 (Fernunterrichtsschutzgesetz, BGBl. I 2525) |
| FLA. STAT. ANN. | Florida Statutes Annotated (West) |
| FN | Fußnote |
| F. Supp. | Federal Supplement (USA) |
| GDXV | Generaldirektion XV der Europäischen Kommission |
| GewO | Gewerbeordnung |
| GG | Grundgesetz für die Bundesrepublik Deutschland |
| ggfs. | gegebenenfalls |
| GRUR | Gewerblicher Rechtsschutz und Urheberrecht, Zeitschrift der Deutschen Vereinigung für gewerblichen Rechtsschutz und Urheberrecht |
| GRUR Int. | Gewerblicher Rechtsschutz und Urheberrecht, Zeitschrift der Deutschen Vereinigung für gewerblichen Rechtsschutz und Urheberrecht – Internationaler Teil |
| GVG | Gerichtsverfassungsgesetz i.d.F. vom 09.05. 1975 (BGBl. I 1077) |
| GWB | Gesetz gegen Wettbewerbsbeschränkungen i. d. F. vom 26.08.1998 (BGBl. I 2546) |

| | |
|---|---|
| Hastings Comm. & Ent. L. J. | Hastings Communications and Entertainment Law Journal |
| Hastings Const. L. Q. | Hastings Constitutional Law Quarterly |
| H. R. Rep. | Report of the House of Representatives (USA) |
| Hrsg. | Herausgeber |
| Hs. | Halbsatz |
| HWiG | Gesetz über den Widerruf von Haustürgeschäften und ähnlichen Geschäften vom 16.01.1986 (BGBl. III 402-30) |
| | |
| ICC | International Chamber of Commerce |
| IHK | Industrie- und Handelskammer |
| Inc. | Incorporated |
| IPR | Internationales Privatrecht |
| ISDN | Integrated Services Digital Network (Dienste integrierendes digitales Nachrichtennetz) |
| i. d. F. | in der Fassung |
| i. S. von | im Sinne von |
| i. V. mit | in Verbindung mit |
| | |
| JuS | Juristische Schulung |
| JZ | Juristenzeitung |
| | |
| Kap. | Kapitel |
| KG | Kammergericht |
| KOM | Kommission der Europäischen Union |
| | |
| LG | Landgericht |
| L. A. Daily News | Los Angeles Daily News |

| | |
|---|---|
| lit. | litera (Buchstabe) |
| LM | Lindenmaier/Möhring, Nachschlagewerk des BGH |
| Loy. Consumer L. Rep. | Loyola Consumer Law Reporter |
| LPC | Loi sur les pratiques du commerce et sur l'information et la protection du consommateur (Belgien) |
| Ls. | Leitsatz |
| | |
| MA | Markenartikel |
| m. Anm. | mit Anmerkungen |
| Mass. | Massachusetts |
| MDR | Monatsschrift für Deutsches Recht |
| Minn. Ct. App. | Minnesota Court of Appeals |
| Minn. Sup. Ct. | Minnesota Supreme Court |
| MFL | Marktvertriebsgesetz (marknadsföringslag, Schweden) |
| Mfl | Marktgesetz (Lov om Markedforing, Dänemark) |
| MMR | MultiMedia und Recht |
| Mrd. | Milliarden |
| MüKom | Münchner Kommentar zum Bürgerlichen Gesetzbuch |
| MüKom/ZPO | Münchner Kommentar zur Zivilprozessordnung |
| m.w.N. | mit weiteren Nachweisen |
| | |
| nachf. | nachfolgend |
| n. F. | neue Fassung |
| N. J. REV. STAT. | New Jersey Revised Statutes |
| NJW | Neue Juristische Wochenschrift |

| | |
|---|---|
| NJW-CoR | Computerreport der Neuen Juristischen Wochenschrift |
| NJWE-WettbR | NJW-Entscheidungsdienst Wettbewerbsrecht |
| NJW-RR | NJW-Rechtsprechungs-Report Zivilrecht |
| n.rkr. | nicht rechtskräftig |
| No. | Number |
| Nr. | Nummer |
| n.v. | nicht veröffentlicht |
| Nw. U. L. Rev. | Northwestern University Law Review |
| ÖBl | Österreichische Blätter für gewerblichen Rechtsschutz und Urheberrecht |
| öUWG | Österreichisches Gesetz gegen den unlauteren Wettbewerb |
| OFTEL | Office of Telecommunications (Großbritannien) |
| OGH | Oberster Gerichtshof (Österreich) |
| OLG | Oberlandesgericht |
| OR | Obligationenrecht (Schweiz) |
| Or. Ct. App. | Oregon Court of Appeals |
| OR. REV. STAT. | Oregon Revised Statutes |
| Or. Sup. Ct. | Oregon Supreme Court |
| o.V. | ohne Verfasser |
| p. | page |
| Pa. J. Int'l Bus. L. | University of Pennsylvania Journal of International Business Law |
| Pac. L. J. | Pacific Law Journal |
| PC | Personal Computer |
| Pepp. L. Rev. | Pepperdine Law Review |

| | |
|---|---|
| Pkt. | Punkt |
| p. m. | post meridiem |
| PrAngVO | Preisangabenverordnung vom 14.03.1985 (BGBl. I 580) |
| ProdHaftG | Gesetz über die Haftung für fehlerhafte Produkte (Produkthaftungsgesetz) vom 15.12. 1989 (BGBl. III 400-8) |
| Pub. Util. Rep. (PUR) | Public Utilities Report (California Public Utilities Commission/USA) |
| PVÜ | Pariser Verbandsübereinkunft vom 20.03. 1883 zum Schutze des Gewerblichen Eigentums |
| RabattG | Gesetz über Preisnachlässe (Rabattgesetz) vom 25.11.1933 (RGBl. I S. 1011) |
| RabelsZ | Zeitschrift für ausländisches und internationales Privatrecht, begründet von Rabel |
| Rdnr. | Randnummer |
| Reg.Entw. | Regierungsentwurf |
| Rep. | Report |
| resp. | respektive |
| rev. and cert. denied | reversed and certiorari denied |
| RG | Reichsgericht |
| RGZ | Entscheidungen des Reichsgerichts in Zivilsachen |
| RIW | Recht der Internationalen Wirtschaft |
| Rs. | Rückseite |
| S. | Seite |
| Santa Clara Law Rev. | Santa Clara Law Review |
| schUWG | Schweizerisches Gesetz gegen den unlauteren Wettbewerb |

| | |
|---|---|
| S. Ct. | Supreme Court |
| Sec. | Section |
| Sen. | Senator |
| Sess. | Session |
| Slg. | Sammlung der Rechtsprechung des EuGH |
| sog. | sogenannte(n) |
| st. Rspr. | ständige Rechtsprechung |
| TCPA | Telephone Consumer Protection Act |
| TPS | Telephone Preference Service (Großbritannien) |
| u. a. | unter anderem |
| Übers. | Übersicht |
| UK | United Kingdom |
| UKlaG | Gesetz über Unterlassungsklagen bei Verbraucherrechts- und anderen Verstößen vom 27.08.2002 (BGBl. I 3422) – (Unterlassungsklagengesetz) |
| Urt. | Urteil |
| U.S. | United States |
| USA | United States of America |
| U.S.C. | United States Code |
| U.S.C.A.N. | United States Code Annotated |
| Utah L. Rev. | Utah Law Review |
| UWG | Gesetz gegen den unlauteren Wettbewerb i. d. F. vom 27.07.2002 (BGBl. I 2850) |
| v./*v.* | vom/*versus* |
| VersR | Versicherungsrecht |
| VG | Verwaltungsgericht |

| | |
|---|---|
| vgl. | vergleiche |
| VO | Verordnung |
| Vorb. | Vorbemerkung |
| | |
| Wake Forest L. Rev. | Wake Forest Law Review |
| WASH. REV. CODE ANN. | Revised Code of Washington Annotated (USA) |
| Weekly Comp. Pres. Doc. | Weekly Compilation of Presidential Documents (USA) |
| WiB | Wirtschaftsrechtliche Beratung |
| WHP | Wet betreffende de handelspraktijken en de voorlichting en bescherming von de consument (Belgien) |
| WM | Wertpapier-Mitteilungen |
| WRP | Wettbewerb in Recht und Praxis |
| WuB | Wirtschafts- und Bankrecht |
| WuW | Wirtschaft und Wettbewerb |
| W & V | Werben und Verkaufen |
| | |
| Yale J. on Reg. | Yale Journal on Regulation |
| | |
| ZAW | Zentralausschuss der Werbewirtschaft |
| z. B. | zum Beispiel |
| ZHR | Zeitschrift für das gesamte Handelsrecht und Wirtschaftsrecht |
| ZIP | Zeitschrift für Wirtschaftsrecht; bis 1982: Zeitschrift für Wirtschaftsrecht und Insolvenzpraxis |
| ZLR | Zeitschrift für das gesamte Lebensmittelrecht |
| zit. | Zitiert |

| | |
|---|---|
| ZugabeVO | Verordnung des Reichspräsidenten zum Schutze der Wirtschaft, Erster Teil: Zugabewesen (Zugabeverordnung) vom 09.03.1932 (RGBl. I 121) |

# 1. Kapitel – Einführung und Problemstellung

## I. „In ten years all marketing will be direct marketing“

– dieser Slogan, Anfang der 80iger Jahre von überzeugten amerikanischen Direktmarketing-Anbietern geprägt,[1] zeigt die Ambitionen einer innovativen Werbebranche, die mittels moderner Kommunikationsmittel und Marketingerkenntnisse die traditionellen Wege der Kundenansprache zugunsten eines offensiv direkten Kundenkontaktes verlassen will.

Das *Direktmarketing*[2] ergänzt inzwischen nicht nur in der Form des Telefonmarketing[3] das Instrumentarium der klassischen Werbung.[4] Unter Direktmarketing fallen auch adressierte und unadressierte Mailings[5], landläufig als Briefkastenwerbung bekannt,[6] Vertreterbesuche[7], sonstige (traditionelle) Formen des Direktvertriebs[8] und der Straßenwerbung[9] sowie die Werbung mittels Telefax[10], Btx[11] und nunmehr auch mittels eMail und über das Internet[12].

Dennoch ist Direktmarketing, häufig bezeichnet als die „unfeine“ Art des Marketing oder als Marketing *„Below the Line“*, in Deutschland nach wie vor

---

1 *Dallmer*, DirektMarketing 7/1993, S. 31; zitiert in *Kirchner/Sobeck*, Stichwort „Direktmarketing", S. 143.

2 Zum Begriff: *Dallmer/Dallmer*, Handbuch, S. 3, ff.; *Holland*, Direktmarketing, S. 4; *ders.*, CR 1995, S. 184 f.

3 Die Begriffe „Telefonwerbung“ und „Telefonmarketing“ werden synonym verwandt.

4 *Paschke*, S. 1, 3; *Dallmer/Dallmer*, Handbuch, S. 3, 10; *Holland*, Direktmarketing, S. 6.

5 *Holland*, Direktmarketing, S. 15 ff.; *Gutsche/Dallmer*, Handbuch, S. 189 ff.

6 *Alt*, Briefkastenwerbung, S. 16 ff.

7 Auch als *persönlicher Verkauf* oder *Door-to-Door-Sale* bezeichnet; *Ernd/Dallmer*, Handbuch, S. 247, 248.

8 Vgl. *Bohle/Dallmer*, S. 365, 372 ff. zu mobilen Verkaufsstellen (Verkaufswagen), Party-Verkäufe, Kundenclubs und Kaffeefahrten sowie *Lehr/Dallmer*, Handbuch, S. 387, 393 ff. zum Versandhandel.

9 *Alt*, Briefkastenwerbung, S. 28 m.w.N.

10 *Töpfer/Greff* in Greff/Töpfer, S. 3, 16; *Holland*, Direktmarketing, S. 22 f.

11 Zur Funktionsweise von Btx: *Litke* in Greff/Töpfer, S. 235, 239 ff.

12 Direkt Marketing 4/1996, S. 38 ff. und 4/1995, S. 30 ff.

massiver Kritik ausgesetzt.[13] Insbesondere das *aktive Telefonmarketing* stand in den letzten Jahren im Brennpunkt der (wettbewerbs-)rechtlichen Diskussion.[14]

Diese Ablehnung lässt sich mit den Besonderheiten des Direktmarketing erklären:

- Direktmarketing ist ausgerichtet auf den *direkten Kontakt* und den *direkten Dialog.*[15] Dadurch werden die Nachteile der Massenkommunikation[16] vermieden, die aufgrund verbraucherseitiger Informationsüberlastung inzwischen signifikant feststellbar sind.[17]
- Durch die *selektive Ansprache* einer ausgewählten *Zielgruppe*[18] wird die zunehmende Individualisierung im Verbraucherverhalten aufgegriffen.[19] Computergestützte Adressendateien ermöglichen exakte Zielgruppendefinitionen durch Verwendung soziographischer Daten (z. B. Wohnort, Alter, Beruf, Geschlecht, Einkommen, Kaufkraft) in Kombination mit psychographischen Kriterien (z. B. Persönlichkeitsmerkmale, Kaufverhalten, sonstige Interessen).[20]
- Schließlich erfolgt eine *exakte Erfolgskontrolle*[21] durch die bewusste Provokation sofortiger Reaktionen. Dadurch werden Marketingbudgets effizient einsetzbar[22] und das Kundenmanagement erleichtert.

Für den Umworbenen bedeutet der Einsatz von Direktmarketing somit die *direkte Konfrontation* mit der Werbebotschaft und mit konkreten Entscheidungssituationen. In diesem Zusammenhang ist häufig von *psychischem Zwang*[23], *Ü-*

13 Vgl. *Gilles*, Recht des Direktmarketing, S. 41 ff.; *Alt*, Briefkastenwerbung, S. 35 m.w.N.; *Fraenkel/Dallmer*, Handbuch, S. 89, 90 f.; *Simon*, CR 1986, S. 3 m.w.N.; Der Spiegel v. 30.10.1989, S. 111 ff. und die Hinweise bei *Busche/Kraft*, WRP 1998, S. 1142.

14 *Gilles*, NJW 1988, S. 2424 ff.; *ders.*, OLG Hamburg EWiR § 1 UWG 8/89, S. 923.

15 Vgl. für viele andere: *Dallmer/Dallmer*, Handbuch, S. 3, 6.

16 Empirische Untersuchungen belegen, dass bei der Werbung in den klassischen Massenmedien der Anteil des nicht beachteten Informationsangebotes bereits mehr als 90 % beträgt: *Töpfer/Greff* in Greff/Töpfer, S. 3, 5 f.; *Kroeber-Riel*, S. 14; *ders.*, DBW 47 (1987), S. 257 ff.

17 Vgl. *Busche/Kraft*, WRP 1998, S. 1142.

18 Vgl. für viele andere: *Holland*, Direktmarketing, S. 4; *Roberts/Berger*, S. 3 f.

19 *Dallmer/Dallmer*, Handbuch, S. 3, 13; *Nickel*, Thema Werbung, S. 113.

20 Vgl. *Simon*, CR 1991, S. 457, 459.

21 Zur Organisation der Erfolgskontrolle: *Schaller/Dallmer*, Handbuch, S. 591, 593 ff.

22 *Roberts/Berger*, S. 5; *Wronka,* WRP 1988, S. 586 f.

23 *Gilles*, Recht des Direktmarketing, S. 48, Rdnr. 61.

*berraschungs- und Überrumpelungseffekt*[24] und *Machtungleichgewicht zugunsten des Verkäufers*[25] die Rede. Die direkte Kontaktaufnahme über das Telefon wird dabei als ein besonders schwerwiegender Eingriff in die Privatsphäre angesehen.[26]

Da es sich bei der Telefonwerbung jedoch um ein ausgesprochen kostengünstiges und effektives Werbemedium handelt,[27] versuchen die Unternehmen seit Jahren, den bestehenden rechtlichen Handlungsspielraum zu erweitern und die als *„antiquiert, provinziell, lebens- und weltfremd“* kritisierten Restriktionen zu umgehen oder zu bagatellisieren.[28] Unternehmen, die Telefonmarketing betreiben, sehen sich zudem gegenüber denjenigen Werbenden benachteiligt, die vorrangig den als erlaubt angesehenen Vertreterbesuch zur direkten Kundenansprache einsetzen.[29] Darüber hinaus reagiert die Werbepraxis mit Konfrontation[30], indem bewusst gegen die rechtlichen Grenzen verstoßen wird.[31]

---

24 *Gilles,* Recht des Direktmarketing, S. 11, Rdnr. 1 und S. 45, Rdnr. 55; ebenso: *Schade,* S. 140.

25 *Gilles,* Recht des Direktmarketing, S. 47, Rdnr. 58.

26 FOCUS v. 29.11.1993, S. 207; vgl. die Darstellung der Rechtsprechung und Literatur im *2. Kapitel*, S. 18 ff.

27 Die durchschnittlichen Kosten eines Außendienstbesuches liegen bei ca. 125 bis 150 Euro, während die Kosten des „telefonischen Kundenbesuchs“ mit ca. 10 Euro angenommen werden. Vgl. *Kreutzer/Dallmer*, Handbuch, S. 623, 625; *Töpfer/Greff* in *Greff/Töpfer*, S. 5, 7 m.w.N.; *Greff* in *Greff/Dallmer*, Handbuch 1997, S. 229, 231 weist darauf hin, dass Außendienst- und Portokosten weiter steigen, während Computertechnologie und Telefongebühren immer billiger werden. Ebenso: *Paschke*, S. 9 m.w.N.

28 *Raffee/Fritz*, WuW 1986, S. 269, 276 m.w.N.; *Gilles*, EWiR § 1 UWG 8/87, S. 817, 818; *ders.*, EWiR § 1 UWG 5/95, S. 197; *Paefgen*, WRP 1994, S. 73, 74; DDV Telemarketing intern 1/1991, S. 1; DDV-Positionspapier Telefonmarketing, S. 3, Vorwort zur 1. Auflage: *„Den Standort zu der Rechtsprechung zu kennen heißt jedoch nicht, ihn in allen seinen Facetten zu akzeptieren. *** Der Deutsche Direktmarketing Verband hält einige wesentliche Argumente der Rechtsprechung zum Telefonmarketing für nicht mehr zeitgemäß.“*; FOCUS v. 29.11.1993, S. 207, 208; vgl. auch die Ausführungen von *Happel,* Direkt Marketing 1/1993, S. 27, 28 zu BGH NJW 1989, S. 902 f. – Handzettel-Wurfsendung; in einer DDV-Pressemitteilung v. 11.04.2002, abrufbar über die Homepage des DDV, www.ddv.de, heißt es: *„. . . Bisher verbietet die deutsche Rechtsprechung, Verbraucher zu Werbezwecken aktiv anzurufen. Dies will der Verband schleunigst ändern. Es muss grundsätzlich zulässig sein, potenzielle und bestehende Kunden anzurufen, wenn diese Werbeanrufe vorher nicht abgelehnt haben. Telefon, eMail und SMS sind heutzutage eine Selbstverständlichkeit. Der Verbraucher kann heute selbst entscheiden, ob er Anrufe oder elektronische Werbebotschaften bekommen will oder nicht. . . .“*

29 Vgl. *Ulrich,* Festschrift für Vieregge, S. 901, 918.

Beträchtliche Zuwachs- und Nutzungsraten belegen den faktisch ungebrochenen Einsatz der aktiven Telefonwerbung und damit die erfolgreiche Anwendung der vorgenannten *Ausweich- und Konfrontationsstrategien.*[32] Für bestimmte Bereiche, wie z. B. für den Zeitschriften-, Wein- und Tiefkühlkosthandel und bei Warentermin- und Wertpapiergeschäften[33], wird inzwischen sogar eine Branchenüblichkeit der *„Geschäfte über den Fernsprecher"* vertreten.[34]

Die Vorteile des Binnenmarktes sowie die zunehmende Bedeutung des *Global Marketing* und der *Internationalisierung von Unternehmensstrategien*[35] fördern zudem das Interesse an aktiver Telefonwerbung, die in den meisten europäischen Nachbarstaaten geringeren oder keinen rechtlichen Restriktionen unterliegt.[36]

Letzteres gilt auch für die Entwicklung aktiver Telefonwerbung in den USA, wofür die grundsätzliche Auffassung gilt: *„Advertising, however tasteless and*

---

30 Strategische Optionen (Ignoranz-, Anpassungs-, Ausweich-, Konfrontations- und Beeinflussungsstrategie) zur Handhabung eines bestimmten Marketing-Rechtsproblems: *Ahlert/Schröder,* S. 65 ff.

31 *Ulrich,* WRP 1996, S. 1011, 1015 f.; *Paefgen,* MDR 1992, S. 112, 113 m.w.N.; *ders.,* EWiR § 1 UWG 16/92, S. 919; *Gilles,* NJW 1988, S. 2424, 2426; vgl. auch die Pressemitteilung des DDV vom 02.09.2002, abrufbar unter www.ddv.de, in der es heißt: „ . . . *Die restriktive Rechtsprechung ist allein aus rechtlichen Gründen nicht mehr haltbar. Schlimmer ist aber, dass die derzeitige Rechtslage den deutschen Markt benachteiligt. Viele deutsche Unternehmen überschreiten die Grenzen des Erlaubten. Ob bewusst oder nicht, die Angerufenen scheint es nicht zu stören, sonst gäbe es eine Flut von Urteilen. Allein aus diesem Grund muss eine Neuordnung her.* "

32 *Roberts/Berger*, S. 11 ff.; WRP 1996, S. 641 - Aus der Praxis - für die Praxis. Die Zentrale zur Bekämpfung des unlauteren Wettbewerbs hatte sich 1995 mit ca. 700 Fällen des Telefon- und Telefaxmarketings zu befassen, vgl. dazu *Ulrich,* WRP 1996, S. 1011, 1016 m.w.N. in FN 35; Direkt Marketing 12/1995, S. 32 ff.; DDV-Report 7-8/1995, S. 9; FAZ v. 14.11.1991.

33 Das Bundesaufsichtsamt für den Wertpapierhandel (nunmehr: Bundesanstalt für Finanzdienstleistungsaufsicht) hat aufgrund wiederholter Beschwerden von Verbrauchern wegen unerbetener Telefonwerbung einzelner Wertpapierdienstleistungsunternehmen eine Allgemeinverfügung zur Regelung der Zulässigkeit von Telefonanrufen für Wertpapierdienstleistungen erlassen; vgl. *Möllers,* FAZ v. 23.09.2000, S. 22; dazu auch *Ulrich,* WRP 1996, S. 1011, 1016 m.w.N.

34 *Ulrich,* Festschrift für Vieregge, S. 901, 916; *ders.,* WRP 1996, S. 1011, 1016 m.w.N.

35 *Levitt,* Harvard Business Review 1983, S. 92 ff.; *Rohleder/Gratzer,* MA 1990, S. 473 ff.; *Paefgen,* CR 1992, S. 385, 388; *Reese,* S. 5.

36 Vgl. die Ausführungen im *5. Kapitel*, S. 214 ff.

*excessive it sometimes may seem, is nonetheless the dissemination of information as to who is producing and selling what product, for what reason, and at what price."*[37]

Bis vor wenigen Jahren konnten die amerikanischen Unternehmen das aktive Telefonmarketing auf dieser Grundlage ohne nennenswerte rechtliche Restriktionen nutzen.[38] Es hat dadurch in den USA eine Dimension erreicht, die einen *absolute ban* im Hinblick auf die wirtschaftlichen und arbeitsmarktpolitischen Konsequenzen faktisch ausschließt.[39]

Durch die „Entflechtung“ des Fernmeldemonopols der *American Telephone & Telegraph Company (AT&T)*[40] kam es in den vergangenen Jahren jedoch nicht nur zu einer erheblichen Ausbreitung von *unsolicited telephone calls,*[41] sondern insbesondere zu einem signifikanten Anstieg von *telemarkting fraud*[42] sowie zu einer exzessiven Anwendung von *Automatic Dialer Recorded Message Players (ADRMP)* und *Automatic Dialing and Announcing Devices (ADAD)*.[43] Diese haben in den USA zu erheblichen Veränderungen in der recht-

---

37 *Virginia State Board of Pharmacy v. Virginia Citizen Consumer Council, Inc.*, 425 US 748, 765 (1975).

38 Vgl. die Stellungnahme von *Joan Mullen*, Präsident der American Telemarketing Association: „*(T)he negative perceptions that outbound telemarketing is an intrusion . . . are magnified by the fact that outbound telemarketing provides a service to the consumer and is profitable to business. It provides a service to people who are housebound - (they are) able to conduct business, purchase items, and get information via telephone.*", zitiert in *Arcadi*, 1991 Colum. Bus. L. Rev. 417, 423 (1991); weiterhin *Grimes*, GRUR Int. 1971, S. 392; zur historischen Entwicklung des US-Telefonmarketing: *Berkenbilt,* 36 B.C. L. Rev. 85, 95 (1994)

39 S. Rep. No. 102-178, 137th Cong., 1st Sess. 2 (1991) spricht hinsichtlich des Telemarketing von einer *multibillion dollar industry.* Vgl. auch die Stellungnahme im Gesetzgebungsverfahren zum *Telephone Consumer Protection Act:* 137 CONG. REC. E793 (daily ed. March 6, 1991) (statement of *Rep. Markey*): „*This bill will not eliminate unsolicited telephone advertising, for certainly we must acknowledge that telephone solicitation, when conducted properly, is an established, lawful marketing practice.*"

40 Mit der Entflechtung des Fernmeldemonopols ging die Umsetzung des sog. *access charge plan* der *Federal Communications Commission (FCC)* mit der daraus resultierenden Herabsetzung der Gebühren für Ferngespräche einher. Vgl. *Darmstadter,* 3 Computer/L. J. 393, 395 et seq. (1985).

41 S. Rep. No. 102-178, 137th Cong., 1st Sess. 1 (1991).

42 *Smythe,* 17 Hastings Comm.& Ent. L. J. 347 (1994); *Nedelman*, 32 Fed. Comm. L. J. 371, 372 (1980).

43 Eine *ADAD*-Einrichtung ermöglicht die Platzierung von mehr als 1.000 Telefonanrufen täglich. Vgl. 137 CONG. REC. E793 (daily ed. March 6, 1991; statement of *Rep. Mar-*

lichen und praktischen Beurteilung des automatisierten Telefonmarketing geführt.[44]

## II. Erscheinungsformen des Telefonmarketing

Als Telefonmarketing bezeichnet man die telefonische Kommunikation mit dem Kunden, die sowohl die telefonische Übermittlung von Werbeinformationen als auch den Telefonverkauf umfasst.[45] Das Telefonmarketing wird im traditionel-

---

*key*); 137 CONG. REC. S18,317-18 (daily ed. November 26, 1991; statement of Sen. Pressler); *Kertz/Boardman-Burnette* - Part II, 5 Loy. Consumer L. Rep. 104 et seq.; *Crook*, 26 Wake Forest L. Rev. 669, 697 (1991) mit technischen Einzelheiten zu ADRMPs; *Paefgen*, GRUR Int. 1993, S. 208 m.w.N.; *Alexi* in Greff/Töpfer, S. 465, 473, kalkuliert im manuellen Betrieb lediglich 20 Telefonate pro Stunde und *Benatzky* in Greff/Töpfer, S. 499, 509 für die Dauer eines Telefongespräches 4,3 bis 7,4 Min.
In *State of Minnesota v. Casino Marketing Group, Inc.*, 491 N.W.2d 882, 884 (Minn. Sup. Ct. 1992) ist die Funktionsweise von ADADs wie folgt beschrieben: „*ADADs . . . select telephone numbers by computer program and dial those numbers consecutively, . . . If the machine selects a number that is busy, it disconnects and immediately dials the next programmed number, returning to the previously engaged number at a later time. If the machine reaches a telephone to which no one responds, it disconnects after a predetermined number of rings and returns to that number at a later time. If the machine reaches a telephone to which a subscriber responds, a pre-recorded message is played. Should the subscriber hang up in the course of the message, (some machines) automatically disconnects and dials the next programmed number. Should the subscriber listen to the entire message, he or she will be provided telephone numbers to call for further information.*"

44 *Kertz/Boardman-Burnette*, 5 Loy. Consumer L. Rep. 104 et seq. (1993) mit dem Hinweis darauf, dass unerbetene Telefonanrufe häufig in den Abendstunden oder an Wochenenden erfolgen, also zu Zeiten, in denen die Verbraucher „*want to relax and escape the hurly-burly of the outside business and political world*". Im Internet veröffentlichte Zahlen zeigen, dass im 3. Quartal 2001 bei der *FCC –Federal Communications Commission* insgesamt 1333 Beschwerden zum Telephone Consumer Protection Act eingegangen waren, vgl. www.fcc.gov.
*Shaw*, The Washington Post v. 12.12.1991, T09; *Crook*, 26 Wake Forest L. Rev. 669, 698 (1991) schildert den Fall einer Mutter, welcher es nicht möglich war, die Ambulanz für ihr verletztes Kind anzurufen, da die Telefonleitung durch *prerecorded sales calls* ständig belegt war. Dieses Beispiel wurde auch von Kongressabgeordneten *Roukema* im Gesetzgebungsverfahren zum *Telephone Consumer Protection Act* vorgetragen: 137 CONG. REC. H11, 307, 313 (daily ed. November 26, 1991); H.R. REP. No. 317, 102d Cong., 1st Sess. 2 (1991); ebenso *Cain*, 31 Am. Bus. L. J. 641, 650 (1994).

45 *Greff/Dallmer*, Handbuch 1997, S. 229, 230; *Paschke*, S. 3.

len *Marketing-Mix*[46] sowohl der Kommunikationsebene, und damit der Werbung im weitesten Sinne,[47] als auch der Verkaufsförderung, und damit der Distributionsebene zugeordnet.[48]

Der Begriff des *Telefonmarketing* steht für verschiedene *Erscheinungsformen* mit unterschiedlichen Auswirkungen auf die Verbraucher:

- Beim *passiven* oder *Inbound-Telefonmarketing*[49] erfolgt die telekommunikative Kontaktaufnahme durch den Verbraucher. Aktiv war das werbende Unternehmen vorab, indem es die Verbraucher z. B. durch die Angabe der Telefonnummer in den klassischen Werbemedien, durch Telefongewinnspiele, Bestelldienste (Teleshopping), Direct Response-TV, Reklamationsbearbeitung bzw. Notfall- oder Pannendienste zur Aufnahme des telefonischen Kontaktes animiert hat.[50] Das passive Telefonmarketing unterliegt keinen wettbewerbsrechtlichen Beschränkungen, wenn die jeweils vermittelten Inhalte die wettbewerbsrechtlichen Grenzen beachten.[51]

---

46 *Scheuch,* S. 311 ff. und S. 414 ff.: Das traditionelle Marketing-Mix umfasst die Ebenen Kommunikation, Distribution, Preise/Konditionen und Produktgestaltung.

47 Grünbuch, KOM(96) 192, S. 7.

48 *Dallmer/Dallmer*, Handbuch, S. 3, 4 f.

49 *Paschke,* S. 4.

50 *Schoss* in Greff/Töpfer, S. 189, 196 f.
Dazu werden insbesondere die Telefonservice-Leistungen der Telekom genutzt: Beim *Service 0130* ist das Unternehmen bundesweit unter einer einzigen Telefonnummer erreichbar. Dem Anrufer entstehen grundsätzlich keine Kosten, die Gebühren werden vom angerufenen Unternehmen getragen. Vgl. *Duhre/Dallmer*, Handbuch, S. 305, 306 f.; DDV Jahrbuch 94/95, S. 76. Zum Vergleich die *800-Toll-Free*-Telefonnummern in den USA: Dort werden heute mit mehr als 430.000 dieser Telefonnummern ca. 2,3 Millionen Gespräche täglich geführt; vgl. *Greff/Dallmer*, Handbuch, S. 289, 291.
Der *Service 0180* nutzt ebenfalls bundesweit einheitliche Telefonnummern, die jedoch für den Anrufer gebührenpflichtig sind. Vgl. *Greff/Dallmer*, Handbuch 1997, S. 229, 232 f.; DDV Jahrbuch 94/ 95, S. 76; DDV-Verbraucherinformationsbroschüre, S. 25.
Der *0190-Service* (Audiotex) ist ein Telefonservice, bei dem die Dienste der privaten Anbieter (z. B. Informationen, Unterhaltung, Spiel- und Quizangebote) mittels Telefon gegen Gebühr in Anspruch genommen werden können. Vgl. *Greff/Dallmer*, Handbuch 1997, S. 229, 233; W & V v. 05.11.1993, S. 112, 115 f.; *Jacob,* Direkt Marketing 2/1995, S. 20 ff.; DDV Jahrbuch 94/95, S. 78; DDV-Verbraucherinformation, S. 25.

51 Vgl. die Entscheidung des OLG Frankfurt/M, NJW-RR 1994, S. 946 – LEGO-HOTLINE zur sog. „umgekehrten Telefonwerbung“, durch die Kinder im Grundschulalter aufgefordert worden sind, eine bestimmte Telefonnummer zu wählen, um Neuigkeiten über ein LEGO-Spielzeug zu erfahren.

- Beim *aktiven* oder *Outbound-Telefonmarketing (Cold Calling)*[52] geht die Aktivität vom werbenden Unternehmen aus; der Kunde wird von dem Unternehmen – kalt – angerufen. Das aktive Telefonmarketing wird vornehmlich für den Direktverkauf (Telefonverkauf)[53], zur Abonnentenwerbung[54] und Neukundengewinnung, zur Reaktivierung von Altkunden und zur Terminabstimmung für nachfolgende Außendienst-/Vertreterbesuche[55], zur Übermittlung von Werbeinformationen, für Nachbearbeitungsaktionen[56] und zur Kundenpflege[57] eingesetzt.[58]

Das aktive Telefonmarketing unterliegt in Deutschland weitgehenden wettbewerbsrechtlichen Restriktionen.[59] Auf europäischer Ebene war das aktive Telefonmarketing für den Bereich der Finanzdienstleistungen im Jahr 1995 Gegenstand der EuGH-Entscheidung *Alpine Investments*[60] und hat für den Bereich des Fernabsatzes und der Nutzung digitaler Telekommunikationseinrichtungen inzwischen Berücksichtigung in verschiedenen EU-Richtlinien[61] gefunden.

- Die vorgenannten Möglichkeiten werden inzwischen um die Variante der Telefonwerbung über sog. *Freelines* ergänzt: Dem Verbraucher wird dabei die Möglichkeit eröffnet, kostenlos zu telefonieren, wenn er bei seinen Tele-

---

52 *Schoss* in Greff/Töpfer, S. 189, 197 ff.; *Greff/Dallmer*, Handbuch, S. 289, 295 ff.; *Duhre/Dallmer*, Handbuch, S. 305, 313 ff.; *Paschke*, S. 4 m.w.N.

53 Vgl. den Sachverhalt zu BGH NJW-RR 1995, S. 613 – Telefonwerbung V (Verkauf von Versicherungsverträgen); OLG Hamburg, NJW-RR 1992, S. 1132 (Verkauf von Fotokopiergeräten).

54 Vgl. den Sachverhalt zu BGH NJW 1970, S. 1738 – Telefonwerbung I.

55 Vgl. den Sachverhalt zu BGH NJW-RR 1990, S. 359 – Telefonwerbung III.

56 Vgl. den Sachverhalt zu BGH NJW 1994, S. 1071 – Lexikothek (Nachbearbeitung eines widerrufenen Haustürgeschäfts); OLG Koblenz, WRP 1991, S. 332 (Nachbearbeitung von Abonnementsverträgen).

57 *Greff/Dallmer*, Handbuch, S. 289, 295 f.

58 Vgl. dazu insgesamt: *Paschke*, S. 4, 5 m.w.N.

59 Vgl. die Ausführungen im *2. Kapitel*, S. 18 ff.

60 EuGH v. 10.05.1995, EuZW 1995, S. 404 = WRP 1995, S. 801 = NJW 1995, S. 2541 = JZ 1996, S. 144 – Alpine Investments; vgl. die Ausführungen im *5. Kapitel*, S. 275 ff.

61 Beispielsweise: Richtlinie 97/7/EG des Europäischen Parlaments und des Rates v. 17.02. 1997 über den Verbraucherschutz bei Vertragsabschlüssen im Fernabsatz, ABlEG Nr. L 144 v. 04.06.1997, S. 19; Richtlinie 97/66/EG des Europäischen Parlaments und des Rates über die Verarbeitung personenbezogener Daten und den Schutz der Privatsphäre im Bereich der Telekommunikation, ABlEG Nr. L 24 v. 30.01.1998, S. 1; vgl. die Ausführungen im *5. Kapitel*, S. 227 ff.

fongesprächen die Schaltung von Werbepausen und die Übermittlung von Werbebotschaften während des Telefonats duldet.[62]

Das *LG Berlin* hat diese Form des werbefinanzierten Telefonierens als unzumutbare Belästigung des Telefonteilnehmers angesehen und im Ergebnis als sittenwidrig untersagt.[63]

Die gegen diese Entscheidung eingelegte (Sprung-)Revision führte zur Aufhebung des angefochtenen Urteils und zur Klageabweisung.[64] Der zuständige I. Zivilsenat des BGH begründete seine Entscheidung damit, dass werbefinanzierte Telefongespräche nicht ausschließlich Werbezwecken dienen, sondern lediglich durch Werbung unterbrochen werden. Darauf werde der Anrufer den Gesprächspartner regelmäßig zu Beginn des Gesprächs hinweisen, da er sonst mit einem Gesprächsabbruch nach dem ersten Werbeblock zu rechnen habe. Ist der Gesprächspartner aber über die bevorstehende Werbeunterbrechung unterrichtet, so bringt er mit dem Fortführen des Gesprächs und der Hinnahme der Werbeunterbrechung zugleich sein Einverständnis mit dieser Telefonwerbung zum Ausdruck. Auch stelle die durch die Werbeunterbrechung hervorgerufene Störung keine unzumutbare Belästigung des Umworbenen dar.

## III. Kommunikations- und verbraucherbezogene Einflussfaktoren

Die rasanten Entwicklungen in der *Computer- und Kommunikationstechnik* sowie die Veränderungen im Verbraucherverhalten fördern den Einsatz von Telefonwerbung:

Hinsichtlich der technischen Möglichkeiten sei beispielhaft auf den Einsatz von computergestützten Systemen zur Verarbeitung großer Datenmengen[65], von Systemen zur automatischen Anwahl[66] und solchen zur Daten- und Sprachspei-

---

[62] Vgl. Rhein-Ruhr-Nachrichten v. 28.11.1997, S. MT 6A.

[63] LG Berlin, CR 1999, S. 623 = MMR 1999, S. 738, 739.

[64] BGH WRP 2002, S. 676 ff. = NJW 2002, S. 2038, 2039 – Werbefinanzierte Telefongespräche; dazu *Lange*, WRP 2002, S. 786 ff.

[65] *Töpfer/Greff* in Greff/Töpfer, S. 5, 7; vgl. auch *Simon*, CR 1991, S. 457, 459: Computergestützte Adressendateien führen zu exakteren Zielgruppendefinitionen und –aufgliederungen.

[66] In den USA wurde festgestellt, dass die tatsächliche Telefonzeit im Verhältnis zur Anwahlzeit beim manuellen Telefonieren nur 25 % der Gesamtzeit beträgt. Beim computer-

cherung[67] sowie auf Sprachdialogsysteme (*Voice-Response*-Systeme oder IVR – Interaktive Sprachsysteme)[68], Bildtelefone[69], ISDN[70], Anrufverteilsysteme (*power dialing* und *predictive dialing*)[71] oder auf die Systeme der *Automated Number Identification* hingewiesen.[72] Nicht zu vergessen ist die rasante Entwicklung des *Short Message Service (SMS),* also des Austausches kurzer Textnachrichten oder – mittels WAP-Technologie auch animierter Bilder – von Mobiltelefon zu Mobiltelefon, die auf dem Display geschrieben und von diesem abgelesen werden. Auch dieser Service wurde inzwischen von der Werbeindustrie entdeckt.[73]

Das Telefon entwickelte sich in den letzten Jahrzehnten zum bevorzugten Kommunikations- und Vertriebsmedium,[74] wobei eine ständige Erreichbarkeit inzwischen durch die bereits angesprochenen Mobiltelefone (Handys) ermöglicht wird.[75] In Deutschland verfügen 96 % der Haushalte über einen Telefonanschluss,[76] mit 31,1 Mrd. geführten Telefongesprächen im Jahre 1988, gegenüber 2,1 Mrd. in 1950[77]. Aufgrund der Deregulierung des Telekommunikationsmarktes und den damit eingetretenen Senkungen der Fernsprechgebühren[78] hat eine weitere Steigerung des Telefoneinsatzes stattgefunden.

Das *Verbraucherverhalten* hat sich in den vergangenen Jahren durch die zunehmende Akzeptanz moderner Telekommunikationsmittel erheblich verändert. Die Angebote zahlreicher *Online*-Dienste und das Internet verlagern den *Point of Sale* in das *„Wohnzimmer der Verbraucher"*.[79] Über einen *Personal*

---

gestützten Telefonmarketing beträgt die Telefonzeit hingegen 75 %. Vgl. *Greff/Dallmer*, Handbuch 1997, S. 229, 239.

67 Vgl. *Kreutzer/Dallmer*, Handbuch, S. 623 ff.

68 *Greff/Dallmer*, Handbuch, S. 289, 294; *Weiße,* Direkt Marketing, 7/1994, S. 16 ff.; *Jacob,* Direkt Marketing, 7/1995, 44 f.; DDV Jahrbuch 94/95, S. 58 ff.; *Paschke,* S. 6 m.w.N.

69 Vgl. dazu: *Simon,* CR 1991, 457, 461.

70 Integrated Services Digital Network; vgl. *Kirchner/Sobeck*, Stichwort ISDN, S. 250; *Müller*, NJW-CoR 1995, S. 25 ff.; DDV-Jahrbuch 94/95, S. 82 ff., 86; *Pordesch*, CR 1993, S. 313 ff.

71 *Paschke,* S. 6 m.w.N.

72 Weitere Einzelheiten bei *Greff/Dallmer*, Handbuch 1997, S. 229, 236 ff.; vgl. auch *Busche/Kraft,* WRP 1998, S. 1142.

73 *Krajewski,* MMR 2001, S. 86, 87.

74 *Paschke,* S. 1; *Paefgen*, WRP 1994, S. 73.

75 *Strassmann*, Die Zeit v. 07.09.2000, S. 43.

76 *Greff/Dallmer*, Handbuch, S. 289, 290.

77 *Greff/Dallmer,* Handbuch, S. 289, 290.

78 Vgl. Wirtschaftswoche v. 06.11.1997, S. 120 und die Informationen zu den Tarifmodellen der Deutschen Telekom AG unter www.telekom.de.

79 *Steckler,* GRUR 1993, S. 865, 866.

*Computer (PC),* der über ein Netz von Telefon- und Datenleitungen mit den Anbietern verbunden ist, werden inzwischen nicht nur Bankgeschäfte (*Homebanking*) getätigt, sondern Angebote jeder Art, wie z. B. von Kaufhäusern, Versicherungen, Reisebüros, der Bahn oder von Airlines, zum *Online-Shopping* genutzt. Der Anbieter muss aufgrund dieser Entwicklungen seine Verkaufsaktivitäten auf den Privatbereich des Verbrauchers ausrichten.[80] Ein dazu notwendiger Kundenkontakt kann über das Telefon kostengünstig erfolgen.

## IV. Wirtschaftliche Bedeutung des Telefonmarketing

Nach einer Gemeinschaftsstudie des *Deutschen Direktmarketing-Verbandes e.V. (DDV)*[81] und der Deutschen Bundespost/Postdienst wurden 1988 in Deutschland für Direktkommunikation[82] insgesamt ca. 6,5 Mrd. Euro aufgewendet,[83] davon ca. 0,7 Mrd. Euro für aktives und passives Telefonmarketing[84]. In den Folgejahren sind die Investitionen für Direktkommunikation stetig gestiegen, von rund 8,7 Mrd. Euro in 1991[85] auf ca. 10,9 Mrd. Euro in 1993[86] und rund 20,4 Mrd. Euro in 1999[87] sowie ca. 21,5 Mrd. Euro in 2000[88]. Für Telefonmarketing gab die deutsche Wirtschaft 1994 rund 1,4 Mrd. Euro[89], 1998 über 2,35 Mrd. Euro[90] und 2000 ca. 3,0 Mrd. Euro[91] aus.[92]

---

80 *Kracke,* W+V 1999, S. 94.

81 Deutscher Direktmarketing Verband e.V., Hasengartenstraße 14, D-65189 Wiesbaden.

82 Adressierte Werbesendungen, Anzeigen und Beilagen mit Responseelementen, aktives und passives Telefonmarketing, Haushaltswerbung und Postwurfsendungen, Fernseh- und Funkwerbung mit Responseelementen sowie Plakat und Außenwerbung mit Responseelementen.

83 Nach der damals geltenden Währungseinheit: 12,8 Mrd. DM; Gemeinschaftsstudie 1989/1990, S. 27.

84 Nach der damals geltenden Währungseinheit: 1,4 Mrd. DM; vgl. Gemeinschaftsstudie 1989/90, S. 30 f. Der größte Anteil davon, nämlich 1,0 Mrd. DM, wurde für aktives Telefonmarketing investiert, und nur 0,4 Mrd. DM gingen in das passive Telefonmarketing.

85 Nach der damals geltenden Währungseinheit: 17 Mrd. DM; FAZ v. 16.02.1993, S. 14; Handelsblatt v. 26./27.3.1993, Beil. Karriere, S. 1; Direkt Marketing 7/1993, S. 30.

86 Nach der damals geltenden Währungseinheit: 21,3 Mrd. DM; *Holland,* CR 1995, S. 184, 185.

87 Nach der damals geltenden Währungseinheit: 40 Mrd. DM; Handelsblatt v. 10.11.1999.

88 Nach der damals geltenden Währungseinheit: 42,1 Mrd. DM; Studie Direktmarketing Deutschland 2001, zitiert nach: www.ddv.de.

89 Nach der damals geltenden Währungseinheit: 2,8 Mrd. DM; Studie Wirtschaftsfaktor DM, S. 81 und 85.

Mehr als die Hälfte aller deutschen Unternehmen, die Werbung betreiben, setzen Direktmarketing ein.[93] Telefonmarketing nutzen im *Business-to-Business*-Bereich 31 %, und für Werbung *Business-to-Consumer* 27 %.[94] Es steht an dritter Stelle im *Ranking* des Werbemitteleinsatzes der Anwender von Direktmarketing.[95] Neben dem Versandhandel als traditionellem Direktmarketing-Anwender greifen Banken und Versicherungen[96] immer häufiger auf das Telefonmarketing zurück.[97] Ein weiterer Schwerpunkt liegt in den Bereichen der Waren-, Finanz- und Devisentermingeschäfte[98] sowie neuerdings auch im Bereich der Arbeitnehmerüberlassung[99] und der Arbeitnehmerabwerbung[100]. Das Telefonmarketing bietet dementsprechend einen wachsenden Arbeitsmarkt und entsprechendes Beschäftigungspotenzial.[101]

In der *Europäischen Union* wurden im Jahre 1993 insgesamt ca. 46 Mrd. ECU für Werbezwecke[102] und geschätzte 27 Mrd. ECU für Direktmarketing ausgegeben, 12 % mehr als in 1992.[103] Die Zahl der im Bereich des Telemarketing Beschäftigten wurde europaweit für das Jahr 2001 auf ca. 669.500 Personen

---

90 Nach der damals geltenden Währungseinheit: 4,6 Mrd. DM; Dialog – DDV-Report, 12/1999, S. 3.

91 Nach der damals geltenden Währungseinheit: 5,9 Mrd. DM; Studie Direktmarketing Deutschland 2001, zitiert nach: www.ddv.de.

92 Vgl. dazu auch ZAW, Werbung in Deutschland 2002, S. 332, 333.

93 Studie Wirtschaftsfaktor DM 1995, S. 15.

94 Studie Postdienst, S. 13 und 14.

95 Studie Wirtschaftsfaktor DM 1995, S. 18 und 25; Direkt Marketing 12/1995, S. 32; DDV-Studie v. 11.04.2002, abrufbar unter www.ddv.de.

96 *Gilles,* Recht des Direktmarketing, S. 68, Rdnr. 99.

97 Studie Postdienst, S. 18; DDV Jahrbuch 94/95, S. 34 f.

98 *Grüne,* Direkt Marketing 9/1994, S. 33 ff.; Studie Wirtschaftsfaktor DM 1995, S. 43; *Gilles*, Recht des Direktmarketing, S. 68, Rdnr. 99 m.w.N. Vgl. hierzu *Ulrich,* WRP 1996, 1011, 1016 mit Hinweis auf eine Umfrage des Bundesministeriums der Finanzen bei den Strafverfolgungsbehörden des Bundes und der Länder hinsichtlich der Entwicklung auf dem Gebiet des Warentermin-, Finanztermin- und Devisenterminhandels.

99 Vgl. LG Mainz, Urt. v. 22.10.1996, - 12 HO 56/96 - (n.v.): Dort wurde von der über die Wettbewerbszentrale klagende Elektriker-Notdienst GmbH vorgetragen, dass sie tagtäglich von Zeitarbeitsfirmen mit immer neuen Werbeanrufen belagert werde.

100 Vgl. dazu OLG Karlsruhe, WRP 2001, S. 1092 ff.; OLG Stuttgart, WRP 2000, S. 318 ff.; *Quiring,* WRP 2001, S. 470 ff.

101 Vgl. *Paschke,* S. 1; *Greff/Dallmer,* Handbuch 1997, S. 229, 231 m.w.N.; DDV-Report 08/97, S. 13; zu Ausbildungsmöglichkeiten: *Fischer/Dallmer,* Handbuch 1997, S. 135, 135 ff.

102 Grünbuch KOM(96) 192, S. 8 m.w.N.

103 Arbeitsdokument zum Grünbuch, KOM(96) 192, S. 25.

geschätzt.[104] In Deutschland lag die Zahl der Beschäftigten im Telemarketing-Bereich nach Schätzungen für das Jahr 2001 bei mehr als 275.000 Personen.[105]

Im Vergleich dazu: In den USA wurden die Aufwendungen für aktives und passives Telefonmarketing für das Jahr 1995 mit 54,1 Mrd. US $ beziffert, bei Gesamtaufwendungen von 134,0 Mrd. US $ für Direktmarketing.[106] Im Bereich *Business-to-Business* ist das Telefonmarketing mit 45 % des Gesamtumsatzes aus Direktmarketingaktivitäten führend.[107] Mehr als 30.000 Unternehmen nutzen das Telefon als Werbe- und Absatzmedium und beschäftigen über 300.000 Kontaktpersonen.[108] Der jährliche Gesamtumsatz aus Telefonverkäufen wurde für 1991 auf 435 Billionen US $ geschätzt, davon 115 Billionen US $ durch den Einsatz von *Cold Calling.*[109]

## V. Nationale und internationale Perspektiven

Nach den *Prognosen der Werbewirtschaft* wird das Telefonmarketing weiter an Bedeutung gewinnen.[110] Dafür spricht dessen ungebrochener Einsatz und die in diesem Bereich steigenden Investitionen, die Umsatzperspektiven nach dem Vorbild des amerikanischen Marktes, die bereits vorhandenen und in größerem Umfang noch zu erwartenden Veränderungen des Verbraucherverhaltens, die zunehmende Technologisierung sowie die sich verschärfenden Konkurrenzsituationen auf allen Anbietermärkten bei zurückgehenden Budgets im Abnehmerbereich.

Auf europäischer Ebene zeichnet sich für den Einsatz aktiver Telefonwerbung ab, dass Dienstleistungsunternehmen, wie z. B. Hotelunternehmen und Autovermietungen, ihre Reservierungszentralen in *„telefonmarketingfreundliche"* Länder mit mehrsprachigen Arbeitskräften verlegen und dadurch versu-

---

104 Folgedokument zum Grünbuch, KOM(98) 121, S. 1.

105 *Paschke*, S. 8 m.w.N.

106 DDV-Report, 10/1995, S. 5 f.

107 Direkt Marketing 12/1995, S. 42, 43.

108 *Paefgen,* GRUR Int. 1993, S. 208, 210 m.w.N.; im Gesetzgebungsverfahren zum *Telephone Consumer Protection Act* war für 1991 von 180.000 *solicitors* die Rede, die mit mehr als 7 Millionen Verbrauchern jeden Tag telefonisch in Kontakt treten.

109 *Shaw,* The Washington Post v. 12.12.1991, T09.

110 Vgl. FAZ v. 10.08.1998, S. 20; Direkt Marketing 12/1994, S. 37 ff.; *Steckler,* GRUR 1993, S. 865, 866; DDV Jahrbuch 94/95, S. 5 f.; ebenso: *Köhler/Piper,* § 1 UWG Rdnr. 136.

chen werden, ihre Märkte über die nationalen Grenzen hinweg auszudehnen.[111] Die grenzüberschreitende kommerzielle Kommunikation wird aus Kostengründen, aus Gründen der Angebotsverbesserung und der Verfügbarkeit von Informationen auf Gemeinschaftsebene zunehmende Bedeutung erlangen.[112] Diese Entwicklung wird durch europaweit einheitlich einsetzbare Telefonnummern wesentlich gefördert.

## VI. Untersuchungsziel und Untersuchungsgegenstand

Das *Spannungsfeld* zwischen den *Interessen der Werbetreibenden* einerseits, Telefonmarketing möglichst uneingeschränkt einsetzen zu können, und den *Verbraucherinteressen* andererseits, vor unerwünschten telefonischen Eingriffen in der Privatsphäre geschützt zu werden, führt regelmäßig zu rechtlichen Auseinandersetzungen.[113] Unterschiedliche Bewertungen vergleichbarer Direktmarketingmethoden, insbesondere der aktiven Telefonwerbung und der Vertreterbesuche, sorgen bei den Werbepraktikern zudem für Rechtsunsicherheit. Eine zufriedenstellende Lösung der bestehenden Konflikte konnte bisher nicht gefunden werden.[114]

Hinzu kommt der Bedarf am verstärkten Einsatz von *„grenzenloser Telefonwerbung“*[115], wodurch *europarechtliche Aspekte* immer mehr an Bedeutung gewinnen. Dabei stellen unterschiedliche nationale Rechtsvorschriften nicht nur ein Problem für die grenzüberschreitend tätigen Unternehmen dar,[116] sondern verhindern auch den wirksamen Schutz der Verbraucher gegen rechtswidrig eingesetzte grenzüberschreitende kommerzielle Kommunikation. Die Frage der eu-

---

111 Grünbuch KOM(96) 192; *Greff/Dallmer,* Handbuch 1997, S. 229, 231, 247.

112 Folgedokument zum Grünbuch, KOM(98) 121, S. 1.

113 Ebenso: *Paschke,* S. 1; *Gilles,* NJW 1988, S. 2424, 2426; *Paefgen,* WRP 1994, S. 73, 82 m.w.N.; vgl. die Darstellung der Rechtsprechung zum Telefonmarketing im *2. Kapitel,* S. 17 ff.

114 Aktive Telefonwerbung wird von den sog. *Multimedia-Gesetzen* (Informations- und Kommunikationsdienstegesetz und Mediendienste-Staatsvertrag der Länder) nicht erfasst; vgl. BB, Sonderveröffentlichung 1998, S. 11 ff.; *Bräutigam,* WiB 1997, 855 ff. Allerdings findet sich in § 89 Abs. 7 TKG ein Hinweis auf die Möglichkeit der Datenverarbeitung und Datennutzung zu Werbezwecken, wenn der Kunde eingewilligt hat.

115 *Dallmer/Dallmer,* Handbuch 1997, S. 3, 14.

116 99 % der von der Kommission zur Vorbereitung des Grünbuches befragten Unternehmen gaben spezifische rechtliche Schwierigkeiten bei Anwendung grenzüberschreitender Werbung an; vgl. Grünbuch KOM(96) 192, S. 14.

roparechtlichen Bewertung aktiver Telefonwerbung wurde in den vergangenen Jahren insbesondere durch die erforderliche Umsetzung verschiedener, an späterer Stelle noch darzustellender Richtlinien virulent.

Vor diesem Hintergrund wurde die geltende wettbewerbsrechtliche Beurteilung aktiver Telefonwerbung einer Prüfung unterzogen und einer Neubewertung zugeführt.

*Untersuchungsgegenstand* ist die wettbewerbsrechtliche Beurteilung der kommerziellen Telefonwerbung in ihrer Erscheinungsform des *aktiven Telefonmarketing.* Maßgeblich ist dabei die Beurteilung der aktiven Telefonwerbung als *Werbemethode* und nicht die Bewertung einzelfallbezogener Unlauterkeitsmomente, die während eines Telefonkontaktes auftreten können.

Das *passive Telefonmarketing* und das *Telefonmarketing über Freelines* oder über *SMS* sind ebenso wenig Gegenstand dieser Arbeit,[117] wie die rechtlichen Aspekte von Telefonmarketing zu Zwecken der Marktforschung,[118] der Demoskopie, bei Meinungsumfragen oder politischen Kampagnen.

## VII. Gang der Untersuchung

Im nachfolgenden *2. Kapitel* findet sich eine *Darstellung des Regelungs- und Diskussionsstandes zu aktiver Telefonwerbung im Privatbereich.* Dabei werden nicht nur die geltende Wettbewerbsrechtsprechung und der Diskussionsstand in der wettbewerbsrechtlichen Literatur zusammengefasst, sondern auch die individual-rechtlichen Möglichkeiten zur Abwehr unerwünschter Telefonwerbung angesprochen. Letzteres dient zur Klärung der Frage, ob der Rückgriff auf wettbewerbsrechtliche Normen zur Verwirklichung des geforderten Verbraucherschutzes gegen unerbetene Telefonwerbung durch individuellen Rechtsschutz substituiert werden kann.

---

117 Vgl. zum passiven Telefonmarketing: OLG Frankfurt, NJW-RR 1994, S. 946 – LEGO-HOTLINE.

118 Vgl. zu Telefonumfragen von Marktforschungsunternehmen das Gutachten 1-4/96 des Gutachter-Ausschusses für Wettbewerbsfragen, WRP 1997, S. 298: Dort wird vertreten, dass die Belästigungswirkung unaufgeforderter Telefonanrufe von Marktforschungsunternehmen sogar intensiver sei, als bei Telefongesprächen zu Werbezwecken, ohne dass dem ein gleich- oder höherrangiges Interesse des Marktforschungsunternehmens gegenüber stünde. Dazu auch: OLG Stuttgart, GRUR 2002, S. 457 f. = MMR 2002, S. 626 f. (n.rkr); *Schäfer-Newiger,* WRP 2001, S. 782 ff.; *Köhler/Piper,* § 1 Rdnr. 149 m.w.N.; *Paschke,* S. 5, 25 m.w.N.

Im *3. Kapitel* wird eine *Analyse* und eine *kritische Bewertung des bestehenden wettbewerbsrechtlichen Regelungsstandes*, bezogen auf den privaten Verbraucher, vorgenommen. In diesem Kapitel werden Alternativen zum bestehenden Verbot aktiver Telefonwerbung unter Abwägung der beteiligten Interessen sowie unter Berücksichtigung von außergewöhnlichen Belästigungssituationen untersucht und Lösungsvorschläge unterbreitet.

Dafür wird auch auf die vorhandenen Erkenntnisse der amerikanischen Gesetzgebung und Rechtsprechung zu *unsolicited telephone calls* zurückgegriffen. Die gefundenen Lösungsvorschläge werden im Anschluss daran unter dem Gesichtspunkt der Gleichbehandlung zu der geltenden wettbewerbsrechtlichen Beurteilung anderer Direktmarketing-Methoden abgeglichen.

Da die wettbewerbsrechtliche Bewertung aktiver Telefonwerbung gegenüber Gewerbetreibenden anderen Kriterien unterliegt, erfolgt im *4. Kapitel* eine gesonderte *Darstellung und Beurteilung des Regelungsstandes zur aktiven Telefonwerbung Business-to-Business*. Dabei wird versucht, die bereits für den Bereich *Business-to-Consumer* erarbeiteten Vorschläge auf den Bereich *Business-to-Business* zu übertragen.

Mit dem *5. Kapitel* wendet sich der Blick weg von der nationalen, und hin zu der europäischen Rechtslage. Dieses Kapitel soll sowohl durch Beispiele zum *Regelungsstand der aktiven Telefonmarketing in Europa* informieren, als auch auf entsprechende Regelungsansätze einschlägiger europäischer Richtlinien hinweisen. Zudem wird anhand der Vorschriften des EG-Vertrages untersucht, inwieweit die zu aktiver Telefonwerbung bestehende deutsche Rechtslage einerseits und die Alternativvorschläge andererseits als Beschränkungen des freien Warenverkehrs nach Art. 28, 30 EGV und/oder des freien Dienstleistungsverkehrs nach Art. 49, 50 EGV wirken können.

Im *6. Kapitel* erfolgt eine *Zusammenfassung der erarbeiteten Thesen* und Lösungsvorschläge.

Abschließend wird im *7. Kapitel* auf *prozessuale Möglichkeiten* zur Umsetzung und Unterstützung der erarbeiteten Alternativlösungen hingewiesen.

# 2. Kapitel – Regelungs- und Diskussionsstand zu aktiver Telefonwerbung *Business-to-Consumer*

## A. Vorbemerkung

Bereits 1961 beurteilte das *OLG Hamburg* die *„Werbung durch telephonische Anrufe im privaten Bereich"* auf der Grundlage des § 1 UWG als *„lästig und aufdringlich"*, als eine Werbung, die in die *„häusliche Sphäre"* eindringe und den *„psychologischen Zwang auf den Angesprochenen"* ausübe, diese Werbung zur Kenntnis zu nehmen.[1]

Das Gericht unterschied dabei zwischen Werbeanrufen *Business-to-Consumer (B2C)* also gegenüber privaten Verbrauchern,[2] und solchen, die im *„geschäftlichen Verkehr" (Business-to-Business, B2B)* erfolgen.[3] Diese Trennung wurde von der Rechtsprechung[4] und der Literatur[5] durchgängig beibehalten und mit der unterschiedlichen Schutzbedürftigkeit der angesprochenen Marktteilnehmer begründet: Während der private Verbraucher wegen seiner wirtschaftlichen und sozialen Unterlegenheit gegenüber der Marktmacht der Anbieter grundsätzlich als besonders schutzbedürftig angesehen wird,[6] wird bei Gewerbetreibenden

---

1 OLG Hamburg, WRP 1961, S. 16; dazu auch *Schade*, S. 110.

2 Der Begriff des Verbrauchers wird nicht einheitlich gebraucht: In § 13 Abs. 2 Nr. 3 UWG findet sich der Begriff des *„Verbrauchers"*, hingegen in §§ 6a und 6b UWG und § 1 Abs. 1 PrAngVO der Begriff des *„letzten Verbrauchers"*. In der Rechtsprechung und Literatur spricht man weiterhin vom *„Endverbraucher"*, vom *„privaten Verbraucher"* sowie vom *„gewerblichen Verbraucher"*. Inzwischen findet sich in § 13 BGB eine Legaldefinition, nach der jede natürliche Person, die ein Rechtsgeschäft zu einem Zweck abschließt, der weder ihrer gewerblichen noch ihrer selbständigen beruflichen Tätigkeit zugerechnet werden kann, als Verbraucher zu verstehen ist. Vgl. dazu auch *Baumbach/ Hefermehl* § 6a UWG, Rdnr. 9; *Schneider*, BB 1974, 764; *Schricker*, GRUR Int. 1970, S. 32, 39.
Wenn in dieser Arbeit vom *„Verbraucher"* gesprochen wird, ist damit der *private Letztverbraucher*, nicht hingegen der *„gewerbliche Verbraucher"* gemeint.

3 OLG Hamburg, WRP 1961, S. 161.

4 Vgl. die nachfolgenden Ausführungen zu den BGH-Entscheidungen *Telefonwerbung I* und *Telefonwerbung IV*.

5 Vgl. *Baumbach/Hefermehl*, § 1 UWG, Rdnr. 67 und 68.

6 *Schricker*, RabelsZ 36 (1972), S. 315, 317; *Schneider*, BB 1974, S. 764, 767.

ein geringeres Schutzbedürfnis unterstellt. Die nachfolgende Darstellung und Diskussion folgt dieser Systematik.

## B. Rechtsprechung und Literatur zur wettbewerbsrechtlichen Beurteilung aktiver Telefonwerbung im Privatbereich

Die wettbewerbsrechtliche Zulässigkeit unerbetener Telefonwerbung bestimmt sich nach § 1 UWG und wird dort in der Fallgruppe[7] des *Kundenfangs*, innerhalb dieser Kategorie vornehmlich unter dem Unlauterkeitsgesichtspunkt der *Belästigung* behandelt.[8] Da unerbetenen Werbeanrufen zudem das Merkmal der Überrumpelung zugeschrieben wird, finden sich weitere Zuordnungen zu den Kategorien der *Überrumpelung*[9] und des *psychologischen Kaufzwangs*[10]. Vereinzelt wird das aktive Telefonmarketing auch als *Behinderungswettbewerb* angesehen.[11]

### I. Zusammenstellung der Rechtsprechung

Die Rechtsprechung der Instanzgerichte zum aktiven Telefonmarketing im Privatbereich folgt bisher, von wenigen Ausnahmen abgesehen,[12] strikt den Grund-

---

[7] Zu der Einteilung nach Fallgruppen: *Baumbach/Hefermehl*, Einl. UWG, Rdnr. 160 ff. m.w.N.; *Köhler/Piper*, Einf., Rdnr. 136 ff. m.w.N.; *v. Gamm*, 19. Kap., Rdnr. 2 m.w.N.; *Emmerich*, S. 74 ff. unterscheidet nach dem Schutzsubjekt; vgl. auch *Hartwig*, NJW 2002, S. 38 f.

[8] Vgl. exemplarisch *Baumbach/Hefermehl*, § 1 UWG, Rdnr. 67 f.; *Köhler/Piper*, § 1, Rdnr. 136 ff.; bei *v. Gamm,* § 1, Rdnr. 151 unterfällt die Telefonwerbung der Fallgruppe *„Unsachliche Werbemittel"* und dort der Untergruppe *„Anreißen"*.

[9] *Baumbach/Hefermehl*, § 1 UWG, Rdnr. 51 m.w.N.

[10] *Bülow,* GRUR 1974, S. 254, 264. Die Gerichte sind – soweit ersichtlich – auf den Aspekt des psychologischen Kaufzwangs im Zusammenhang mit aktiver Telefonwerbung bisher nicht eingegangen.

[11] *Nordemann,* WRP 1969, S. 16, 18; *ders.,* Wettbewerbsrecht, S. 119, Rdnr. 185 und S. 144, Rdnr. 240 f.

[12] Vgl. OLG Hamburg, Urt. v. 17.11.1983, Az.: 3 U 138/83 (n.v.); OLG Karlsruhe, WRP 1992, S. 125, 127; KG Berlin, ZIP 1993, S. 462, 463 = EWiR § 1 UWG 3/93, S. 87 m. Anm. Lindacher; LG Darmstadt, Urt. v. 04.11.1994, Az.: 15 O 494/94 (n.v.).

sätzen des BGH aus seinen inzwischen zahlreichen einschlägigen Entscheidungen.[13]

## 1. Basisentscheidung: *Telefonwerbung I*

Der BGH hat in seiner ersten Entscheidung (*Telefonwerbung I*) zur wettbewerbsrechtlichen Zulässigkeit aktiver Telefonwerbung festgestellt, dass es gegen die guten Sitten des lauteren Wettbewerbs verstoße, unaufgefordert Inhaber von Fernsprechanschlüssen, zu denen bislang keine Beziehungen bestanden, in ihrem Privatbereich zur Vorbereitung oder zur Anbahnung von Geschäftsabschlüssen anzurufen, insbesondere um Waren oder sonstige Leistungen anzubieten.[14]

### a) Sachverhalt und Prozesshistorie

Dem Rechtsstreit lag zugrunde, dass die Beklagte eine amerikanische Agentur zur telefonischen Abonnentenwerbung verpflichtet hatte. Die eigens dafür geschulten Mitarbeiter nahmen mit Privatpersonen in der Zeit zwischen 16 und 19 Uhr telefonischen Kontakt auf, der bei Widerspruch des Angerufenen sofort abgebrochen wurde.

Das *LG Dortmund*[15] hatte der Klage in der ersten Instanz mit der Begründung stattgegeben, dass aufgrund der Flexibilität dieser Werbemethode die *„Gefahr einer lawinenartigen Ausbreitung handgreiflich"* sei und die besondere Lästigkeit der Telefonwerbung nicht im einzelnen Anruf, sondern in der ihr *„immanenten Gefahr der Potenzierung"* liege.

Das *OLG Hamm*[16] bestätigte zwar grundsätzlich das erstinstanzliche Urteil, jedoch mit der Einschränkung, dass Telefonwerbung bei Inhabern von Privatanschlüssen nicht immer wettbewerbswidrig sei. Das Gericht führte dazu aus,

---

[13] Vgl. insbesondere KG Berlin, WRP 1975, S. 445; KG Berlin, WRP 1978, S. 373, 377; KG Berlin, WRP 1988, S. 304, 305; KG Berlin, WM 1988, S. 1144, 1146; OLG Koblenz, WRP 1991, S. 332, 333; OLG Stuttgart, NJW-RR 1990, S. 1135 f.

[14] BGH, Urt. v. 19.06.1970, BGHZ 54, 188 = NJW 1970, S. 1738 = GRUR 1970, S. 523 m. Anm. *Droste* = VersR 1970, S. 866 = MDR 1970, S. 826 – Telefonwerbung I.

[15] LG Dortmund, BB 1968, S. 970.

[16] OLG Hamm, WRP 1968, S. 452.

dass mit dem Telefonanschluss die *„Öffentlichkeit und die große Welt"* für Werbeanrufe so weit hergestellt werde, als das Interesse des einzelnen Anschlussinhabers es vermuten lasse.

### b) Wesentliche Entscheidungsgründe und Folgejudikatur der Instanzgerichte

Der BGH stützt seine Entscheidung im Wesentlichen auf die folgenden, von den Instanzgerichten später aufgegriffenen und fortgeschriebenen Argumente:

#### (1) Unlautere Belästigung durch Eingriff in die Individualsphäre

Nach Auffassung des für diesen Fall zuständigen I. Zivilsenats liegt in der unerbetenen Telefonwerbung ein *unzulässiger Eingriff in die Individualsphäre* des Angerufenen und damit eine *unlautere Belästigung*, die von der Allgemeinheit, die Verbraucher eingeschlossen, missbilligt und als untragbar angesehen werde.[17] Die Verbraucherbelästigung wird damit begründet, dass die technische Eigenart des Telefons ein *„unkontrollierbares Eindringen in die Individualsphäre des Anschlussinhabers"* ermögliche und diesen nötige, das Gespräch anzunehmen, um Kenntnis über die Identität des Anrufers zu erhalten.[18] Nach Annahme des Gesprächs bleibe *„zunächst die Ungewissheit über den Anrufer und den Zweck des Anrufs bestehen"* und der Angerufene sei genötigt, *„sich intensiv mit dem Anrufer zu befassen"*. Der Grad der Belästigung werde auch nicht durch ein höfliches Auftreten des Anrufers verringert, da bereits in dem *„Anruf als solchem"* ein Missbrauch des Telefonanschlusses zu sehen sei.[19]

---

17 BGH NJW 1970, S. 1738, 1739 – Telefonwerbung I; dieses Argument wieder aufgreifend: OLG Köln, NJW-RR 1993, S. 753; OLG Stuttgart, NJW-RR 1990, S. 1135; OLG Koblenz, WRP 1991, S. 332, 333; OLG München, WRP 1976, S. 61; KG Berlin, WRP 1975, S. 445, 447; LG Bad Kreuznach, GRUR 1989, S. 364.

18 Dieser Argumentation folgend: OLG Stuttgart, NJW-RR 1990, S. 1135; OLG Stuttgart, NJW-RR 1987, S. 1132; OLG Frankfurt/Main, GRUR 1983, S. 674, 675; LG Bad Kreuznach, GRUR 1989, S. 364, 365.

19 Dieser Argumentation folgend: OLG Stuttgart, NJW-RR 1994, S. 1534, 1535; LG Bad Kreuznach, GRUR 1989, S. 364, 365.

### (2) Vorrang des Individualschutzes gegenüber dem Gewinnstreben Dritter

Dem *Individualschutz* des telefonisch beworbenen Verbrauchers sei *„in Abwägung zu den Interessen der Werbenden"* und – mit der Terminologie des BGH[20] – *„gegenüber dem Gewinnstreben Dritter"*, oder – wie von den Instanzgerichten in der Folge zu *Telefonwerbung I* formuliert – gegenüber dem *„berechtigten Interesse der gewerblichen Wirtschaft, ihre Produkte werbemäßig anzupreisen"*[21] ausnahmslos der Vorrang einzuräumen.

### (3) Sittenwidrigkeit wegen Nachahmungsgefahr

Mit der Begründung, dass die Werbung durch Telefonanruf als wirtschaftlich nicht besonders aufwendige und zeitsparende Methode auf eine Vielzahl von Gewerbezweigen, Waren, Dienstleistungen und sonstige Geschäfte erstreckt werden könne, griff der BGH zudem die erstinstanzliche Argumentation des *LG Dortmund*[22] auf und erkannte eine Unlauterkeit telefonischer Werbung auch aufgrund der *„Gefahr einer Nachahmung"* durch die Mitbewerber.[23]

In der Folgejudikatur sah das *OLG Frankfurt/Main*[24] die Gefahr einer Nachahmung insbesondere aufgrund neuer Möglichkeiten der Kabeltechnik, und das *KG Berlin*[25] für den Fall, dass nachfassende Anrufe in Fällen komplexer Sachverhalte zulässig sein sollten. Für die letztgenannte Fallkonstellation wird insbesondere befürchtet, dass Verträge dann *„ganz bewusst unklar und unübersichtlich gehalten"* würden, um die Notwendigkeit einer telefonischen Kontaktaufnahme zu provozieren.

---

20 BGH NJW 1970, S. 1738, 1739 – Telefonwerbung I; ebenso: KG Berlin, WRP 1975, S. 445, 447; LG Bad Kreuznach, GRUR 1989, S. 364.

21 OLG Stuttgart, NJW-RR 1994, S. 1534; ebenso: OLG Koblenz, WRP 1991, S. 332, 333; OLG Köln, NJW-RR 1993, S. 753; KG Berlin, WRP 1995, S. 107, 111.

22 LG Dortmund, BB 1968, S. 970.

23 BGH NJW 1970, S. 1738, 1739 – Telefonwerbung I; ebenso: OLG Köln, NJW-RR 1993, S. 753; OLG Stuttgart, ZIP 1988, S. 674, 675; KG Berlin, WRP 1975, S. 445, 447; LG Berlin, ZIP 1990, S. 1353; a.A. OLG Hamburg, Urt. v. 17.11.1983, Az.: 3 U 138/83 (n.v.).

24 OLG Frankfurt/Main, GRUR 1983, S. 674, 675.

25 KG Berlin, WRP 1995, S. 107, 113.

### (4) Keine Vergleichbarkeit mit Vertreterbesuchen

Schließlich sah der BGH wegen der Unterschiede der Werbemethoden des Vertreterbesuches einerseits und der aktiven Telefonwerbung andererseits, sowie aufgrund der beim *Vertreterbesuch* zu berücksichtigenden *„historischen Gegebenheiten"*, keine Vergleichbarkeit telefonischer Werbung mit den lauterkeitsrechtlich als zulässig angesehenen Vertreterbesuchen.[26]

Dieses Argument wurde bereits vom *OLG Hamburg*[27] in der ersten Entscheidung zu unerbetener Telefonwerbung mit der Begründung angeführt, dass man bei unerwünschten Vertreterbesuchen die Haustür geschlossen halten könne. Diesen pragmatischen Weg verfolgte etliche Jahre später auch das *OLG Stuttgart*[28] mit dem Hinweis, dass sich unerwünschte Besucher durch *„schriftliche Hinweise an der Haustür, Abstellen der Glocke oder schlichte Passivität leicht abwehren"* ließen.

### c) *„Rechtfertigende Beziehung"* als Einschränkung des Telefonwerbeverbots

Der Senat schränkte sein Telefonwerbeverbot jedoch dahingehend ein, dass der Inhaber eines Telefonanschlusses sich und sein Heim zwar nicht *„unbeschränkt der großen Welt"*, jedoch demjenigen öffne, zu dem er in einer solchen Beziehung stehe, *„die die Inanspruchnahme gerechtfertigt erscheinen"* lasse.[29] Damit wurde der Werbepraxis die Möglichkeit eröffnet, das grundsätzliche geltende Telefonwerbeverbot unter Berufung auf bereits bestehende, oder eigens geschaffene, *„Beziehungen"* zwischen Werber und Umworbenen zu umgehen.[30]

---

26 BGH NJW 1970, S. 1738, 1739 f. – Telefonwerbung I.

27 OLG Hamburg, WRP 1961, S. 161.

28 OLG Stuttgart, ZIP 1988, S. 674, 675.

29 BGH NJW 1970, S. 1738, 1739 – Telefonwerbung I; vgl. dazu *Steckler*, GRUR 1993, S. 865, 867 m.w.N.: *„Der private Anschlussinhaber möchte für einen eingeschränkten Personenkreis – Freunde, Bekannte, Arbeitgeber, Behörden, Vertragspartner – erreichbar sein. Keineswegs will er sich uneingeschränkt der Öffentlichkeit preisgeben, vielmehr nur in den Fällen angerufen werden, in denen er selbst an dem Anruf ein Interesse hat, beispielsweise weil er in besonderen privaten oder geschäftlichen Beziehungen zum Anrufer steht."*; ebenso: *Paefgen*, MDR 1992, S. 112, 117.

30 *Ulrich*, WRP 1996, S. 1011, 1013; *Gilles*, NJW 1988, S. 2424, 2428; *Ruth*, BGH EWiR § 1 UWG 9/89, S. 1031.

Erwartungsgemäß waren die Instanzgerichte in den Folgejahren vorrangig mit Streitfragen zu den Voraussetzungen dieser *„rechtfertigenden Beziehungen"* befasst, wobei sich bis Mitte der 80er Jahre aufgrund der relativ geringen Nutzung des aktiven Telefonmarketing[31] verhältnismäßig wenige Entscheidungen zur Zulässigkeit aktiver Telefonwerbung finden.[32]

Als *„rechtfertigende Beziehung"* wurden von den Instanzgerichten die geschäftlichen Verbindungen eines Handelsvertreters zu seinem Kundenstamm[33] ebenso anerkannt, wie die persönliche *„Bekanntschaft"* zwischen Anrufer und Angerufenen[34] oder der Kundenkontakt aufgrund der schriftlichen Anforderung von Informationsmaterial.[35] Letzteres sollte selbst dann gelten, wenn der Kunde auf der Anforderungskarte in dem Feld zur Angabe der Telefonnummer einen Schrägstrich mit zwei Punkten angebracht hatte.

Das *OLG Frankfurt/Main*[36] verlangte zur Rechtfertigung hingegen eine *„ständige geschäftliche Beziehungen"* zwischen dem Werbenden und der beworbenen Privatperson.

Das *KG Berlin*[37] differenzierte nach *„Art und Dauer des Kontakts"* sowie nach dem *„Geschäftsgegenstand"* und ließ einen zwei Jahre zurückliegenden und zwischenzeitlich nicht genutzten Geschäftskontakt nicht ausreichen.

---

31 Zu den Entwicklungsstufen des Direktmarketing: *Töpfer/Greff* in Greff/Töpfer, S. 9 m.w.N.

32 Vgl. *Nordemann,* AfP 1991, S. 484, 485; *Ehlers,* WRP 1983, S. 187, 190 zog daraus Anfang der 80er Jahre die – retrospektiv voreilige – Schlussfolgerung, dass *„Telefonwerbung aller Voraussicht nach auch künftig die Gerichte der Bundesrepublik Deutschland nur selten beschäftigen"* werde.

33 OLG Hamburg, WRP 1978, S. 553, 554.

34 OLG Stuttgart, NJW-RR 1987, S. 1132, 1133 = EWiR § 1 UWG 8/87, S. 817 (*Gilles*).

35 OLG Hamburg, Urt. v. 17.11.1983, Az.: 3 U 138/83 (n.v.); ebenso LG Hamburg, Urt. v. 18.05.1983, Az.: 15 O 1141/82 (n.v.); a.A. KG Berlin, WM 1988, S. 1144, 1146, entgegen LG Berlin, Urt. v. 19.06.1986, Az.: 16 O 317/86 als Vorinstanz.

36 OLG Frankfurt/Main, GRUR 1983, S. 674, 675; a.A. LG Oldenburg, GRUR 1988, S. 551, 552 (Geschäftsbeziehungen zwischen Inserenten und Herausgeber einer Tageszeitung ausreichend).

37 KG Berlin, WRP 1988, S. 304, 305 f.

### 2. Konkretisierung durch *Telefonwerbung II* (Weinhändler-Fall) und *Telefonwerbung III*

Die unterschiedlichen Maßstäbe, die an das Vorliegen einer *„rechtfertigenden Beziehung"* gelegt wurden, haben in der Folgezeit zu ciner erheblichen Rechtsunsicherheit im Umgang mit aktiver Telefonwerbung geführt. Der BGH war aufgrund dessen gezwungen, seine Rechtsprechung fortzuentwickeln und hat in *Telefonwerbung II*[38] und *Telefonwerbung III*[39] das Kriterium der rechtfertigenden Beziehung zugunsten eines *„Präventivverbotes mit Einverständnisvorbehalt"* aufgegeben.

#### a) Sachverhalt und Prozesshistorie

Die Beklagte in *Telefonwerbung II* – Betreiberin eines Weingutes mit Weinkellerei – bot ihre Weine über Vertreter bei Privatpersonen an, indem nach telefonischer Terminvereinbarung eine Weinprobe mit Verkaufsgespräch in der jeweiligen Privatwohnung des Kunden erfolgte. In dem der Klage zugrundeliegenden Fall kam es aufgrund eines Werbeanrufes zu der Weinbestellung eines Kunden, dessen letzte Weinbestellung bereits zwei Jahre zurücklag. Der Kunde hatte zunächst auf eine schriftliche, ein Jahr vor dem Telefonanruf vorgenommene Einladung zu einer Weinprobe ebenso wenig reagiert, wie auf ein Werbeschreiben, welches zur Ankündigung des Werbeanrufes zugesandt worden war.[40]

Der klagende Verbraucherschutzverband war der Ansicht, der Kunde sei durch die beanstandete Telefonwerbung in unzumutbarer Weise belästigt worden und sah darin einen Verstoß gegen die guten Sitten im Wettbewerb. Das *LG Berlin*[41] hat der Klage stattgegeben; die Berufung[42] der Beklagten blieb im Ergebnis erfolglos.

---

[38] BGH, Urt. v. 08.06.1989, NJW 1989, S. 2820 = GRUR 1989, S. 753 = WRP 1990, S. 169 = BB 1989, S. 1777 = MDR 1990, S. 23 = ZIP 1989, S. 1285 m. Anm. *Paefgen* = WuB V B. § 1 UWG 5.89 m. Anm. *Steppeler* – Telefonwerbung II.

[39] BGH, Urt. v. 08.11.1989, NJW-RR 1990, S. 359 = MDR 1990, S. 511 = GRUR 1990, S. 280 = ZIP 1990, S. 199 = VersR 1990, S. 634 = EWiR § 1 UWG 2/90, 187 (*Ulrich*) - Telefonwerbung III.

[40] BGH NJW 1989, S. 2820 – Telefonwerbung II.

[41] LG Berlin, Urt. v. 06.03.1986, Az.: 27 O 394/85 (n.v.)

[42] KG Berlin, WRP 1988, S. 304.

### b) Urteilsbegründung und Folgejudikatur der Instanzgerichte zu *Telefonwerbung II*

Der BGH bestätigte zunächst sein grundsätzliches Verbot aus *Telefonwerbung I* mit der Maßgabe, dass auch *„bestehende geschäftliche Beziehungen zum privaten Endabnehmer . . . grundsätzlich keine andere Beurteilung"* rechtfertigen könnten.[43] Weiterhin führte der Senat aus, dass die berechtigten Interessen der gewerblichen Wirtschaft, ihre Produkte werbemäßig anzupreisen, es angesichts der Vielfältigkeit der Werbemethoden nicht erfordern, mit der Werbung auch in den privaten Bereich des umworbenen Verbrauchers einzudringen.[44]

An die Stelle der *„rechtfertigenden Beziehungen"* aus *Telefonwerbung I* setzte das Gericht die seither geltende *Einverständnislösung*, nach der eine Telefonwerbung gegenüber Privatpersonen nur dann zulässig ist, wenn der Angerufene – ausdrücklich oder stillschweigend – sein Einverständnis zu dem Werbeanruf erklärt hat.

In der unterbliebenen Reaktion auf die briefliche Ankündigung des Telefonanrufs sah der BGH kein stillschweigendes Einverständnis. Ein solches sollte vielmehr nur dann gegeben sein, wenn *„der Kunde neben seiner Adresse auch seine Telefonnummer in der Erkenntnis mitteilt, diese werde von dem werbenden Unternehmen zur Fortführung des geschäftlichen Kontaktes genutzt"*.[45]

Die Beantwortung der Frage, wann ein Kunde seine Telefonnummer in dieser Erkenntnis mitteilt, ließ der BGH unbeantwortet und setzte damit die Ursache für weitere umfangreiche Instanzrechtsprechung:

---

43 BGH NJW 1989, S. 2820 – Telefonwerbung II; im Ergebnis ebenso: OLG Köln, MD 2002, S. 290; a.A. KG Berlin, WRP 1988, S. 304, 305 f.; kritisch: *Steppler,* WuB V B. § 1 UWG 5.89, S. 1471, 1472.

44 Ebenso: KG Berlin, WRP 1995, S. 107, 111; OLG Stuttgart, NJW-RR 1994, S. 1534; OLG Köln, NJW-RR 1993, S. 753; OLG Koblenz, WRP 1991, S. 332, 334, welches einen Eingriff in die Grundrechte des werbenden Unternehmens allenfalls dann anerkennen will, wenn durch das Verbot aktiver Telefonwerbung der Bestand des Unternehmens gefährdet ist.

45 Dieser Argumentation folgend: KG Berlin, WRP 1995, S. 107, 111, welches für die Annahme eines konkludenten Einverständnisses eine *„insoweit schlüssige und nicht von Zweifeln behaftete Situation"* verlangt; OLG Köln, NJW-RR 1993, S. 753 mit der Feststellung, dass an die Annahme eines konkludenten Einverständnisses *„hohe Anforderungen"* zu stellen seien; ebenso: *Ruth,* BGH EWiR § 1 UWG 9/89, S. 1031, 1032; vgl. weiterhin OLG Karlsruhe, WRP 1992, S. 125, 127; OLG Koblenz, WRP 1991, S. 332, 333; OLG Frankfurt, NJW-RR 1990, S. 1137.

So reichte beispielsweise dem *OLG Frankfurt/Main*[46] die *„bloße Angabe der Telefonnummer im Briefkopf eines privaten Briefbogens"* für die Annahme eines stillschweigenden Einverständnisses nicht aus. Das *OLG Koblenz*[47] nahm an, dass einem Kunden bei Angabe seiner Telefonnummer in dem Bestellschein für ein Zeitschriftenabonnement die Erkenntnis fehle, dass diese im Falle einer Kündigung zur telefonischen Nachbearbeitung genutzt werden könnte. Ebenso wenig wurde die Angabe einer Telefonnummer in einem Partner-Test-Bogen als Einverständnis mit der telefonischen Kontaktaufnahme zur Absprache eines Besuchstermins oder eines Vertragsabschlusses angesehen, sondern allenfalls zur telefonischen Übermittlung des in der Werbung versprochenen Gratis-Angebots oder zur Abklärung möglicher Unklarheiten hinsichtlich des gewünschten Materials oder der Anschrift.[48]

Weiterhin wurde argumentiert, dass bereits die *„Eintragung eines Fernsprechteilnehmers in das amtliche Fernsprechverzeichnis"* ein konkludentes Einverständnis zum Empfang von Werbeanrufen darstelle.[49] Dem wurde jedoch entgegengehalten, dass eine solche Eintragung lediglich dazu diene, privaten Dritten einen Anruf zu ermöglichen.[50]

Im Fall des Kaltanrufes eines Gebrauchtwagenvermittlers auf eine private Kfz-Verkaufsannonce, in der die Telefonnummer angegeben worden war, entschied das *OLG Stuttgart*[51], dass in der Mitteilung der Telefonnummer kein stillschweigendes Einverständnis zu Anrufen von Kfz-Vermittlern, sondern nur von Kaufinteressenten, gesehen werden könne.

Eine zu *Telefonwerbung II* abweichende Haltung nahm das *KG Berlin*[52] ein, indem es aufgrund der bloßen Abfassung eines Versicherungsantrages, unabhängig von der verbraucherseitigen Angabe einer Telefonnummer, auf ein konkludentes Einverständnis zu Werbeanrufen des Versicherungsunternehmens erkannte.

---

46 OLG Frankfurt/Main, NJW-RR 1990, S. 1137.

47 OLG Koblenz, WRP 1991, S. 332, 333 f.; nach OLG Karlsruhe, WRP 1992, S. 125, 127 soll hingegen die Nachbearbeitung zur Feststellung etwaiger Mängel im Vertriebssystem wettbewerbsrechtlich zulässig sein.

48 OLG Stuttgart, NJW-RR 1990, S. 1135, 1136; ebenso OLG Hamburg, Urt. v. 17.11.1983, Az.: 3 U 138/83 (n.v.); LG Hamburg, Urt. v. 18.05.1983, Az.: 15 0 1141/82 (n.v.); a.A. hinsichtlich der Zulässigkeit von Telefonanrufen zur Absprache von Unklarheiten: KG, WM 1988, S. 1144, 1146.

49 Bereits in *Telefonwerbung I* von der Beklagten vorgebracht – BGH NJW 1970, S. 1738.

50 KG Berlin, WRP 1995, S. 107, 112; ebenso OLG Karlsruhe, WRP 1992, S. 125, 126.

51 OLG Stuttgart, NJW-RR 1994, S. 1534, 1535; ebenso: LG Köln, AfP 1992, S. 309, 310.

52 KG Berlin, ZIP 1993, S. 462, 463.

Die Voraussetzungen für das Vorliegen eines wirksamen ausdrücklichen Einverständnisses wurden in der Instanzjudikatur noch enger gefasst: So wurde ein ausdrückliches Einverständnis zwar in dem eindeutigen Fall der schriftlichen Angabe der Telefonnummer, verbunden mit der ausdrücklichen Bitte um Rückruf angenommen.[53] Ebenso wurde eine *„Vereinbarung"* als Zustimmung zu telefonischer Kontaktaufnahme, abgedruckt in einem Auftragsformular unterhalb der Unterschriftszeile, als ausdrückliches Einverständnis angesehen.[54]

Eine entsprechende Erklärung, die in einem Heft zur Anforderung von Informationsmaterial abgedruckt gewesen war, sollte jedoch nach der Auffassung des *OLG Köln*[55] für die Annahme eines ausdrücklichen Einverständnisses zu telefonischer Werbung nicht mehr ausreichen. Auf dieser Linie liegen nunmehr auch die jüngsten BGH-Entscheidungen zum aktiven Telefonmarketing, auf die an späterer Stelle noch einzugehen ist.[56]

Das ausdrückliche Einverständnis muss nach der Auffassung des *OLG Hamm*[57] *vor* der telefonischen Kontaktaufnahme eingeholt werden; es reiche nicht aus, wenn der Anrufende zu Beginn des Telefonats den Zweck seines Anrufs mitteilt und der Angerufene dem Werbegespräch daraufhin nicht widerspricht.[58]

### c) Ergänzung durch *Telefonwerbung III*

Die Entscheidung *Telefonwerbung III* ergänzt die Rechtsprechung aus *Telefonwerbung II* hinsichtlich der *Voraussetzungen eines konkludenten Einverständnisses* zu unerbetenen Werbeanrufen. Ein solches ist nach den Urteilsgründen von *Telefonwerbung III* in der Regel nicht in der bloßen Bitte um Übersendung von Informationsmaterial zu sehen.[59] Dies gelte ohne Ausnahme, wenn auf einer

53 OLG Köln, NJW-RR 1993, S. 753.

54 OLG München, BB 1994, S. 1456.

55 OLG Köln, NJW-RR 1993, S. 753.

56 BGH, Urt. v. 16.03.1999, WRP 1999, S. 660 – Einverständnis mit Telefonwerbung; BGH, Urt. v. 27.01.2000, WRP 2000, S. 722 – Telefonwerbung VI.

57 OLG Hamm, NJW-RR 1992, S. 1395.

58 OLG Karlsruhe, WRP 1992, S. 125, 126 f.; OLG Frankfurt, NJW-RR 1990, S. 1137; *Köhler/Piper,* § 1 Rdnr. 150 mit Hinweis auf BGH GRUR 1994, S. 380, 381 – Lexikothek.

59 BGH NJW-RR 1990, S. 359, 360 – Telefonwerbung III; ebenso: KG Berlin, WM 1988, S. 1144, 1146, das noch auf die Frage der ausreichenden *„Beziehungen"* zum Empfänger der Mitteilung abstellt. Das LG Berlin, Urt. v. 19.06.1986, – 16 O 317/86 – hat die Klage

Postkarte zur Anforderung von Informationsmaterial das Feld für die Telefonnummer, wie im Sachverhalt zu *Telefonwerbung III* geschehen, durchgestrichen und die Telefonnummer nicht mitgeteilt worden ist.[60] Damit gebe der Kunde zu erkennen, dass er einen telefonischen Anruf durch den Gewerbetreibenden ablehne.

Unter Berücksichtigung der Entscheidungsgründe zu *Telefonwerbung II* stellt sich die Frage, warum sich der BGH überhaupt mit diesem Fall befassen musste. Geht man nämlich mit *Telefonwerbung II* davon aus, dass der Kunde zur berechtigten Annahme eines konkludenten Einverständnisses seine Telefonnummer in der Erkenntnis mitteilt haben muss, dass diese von dem werbenden Unternehmen zur Fortführung des geschäftlichen Kontaktes genutzt werde, ist die Nichtangabe einer Telefonnummer ein Weniger und kann somit ein konkludentes Einverständnis keinesfalls begründen.

Selbst wenn man berücksichtigen will, dass die Angabe der Telefonnummer versehentlich unterbleiben kann, bedurfte es der erneuten Entscheidung nicht. Mit *Telefonwerbung II* hat sich der BGH vorbehaltlos für die Notwendigkeit eines erklärten Einverständnisses, ob ausdrücklich oder konkludent, und gegen die Annahme eines vermuteten Einverständnisses zur Rechtfertigung unerbetener Werbeanrufe entschieden. Auf letzteres würde es jedoch hinauslaufen, wenn man den Fall eines Versehens beim Weglassen der Telefonnummer unterstellen und auf dieser Grundlage ein Einverständnis annehmen wollte. Im vorliegenden Fall kam hinzu, dass der Verbraucher die Angabe der Telefonnummer gerade nicht vergessen, sondern seine Ablehnung eines Telefonkontaktes mit dem Durchstreichen des für die Telefonnummer vorgesehenen Feldes deutlich kundgetan hatte.

## 3. Vergleichbarkeit von Telefonwerbung und Vertreterbesuch: *Lexikothek*

Nachdem in *Telefonwerbung I* die persönliche werbemäßige Ansprache mittels eines Vertreterbesuches wettbewerbsrechtlich als zulässig erklärt worden war, wurde die Problematik der *persönlichen bzw. telefonischen Nachbearbeitung*

---

hingegen abgewiesen mit der Begründung, dass zwischen den Parteien aufgrund der abgesandten Postkarte eine die Telefonwerbung rechtfertigende Beziehung hergestellt worden sei.

[60] Vgl. KG Berlin, WRP 1995, S. 107, 110 selbst für erläuterungsbedürftiges Informationsmaterial, ebenso als Vorinstanz: LG Berlin, Urt. v. 29.06.1993, Az.: 27 O 186/93 (n.v.)

*gekündigter oder widerrufener Verträge* in *Lexikothek*[61] nochmals aufgegriffen, obwohl der BGH noch 1991 die Revision gegen ein Urteil des *OLG Koblenz* zu einem vergleichbaren Sachverhalt nicht angenommen hatte.[62]

## a) Sachverhalt

Nach dem entscheidungsrelevanten Sachverhalt vereinbarte ein Vertreter der Beklagten, welche mit der Herstellung und dem Vertrieb von Lexika befasst war, mit dem Mitglied eines im Konzern mit der Beklagten verbundenen, rechtlich jedoch selbständigen Buch-Clubs einen Besprechungstermin in dessen Privatwohnung. Bei dem vereinbarten Besuch bestellte die Kundin das angebotene Werk, widerrief jedoch in der Folgezeit rechtswirksam[63] diese Bestellung.

Nach vergeblichen Versuchen einer telefonischen Kontaktaufnahme besuchte ein Mitarbeiter der Beklagten die Kundin und erkundigte sich nach den Gründen für den Widerruf. Der Kläger, ein Verbraucherschutzverband, beanstandete das gesamte Vorgehen als wettbewerbswidrig i. S. von § 1 UWG.

---

[61] BGH, Urt. v. 16.12.1993, NJW 1994, S. 1071 = WRP 1994, S. 262 = BB 1994, S. 537 = GRUR 1994, S. 380 = EWiR § 1 UWG 8/94, S. 389 (*Paefgen*) = WuB V B. § 1 UWG 3.94 m. Anm. Klingsporn – Lexikothek.

[62] Das OLG Koblenz, WRP 1991, S. 332 hatte über folgenden Sachverhalt zu entscheiden: Ein Privatkunde hatte nach einem mehrjährigen Bezug sein Zeitschriftenabonnement gekündigt. Noch vor Ablauf der Vertragszeit rief ein Mitarbeiter des Vertriebsunternehmens bei dem Abonnenten an, um sich nach den Gründen für die Kündigung zu erkundigen und den Kunden zu einer Fortsetzung des Vertragsverhältnisses zu bewegen. Der Unterlassungsklage eines Verbraucherverbandes gab das Berufungsgericht statt. Dem Gericht lagen Gutachten der Arbeitsgemeinschaft Abonnentenwerbung e.V. und der Zentrale zur Bekämpfung unlauteren Wettbewerbs vor, die übereinstimmend das Vorgehen der beklagten Partei als *„allgemein branchenüblich"* und rechtlich unbedenklich bezeichnet hatten.
BGH, Beschl. v. 07.11.1991, WRP 1991, S. 819. Die dagegen eingelegte Verfassungsbeschwerde hat das BVerfG durch Beschl. v. 20.10.1993 nicht angenommen.

[63] Vgl. §§ 312 Abs. 1, 355 BGB (vormals: §§ 2 Abs. 1, 1 Abs. 1 Nr. 1 HWiG).

### b) Gleichstellung telefonischer Ankündigung von Vertreterbesuchen mit telefonischer Werbung

Zur Frage der Zulässigkeit einer telefonischen Ankündigung von *„häuslichen Vertreterbesuchen"* stellte der Senat zunächst fest, dass die dadurch verursachte Belästigung nicht geringer sei, als in anderen Fällen der Anrufe werblichen Inhalts.[64] Dies gelte insbesondere deswegen, weil sich die Besuchsankündigung von dem eigentlichen Werbeanliegen nicht trennen lasse.[65]

Da der Anrufende bei telefonischer Ankündigung eines avisierten Vertreterbesuches oder bei Anrufen zum Zwecke der Terminabsprache zumindest den Grund für den Anruf mitteilen und damit zwangsläufig auf sein Werbeanliegen zu sprechen kommen muss, ist dem BGH insoweit zuzustimmen. Telefonische Besuchsankündigungen oder Anrufe zum Zwecke von Terminabsprachen sind anderen Werbe-/Verkaufsanrufen gegenüber Privatpersonen gleichzustellen; sie sind einheitlich entweder als wettbewerbsrechtlich zulässig, oder als unlauter und damit als wettbewerbsrechtlich unzulässig zu qualifizieren.[66]

### c) Zulässigkeit der telefonischen Nachbearbeitung widerrufener Bestellungen

Die Frage der Zulässigkeit von telefonischer Nachbearbeitung widerrufener Bestellungen beantwortete der BGH nach den Grundsätzen aus *Telefonwerbung I* bis *III* und bestätigte im *obiter dictum* die vorgenannte Entscheidung des *OLG Koblenz*[67], welches in der telefonischen Nachbearbeitung gekündigter Zeitschriftenabonnements während der Kündigungszeit einen Verstoß gegen § 1 UWG gesehen hatte.

---

64 Ebenso: OLG Stuttgart, BB 1997, S. 2181.

65 BGH NJW 1994, S. 1071, 1072 – Lexikothek.

66 Ebenso: *Nordemann*, AfP 1991, S. 484, 486 f.; *Paefgen*, BGH EWiR § 1 UWG 8/94, S. 389, 390; differenzierend für telefonische Ankündigung eines Vertreterbesuches im Privat- und Gewerbebereich: *Klawitter*, NJW 1993, S. 1620.

67 OLG Koblenz, WRP 1991, S. 332, 333 f.; ebenso: LG Bad Kreuznach, GRUR 1989, S. 364 als Vorinstanz („. . . *in der unvermeidlichen Frage nach den Gründen der Kündigung liegt eine weitere, besonders schwerwiegende Belästigung, da sie bei dem Befragten einen Rechtfertigungszwang auslöst.*"); vgl. dazu *Nordemann*, AfP 1991, S. 484, 486; *Gilles*, EWiR § 1 UWG 14/91, S. 621, 622; a.A. *Paefgen*, WRP 1994, S. 73, 85 ff. m.w.N.

Dagegen wurde vom *OLG Karlsruhe*[68] als Vorinstanz zu *Lexikothek* vermittelnd sowohl die telefonische, als auch die persönliche Nachbearbeitung zum Zwecke der Feststellung von Vertriebsmängeln als wettbewerbsrechtlich unbedenklich eingestuft.

### d) Vergleichbarkeit von Vertreterbesuchen und Telefonwerbung

Der BGH hielt in *Lexikothek* ausdrücklich an seiner bisherigen Rechtsprechung[69] zu der *grundsätzlichen Zulässigkeit unerbetener Vertreterbesuche* mit der Begründung fest, dass Vertreterbesuche zeitlich nur eingegrenzt durchgeführt sowie als solche alsbald erkannt und bereits an der Haustüre abgelehnt werden könnten;[70] dagegen seien Telefonanrufe zeitlich unbeschränkt möglich.[71] Der Inhaber eines Telefonanschlusses sei zudem gezwungen, das Gespräch in Empfang zu nehmen, um den Anrufer zu identifizieren.[72] Schließlich seien wiederholte Anrufe wegen des geringeren Aufwandes eher zu erwarten als wiederholte Vertreterbesuche.

Bei dem Vertreterbesuch handele es sich zudem um eine traditionell zulässige gewerbliche Betätigung (§§ 55 ff. GewO); dem HWiG sei nicht zu entnehmen, dass die Kunden eines stornierten Geschäfts generell nicht mehr durch Vertreter besucht werden dürften.[73] Das allgemeine Schutzbedürfnis des Verkehrs, mit geschäftsgewandten Partnern nicht in Kontakt treten zu müssen, reiche nicht aus, um die Nachbearbeitung durch Vertreterbesuche zu missbilligen. Der vom Berufungsgericht angenommene *„Rechtfertigungsdruck"*, der bei Vertreterbesuchen

---

68 OLG Karlsruhe, WRP 1992, S. 125, 127.

69 BGH GRUR 1959, S. 277, 280 – Künstlerpostkarten; BGH GRUR 1968, S. 648, 649 – Farbbildangebot; a. A. OLG Karlsruhe, WRP 1992, S. 125, 127; vgl. *Baumbach/Hefermehl,* § 1 UWG, Rdnr. 75a, b m.w.N.; *Ulrich*, Festschrift für Vieregge, S. 901, 908 f.

70 Vgl. auch KG Berlin, WRP 1995, S. 107, 112.

71 Ebenso: KG Berlin, WRP 1995, S. 107, 112 = EWiR § 1 UWG 5/95, S. 197 (*Gilles*).

72 Vgl. dazu die Argumentation des OLG Hamburg, WRP 1961, S. 161 und des OLG Stuttgart, ZIP 1988, S. 674, 675 hinsichtlich der Abwehrbarkeit von Vertreterbesuchen durch einfaches Schließen der Haustüre oder Abstellen der Türglocke.

73 BGH NJW 1994, S. 1071, 1073 – Lexikothek; das KG Berlin hat sich in WRP 1975, S. 445, 448 gegen einen Bestandsschutz für Telefonwerbung mit dem Argument ausgesprochen, dass mit einer 20jährigen Nutzung noch keine *„historischen Gegebenheiten"* erfüllt sein könnten.

zum Zwecke der Nachbearbeitung entstehen kann, wurde vom BGH als *„nicht entscheidend"* angesehen.[74]

## 4. Rechtfertigung durch laufende Vertragsbeziehung: *Telefonwerbung V (Allianz-Urteil)*

In *Telefonwerbung II* und *Telefonwerbung III* blieb zunächst die Frage ungeklärt, ob ein *ausdrückliches oder konkludentes Einverständnis* auch zur Rechtfertigung unerbetener Werbeanrufe im Rahmen von *laufenden Geschäftsbeziehungen* (Dauerschuldverhältnisse) mit den damit verbundenen besonderen Beratungs- und Betreuungspflichten erforderlich sein soll.[75] Mit dieser Frage musste sich der BGH einige Jahre später in *Telefonwerbung V*[76] auseinandersetzen.

Während das *OLG Koblenz*[77] Anrufe eines Geschäftsinhabers bei seinen Dauerkunden zur Nachbearbeitung eines gekündigten Abonnementvertrages als einen Verstoß gegen die guten Sitten angesehen hatte, haben das *OLG Karlsruhe*[78] und das *KG Berlin*[79] eine dazu abweichende Position eingenommen. Das *OLG Karlsruhe* hielt Anrufe während des Kündigungszeitraumes dann für zulässig, wenn sie ausschließlich zu dem Zweck durchgeführt werden, Mängel im Vertriebssystem festzustellen. Das *KG Berlin* hat aufgrund eines bestehenden Versicherungsvertrages ein mutmaßliches Einverständnis mit dem Anruf des Versicherungsunternehmens zur Fortführung der geschäftlichen Kontakte angenom-

---

74 BGH NJW 1994, S. 1071, 1073 – Lexikothek; kritisch dazu: *Klingsporn*, WuB V B. § 1 UWG 3.94, S. 721 f.

75 Vgl. *Steppeler,* WuB V B. § 1 UWG 5.89, S. 1471, 1472 f. m.w.N.; *Nordemann,* AfP 1991, S. 484, 486, der verschiedene Beispiele aus dem *„Alltag des Wirtschaftslebens"* bildet, um aufzuzeigen, warum er die Unzulässigkeit geschäftlicher Anrufe gegenüber Privatkunden bei bestehenden Vertragsbeziehungen für unvertretbar erachtet. Bestätigend *Kewening*, Festschrift für Lerche, S. 625, 630.

76 BGH, Urt. v. 08.12.1994, NJW-RR 1995, S. 613 = GRUR 1995, S. 220 = MDR 1995, S. 379 = LM H. 6/1995, Bl. 1078 m. Anm. *Ulrich* = EWiR § 1 UWG 9/95, S. 503 (*Gilles*) = CR 1995, S. 461 m. Anm. *Paefgen* – Telefonwerbung V. Zur Nummerierung: Die Entscheidung *Telefonwerbung IV* ist zum Bereich der aktiven Telefonwerbung *Business-to-Business* ergangen und wird dort näher behandelt.

77 OLG Koblenz, WRP 1991, S. 332, 333.

78 OLG Karlsruhe, WRP 1992, S. 125, 127.

79 KG Berlin, ZIP 1993, S. 462 = EWiR § 1 UWG 3/93, S. 87 (*Lindacher*); a.A. Vorinstanz LG Berlin, ZIP 1990, S. 1353 = EWiR § 1 UWG 19/90, S. 1123 (*Gilles*).

men. Der BGH ist in *Telefonwerbung V* der Auffassung des *KG Berlin* nicht gefolgt:

## a) Sachverhalt und Urteilsbegründung

Anlass für dieses Urteil war der Anruf des beklagten Versicherungsunternehmens bei einer Versicherungsnehmerin, mit dem Ziel, den bereits bestehenden Versicherungsschutz auf weitere Familienangehörige auszudehnen. Der klagende Verbraucherschutzverein sah darin einen unzulässigen Eingriff in die Privatsphäre und damit einen Verstoß gegen § 1 UWG.[80]

Das *KG Berlin*[81] hat dazu ausgeführt, dass ein Verbraucher, der auf dem Versicherungsvertrag neben seiner Adresse auch seine Telefonnummer angibt, regelmäßig in der Erkenntnis handele, diese werde von dem Versicherungsunternehmen zur Fortführung des geschäftlichen Kontaktes auch genutzt. Gleiches hat das Gericht auch für diejenigen Fälle angenommen, in denen eine Telefonnummer in dem Vertrag nicht angegeben worden war und es im Übrigen im Rahmen von Dauerschuldverhältnissen als ausreichend angesehen, wenn ein Einverständnis vom Versicherungsunternehmen vermutet werden kann.

Während das Berufungsgericht offensichtlich bemüht war, keine zu hohen Anforderungen an die Annahme eines *„Einverständnisses"* zu stellen, entschied der BGH, dass die Angabe der Telefonnummer in den Versicherungsunterlagen allenfalls als Einverständnis zu werten sei, im Rahmen des bestehenden Vertrages angerufen zu werden, jedoch keinesfalls ein Einverständnis zur telefonischen Kontaktaufnahme zwecks Vertragserweiterung oder Vertragsergänzung darstelle.[82] Das Argument, die Beratung über einen ausreichenden Versicherungsschutz und die Aufklärung komplizierter Sachverhalte stünde im besonderen Interesse der Kunden und rechtfertige daher eine telefonische Kontaktaufnahme, wollte der BGH nicht gelten lassen.

---

80 BGH NJW-RR 1995, S. 613 – Telefonwerbung V.

81 KG Berlin, ZIP 1993, S. 462, 463 = EWiR § 1 UWG 3/93, S. 87 (*Lindacher*); a.A. Vorinstanz LG Berlin, ZIP 1990, S. 1353 = EWiR § 1 UWG 19/90, S. 1123 (*Gilles*).

82 BGH NJW-RR 1995, S. 613, 614 – Telefonwerbung V; bestätigend: OLG Stuttgart, BB 1997, S. 2181 für den Fall eines auf Versicherungsfragen nicht erstreckten Einverständnisses zur telefonischen Beratung einer Bank in Kontoangelegenheiten.

### b) Wirkungsbegrenzung auf Versicherungsverträge

Die Entscheidungsgründe lassen darauf schließen, dass der BGH eine unerbetene telefonische Kontaktaufnahme im Rahmen *laufender Versicherungsverhältnisse* dulden will, solange sich diese auf das *Vertragsverhältnis als solches* bezieht. Ob es sich dabei nur um eine Ausnahmeregelung für Versicherungsverträge handelt, oder diese Regelungen für sämtliche Dauerschuldverhältnisse gelten soll, bleibt nach der Urteilsbegründung offen.

Es sind jedoch keine Gründe ersichtlich, warum eine telefonische Kundenbetreuung nur im Rahmen von laufenden Versicherungsverträgen möglich sein soll. *Kewening*[83] und *Nordemann*[84] haben vielmehr anhand praktischer Fallbeispiele eindrucksvoll gezeigt, dass ein Verbot geschäftlicher Anrufe gegenüber Privatkunden im Rahmen bestehender Vertragsbeziehungen jeglicher Art zu unpraktikablen und unverständlichen Alltagsergebnissen führt.

### c) Wirkung für den Kündigungszeitraum eines Vertragsverhältnisses

In *Telefonwerbung V* hat der BGH wörtlich formuliert: *„Der Angabe der Telefonnummer in den Unterlagen kann nur das Einverständnis entnommen werden, im Rahmen des schon bestehenden Vertrages und des durch ihn begründeten Bereiches des Versicherungsschutzes angerufen zu werden."*[85]

Da der BGH einen *„bestehenden Vertrag"* für ein Einverständnis zu aktiver Telefonwerbung voraussetzt, und ein solcher im Kündigungszeitraum noch besteht, kann nach *Telefonwerbung V* von der Zulässigkeit der telefonischen Nachbearbeitung gekündigter Verträge während der laufenden Kündigungszeit ausgegangen werden. Dies gilt umso mehr, als ein Kündigungsmanagement sinnvoll nur während und nicht nach Ablauf der Kündigungsfrist durchgeführt werden kann.

---

83 *Kewening*, Festschrift für Lerche, S. 625, 630.

84 *Nordemann,* AfP 1991, S. 484, 486.

85 BGH NJW-RR 1995, S. 613, 614 – Telefonwerbung V.

### d) Vermutetes Einverständnis

Während das *KG Berlin* als Vorinstanz zu *Telefonwerbung V* entschieden hatte, dass unerbetene Werbeanrufe bei Privatpersonen auch dann zulässig seien, wenn aufgrund *„konkreter tatsächlicher Umstände ein sachliches Interesse des Anzurufenden"* vermutet werden könne,[86] und auch das *LG Berlin*[87] grundsätzlich die Möglichkeit einer Einverständnisvermutung bejaht hatte, lehnte der BGH in *Telefonwerbung V* die Rechtfertigung unerwünschter Telefonwerbung aufgrund eines *mutmaßlichen Einverständnisses* für den Privatbereich erneut ab.[88]

## 5. Telefonwerbung als Haustürgeschäft

In dem nächsten Revisionsurteil zur aktiven Telefonwerbung[89] hatte sich der BGH mit der Frage zu befassen, ob § 1 Abs. 1 Nr. 1 HWiG (nunmehr: § 312 BGB) auf einen Vertrag anzuwenden ist, der durch ein Telefongespräch vorbereitet worden war:

### a) Sachverhalt und Urteilsbegründung

Nach dem entscheidungsrelevanten Sachverhalt wurde eine Verbraucherin telefonisch auf eine günstige Kapitalanlage hingewiesen, welche den Beitritt zu einer BGB-Gesellschaft voraussetzte. Einen Tag nach dem Telefongespräch un-

---

86 KG Berlin, ZIP 1993, S. 462, 463; ebenso bereits OLG Hamm, WRP 1968, S. 452 und OLG Köln, MD 2002, S. 290, das Telefonwerbung der Telekom gegenüber Privatkunden untersagte, weil diese *„nicht einmal in erster Linie dem Kundeninteresse diente"*.

87 LG Berlin, Urt. v. 29.06.1993, Az.: 27 O 186/93 (n.v.). Das LG Berlin hat jedoch im gegebenen Fall die Annahme einer Einverständnisvermutung im Ergebnis mit der Begründung abgelehnt, dass das Prospektmaterial in einer Weise ausgearbeitet werden könne, welche eine telefonische Kontaktaufnahme zur Erklärung von Einzelheiten der Werbung nicht erforderlich mache. Ansonsten könne nämlich *„jeder Gewerbetreibende beliebig (bewusst oder gewollt) unzureichend gehaltenes Werbematerial als Rechtfertigung für eine telefonische Kontaktaufnahme heranziehen"*.

88 BGH NJW-RR 1995, S. 613, 614 – Telefonwerbung V; ebenso: OLG Stuttgart, BB 1997, S. 2181.

89 BGH, Urt. v. 16.01.1996, NJW 1996, S. 929 = BB 1996, S. 553 = WRP 1996, S. 426 – Telefonwerbung als Haustürgeschäft.

terschrieb sie in den Geschäftsräumen des zukünftigen Geschäftspartners den Gesellschaftsvertrag. Zur Finanzierung wurden außerdem ein Darlehensvertrag sowie ein Treuhandvertrag abgeschlossen. Eine Belehrung über ein Widerrufsrecht erfolgte nur hinsichtlich des Gesellschaftsbeitritts sowie des Treuhandvertrages, nicht aber hinsichtlich des Darlehensgeschäftes.[90] Jahre später wurde der Darlehensvertrag von der Verbraucherin nach § 1 Abs. 1 Nr. 1 HWiG[91] zum Zwecke der Gesamtabwicklung der Geschäftsbeziehung widerrufen.

Das Berufungsgericht hatte die Klage abgewiesen und ein Widerrufsrecht nach § 1 Abs. 1 Nr. 1 HWiG verneint: Der Darlehensvertrag sei weder in einer Privatwohnung noch am Arbeitsplatz abgeschlossen worden. Dass die erste Kontaktaufnahme über den privaten Telefonanschluss der Darlehensnehmerin erfolgt sei, rechtfertige keine Anwendung des HWiG; im Übrigen habe zwischen dem Telefongespräch und dem Vertragsabschluss hinreichend Überlegungszeit bestanden. Der XI. Zivilsenat des BGH ist dem Berufungsgericht gefolgt.[92]

Ausschlaggebend für die Revisionsentscheidung war die Gesetzesbegründung zum HWiG, nach der telefonische Vertragsabschlüsse nicht von § 1 Abs. 1 Nr. 1 HWiG erfasst werden sollen, *„da bei Telefonanrufen die Einflussnahme auf den Kunden weniger intensiv sei als bei einer persönlichen Anwesenheit der anderen Vertragspartei“*.[93] Der Senat hat zwar eine Gefahr von Überrumpelungen auch bei überraschenden Ferngesprächen gesehen, führt jedoch dann aus, dass die Wettbewerbswidrigkeit einer unerbetenen telefonischen Kontaktaufnahme allein kein entscheidendes Kriterium für eine, über den gesetzgeberischen Willen hinausgehende Auslegung des § 1 HWiG sei. Im Übrigen falle es dem Kunden leichter, ein Telefongespräch abzubrechen, als einen Besucher aus der Wohnung zu weisen.[94] Der Verbraucher neige bei einem persönlichen Kontakt zudem eher dazu, sich durch einen übereilten Vertragsabschluss von der – physischen – Anwesenheit eines Vertreters zu befreien.[95] Dies sei bei einem telefonischen Kon-

---

90 Das Verbraucherkreditgesetz war zum Zeitpunkt des Vertragsschlusses im Jahre 1988 noch nicht in Kraft.

91 Nach der Schuldrechtsreform mit Wirkung zum 01.01.2002 nunmehr § 312 Abs. 1 BGB.

92 BGH NJW 1996, S. 929 – Telefonwerbung als Haustürgeschäft; zustimmend: *Werner/Machunsky*, § 1 Rdnr. 77 f. m.w.N.; a.A. *Gilles*, NJW 1988, S. 2424, 2427; AG Singen, NJW-RR 1994, S. 58 zur Anwendbarkeit des HWiG auf Telefonmarketing am Arbeitsplatz.

93 BT-Drucks. 10/2876, S. 11.

94 BGH NJW 1996, S. 929, 930 – Telefonwerbung als Haustürgeschäft; so auch *Köhler* in BGH LM H.6/1994, § 1 UWG Nr. 643, Bl. 1061 Rs.

95 Vgl. auch die Gesetzesbegründung zum HWiG, BT-Drucks. 10/2876, S. 6.

takt, bei dem er weder mit dem Vertreter direkt konfrontiert werde, noch die angebotene Ware ansehen könne, nicht der Fall.[96]

### b) Wandel in der Belästigungsbeurteilung zu aktiver Telefonwerbung

Während der I. Zivilsenat in seiner zunehmend strengeren Rechtsprechung offensichtlich die größere Gefahr einer Überrumpelung in der Werbung über den Fernsprecher, als in der persönlichen Ansprache durch einen Vertreter sah,[97] schien es für den XI. Zivilsenat einfacher zu sein, ein Telefongespräch abzubrechen, als einen Besucher aus der Wohnung zu weisen.

Damit wurde zunächst die bis dahin eindeutige Rechtsprechung des I. Zivilsenats zur Wettbewerbswidrigkeit von aktiver Telefonwerbung in Frage gestellt. Wenn man nämlich dieser Entscheidung des XI. Zivilsenat folgte, konnte die vom I. Zivilsenat vertretene Unterscheidung in der wettbewerbsrechtlichen Beurteilung von Telefonwerbung und Vertreterbesuch keinen Bestand mehr haben. Vielmehr musste aus der Beurteilung, es falle dem Kunden leichter, ein Telefongespräch abzubrechen als einen Besucher aus der Wohnung zu weisen, genau die gegenteilige Schlussfolgerung hinsichtlich des Belästigungsgrades dieser Werbemethoden gezogen werden: Wenn es dem Verbraucher leichter fällt, ein Telefonat abzubrechen und die Einflussnahme auf den Kunden bei telefonischen Verhandlungen weniger intensiv ist, als bei Vertreterbesuchen, muss der Belästigungsgrad eines Werbeanrufs konsequenterweise geringer anzusetzen sein, als derjenige eines Vertreterbesuches.

Dabei spielt es keine Rolle, dass die Entscheidung des XI. Zivilsenats im Zusammenhang mit der Auslegung von § 1 Abs. 1 Nr. 1 HWiG (jetzt: § 312 Abs. 1 Nr. 1 BGB) ergangen ist. Bei § 1 HWiG (jetzt: § 312 BGB) handelt es sich um eine Verbraucherschutzvorschrift, die sich eng an die zu § 1 UWG gebildeten Fallgruppen anlehnt.[98] Sowohl § 1 UWG als auch § 1 HWiG (§ 312 BGB) dienen dem Schutz der Verbraucher vor übermäßigen Belästigungen und Beeinträchtigungen der Entscheidungsfreiheit.

---

96 Ebenso *Fischer/Machunsky*, § 1, Rdnr. 77 m.w.N.

97 BGH NJW 1970, S. 1738 – Telefonwerbung I; BGH NJW 1994, S. 1071 – Lexikothek; *Ulrich*, WRP 1996, S. 1011, 1014.

98 *Fischer/Machunsky*, Grundlagen, Rdnr. 96.

## 6. Formularmäßiges Einverständnis mit aktiver Telefonwerbung

Die Annahme, mit der vorstehend dargestellten Entscheidung sei ein – vorsichtiger – *Wandel in der wettbewerbsrechtlichen Beurteilung aktiver Telefonwerbung* eingeleitet worden, kann jedoch seit der nachfolgend zu besprechenden Entscheidung aus dem Frühjahr 1999, welche zur Wirksamkeit von formularmäßigen Einverständnisklauseln zu aktiver Telefonwerbung ergangen ist,[99] nicht mehr uneingeschränkt aufrecht erhalten bleiben.

### a) Sachverhalt und Urteilsbegründung

Der auch für das Bankrecht zuständige XI. Zivilsenat des BGH hatte über die Zulässigkeit einer Formularklausel zu entscheiden, durch die sich ein Kreditinstitut im Zusammenhang mit der Eröffnung eines Girokontos unterhalb der Zeile für die Unterschrift des Kunden und einer durchgezogenen Linie das Einverständnis dazu geben ließ, *„dass die C. AG oder eine von ihr beauftragte Stelle mich telefonisch zum Zwecke der Beratung anspricht"*. Dieses Einverständnis sollte über die bestehende Geschäftsverbindung hinaus die Werbung für Produkte der Bank und ihrer Kooperationspartner umfassen.

Das *LG Frankfurt/Main* hatte die gegen die Verwendung dieser Klausel erhobene Unterlassungsklage abgewiesen, das *OLG Frankfurt/Main*[100] hatte die Klausel insoweit als unbedenklich angesehen, als sie Anrufe durch das Kreditinstitut selbst betraf. Nur soweit auch das Einverständnis mit Anrufen durch Kooperationspartner des Kreditinstituts erklärt werden sollte, war die Verwendung der Klausel im Berufungsurteil untersagt worden.

Auf die Revision des klagenden Verbraucherschutzvereins hin hat der BGH diese Klausel dann in vollem Umfang für unzulässig erklärt und in ihr eine unangemessene Benachteiligung des Kunden im Sinne von § 9 AGBG (nunmehr: § 307 BGB) gesehen.

Nach der Auffassung des Senats stellt die Telefonwerbung eine besonders *schwerwiegende Beeinträchtigung der verfassungsrechtlich geschützten Privatsphäre* dar, weil sie ein praktisch *unkontrollierbares Eindringen in die Lebens-*

---

99 BGH, Urt. v. 16.03.1999, WRP 1999, S. 660 = MMR 1999, S. 477 m. Anm. *Schmittmann.*

100 OLG Frankfurt/Main, ZIP 1998, S. 729.

*gewohnheiten der Zielperson* erlaubt und ihr zu ausschließlich vom Werbenden bestimmten Zeitpunkten Anpreisungen von Waren und Dienstleistungen in ihrem häuslichen Bereich aufzwingt.

Diese massive Einflussnahme, der sich der Angerufene häufig nur unter Verletzung der Regeln der Höflichkeit entziehen könne, stelle einen groben Missbrauch des vom Anschlussinhaber im eigenen Interesse und auf eigene Kosten unterhaltenen Telefonanschlusses zu Werbezwecken dar und werde deshalb in ständiger Rechtsprechung des BGH als wettbewerbswidrig angesehen.

Diese Grundsätze – so nunmehr der XI. Zivilsenat – schließen die Herbeiführung des für die Rechtmäßigkeit aktiver Telefonwerbung notwendigen ausdrücklichen oder konkludenten *Einverständnisses durch Allgemeine Geschäftsbedingungen* aus. Die laufende Kontoverbindung mit der Bank hat der Senat als Rechtfertigungsgrund ebenso wenig gelten lassen, wie die Tatsache, dass das formularmäßige Einverständnis nach der beanstandeten Klausel jederzeit widerruflich war.

## b) Bestätigung durch den IV. Zivilsenat

Nur wenige Tage später entschied der IV. Zivilsenat[101] im Rahmen einer Überprüfung von Allgemeinen Geschäftsbedingungen einer Versicherung zur privaten Vorsorge bei Arbeitslosigkeit mit der nahezu identischen Begründung über die Unwirksamkeit der nachfolgenden, im Versicherungsvertrag enthaltenen Klausel: *„Der Versicherungsnehmer ist bis auf Widerruf damit einverstanden, dass er künftig im Rahmen des Versicherungsverhältnisses sowie im Hinblick auf weitere Versicherungs- und Finanzdienstleistungen der Versicherungsgruppe auch telefonisch informiert und beraten wird."*

Das *LG Hamburg*[102] hatte diese Klausel für wirksam angesehen, ebenso das *OLG Hamburg*[103] als Berufungsinstanz.

---

[101] BGH, Urt. v. 24.03.1999, NJW 1999, S. 2279 ff. = WRP 1999, S. 847 ff. = VersR 1999, S. 710 ff.

[102] LG Hamburg, VuR 1997, S. 167 ff..

[103] OLG Hamburg, VersR 1998, S. 627 ff.

## 7. Telefonwerbung VI

Schließlich war mit der Frage, unter welchen *Voraussetzungen ein wirksames Einverständnis des Verbrauchers* zu aktiver Telefonwerbung vorliegt, nochmals der I. Zivilsenat des BGH[104] befasst, der im Jahre 2000 über folgenden Sachverhalt zu entscheiden hatte:

### a) Sachverhalt und Urteilsbegründung

Die Beklagte, eine Genossenschaftsbank, hat sich im Herbst 1994 von einer Kundin zwei Anträge zur Eröffnung von Sparkonten unterzeichnen lassen, deren vorgedruckter Text unter Ziffer 3 lautete: *„Der Konto-/Depotinhaber ist mit der persönlichen und telefonischen Beratung in Geldangelegenheiten durch die Bank □ einverstanden □ nicht einverstanden."*

In beiden Anträgen wurde das Kästchen mit dem Wort *„einverstanden"* angekreuzt. Ein Mitarbeiter der Beklagten rief im November 1995 bei der Kundin an und vereinbarte mit ihr einen Besprechungstermin *„wegen einer Steuerersparnissache"*. Während des Termins bot er ihr den Abschluss einer Kapitallebensversicherung an.

Die Klägerin, ein Verbraucherschutzverein, war der Ansicht, dass der Anruf des Mitarbeiters dem Zweck gedient habe, eine neue Geschäftsbeziehung anzubahnen. Die in den Kontoeröffnungsanträgen formularmäßig erteilte Erlaubnis zur Beratung in Geldangelegenheiten habe nur Anrufe in Bankgeschäften, nicht aber in Versicherungsangelegenheiten gedeckt.

Das *LG Stuttgart* hat die Klage abgewiesen, das *OLG Stuttgart* hat die Beklagte antragsgemäß auf Unterlassung verurteilt.[105] Der BGH bestätigte die Entscheidung des *OLG Stuttgart* in vollem Umfang und – im Wesentlichen – mit folgender Begründung:

Unter Berücksichtigung der ständigen Rechtsprechung des BGH zur aktiven Telefonwerbung im geschäftlichen und privaten Bereich stelle die beanstandete

---

[104] BGH, Urt. v. 27.01.2000, WRP 2000, S. 722, 724 = MMR 2000, S. 607 m. Anm. *Hoffmann* – Telefonwerbung VI; vgl. dazu auch OLG Karlsruhe, MMR 2001, S. 558, 559.

[105] OLG Stuttgart, BB 1997, S. 2181 = WM 1998, S. 2054 = WuB V B § 1 UWG 1.99.

Klausel eine *unangemessene Benachteiligung der Kunden* dar und sei daher nach § 9 AGBG (§ 307 BGB) unwirksam.[106]

Insbesondere die *Abwägung der* sich gegenüberstehenden *Interessen auf Schutz der Privatsphäre einerseits und wirtschaftlichem Gewinnstreben andererseits* mache eine Klausel in Kontoeröffnungsanträgen von Banken, die eine telefonische Werbung der Bank für Vertragsabschlüsse in anderweitigen und über das Vertragsverhältnis mit der Bank hinausgehenden Geldangelegenheiten ermöglichen soll, unwirksam.

Die Unangemessenheit werde auch nicht – entgegen einer im Schrifttum vertretenen Auffassung[107] – dadurch ausgeräumt, dass die vorformulierte Einverständniserklärung jederzeit widerruflich ist, denn damit werde die Initiative zur Wiederherstellung der ungestörten Privatsphäre in unzulässiger Weise auf die Betroffenen verlagert.

Auch stehe dieser Entscheidung die Richtlinie 97/7/EG des Europäischen Parlaments und des Rates vom 20. Mai 1997 über den Verbraucherschutz bei Vertragsabschlüssen im Fernabsatz (*Fernabsatzrichtlinie*)[108] nicht entgegen, da diese nur eine Mindestregelung enthalte, die den Mitgliedstaaten grundsätzlich einen weitergehende Schutz der Verbraucher freistellt (Art. 14 Fernabsatz-RL).

### b) Stellungnahme

Mit diesen Entscheidungen hat der BGH dem aktiven Telefonmarketing weitere Grenzen gesetzt und insoweit für Klarheit gesorgt.

Während die früheren Entscheidungen noch die Annahme zuließen, der BGH werde sich für eine maßvolle Öffnung und damit Lenkung dieser weiterhin attraktiven und faktisch uneingeschränkt eingesetzten Werbemethode entscheiden, wurde mit den vorstehend dargestellten Urteilen des XI. Zivilsenates und des IV. Zivilsenates klar, dass nach dem Willen der höchsten Zivilrichter ein Einsatz von aktiver Telefonwerbung gegenüber privaten Verbrauchern grundsätzlich nur dann möglich sein soll, wenn ein individuell erklärtes Einverständnis des Verbrauchers vorliegt. Dies gilt nach diesen Entscheidungen insbesondere auch für *Cross selling-Anrufe* beim Privatkunden und auch dann, wenn eine Geschäftsbeziehung zu dem Kunden besteht.

---

106 Kritisch dazu: *Ayad/Schafft*, BB 2002, S. 1711 ff.

107 *v. Westphalen*, BB 1999, S. 1131 f., *Imping*, MDR 1999, S. 857.

108 Abl. EG Nr. L 144 vom 04.06.1997, S. 19 ff.; NJW 1998, S. 212.

Der I. Zivilsenat hat jedoch ausdrücklich in den Entscheidungsgründen formuliert:

> *„Danach ist es . . . unangemessen, wenn Kontoeröffnungsanträge von Banken eine vorformulierte Einverständniserklärung des Kunden enthalten, die eine telefonische Werbung der Bank für Vertragsabschlüsse in anderweitigen Geldangelegenheiten ermöglichen soll, DIE ÜBER DAS VERTRAGSVERHÄLTNIS MIT DER BANK, MIT DEM DIE EINVERSTÄNDNISERKLÄRUNG IN ZUSAMMENHANG STEHT, HINAUSGEHEN . . .“ (Anm.: Hervorhebung durch die Verf.).*[109]

Aus der schriftbildlich hervorgehobenen Formulierung ergibt sich die Fortsetzung von *Telefonwerbung V*, so dass zumindest im laufenden Vertragsverhältnis und in Bezug auf die damit begründete Geschäftsbeziehung zwischen dem Kunden und dem Werbetreibenden eine telefonische Kontaktaufnahme auch auf der Basis eines formularmäßig erklärten Einverständnisses möglich ist.

Offen geblieben ist jedoch, unter welchen Voraussetzungen eine rechtmäßig abgegebene verbraucherseitige Einverständniserklärung vorliegt. Der BGH hat sich zu dem WIE einer formularmäßig erteilten Einverständniserklärung nicht geäußert und damit wiederum Raum für eine fortdauernde Rechtsunsicherheit gelassen.[110]

## 8. Zusammenfassung

Nach der Rechtsprechung des BGH[111] und eines überwiegenden Teils der Instanzgerichte ist der *Einsatz aktiver Telefonwerbung gegenüber Privatpersonen* zur Anbahnung, Erweiterung oder Nachbearbeitung einer Geschäftsbeziehung grundsätzlich nur mit einem erklärten, also einem ausdrücklichen oder konkludenten Einverständnis des angerufenen Verbrauchers zulässig (*Opt in*-Modell).

Dabei reicht eine *vorformulierte Einverständniserklärung in Allgemeinen Geschäftsbedingungen* dann nicht aus, wenn die telefonische Kontaktaufnahme ü-

---

109 BGH WRP 2000, S. 722, 724.

110 *Ayad/Schafft*, BB 2002, S. 1711, 1713 ff.

111 Vgl. dazu noch: BGH, Urt. v. 14.05.1998, NJW 1998, S. 3418 ff. = WRP 1998, S. 1076 ff. = RDV 1999, S. 75, mit dem für die Klage eines Verbraucherschutzverbandes gegen eine Ersatzkasse zur Untersagung telefonischer Werbung gegenüber Endverbrauchern der Rechtsweg zu den ordentlichen Gerichten eröffnet wurde.

ber die eigentliche Vertragsbeziehung hinausgeht und dem *Cross selling* weiterer Produkte oder Dienstleistungen dient.

Die *telefonische (Kalt-)Akquise von privaten Neukunden* ist somit nach der geltenden Rechtslage *grundsätzlich unlauter* und stellt einen Verstoß gegen § 1 UWG dar.[112]

Hinsichtlich eines werblichen Telefonkontaktes während einer laufenden Geschäftsbeziehung zeichnet sich allerdings eine – wenn auch eng begrenzte – Öffnung insoweit ab, als dieser für *vertragsbezogene Akquisen* nach *Telefonwerbung V* und *Telefonwerbung VI* als erlaubt angesehen werden kann.[113]

Die umfangreiche Rechtsprechung und die weiterhin beim BGH anhängigen Verfahren zu Fragen aktiver Telefonwerbung[114] spiegeln im Übrigen die eingangs erwähnte Strategie der Werbepraxis wieder, den durch die Rechtsprechung gesetzten Grenzen mittels Konfrontation, Ignoranz oder durch neuentwickelte Werbemaßnahmen zu begegnen.[115] Die Folge ist ein für das Wettbewerbsrecht zwar typisches, für die Praxis jedoch zunehmend unübersichtliches *case law*, welches einen rechtssicheren Umgang mit aktiver Telefonwerbung erheblich erschwert, wenn nicht sogar unmöglich macht.

## II. Diskussionsstand in der Literatur

Diese Rechtsprechung hat in der *Literatur* durchaus Widerspruch erfahren. Dabei ist insbesondere das Versäumnis beanstandet worden, das aktive Telefonmarketing durch eine vernünftige Fortentwicklung der Wettbewerbssitten in wirtschaftlich sinnvolle Bahnen zu lenken.[116] Dies wäre – so die Argumentation

---

112 Vgl. dazu auch *Paschke,* S. 23 f.

113 Ebenso mit dem Hinweis auf die Bereiche Kundenbindung und Kundenbetreuung: *Paschke*, S. 24.

114 Vgl. dazu auch: OLG Köln, RDV 2002, S. 82 (n.rkr.): Unlauter i. S. von § 1 UWG handelt ein Anbieter von Telefondienstleistungen, der mit ihm bereits vertraglich verbundene Privatkunden über ein so genanntes *„Call-Center"* fernmündlich zu einer Umstellung des bestehenden Normaltarifs auf einen Spezialtarif zu veranlassen sucht, jedenfalls dann, wenn die Tarifänderung keineswegs ausschließlich oder vornehmlich dem Kundeninteresse dient.

115 Vgl. dazu *Paschke*, WRP 2002, S. 1219 m.w.N.

116 *Gilles,* NJW 1988, S. 2424, 2425 f.; *ders.* EWiR § 1 UWG 1/87, S. 289 f.; *ders.* EWiR § 1 UWG 5/95, S. 197 f.; *Ulrich,* LM H. 6/1995 § 1 UWG Nr. 677 Bl. 1; *Raczinski/ Bernhardt*, VersR 1992, S. 405, 408.

– insbesondere wegen der faktisch ungebrochenen Ausweitung dieser Werbemethode geboten gewesen.[117] *Raczinski/Bernhardt*[118] stellen in diesem Zusammenhang die Frage, ob die Rechtsprechung mit ihrem Bemühen, *„die Werbung per Telekommunikation möglichst weitgehend abzustellen, sich nicht einer Sisyphusarbeit unterzieht und dabei die Chance verpasst, eine unvermeidliche Entwicklung zu kanalisieren"*.

Ferner wurde darauf hingewiesen, dass aufgrund mangelnder Differenzierung vom Verbot telefonischer Werbung nunmehr auch Konstellationen erfasst seien, bei denen eine telefonische Kontaktaufnahme objektiv betrachtet im Interesse des Verbrauchers liege, oder bei denen jedenfalls der Schutz der Privatsphäre nicht ohne weiteres vorrangig sei.[119]

Auch wurde in dem Verbot telefonischer Akquise im Vergleich zu dem zulässigen Vertreterbesuch ein nicht zu begründender Wertungswiderspruch gesehen.[120] Insbesondere *Paschke* vertritt dezidiert die Meinung, dass die Rechtsprechung zum aktiven Telefonmarketing ein *„Bild der Wertungskonfusion"* biete, welches im Hinblick auf die wettbewerbsrechtliche Beurteilung von Vertreterbesuchen einen Verstoß gegen den Gleichbehandlungsgrundsatz des Art. 3 Abs. 1 GG darstelle.[121]

## 1. Mindermeinung: Grundsätzliche Zulässigkeit aktiver Telefonwerbung

Von *Zöller*[122] wird die *Zulässigkeit* der aktiven Telefonwerbung sowohl für den gewerblichen, als auch für den privaten Bereich gefordert. Dazu verlangt *Zöller* sowohl eine *Sachbezogenheit,* als auch einen konkreten, aus dem Interessenbereich des Anzurufenden herzuleitenden *Rechtfertigungsgrund.*[123] Ein solcher Rechtfertigungsgrund soll dann vorliegen, wenn der Anzurufende ausdrücklich oder konkludent sein Einverständnis erklärt hat, oder wenn aufgrund konkreter Umstände ein sachliches Interesse des Anzurufenden vermutet werden kann.

---

117 So bereits früh gesehen von *Krüger-Nieland*, GRUR 1974, S. 561, 565.

118 *Raczinski/Bernhardt*, VersR 1992, S. 405, 408.

119 *Nordemann*, AfP 1991, S. 484, 486.

120 *Ulrich,* LM H 6/1995 § 1 UWG Nr. 677, Bl. 1079; *Köhler*, LM H.6/1994 § 1 UWG Nr. 643, Bl. 1061.

121 *Paschke,* WRP 2002, S. 1219, 1223.

122 *Zöller,* GRUR 1992, S. 297, 300.

123 *Zöller,* GRUR 1992, S. 297, 299 f.

*Zöller*[124] will dem Verbraucher mehr Mündigkeit im Umgang mit Werbung zugestehen und argumentiert dazu wie folgt: Von einer sach- bzw. interessenbezogenen Telefonwerbung sei keine Verwilderung des Wettbewerbs zu erwarten. Es erscheine daher in einer konsumorientierten Industrie- und Dienstleistungsgesellschaft anachronistisch, eine gezielte, an den Verbraucherinteressen orientierte Telefonwerbung als eine für die Allgemeinheit unzumutbare Gefahr der Verwilderung des Wettbewerbs abzutun. Die Unternehmen würden bereits aus Gründen der Imagepflege nur seriöse Telefonmarketing-Agenturen mit geschultem Personal beauftragen. Ein freier Leistungswettbewerb müsse es zudem den Tüchtigsten und Schnellsten gestatten, gezielt potentielle Kunden anzurufen. Allenfalls in Inhalt und Ablauf des Telefonanrufs könne eine sittenwidrige Belästigung bzw. Nötigung liegen, deren Beurteilung dann allerdings nach strengen Kriterien zu erfolgen habe.[125]

Ansatzpunkte für eine Liberalisierung der Beurteilung von aktiver Telefonwerbung finden sich außerdem noch in einer frühen Stellungnahme von *Nordemann*[126]: Danach soll das Eindringen in die Privatsphäre allein für die Annahme einer Unlauterkeit von aktiver Telefonwerbung nicht ausreichen. Daneben sei vielmehr auf den Aspekt der Behinderung der Mitbewerber abzustellen. *Ehlers*[127] lehnt zudem eine Verletzung des Verbraucherpersönlichkeitsrechts mit der Begründung ab, dass dem Umworbenen im Einzelfall die Möglichkeit zur Verfügung stünde, das Werbegespräch einseitig zu beenden oder sich *„lautstark zur Wehr"* zu setzen.

Während in Zitaten immer wieder verkürzend behauptet wird, dass die Mindermeinung die schrankenlose Freigabe aktiver Telefonwerbung fordere,[128] liegen insbesondere *Zöller* und *Nordemann* auf einer Linie mit weiteren Literaturmeinungen, die zur Problemlösung eine *Anerkennung des „mutmaßlichen Einverständnisses" auch für den Privatbereich* diskutieren.[129]

---

124 *Zöller*, GRUR 1992, S. 297, 300.

125 Ebenso: *Nordemann*, WRP 1969, S. 16, 18.

126 *Nordemann*, WRP 1969, S. 16 ff.; vgl. aber die – gegenüber der herrschenden Meinung nach wie vor liberale, jedoch gegenüber der ersten Stellungnahme gewandelte – Auffassung von *Nordemann* in AfP 1991, S. 484 ff.

127 *Ehlers*, WRP 1983, S. 190.

128 Vgl. *Paefgen*, WRP 1994, S. 73, 74; *Steckler*, GRUR 1993, S. 865, 866, FN. 7;

129 *Köhler/Piper*, § 1 UWG, Rdnr. 152; *Gilles*, NJW 1988, S. 2424, 2431; *ders.*, EWiR § 1 UWG 8/87, S. 817, 818; *ders.*, EWiR § 1 UWG 1/87, S. 289, 290; *Lindacher*, EWiR § 1 UWG 3/93, S. 87, 88; für den gewerblichen Bereich: *Bülow*, WRP 1978, S. 774, 775; *ders.*, GRUR 1976, S. 180 ff.; *ders.*, WRP 1970, S. 413 f.

*Raczinski/Bernhardt*[130] schlagen unabhängig davon vor, die Telefonwerbung als das *„kleinere Übel“* in bestimmten Branchen zu erlauben und haben im Rückgriff auf § 102 GWB und § 6 Abs. 2 HWiG eine wettbewerbsrechtliche Zulässigkeit dieser Werbemethode als *„Bereichsausnahme“* insbesondere für Versicherungen im Blick.

In jüngerer Zeit haben *Kewening*[131] anhand der Fälle telefonischer Nachbearbeitung von Abonnementverträgen[132] und *Klawitter*[133] zur fernmündlichen Vereinbarung eines Vertreterbesuches die Diskussion um die Zulässigkeit der aktiven Telefonwerbung wieder belebt.

*Kewening* hält ein generelles Verbot der Telefonwerbung für verfassungswidrig und *Klawitter* sieht in der vorherigen telefonischen Ankündigung eines Vertreterbesuches ein mit § 1 UWG im Einklang stehendes *„sozialadäquates Verhalten“*.

Schließlich fordert *Paschke*[134] die Liberalisierung des grundsätzlichen Verbots des Telefonmarketing, das er nicht mehr für gerechtfertigt hält. Der durchschnittliche Verbraucher sei in der Lage, belästigend empfundene Telefonanrufe zu beenden. Auch würden durch das Verbot des *Cold Calling* die Werbefreiräume in bedenklicher Weise beschnitten. Effektive *„Opt out“*-Regelungen könnten dem Bedürfnis nach Schutz der Verbraucherprivatsphäre hinreichend Rechnung tragen.

---

130 *Raczinski/Bernhardt* VersR 1992, S. 405, 408.

131 *Kewening,* Festschrift für Lerche, S. 625 ff.; ebenso *Nordemann,* AfP 1991, S. 484, 486 f.; a.A. *Paefgen,* WRP 1994, S. 73, 86 ff. m.w.N..

132 OLG Koblenz, WRP 1991, S. 332; ebenso LG Bad Kreuznach, GRUR 1989, S. 364; vermittelnde Auffassung OLG Karlsruhe, WRP 1992, S. 125.

133 *Klawitter,* NJW 1993, S. 1620, 1623; ebenso *Bülow,* GRUR 1976, S. 180, 182 (Beeinflussbarkeit von Kaufleuten ist im Gegensatz zu Privatleuten geringer); *ders.,* WRP 1978, S. 774, 775; a.A. *Paefgen,* EWiR § 1 UWG 8/94, S. 389, 390; *ders.,* WRP 1994, S. 73, 84 f.; vgl. auch KG Berlin, WRP 1975, S. 445, 448; OLG Hamburg, WRP 1992, S. 728; OLG Hamm, EWiR § 1 UWG 16/92, S. 919, 920 (*Paefgen*).

134 *Paschke,* WRP 2002, S. 1219, 1227 f.

## 2. Herrschende Meinung: Präventivverbot mit Erlaubnisvorbehalt

Die herrschende Meinung in der Kommentarliteratur[135] und im Schrifttum[136] qualifiziert das aktive Telefonmarketing im Privatbereich als einen Verstoß gegen die guten Sitten i. S. von § 1 UWG und somit als unzulässige Werbemethode, sofern nicht ein vorheriges ausdrückliches oder konkludentes Einverständnis des Angerufenen vorliegt.

*Paefgen*[137] plädiert zudem für *„negative"* Bereichsausnahmen dergestalt, dass *„hochgradig erklärungsbedürftige Produkte"*, wie z. B. Timesharing-Angebote, *a priori* als für die Telefonwerbung untauglich erklärt und auf die optischen (Brief, Datex J/Btx, Mailbox, Telex, Telefax) und/oder höchstpersönlichen Kontaktformen (Vertreterbesuch) verwiesen werden müssen.

Zur Begründung der Sittenwidrigkeit des aktiven Telefonmarketing übernimmt das Schrifttum häufig wörtlich die Argumente der Rechtsprechung.[138] Besonders betont wird dabei die telefonspezifische Problematik des unkontrollierten und unkontrollierbaren Eindringens in den verfassungsrechtlich geschützten Privatbereich des Empfängers,[139] worin eine erhebliche Belästigung gesehen wird.[140] Durch den Anruf als solchen, so die Argumentation von *Krüger-Nieland*[141], sei die Störung bereits geschehen, Zeit vergeudet, Ärger über die Beläs-

---

135 *Baumbach/Hefermehl*, § 1 UWG, Rdnr. 67 f. m.w.N. (mit der Vermutung, dass meist in der Durchführung des Gesprächs eine weitere Belästigung liegen werde); *v. Gamm*, UWG-Kom., § 1 UWG, Rdnr. 151 m.w.N.; *Köhler/Piper*, § 1 UWG, Rdnr. 143 ff.

136 *Emmerich*, S. 186 f. m.w.N.; *v. Gamm*, 25. Kap. Rdnr. 35 m.w.N.; *Nordemann*, Wettbewerbsrecht, S. 119 f., Rdnr. 185; *Gloy/Jacobs/Hasselblatt*, § 50, S. 875, Rdnr. 50; *Schade*, S. 110 ff.; *Steckler*, GRUR 1993, S. 865, 867 ff.; kritisch: *Gilles*, Recht des Direktmarketing, S. 102, Rdnr. 136; *ders.*, NJW 1988, S. 2424, 2430; *Freund*, Persönlichkeitsrecht, S. 234 f.; *Paefgen*, EWiR § 1 UWG 16/92, S. 919, 920; *ders.*, ZIP 1989, S. 1286, 1287; *Hofmann*, WRP 1970, S. 8, 9; *Salger*, WuB V B. § 1 UWG 6.91, S. 1176 ff.; *Raeschke-Kessler*, EWiR § 1 UWG 11/91, S. 615, 616; *Ulrich*, EWiR § 1 UWG 2/90, S. 187, 188; *Steppeler*, WuB V B. § 1 UWG 5.89, 1471, S. 1472; *Ruth*, EWiR § 1 UWG 9/89, S. 1031, 1032; *Droste*, GRUR 1970, S. 524; *Klawitter*, GRUR 1991, S. 766 f.; *Bülow*, WRP 1970, S. 413, 414; *Simon*, CR 1991, S. 457, 462.

137 *Paefgen*, CR 1995, S. 461, 464.

138 So z.B. *Gloy/Jacobs/Hasselblatt*, § 50, S. 875, Rdnr. 50 m.w.N.

139 *Köhler/Piper*, § 1 UWG, Rdnr. 144 m.w.N.; *Gloy/Jacobs/Hasselblatt*, § 50, S. 875, Rdnr. 50; *Simon*, CR 1991, S. 457, 458; *Gilles*, NJW 1988, S. 2424, 2427; *ders.*, Recht des Direktmarketing, S. 69, Rdnr. 99; *Hofmann*, WRP 1970, S. 9.

140 *Gilles*, NJW 1988, S. 2424, 2426; *Krüger-Nieland*, GRUR 1974, S. 561, 562.

141 *Krüger-Nieland*, GRUR 1974, S. 561, 562.

tigung ausgelöst. Der Abbruch des Gesprächs gerade gegenüber vorbildlich geschulten und besonders höflichen Telefonwerbern sei schwierig und oftmals peinlich. Sie spricht in diesem Zusammenhang von dem *„zunehmenden Bedürfnis des einzelnen, sich wenigstens im eigenen Wohnbereich 'einzuigeln' und dort vor unerwünschten Störungen möglichst verschont zu bleiben"*.[142] Dieses Interesse sei gegenüber dem Interesse der werbenden Wirtschaft, Absatzförderung durch unerbetene Kontaktaufnahme und durch ein Eindringen in die Privatsphäre zu betreiben, vorrangig.

Der Telefonwerbung werden zudem besondere Überraschungs- und Überrumpelungsmomente zugeschrieben, die einen Anrufempfänger zu übereilten und unüberlegten Geschäftsentscheidungen veranlassen könnten.[143] *Köhler*[144] wollte allerdings den Eingriff als weniger schwerwiegend einstufen, wenn es sich um einen automatischen Anrufer (*voice mail*) handelt und der werbliche Zweck vorher klar zutage tritt.[145]

Bei *Gilles*[146] findet sich zur Frage der Beweisbarkeit der behaupteten Belästigung die Auffassung, dass bis zum Beweis des Gegenteils und solange es an demoskopischen Erhebungen[147] fehlt, aufgrund von Alltagserfahrungen von einer Belästigung der *„überfallenen Werbeadressaten"* ausgegangen werden könne.

Die von der Rechtsprechung angenommene Nachahmungsgefahr wird von der Literatur ebenfalls aufgegriffen und mit Kostengünstigkeit, Einfachheit, Schnelligkeit, Profitträchtigkeit und Effizienz der aktiven Telefonwerbung begründet.[148]

Zu der Frage der Differenzierung zwischen Vertreterbesuch und aktivem Telefonmarketing häufen sich dagegen die kritischen Literaturstimmen, die in dem

---

142 *Krüger-Nieland*, GRUR 1974, S. 561, 563; *dies.*, WRP 1979, S. 1, 6; ebenso: *Gloy/Jacobs/Hasselblatt*, § 50, S. 875, Rdnr. 50 m.w.N.

143 *Gilles*, NJW 1988, S. 2424, 2426; *ders.*, Recht des Direktmarketing, S. 69 Rdnr. 99.

144 *Köhler/Piper* 1995, § 1 UWG, Rdnr. 20.

145 Vgl. dazu die Ausführungen zum amerikanischen *Telephone Consumer Protection Act* im *3. Kapitel*, S. 98 ff.

146 *Gilles*, NJW 1988, S. 2424, 2430.

147 Vgl. KG Berlin, WRP 1978, S. 373.

148 Zustimmend: *Gloy/Jacobs/Hasselblatt*, § 50, S. 875, Rdnr. 50; *Hofmann*, WRP 1970, S. 8, 9; *Krüger-Nieland*, GRUR 1974, S. 561, 562; *Gilles*, Recht des Direktmarketing, S. 69, Rdnr. 99; kritisch: *Bülow*, GRUR 1976, S. 180, 182; *ders.*, WRP 1970, S. 413, 414; *Droste*, GRUR 1970, S. 524; *Paefgen*, WRP 1994, S. 73, 83 m.w.N.

unerbetenen Vertreterbesuch ebenfalls eine Belästigung sehen, die zur Unlauterkeit nach § 1 UWG führen muss.[149]

## C. Verbraucherindividualschutz gegen aktives Telefonmarketing

In der Vergangenheit wurden neben der wettbewerbsrechtlichen Beurteilung aktiver Telefonwerbung individual-rechtliche Regelungsversuche unternommen. Zur vollständigen Darstellung werden diese nachfolgend zusammengefasst und auf deren Eignung zur Abwehr unerwünschter Werbeanrufe untersucht.

### I. Nichtigkeit von Telefonmarketing- und Folgeverträgen nach §§ 134, 138 BGB

Einen individual-rechtlichen, jedoch nur mittelbar auf die Abwehr unerwünschter Telefonwerbung gerichteten Ansatz haben das *LG Stuttgart*[150] und das *AG Nürnberg*[151] durch Rückgriff auf § 134 BGB gewählt.

In dem vom *LG Stuttgart* entschiedenen Rechtsstreit ging es um die Frage der Wirksamkeit eines Werbevertrages, der die Durchführung aktiver Telefonwerbung für Druckerzeugnisse zum Inhalt hatte. Das Gericht hat in dem gegebenen Fall die vertraglich geschuldete Telefonakquise dem Inhalt nach als unlauter i. S. von § 1 UWG qualifiziert, und davon ausgehend den Werbevertrag wegen des Verstoßes gegen ein gesetzliches Verbot nach § 134 BGB für nichtig erklärt.

---

149 *Droste*, GRUR 1970, S. 524, 525; *Krüger-Nieland*, GRUR 1974, S. 561, 563; *dies.*, WRP 1979, S. 1, 6; *Gilles*, Recht des Direktmarketing, S. 105, Rdnr. 143; *Raczinski/Bernhardt*, VersR 1992, S. 405, 408; *Zöller*, GRUR 1992, S. 297, 299; *Schade*, S. 122 ff.; *Klingsporn*, WuB V B. § 1 UWG 3.94, S. 721, 722; *Ulrich*, EWiR § 1 UWG 2/90, S. 187, 188; *ders.*, LM H.6/1995 § 1 UWG Nr. 677, Bl. 1078 (Rs); *Völp*, WRP 1973, S. 63 ff.; *Köhler*, LM H.6/1994 Nr. 643 zu § 1 UWG, Bl. 1060 (Rs), 1061; abwägend: *Paefgen*, WRP 1994, S. 73, 77 und *Paschke*, S. 66 ff., der die Zulässigkeit der Vertreterbesuche belassen und die Anforderungen an das aktive Telefonmarketing angleichen will; a.A. *Hefermehl*, GRUR 1980, S. 622, 626 f.

150 LG Stuttgart, Urt. v. 28.02.1992, Az.: 5 KFH 197/91 (n.v.)

151 AG Nürnberg, Urt. v. 28.07.1995, Az.: 15 C 11767/94 (n.v.); vgl. *Reichelsdorfer*, WRP 1998, S. 142.

Das *AG Nürnberg* hatte die Frage zu entscheiden, ob für eine mittels aktiver Telefonwerbung durchzuführende Werbeaktion die vertraglich vereinbarte Zahlung zu leisten war. Das Gericht hat die Zahlungsklage mit der Begründung abgewiesen, dass die vertraglich vereinbarte Werbeaktion eine wettbewerbswidrige Handlung nach § 1 UWG darstelle und aufgrund dessen der Vertrag nach § 134 BGB wegen Verletzung eines Verbotsgesetzes nichtig sei. Diese Auffassung wurde in der mündlichen Verhandlung des letztendlich im Vergleichswege beendeten Berufungsverfahrens vom *LG Nürnberg-Fürth* nicht geteilt.[152]

§ 134 BGB erklärt Rechtsgeschäfte, die gegen ein gesetzliches Verbot verstoßen, für nichtig, soweit sich aus dem Gesetz nicht etwas anderes ergibt. Verbotsvorschriften i. S. von § 134 BGB sind solche Vorschriften, die eine grundsätzlich mögliche rechtsgeschäftliche Regelung ihres Inhalts oder der Umstände ihres Zustandekommens wegen untersagen.[153] Aus Sinn und Zweck der Verbotsvorschrift muss sich ergeben, dass sich das dort geregelte Verbot gerade gegen die Vornahme des fraglichen Rechtsgeschäfts richtet.[154]

Anders als in § 134 BGB vorausgesetzt, ist der Zweck von § 1 UWG jedoch nicht die Beurteilung des Inhaltes oder der Umstände des Zustandekommens eines Rechtsgeschäfts, sondern die Beurteilung der Art und Weise eines wettbewerblichen Verhaltens. § 1 UWG richtet sich somit nicht gegen die Vornahme eines bestimmten Rechtsgeschäfts, sondern auf den Schutz des lauteren Wettbewerbs und kommt daher als Verbotsvorschrift i. S. von § 134 BGB nicht in Betracht.[155]

Im Übrigen ist ein effektiver Verbraucherschutz durch die Nichtigerklärung von Verträgen, die eine Durchführung aktiver Telefonwerbung zum Inhalt haben, auch nicht erreichbar, da die Verbraucher darüber keinen individuell durchsetzbaren Anspruch zur Abwehr unerbetener Werbeanrufe erhalten. Dieser ergibt sich allenfalls mittelbar und auch nur dann, wenn die eigentlichen Vertragsparteien, also z. B. der Werbende einerseits und die Werbeagentur andererseits, in Streit geraten und aufgrund dessen im Einzelfall gegeneinander vorgehen.

Dieselbe Argumentation greift auch für die Frage eines Verbraucherschutzes durch Nichtigerklärung der aus dem unerbetenen telefonischen Werbekontakt

---

[152] a.A. *Reichelsdorfer,* WRP 1998, S. 142 ff.

[153] *Palandt-Heinrichs,* § 134 Rdnr. 5 m.w.N.; *Reichelsdorfer,* WRP 1998, S. 142, 143 m.w.N.

[154] BGH NJW 1983, S. 2873.

[155] BGHZ 110, 159, 175; ebenso: *v. Falckenstein,* S. 12, Rdnr. 3; a.A. *Reichelsdorfer,* WRP 1998, S. 142, 144.

resultierenden *Folgeverträge.* Zu diesem Ergebnis gelangte auch das *OLG München*[156] im Zusammenhang mit telefonisch geschlossenen Abonnementsverträgen, welchen eine unerbetene Telefonwerbung vorangegangen war. Es führte dazu aus: *„§ 1 UWG verbietet unlautere Wettbewerbshandlungen, nicht aber die Durchführung der dadurch zustande gekommenen Rechtsgeschäfte. Diese sind nicht schon deshalb als nichtig anzusehen, weil sie auf einer wettbewerbswidrigen Werbemaßnahme beruhen. Die Beeinflussung des Kunden mit unlauteren Mitteln reicht für die Annahme eines Sittenverstoßes nicht aus, zumal selbst bei arglistiger Täuschung oder Drohung das Geschäft nur anfechtbar ist."*

Eine andere Auffassung vertrat das *LG Frankfurt/Oder*[157], welches einen aufgrund wettbewerbswidriger Telefonwerbung geschlossenen Vertrag gem. § 138 BGB für unwirksam hielt, sofern sich der Anrufer der Telefonwerbung bedient, um beim Angerufenen einen Überraschungseffekt bewusst und planmäßig zu erzielen und diesen zum unvermittelten Vertragsabschluss unter Beweisabsicherung durch einen Tonbandmitschnitt auszunutzen. Nach dem Sachverhalt dieser Entscheidung lag nicht nur unerbetene Telefonwerbung als Unlauterkeitstatbestand vor, vielmehr waren die einzelnen Telefonate inhaltlich auf Überrumpelung ausgelegt, so dass die Auffassung des *LG Frankfurt/Oder* den vorstehenden Ausführungen grundsätzlich nicht entgegensteht.

Die im Zusammenhang mit oder aufgrund eines telefonischen Werbekontaktes geschlossenen Verträge sind daher nicht schon deshalb nach §§ 134, 138 BGB als nichtig anzusehen, weil sie auf einer als wettbewerbswidrig angesehenen Telefonwerbemaßnahme beruhen.[158]

## II. Schadensersatzanspruch nach § 826 BGB

Nach § 826 BGB kann ein Verbraucher Schadensersatzansprüche geltend machen, wenn er durch eine vorsätzliche und sittenwidrige Handlung geschädigt worden ist.

Erste Voraussetzung des § 826 BGB ist eine – auch immaterielle[159] – Schadenszufügung. *Freund*[160] sieht einen solchen Schaden in den Fällen telefonischer

---

[156] OLG München, AfP 1997, S. 480, 481.

[157] LG Frankfurt/Oder, AfP 1997, S. 1332, 1333 f.

[158] Ebenso: *Köhler/Piper*, § 1 Rdnr. 141; *Baumbach/Hefermehl*, § 1 UWG, Rdnr. 913 m.w.N.

[159] *Palandt-Thomas*, § 826 Rdnr. 14.

Werbung einmal in dem Verlust der Dispositionsfreiheit aufgrund eines telefonisch beworbenen und daraufhin zustande gekommenen Vertrages, zum anderen – unabhängig von einem Vertragsabschluss – in der reinen Belästigung. Der Schaden kann in den Fällen eines Vertragsabschlusses tatsächlich darin liegen, dass der Verbraucher die Verpflichtung eingegangen ist, eine nicht gewollte Ware oder Leistung abzunehmen; sein Vermögen wird mit der Gegenforderung des Anbieters belastet.[161] Des Weiteren können beim Verbraucher aufgrund des ungewollten Vertragsschlusses Begleit- und Folgeschäden entstehen, wie z. B. Rechtsverfolgungskosten.[162]

Zu dem nach § 826 BGB weiterhin notwendigen Sittenverstoß wird die Auffassung vertreten, dass die zu § 1 UWG entschiedenen Tatbestände, und somit auch eine nach § 1 UWG festgestellte Verbraucherbelästigung, auf § 826 BGB übertragen werden können.[163]

Inwieweit eine nach § 1 UWG relevante Verbraucherbelästigung auch eine Sittenwidrigkeit nach § 826 BGB darstellt,[164] kann an dieser Stelle dahinstehen, da ein Schadensersatzanspruch nach § 826 BGB regelmäßig an dem zusätzlich festzustellenden Vorsatz des Schädigers hinsichtlich der gesamten Tatumstände, der Schadenszufügung sowie der Vorwerfbarkeit der Handlung scheitern wird. Dies gilt umso mehr, als § 1 UWG als wettbewerbsrechtliche *lex specialis* die Bedeutung von § 826 BGB mit dem Ziel zurückdrängen soll, Sittenverstöße im wettbewerblichen Bereich zu objektivieren und von einer subjektiven Vorwerfbarkeit zu befreien.[165]

Soweit ersichtlich, wurde § 826 BGB als Anspruchsgrundlage für Schadensersatzansprüche wegen unerbetener Telefonwerbung bisher nicht herangezogen. Im Hinblick auf die im Einzelfall problematische Schadensbestimmung und der durch das Vorsatzelement gesetzten engen Anwendungsgrenzen ist diese Vorschrift als Anspruchsgrundlage zur Abwehr unerwünschter Telefonwerbung auch nicht geeignet.

---

160 *Freund,* Persönlichkeitsrecht, S. 128 m.w.N.

161 Ebenso: *v. Falckenstein,* S. 34, Rdnr. 41 m.w.N.

162 Vgl. *v. Falckenstein,* S. 37, Rdnr. 45 ff., S. 72 ff., Rdnr. 90 ff.

163 *Sack,* NJW 1975, S. 1303, 1304; ebenso: *Freund,* BB 1986, S. 409, 413.

164 Vgl. dazu *Palandt-Thomas,* § 826, Rdnr. 59, 60 m.w.N.

165 *Freund,* Persönlichkeitsrecht, S. 132, 133 m.w.N., *ders.,* BB 1986, S. 409, 413 m.w.N.

## III. Unterlassungs- oder Schadensersatzansprüche nach § 823 Abs. 2 BGB i. V. mit § 1 UWG

Als Anspruchsgrundlage für den Individualschutz der Verbraucher gegen unerwünschte Telefonwerbung ist weiterhin § 823 Abs. 2 BGB i. V. mit § 1 UWG in Betracht zu ziehen. Dazu müsste § 1 UWG ein Schutzgesetz i. S. von § 823 Abs. 2 BGB sein.

Schutzgesetze i. S. von § 823 Abs. 2 BGB sind solche Normen, die erkennbar den Schutz einzelner Personen oder Personenkreise gegen Verletzung bestimmter Rechtsgüter oder Interessen bezwecken.[166] Obwohl inzwischen allgemein anerkannt ist, dass das UWG auch dem Schutz des einzelnen Verbrauchers dient,[167] hat der VI. Zivilsenat des BGH in der *Prüfzeichen*-Entscheidung[168] unmissverständlich festgestellt, dass § 3 UWG der Charakter eines Schutzgesetzes i. S. von § 823 Abs. 2 BGB aufgrund der Sonderregelung des § 13 Abs. 2 UWG a. F. (§ 13 Abs. 6 UWG n. F.) abzusprechen ist.[169]

Die vorgenannte Entscheidung ist zwar zu § 3 UWG ergangen, es bestehen in der Literatur jedoch keine Zweifel, dass die Festlegung der für § 823 Abs. 2 BGB maßgeblichen Schutzgesetzeigenschaft von § 1 UWG ebenfalls auf dieser Grundlage zu erfolgen hat.[170]

---

166 *Palandt-Thomas,* § 823, Rdnr. 140, 141 m.w.N.

167 Vgl. *Baumbach/Hefermehl,* Einl. UWG, Rdnr. 42; *Krüger-Nieland,* GRUR 1974, S. 561; *Schricker,* GRUR 1975, S. 111, 118; *Hefermehl* in Festschrift für Fischer, S. 197, 201; *Sack,* NJW 1975, S. 1303, 1305 m.w.N.; *ders.,* WRP 1982, S. 615, 624; *Alt,* Briefkastenwerbung, S. 111 f. m.w.N.; *Gilles,* Recht des Direktmarketing, S. 161 f., Rdnr. 268, der den Schutzbedarf des *„jeweils betroffenen Einzelverbrauchers"* mit dem *„gewaltigen Ausmaß der Schäden, die mittlerweile im Bereich der Haustür- und ähnlicher Geschäfte durch Wettbewerbsverletzungen angerichtet worden sind",* begründet.

168 BGH GRUR 1975, S. 150, 151 – Prüfzeichen; so bereits: RG GRUR 1940, S. 375, 378; entgegen BGHZ 15, 338, 355 f. – GEMA und BGH GRUR 1980, S. 130, 131 f. – Kfz-Händler, wo § 1 UWG jedenfalls dann als Schutzgesetz i. S. des § 823 Abs. 2 BGB angesehen worden ist, sofern *„die verbotene Schädigung der Wettbewerbsfreiheit . . . unmittelbar gegen den Betroffenen gerichtet ist".*

169 Ebenso: *Baumbach/Hefermehl,* § 3 UWG, Rdnr. 440; offen *Köhler/Piper,* Einf., Rdnr. 42; *Sack,* NJW 1975, S. 1303, 1305 f.; *Nordemann,* Wettbewerbsrecht, S. 282 f., Rdnr. 548; *Gilles,* Recht des Direktmarketing, S. 160, Rdnr. 268 ff.

170 Vgl. *Freund,* Persönlichkeitsrecht, S. 121 m.w.N.

Wenn auch die *Prüfzeichen*-Entscheidung auf beachtlichen Widerstand gestoßen ist,[171] so wird man dennoch davon ausgehen müssen, dass die Gerichte dieser Anspruchsgrundlage im Hinblick auf die eindeutige Rechtsprechung des BGH bis auf weiteres keine Geltung verschaffen werden. Ein wirksamer individual-rechtlicher Verbraucherschutz gegen den Einsatz unerbetener Telefonwerbung ist somit aus § 823 Abs. 2 BGB i. V. mit § 1 UWG nicht zu erwarten.

## IV. Schadensersatzanspruch nach § 823 Abs. 1 BGB

Ein Schadensersatzanspruch aus § 823 Abs. 1 BGB wird insbesondere für die Fälle diskutiert, dass ein unerbetener Telefonkontakt zum Vertragsabschluss geführt hat.[172] Der Schaden könnte dann, wie bereits zu § 826 BGB ausgeführt, in dem möglicherweise ungünstigen Vertrag als solchem, in dem Verlust der Dispositionsfreiheit, in den Aufwendungen für den Vertragsabschluss oder in dem Verzicht auf ein anderes günstigeres Geschäft,[173] sowie in den Kosten für die Beauftragung eines Rechtsanwalts zur Anspruchsdurchsetzung[174] liegen. Führt ein unerbetener Werbeanruf nicht sogleich zu einem Vertragsabschluss, kann allenfalls ein immaterieller Schaden durch die werbliche Belästigung in Betracht kommen.

Soweit der unerbetene Werbeanruf zu einem ungewollten Vertragsschluss geführt hat, kommt nach dem Grundsatz der Naturalrestitution (§ 249 BGB) die Freistellung vom Vertrag in Betracht. Ist jedoch die Naturalrestitution zur Entschädigung des durch unerbetene Telefonwerbung belästigten Verbrauchers nicht ausreichend (§ 251 Abs. 1 2. Alt. BGB) oder ist es infolge der belästigenden Telefonwerbung überhaupt nicht zum Vertragsabschluss gekommen, kann nur noch eine Verpflichtung zum Ersatz des Nichtvermögensschadens in Geld eintreten.[175] Dieser Anspruch erfordert jedoch eine objektiv erheblich ins Gewicht fallende Persönlichkeitsverletzung, also einen schwerwiegenden Eingriff,

---

[171] *Nordemann*, Wettbewerbsrecht, S. 282 f., Rdnr. 548; *Gilles*, S. 161, 163; *Schricker*, GRUR 1975, S. 111, 112 ff.; eingehend: *Sack* NJW 1975, S. 1303, 1305 ff.

[172] Zur Subsidiarität von § 823 BGB gegenüber § 1 UWG: *Köhler/Piper*, § 1 UWG Rdnr. 141; *Schricker*, GRUR Int. 1998, S. 541, 547, 549. Zum Schadensersatz wegen unerbetener Faxwerbung: AG Frankfurt/Main, MMR 2002, S. 490 (n.rkr.)

[173] *Freund*, Persönlichkeitsrecht, S. 154 m.w.N.

[174] Vgl. zum Schadensersatz nach § 823 Abs. 1 BGB bei Briefkastenwerbung: *Weise*, GRUR 1989, S. 653, 658; zur Problematik des Ersatzes von Abmahnkosten: *Baumbach/Hefermehl*, Einl. UWG, Rdnr. 552 m.w.N.

[175] *Palandt-Heinrichs*, § 253, Rdnr. 1; *Palandt-Thomas*, § 823, Rdnr. 200 m.w.N.

und wird nur unter der Voraussetzung akzeptiert, dass Genugtuung auf andere Weise nicht zu erlangen ist.[176] Ob eine *schwere* Verletzung des Persönlichkeitsrechts anzunehmen ist, hängt in jedem Einzelfall vom Grad des Verschuldens, von Art und Schwere der Beeinträchtigung, von der Nachhaltigkeit und Fortdauer der Interessenschädigung sowie davon ab, in welcher Persönlichkeitssphäre der Eingriff stattgefunden hat.[177]

Ohne an dieser Stelle in eine weitergehende Prüfung eintreten zu müssen, wird die Annahme Bestand haben können, dass einzelne unerbetene Werbeanrufe die Voraussetzungen von *schweren* Verletzungen des Persönlichkeitsrechts häufig nicht erfüllen.[178] Dies gilt umso mehr, als die Werbenden aus verkaufspsychologischen Gründen sowie unter Marketing- und Kostengesichtspunkten auf eine höfliche und ansprechende Durchführung der Werbeanrufe bedacht sein und ihre Mitarbeiter entsprechend schulen werden.[179]

Hinzu kommt die Notwendigkeit, dass der Verbraucher den behaupteten Schaden beziffern muss. Da die Geltendmachung eines reinen Vermögensschadens über § 823 Abs. 1 BGB ausscheidet, können sich hinsichtlich der Bestimmung des verbleibenden immateriellen Schadens Probleme ergeben.[180] Soweit der Schaden in einem telefonisch erfolgten Vertragsabschluss liegt, ist ein Rückgriff auf § 823 Abs. 1 BGB nach Umsetzung der *Fernabsatzrichtlinie* in die Neuregelungen des BGB (insbesondere Widerrufs- und Rückgaberecht nach §§ 312d, 355 BGB) zudem überflüssig.

Im Ergebnis wird daher die Abwehr unerbetener Werbeanrufe unter Rückgriff auf § 823 Abs. 1 BGB auch für die Zukunft keine praktische Relevanz erlangen.

## V. Unterlassungsanspruch nach §§ 1004 Abs. 1 S. 2, 823 Abs. 1 BGB

Weiterhin kommt ein Unterlassungsanspruch nach §§ 1004 Abs. 1 S. 2, 823 Abs. 1 BGB gegen den Telefonwerber als Störer[181] in Betracht.[182] Ein solcher

---

176 *Palandt-Thomas,* § 823, Rdnr. 200 m.w.N.; *Freund,* Persönlichkeitsrecht, S. 195 ff.

177 *Baumbach/Hefermehl,* Allg., Rdnr. 162 m.w.N.

178 So bereits LG Dortmund, BB 1968, S. 970; vgl. *v. Falckenstein,* S. 13, Rdnr. 4; ebenso: *Freund,* BB 1986, S. 409, 414.

179 *Greff/Dallmer,* Handbuch 1997, S. 229, 246; dazu auch Pkt. II.5 des Ehrenkodex des DDV-Councils *TeleMedien- und CallCenter-Services*, abrufbar unter www.ddv.de/downloads/Service/Ehrenkodex_TeleMedien.pdf

180 Vgl. v. *Falckenstein,* S. 33, Rdnr. 38.

181 Vgl. zur Störerproblematik allgemein: *Baumbach/Hefermehl,* Einl. UWG, Rdnr. 325 ff.

Anspruch erfordert einen objektiv widerrechtlichen Eingriff in ein von § 823 Abs. 1 BGB geschütztes Recht sowie die ernsthafte Besorgnis weiterer Störungen (Wiederholungsgefahr).[183] Die Gefahr einer Wiederholung wird bei einer bereits vorliegenden Störung vermutet und ist vom Störer zu widerlegen.[184]

Im Bereich unerbetener Telefonwerbung erlangte ein auf §§ 823, 1004 BGB gestützter Unterlassungsanspruch bisher in zwei Entscheidungen praktische Relevanz, und zwar in einem vom *OLG Stuttgart*[185] entschiedenen Fall zu telefonischer Wahlkampfwerbung einer politischen Partei, und in einem vom *OLG Hamm*[186] entschiedenen Rechtsstreit wegen aktiver Telefonwerbung für Fotokopiergeräte gegenüber einem Rechtsanwalt, der selbst und nicht über einen Verbraucherverband oder einen Wettbewerbsverein (§§ 1, 13 Abs. 2 Nr. 2, 3 UWG) auf Unterlassung geklagt hatte.

Die rechtliche Beurteilung stützte sich in beiden Fällen auf die Verletzung der Persönlichkeitsrechte der angerufenen Personen. Dabei orientierte sich das *OLG Stuttgart* an den Beurteilungskriterien aus § 1 UWG und verwies in diesem Zusammenhang insbesondere auf die Begründung von *Telefonwerbung I.*[187] Die Entscheidung des *OLG Hamm* stützte sich zur Begründung der Störung des *„eingerichteten und ausgeübten Gewerbebetriebs"* auf die wettbewerbsrechtliche Argumentation zur aktiven Telefonwerbung *Business-to-Business.*[188]

Der Rückgriff auf wettbewerbsrechtliche Beurteilungskriterien im Rahmen einer Prüfung nach § 823 Abs. 1 BGB ist jedoch problematisch:[189] Vorrangiges Schutzgut der bürgerlich-rechtlichen Verbotsnorm des § 823 Abs. 1 BGB ist nämlich der Schutz von individuellen Rechten und Rechtsgütern, während über § 1 UWG primär wettbewerbs- und wirtschaftsbezogenes Fehlverhalten mit Sanktionen belegt werden soll. Eine nach § 1 UWG wettbewerbswidrige Handlung bedeutet daher nicht notwendigerweise auch eine Rechtsverletzung i. S. von § 823 Abs. 1 BGB.

Zur Feststellung einer deliktsrechtlich relevanten Rechtsverletzung ist vielmehr auf den individuell Umworbenen und nicht – wie bei § 1 UWG – auf die Verkehrskreise oder den durchschnittlichen Verbraucher abzustellen. Kriterien

---

182 Vgl. auch *Ulrich,* WRP 1996, S. 1011, 1015; *Köhler/Piper,* § 1 Rdnr. 141.
183 *Palandt-Thomas,* Einf. v. § 823, Rdnr. 18 und 24 m.w.N.
184 *Palandt-Bassenge,* § 1004, Rdnr. 32.
185 OLG Stuttgart, ZIP 1988, S. 674, 675 = EWiR § 823 BGB 5/88, S. 579 (*Gilles*).
186 OLG Hamm, GRUR 1992, S. 889 (Ls.).
187 OLG Stuttgart, ZIP 1988, S. 674, 675.
188 OLG Hamm, GRUR 1992, S. 889 (Ls.).
189 Ebenso: *Gilles*, OLG Stuttgart; EWiR § 823 BGB 5/88, S. 579, 580.

für eine Persönlichkeitsrechtsverletzung i. S. von § 823 Abs. 1 BGB können daher nur die Umstände des konkreten Anrufes, wie z. B. der Ablauf des Werbegesprächs, persönliche Merkmale des Angerufenen (Alter, Bildungsstand) und/oder Zeitpunkt, Gegenstand oder Wiederholungen des streitgegenständlichen Anrufes sein.[190]

Praktische Relevanz erlangen die vorstehenden Überlegungen für den Fall, dass sich ein Verbraucher gegen einen einzigen Anruf zur Wehr setzen will. In diesem Fall kann nach der geltenden Rechtslage zwar ein wettbewerbswidriges Verhalten vorliegen, welches jedoch nicht notwendigerweise bereits eine Persönlichkeitsrechtsverletzung i. S. von § 823 Abs. 1 BGB darstellen muss. Vielmehr ist insoweit auf die Ausführungen des *LG Dortmund*[191] zu verweisen, welches einem einzelnen Werbeanruf eine *„ins Gewicht fallende Störung"* abgesprochen hat.

Unter Berücksichtigung dieser Gesichtspunkte kommt eine individuelle Abwehr einzelner unerbetener Werbeanrufe auf der Grundlage der §§ 1004 Abs. 1, 823 Abs. 1 BGB grundsätzlich in Betracht.

## VI. Unterlassungsanspruch nach dem UKlaG

Für den Fall, dass sich eine Verletzung von Verbraucherrechten im Zusammenhang mit unerbetener Telefonwerbung aufgrund von Regelungen in Allgemeinen Geschäftsbedingungen (z. B. unwirksame Einverständniserklärung nach den §§ 307 ff. BGB) oder aufgrund der Verletzung von Informationspflichten nach den §§ 312b ff. BGB ergibt, kann der Unternehmer nach den Vorschriften des UKlaG auf Unterlassung in Anspruch genommen werden (§§ 1 ff. UKlaG).

Anspruchsberechtigt ist jedoch nicht der Verbraucher, sondern die in § 3 Abs. 1 UKlaG genannten Stellen. Insoweit entspricht die Konzeption des UKlaG der Regelung von § 13 Abs. 2 UWG und gewährt einem von der unerbetenen Telefonwerbung betroffenen Verbraucher keinen unmittelbaren Schutz.

---

[190] Vgl. zu möglichen Abwägungskriterien: *Palandt-Thomas,* § 823, Rdnr. 185 ff.; *Freund,* Persönlichkeitsrecht, S. 178 ff. (insb. S. 182 f.); *Ehlers,* WRP 1983, S. 187, 190 m.w.N.

[191] LG Dortmund, BB 1968, S. 970.

## VII. Widerrufsrecht nach §§ 312 Abs. 1, 355 BGB (vormals: § 1 Abs. 1 HWiG)

Während das Wettbewerbsrecht die unlautere Einflussnahme mittels besonderer Vertriebsformen präventiv verhindern will, erfolgt der Schutz über das vormalige HWiG und die nunmehr statt dessen geltenden Regelungen des BGB durch die Einräumung einer Widerrufsmöglichkeit für diejenigen Fälle, in denen der Kunde durch mündliche Verhandlungen an seinem Arbeitsplatz oder im Bereich der Privatwohnung (§ 1 Abs. 1 Nr. 1 HWiG/§§ 312 Abs. 1 Nr. 1 BGB[192]) *„zum Abschluss eines Vertrages bestimmt"* worden ist.

Die Kunden von Haustür- und ähnlichen Geschäften sollen damit vor übereilten Vertragsabschlüssen geschützt werden. Es soll zudem ein Ausgleich für die Beeinträchtigung der rechtsgeschäftlichen Entscheidungsfreiheit, die bei Vertragsverhandlungen im häuslichen Bereich entstehen kann, geschaffen werden.[193]

Die bloße Belästigung durch aktive Telefonwerbung wird von diesem Schutzzweck nicht erfasst. Es stellt sich somit lediglich die Frage, ob ein nach unerbetener telefonischer Kontaktaufnahme geschlossener Vertrag nach diesen Regelungen widerrufbar ist. Diese vormals kontrovers diskutierte Frage[194] wurde inzwischen durch die bereits dargestellte BGH-Entscheidung zur *Telefonwerbung als Haustürgeschäft* höchstrichterlich geklärt:[195] Verträge, die aufgrund von – wettbewerbswidrigen – Telefonanrufen abgeschlossen worden sind, sind grundsätzlich wirksam und unterfallen nicht den Regelungen für Haustürgeschäfte nach § 312 Abs. 1 BGB.[196]

Das Widerrufsrecht bei Haustürgeschäften bietet somit für den Verbraucher weder einen präventiven Schutz gegen telefonische Werbung, noch einen repressiven Schutz gegen die vertragsrechtlichen Folgen eines telefonischen Werbekontaktes.

---

192 Als diejenige Vorschrift, die einzig für telefonisch abgeschlossene Verträge in Betracht kommt.

193 Gesetzesbegründung BT-Drucks. 10/2876 v. 15.02.1985, S. 1, 8f.

194 Die Anwendbarkeit des HWiG ablehnend: *Löwe* BB 1986, S. 821, 825; *Werner/Machunsky,* § 1, Rdnr. 77 ff.; bejahend: *Burckhardt,* WRP 1996, S. 659, 662; *Gilles*, NJW 1988, S. 2424, 2427 m.w.N.

195 BGH NJW 1996, S. 929 – Telefonwerbung als Haustürgeschäft.

196 Kritisch dazu: *Ulrich,* WRP 1996, S. 1011, 1015.

## VIII. Informations- und Widerrufsrechte nach §§ 312b ff., 355 BGB (vormals: FernAbsG)

Das ehemalige FernAbsG vom 27.06.2000[197] setzte die *Fernabsatzrichtlinie* und die *Richtlinie 98/27/EG über den Verbraucherschutz durch Unterlassungsklagen* um. Die Vorschriften des FernAbsG wurden nahezu wörtlich in die §§ 312b ff. BGB übernommen.

Nach § 312b Abs. 1, 2 BGB unterfallen telefonisch geschlossene Verträge den Regelungen zu Fernabsatzverträgen.[198] Diese schreiben vor, dass der Unternehmer den Verbraucher rechtzeitig vor Abschluss eines Fernabsatzvertrages klar und verständlich über die Einzelheiten des Vertrages und den geschäftlichen Zweck des Vertrages sowie bei Telefongesprächen auch über die Identität des Unternehmers bereits zu Beginn des Telefonats zu unterrichten hat (§ 312c Abs. 1 S. 1 und 2 BGB).

Außerdem steht dem Verbraucher bei Abschluss eines Fernabsatzvertrages nunmehr ein Widerrufsrecht nach §§ 312d Abs. 1, 355 BGB zu, welches grundsätzlich in einer Frist von zwei Wochen (§ 355 Abs. 1 BGB) auszuüben ist. Anstelle des Widerrufsrechts kann dem Verbraucher ein Rückgaberecht nach § 356 BGB eingeräumt werden.[199]

Insoweit hat sich die Lage der Verbraucher vertragsrechtlich erheblich verbessert. Der Verbraucher hat nun die Möglichkeit, sich auch von Verträgen, die im Fernabsatz geschlossen wurden, durch einen fristgerechten Widerruf zu lösen.

## IX. Rücktrittsrecht nach § 13a UWG

Nach der – in der Praxis wenig beachteten[200] – Vorschrift des § 13a Abs. 1 UWG kann der Abnehmer dann vom Vertrag zurücktreten, wenn er durch eine unwahre und zur Irreführung geeignete Werbeangabe i. S. von § 4 UWG zur

---

197 BGBl. I S. 887.

198 Vgl. dazu *Brisch* in Henssler/Graf von Westphalen (Hrsg.), S. 374 ff. Rdnr. 6 ff.

199 Vgl. zu den Einzelheiten des Widerrufsrechts: *Brisch* in Henssler/Graf von Westphalen (Hrsg.), S. 402 ff. Rdnr. 3 ff.

200 Vgl. *Teplitzky,* 37. Kap., S. 348, Rdnr. 2 m.w.N.

Abnahme bestimmt worden ist.[201] Da es bei der Frage, ob aktive Telefonwerbung als *Werbemethode* eine unrechtmäßige Belästigung des Verbrauchers darstellt, nicht um das Problem von unwahren und zur Irreführung geeigneten Werbeangaben geht, bietet § 13a Abs. 1 UWG keine Grundlage zur Verhinderung unerwünschter Telefonwerbung.

## X. Regelung aktiver Telefonwerbung durch Werbeselbstkontrolle

Nach der Definition des Zentralausschusses der Deutschen Werbewirtschaft (ZAW) sind unter Werbeselbstkontrolle alle *freiwilligen Maßnahmen der Werbewirtschaft* zu verstehen, die auf eine gesetzmäßige, redliche, wahre und mit den guten Sitten zu vereinbarende Werbung hinwirken.[202] Ziel der Werbeselbstkontrolle ist die Förderung selbstverantwortlichen Handelns der werbenden Firmen unter Beteiligung der Umworbenen.[203]

Befürworter selbstdisziplinärer Systeme betonen insbesondere die damit verbundenen schnellen, kostengünstigen und flexiblen Reaktionsmöglichkeiten sowie die Möglichkeit, fachliche Nähe und Sachverstand nutzen zu können.[204] Deren Gegner stellen darauf ab, dass die Regelungen der Werbeselbstdisziplin regelmäßig zu *lax* seien, die zuständigen Organe nicht über hinreichende Rechte und Sanktionen verfügten und somit die Werbeselbstdisziplin vornehmlich der Imagepflege der Unternehmen, nicht jedoch dem Verbraucherschutz diene.[205]

Die Werbeselbstkontrolle wird in Deutschland vom *Deutschen Werberat*[206], neben dem *Zentralverband der deutschen Werbewirtschaft ZAW e.V.*[207] die zweite zentrale und für die Werbeselbstkontrolle zuständige Institution der gewerblichen Wirtschaft, sowie von der *Zentrale zur Bekämpfung des unlauteren*

---

201 Vgl. dazu OLG Zweibrücken, WiB 1997, S. 487, 488 m. Anm. *Vogt*.

202 ZAW, Positionspapier, S. 13 f.

203 Jahrbuch Deutscher Werberat 1993, S. 52.

204 *Beckmann*, WRP 1991, S. 702, 704; vgl. auch die DDV-Stellungnahme *„Liberalisierung des Telefonmarketing – Mehrwert durch Selbstregulierung"*, abrufbar unter www.ddv.de/downloads/Mehrwert.pdf.

205 *v. Hippel*, RabelsZ 40 (1976), S. 513, 521.

206 ZAW, Werbung in Deutschland 1997, S. 325 ff.; Jahrbuch Deutscher Werberat 1996, S. 17 ff.

207 Zentralverband der deutschen Werbewirtschaft ZAW e.V., Villichgasse 17, D-53177 Bonn (Bad Godesberg).

*Wettbewerbs (Wettbewerbszentrale)*[208], einem Verein zur Förderung gewerblicher Interessen, getragen. Außerdem sind Fachverbände mit der Selbstregulierung spezifischer Bereiche befasst, so der *Deutsche Direktmarketing Verband e.V. (DDV)* im Bereich des Direktmarketing, bei dem das *Council TeleMedien- und CallCenter-Services*[209], vormals *Fachgruppe TeleMedienServices,* für die Telefonwerbung zuständig ist.[210]

Der DDV hat zur Kontrolle unerbetener Telefonwerbung einen *Ehrenkodex*[211] erstellt, der von den Verbandsmitgliedern zu beachten ist. Verstöße gegen diesen Ehrenkodex werden von der Schiedsstelle des *Council TeleMedien- und Call-Center-Services* untersucht und geahndet. Als einziges Sanktionsmittel steht dabei der an den Vorstand des DDV zu stellende Antrag auf Ausschluss eines Mitgliedes zur Verfügung.[212]

Für den Bereich der Telefonwerbung enthält der *Ehrenkodex* verschiedene Regelungen.[213] Besonders erwähnenswert sind dabei die dort festgelegten Verpflichtungen, zu Beginn des Telefongesprächs den Namen des Anrufers, die Firmenbezeichnung des Auftraggebers sowie der Zweck des Anrufes zu nennen (Pkt. II 1). Weiterhin sind nach dem *Ehrenkodex* Telefonkontakte mit Privatpersonen nur in der Zeit von 8.00 Uhr und 20.00 Uhr, mit Ausnahme von Sonn- und Feiertagen, zulässig und unaufgeforderte telefonische Erstkontakte zu Privatpersonen sowie Telefonkontakte zu denjenigen Verbrauchern verboten, die solche bereits abgelehnt haben (Pkt. II 2). Die Adressen des letztgenannten Personenkreises sind für weitere Werbeanrufe zu sperren. Das Telefonmarketing-Personal darf sich keiner Verkaufstechniken oder Formulierungen bedienen, die aufdringlich wirken oder einer, im allgemeinen Sprachgebrauch als *„Druckverkauf"* bezeichneten Vorgehensweise dienen (Pkt. II 5). Alle Regeln der Höflichkeit sind zu beachten (Pkt. II 5), das Vortäuschen anderer Zwecke eines tatsächlichen Werbeanrufes ist verboten ((Pkt. II 1). Die betriebliche Ordnung darf durch telefonische Angebote *Business-to-Business* nicht gestört werden (Pkt. II 3).

---

208 Zentrale zur Bekämpfung des unlauteren Wettbewerbs e.V., Landgrafenstraße 24B, D-61348 Bad Homburg v.d.H.

209 DDV-Report 06/98, S. 18.

210 *Herbst/Dallmer,* Handbuch 1997, S. 109 ff.

211 Ehrenkodex des Councils *TeleMedien- und CallCenterServices,* erhältlich über den DDV (Anschrift *1. Kapitel,* S. 11, FN 81) und abrufbar unter www.ddv.de/downloads/Service/Ehrenkodex_TeleMedien.pdf_.

212 Vgl. Pkt. I, letzter Absatz des Ehrenkodex des *Councils TeleMedien- und CallCenterServices.*

213 Vgl. Pkt. II des Ehrenkodex des *Councils TeleMedien- und CallCenterServices.*

Obwohl dieser *Ehrenkodex* das Bemühen der Werbebranche um den Verbraucherschutz und die Lauterkeit der darin geregelten Werbemethoden erkennen lässt, ist eine durchgreifende Regelung des Telefonwerbemarktes auf diesem Wege nicht zu erwarten. Dies liegt einmal daran, dass der *Ehrenkodex* nur für Verbandsmitglieder verpflichtend ist. Zum anderen sind die Sanktionen für den Fall der Nichtbefolgung wenig einschneidend und der Ausschluss eines DDV-Mitgliedes im Falle eines Regelverstoßes – unter verbandspolitischen und verbandswirtschaftlichen Gesichtspunkten – wohl eher unwahrscheinlich.

Dem betroffenen Verbraucher werden durch den *Ehrenkodex* zudem keine direkten Handlungsinstrumente zur Verfügung gestellt; ihm verbleibt lediglich die Möglichkeit einer Beschwerde beim DDV, beim Werberat oder bei der Wettbewerbszentrale.

Aktiv tätig werden kann der Verbraucher lediglich dadurch, dass er sich in die beim DDV geführte überregionale *TeleRobinson-Liste*[214], eintragen lässt. Die Eintragung ist kostenlos, erlangt jedoch ebenfalls nur für die Verbandsmitglieder Verbindlichkeit. Die *TeleRobinson-Liste* des DDV wurde erst vor wenigen Jahren eingeführt und ist in Verbraucherkreisen, ebenso wie die *Robinson-Liste* zur Verhinderung unerwünschter Briefwerbung, weitgehend unbekannt.[215]

## XI. Rechtspraktische Probleme eines individuellen Schutzes gegen unerbetene Telefonwerbung

Für den einzelnen Verbraucher stellt sich im Falle eines individuellen Vorgehens gegen unerwünschte Telefonwerbung das praktische Problem, dass er die Initiative ergreifen und sich im Wege der Einzelklage gegen jeden einzelnen Werbeanruf wenden muss. Dies erfordert einerseits hinreichende Kenntnis von dem geltenden Verbot aktiver Telefonwerbung, sowie andererseits die Bereitschaft zur Übernahme des Prozess- und Kostenrisikos. Eine Privatperson wird letzteres zumindest dann ablehnen, wenn die als belästigend empfundenen Werbeanrufe nur sporadisch und unregelmäßig erfolgen.

Erschwerend kommt für den Verbraucher hinzu, dass er nach den Regeln der Beweislastverteilung die Voraussetzungen des von ihm geltend gemachten Schadensersatz- oder Unterlassungsanspruches darzulegen und zu beweisen

---

[214] Vgl. die Informationen unter www.telerobinson.de/.

[215] DDV, Who's who 1998, S. 8.

hat.[216] Dies kann sich insbesondere in den Fällen lediglich vereinzelter Werbeanrufe problematisch gestalten und betroffene Verbraucher in Beweisnot bringen, so dass letztendlich auch aus diesem Grund von einem gerichtlichen Vorgehen abgesehen wird.[217]

Verfahrensverzögerungen und lange Prozessdauer ermöglichen es dem Gewerbetreibenden außerdem, zunächst mit den Telefonwerbeaktionen gegenüber anderen Verbrauchern fortzufahren,[218] wodurch ein effektiver Verbraucherschutz zudem in Frage gestellt wird.

Schließlich kann der Verbraucher individual-rechtlich nur gegen einen bestimmten Telefonwerber vorgehen, wodurch weitere Werbeanrufe anderer Unternehmen nicht ausgeschlossen sind. Der einzelne Verbraucher müsste zur Beseitigung jeglicher Belästigung eine Vielzahl von Rechtsstreitigkeiten führen und in jedem Einzelfall von unerbetenen Werbeanrufen seine individuellen Ansprüche geltend machen.

Durch die Geltendmachung von Individualansprüchen, insbesondere von Unterlassungsansprüchen, ist außerdem eine spätere, nach Ablauf der Widerrufsfrist der §§ 312d, 355 BGB angestrebte Auflösung von – voreilig – am Telefon geschlossenen Verträgen *de lege lata* nicht möglich. Darin liegt weiterhin eine Lücke des Verbraucherschutzes.

## XII. Zusammenfassung

Die Geltendmachung von Schadensersatzansprüchen nach § 823 Abs. 1 BGB bzw. § 826 BGB stellt eine eher theoretische Möglichkeit des Rechtsschutzes gegen unerwünschte Telefonwerbung dar.

Der individual-rechtliche Unterlassungsanspruch nach §§ 1004, 823 Abs. 1 BGB kann unerwünschte Telefonwerbung zwar im Einzelfall unterbinden, ohne jedoch mögliche Belästigungen durch die Telefonwerbung weiterer Unternehmen wirksam einzuschränken. Verträge, die aufgrund – wettbewerbswidriger – Telefonanrufe geschlossen werden, sind grundsätzlich wirksam und zu erfüllen.

Eine Nichtigkeit von Telefonmarketing- und Folgeverträgen nach den §§ 134, 138 BGB i.V. mit § 1 UWG kommt nach der geltenden Rechtslage nicht in Be-

---

[216] Vgl. dazu *Ulrich,* WRP 1996, 1011, 1015 und die Ausführungen im *7. Kapitel,* S. 299 ff.

[217] Vgl. *v. Falckenstein,* S. 13, Rdnr. 4.

[218] Vgl. *v. Falckenstein,* S. 13, Rdnr. 4.

tracht. Allerdings hat sich die Situation der Verbraucher durch die Regelungen zu den Fernabsatzverträgen in den §§ 312b ff. BGB und insbesondere durch das, dem Verbraucher nunmehr eingeräumte Widerrufsrecht nach den §§ 312d, 355 BGB erheblich verbessert. Insoweit besteht nunmehr ein vertragsrechtlicher Verbraucherschutz auch für die Fälle der telefonisch geschlossenen Verträge.

Die Anwendung von § 13a UWG scheidet hingegen für die Fälle belästigender Telefonwerbung aus.

Ein durchgreifender individual-rechtlicher Verbraucherschutz gegen unerwünschte Werbeanrufe stößt zudem auf das praktische Hindernis notwendiger Einzelklagen sowie auf das Problem der Beweislastverteilung zum Nachteil des Verbrauchers.

Dem Wettbewerbsrecht kommt daher zur – präventiven – Abwehr unerbetener Telefonwerbung und als Korrektiv für einen in diesem Zusammenhang notwendigen Verbraucherschutz eine erhebliche Bedeutung zu.[219]

---

[219] Vgl. hierzu die Ergebnisse bei *v. Falckenstein*, S. 25, Rdnr. 32: Nur 6,7 % der Wettbewerbsklagen wurden in dem dort untersuchten Zeitraum (1972-1974) von Privatpersonen eingereicht, während 51,3 % von den Konkurrenten und 33,7 % von Wettbewerbsvereinen erhoben worden sind.

# 3. Kapitel – Analyse und Neubewertung der wettbewerbsrechtlichen Beurteilung aktiver Telefonwerbung *Business-to-Consumer*

## A. Vorbemerkung

Im Zentrum der wettbewerbsrechtlichen Diskussion zum aktiven Telefonmarketing steht die Frage, ob unerbetene Telefonwerbung gegen die *guten Sitten* i. S. von § 1 UWG verstößt.

Zur Konkretisierung des unbestimmten Rechtsbegriffs[1] der *guten Sitten* wird überwiegend auf die *Anstandsformel* zurückgegriffen,[2] wonach als unlauter jede Handlungsweise anzusehen ist, welche *„(objektiv) dem Anstandsgefühl der beteiligten Verkehrskreise widerspricht oder von der Allgemeinheit missbilligt und für untragbar angesehen wird"*.[3] Die beteiligten Verkehrskreise, auf deren Wertvorstellungen es zur lauterkeitsrechtlichen Beurteilung der aktiven Telefonwerbung ankommen soll, sind die werbenden Unternehmen, die Mitbewerber sowie die Verbraucher und die Allgemeinheit.[4]

---

1 *Köhler/Piper*, Einf. UWG, Rdnr. 176.

2 Vgl. bereits BGH NJW 1970, S. 1738 – Telefonwerbung I.

3 So schon RGZ 48, 114, 124 – Brisbane: Anstandsgefühl aller billig und gerecht Denkenden; st. Rspr. BGHZ 22, 167, 181 – Arzneifertigware; BGH GRUR 1959, S. 277, 279 – Künstlerpostkarten; BGH GRUR 1965, S. 315, 316 – Werbewagen; BGH NJW 1970, S. 1738 – Telefonwerbung I; BGH NJW 1989, S. 2820 – Telefonwerbung II; BGH NJW-RR 1990, S. 359 – Telefonwerbung III; KG Berlin, WRP 1975, S. 445, 447; OLG Hamburg, GRUR 1977, S. 225; OLG München, WRP 1976, S. 61; OLG Hamburg, WRP 1978, S. 553, 554; OLG Stuttgart, NJW-RR 1990, S. 1135; OLG Koblenz, WRP 1991, S. 332, 333; *Baumbach/Hefermehl*, Einl. UWG, Rdnr. 66; *Köhler/Piper*, Einf. UWG, Rdnr. 176; *v. Gamm*, 18. Kap., Rdnr. 7; *Emmerich*, S. 44 mit Ausführungen zur Historie der Anstandsformel; *Meyer-Cording*, JZ 1964, S. 273; *Sack*, NJW 1985, S. 761 ff.; *Hirtz*, GRUR 1986, S. 110, 112.

4 *Baumbach/Hefermehl*, Einl. UWG, Rdnr. 76 ff.; *Köhler/Piper*, Einf. UWG, Rdnr. 179 m.w.N.

Die *Anstandsformel* wurde in der Vergangenheit häufig kritisiert und wird inzwischen zunehmend als *„Leerformel"* abgelehnt.[5] Die Kritik bezieht sich auf eine – auch bei den Entscheidungen zur aktiven Telefonwerbung feststellbare – Gerichtspraxis, bei der die Anschauungen der beteiligten Verkehrskreise nicht tatsächlich, z. B. durch geeignete Verbraucherumfragen, ermittelt werden, sondern die subjektive Einschätzung der entscheidenden Richter, welche sich als private Verbraucher den beteiligten Verkehrskreisen zugehörig ansehen, zum lauterkeitsrechtlichen Beurteilungsmaßstab erhoben wird. Damit besteht nicht nur die Gefahr von Scheinobjektivität bei fehlender Offenlegung der tatsächlichen Entscheidungsgrundlage, sondern vielmehr das Problem des Fehlens einer ausgewogenen Auseinandersetzung mit marketing-, wirtschafts- und verbraucherpolitischen Erwägungen und Fakten.[6]

Als ein Beispiel für das vorstehend Gesagte kann die unterschiedliche höchstrichterliche Beurteilung der aktiven Telefonwerbung herangezogen werden: Während der I. Zivilsenat des BGH in den Entscheidungen *Telefonwerbung I* bis *Telefonwerbung III* und *Lexikothek* die größere Belästigung in der Werbung über den Fernsprecher, und nicht in der persönlichen Ansprache durch Vertreterbesuche gesehen hat, erschien es dem XI. Zivilsenat in der Entscheidung *Telefonwerbung als Haustürgeschäft* einfacher zu sein, ein Telefongespräch abzubrechen, als einen Besucher aus der Wohnung zu weisen.[7] Wie letztendlich die betroffenen Verbraucher die Belästigung durch aktive Telefonwerbung tatsächlich beurteilen, haben beide Senate nicht geklärt.[8] Dies ist – soweit ersichtlich – bisher lediglich durch zwei vom *KG Berlin* veranlasste Verbraucherumfragen geschehen:

Nach der ersten Erhebung aus dem Jahre 1978[9] haben 30 bis 35 % eines repräsentativen Verbraucherquerschnitts einen unerbetenen Telefonanruf, der zur normalen Tageszeit getätigt und höflich ausgeführt wird, als unerwünschte Belästigung angesehen. Die neuere Umfrage aus dem Jahre 1994[10] kam zu dem

---

5 Vgl. *Emmerich,* S. 47 f.; *Nordemann,* GRUR 1975, S. 625, 628, der die Benutzung der Anstandsformel sogar für verfassungswidrig hält; *ders.*, Wettbewerbsrecht, S. 50, Rdnr. 40; *Sack,* WRP 1974, S. 247, 250.

6 Vgl. dazu *Emmerich,* S. 48 ff. m.w.N.

7 Vgl. die Ausführungen im *2. Kapitel*, S. 18 ff.; kritisch dazu: *Ulrich,* WRP 1996, S. 1011, 1014.

8 Zur Problematik des Rückgriffs auf die Sachkunde der entscheidenden Richter unter Verzicht auf eine Beweiserhebung: *Baumbach/Hefermehl*, Einl. UWG, Rdnr. 476 m.w.N.

9 KG Berlin, WRP 1978, S. 373, 375.

10 KG Berlin, WRP 1995, S. 107, 112 f.

Ergebnis, dass 25 % der Befragten[11] unerbetene Werbeanrufe, die nach Anforderung von Informationsmaterial zum Zwecke einer Terminsvereinbarung erfolgen, als belästigend bewertet haben.[12] Nur 6 % der in 1994 Befragten vertraten die Auffassung, dass Telefonanrufe nach kundenseitiger Anforderung von Werbeunterlagen vollständig verboten werden müssten, 94 % waren der Meinung, dass ein derartiges Verbot zu weit ginge. Das *KG Berlin* ließ beide Ergebnisse für die Annahme einer Sittenwidrigkeit von aktiver Telefonwerbung nach § 1 UWG ausreichen.

Aus beiden *Verbraucherumfragen* ergibt sich jedoch in der Umkehrbetrachtung, dass immerhin etwa 70 % der befragten Verbraucher aktive Telefonwerbung als nicht belästigend angesehen haben. Aufgrund dieser Ergebnisse ist es problematisch, aktive Telefonwerbung generell als eine *„dem Anstandsgefühl der beteiligten Verkehrskreise"* widersprechende und *„von der Allgemeinheit missbilligte und für untragbar"* angesehene Werbemethode zu bewerten.[13]

Dem steht insbesondere entgegen, dass aktive Telefonwerbung nicht dem Anstandsgefühl *der,* sondern nur *eines Teils der* beteiligten Verbraucher widerspricht. Ein auf dieser Grundlage ausgesprochenes Verbot hat daher zur Folge, dass die Interessen der Mehrheit von 2/3 der betroffenen Verbraucher, die aktive Telefonwerbung als nicht besonders belästigend ansehen, dem gesteigerten Schutzbedürfnis einer Verbraucherminderheit untergeordnet werden.[14] Dies gilt umso mehr, als bei der wettbewerbsrechtlichen Beurteilung von Vertreterbesuchen[15] eine tatsächlich festgestellte Ablehnung von mehr als 2/3 der befragten

---

11 Aus der Darstellung der Untersuchung in den Urteilsgründen wird nicht eindeutig klar, ob in den 25 % die Befragten (14 %), die sich konkret zu dem Unternehmen geäußert haben, eingeschlossen sind.

12 Ähnliche Zahlen haben sich im Rahmen der Untersuchung *The California Public's Experience With and Attitutde Toward Unsolicted Telephone Calls* der *Pacific Telephone Company* für die USA ergeben. Dort wurde 1978 festgestellt, dass 50,2 % der Befragten die Nutzung von Telefonwerbung uneingeschränkt akzeptieren, während 25,1 % die *unsolicited calls* als eine *invasion of privacy* insbesondere bei Telefonanrufen mit *Automatic Dialer Recorded Message Players* ansehen. Vgl. *Nadel*, 4 Yale J. on Reg. 9, 100.

13 Vgl. dazu auch *Paschke,* WRP 2002, S. 1219, 1226, FN. 67.

14 Vgl. *Schricker,* ZHR 139 (1975), S. 208, 225; *ders.* GRUR Int. 1970, S. 32, 40 m.w.N.

15 Für die wettbewerbsrechtliche Zulässigkeit von Vertreterbesuchen bereits das RG in GRUR 1935, S. 688, 689; RGZ 145, 396, 401, 402; GRUR 1940, S. 57, 58; GRUR 1941, S. 242; GRUR 1943, S. 307; vgl. auch *Baumbach/Hefermehl,* § 1 UWG Rdnr. 75a, b m.w.N.; *Ulrich,* Festschrift für Vieregge, S. 901, 908 f.; *ders.* WRP 1996, S. 1011; zu den Fakten eines Vertreterbesuches: *Bohle/Dallmer*, S. 365, 368 f.

Verbraucher[16] bisher offenbar keine *„Missbilligung durch die Allgemeinheit“* hervorgerufen hat.

Die *Anstandsformel* ist daher als Maßstab für die lauterkeitsrechtliche Beurteilung aktiver Telefonwerbung nicht geeignet. Vielmehr ist die Frage der Lauterkeit unerbetener Werbeanrufe durch die Feststellung und die *Abwägung der beteiligten Interessen* unter Berücksichtigung der verfassungsrechtlich geschützten Positionen und Wertvorstellungen aller Beteiligten zu klären.[17]

## B. Beteiligte Interessen und verfassungsrechtlich geschützte Positionen

Der BGH hat die verfassungsrechtliche Dimension in seiner Rechtsprechung zu aktiver Telefonwerbung bisher nur gestreift und sich auf die Feststellung beschränkt, dass der *Schutz der Individualsphäre gegenüber dem wirtschaftlichen Gewinnstreben* einzelner im Vordergrund stünde. Eine inhaltliche Behandlung der sich gegenüberstehenden Grundrechtspositionen findet sich ebenso wenig, wie die zur Prüfung der Verhältnismäßigkeit erforderliche *Güter- und Interessenabwägung.*[18]

### I. Beeinträchtigung von Verbrauchergrundrechten durch aktive Telefonwerbung

Indem die Rechtsprechung die Interessen der Verbraucher als Adressaten der telefonischen Werbebotschaften ohne weitergehende Differenzierung in den Vordergrund der Diskussion und Bewertung gestellt hat, wurden mögliche Unterschiede in der Verbraucherakzeptanz von aktiver Telefonwerbung nicht be-

---

16 *Gilles,* Recht des Direktmarketing, S. 41, Rdnr. 48 m.w.N.

17 *Baumbach/Hefermehl,* Einl. UWG, Rdnr. 92 m.w.N.; *Köhler/Piper,* Einf. UWG, Rdnr. 267a m.w.N.; *Busche/Kraft,* WRP 1998, S. 1142, 1143; *Sack,* WRP 1985, S. 1, 5; vgl. zu der inzwischen einhellig anerkannten Drittwirkung der Grundrechte: BVerfGE 7, 198, 206 ff. – Lüth; *Maunz/Dürig,* Art. 1, Rdnr. 131 ff.; *v. Münch/v. Münch,* Vorb. Art. 1-19, Rdnr. 22; *Krüger-Nieland,* GRUR 1974, S. 561.

18 Vgl. dazu *Kewening,* Festschrift für Lerche, S. 625, 631 ff.

rücksichtigt, und dies obwohl die Ergebnisse der vom *KG Berlin* veranlassten Verbraucherumfragen auf solche schließen lassen.

Im Hinblick darauf sind im Rahmen der nachfolgenden Betrachtung nicht nur die Schutzinteressen der Verbraucher gegenüber den Interessen der Werbetreibenden, sondern zudem die offenbar divergierenden Verbrauchereinschätzungen des von aktiver Telefonwerbung ausgehenden Belästigungspotentials zu berücksichtigen.

### 1. Schutz der Privatsphäre nach Art. 1 Abs. 1, 2 Abs. 1 GG

Beim Einsatz aktiver Telefonwerbung erfolgt der erste Kontakt zum Verbraucher durch ein *akustisches Signal*, nämlich durch das Klingeln des Telefons. Der Verbraucher kann auf das Kontaktsignal in unterschiedlicher Weise reagieren:

- Er kann das *Signal ignorieren*, den Hörer auf der Gabel liegen lassen und dadurch jeglichen Werbekontakt vermeiden, jedoch mit der möglichen Konsequenz, wichtige oder gewollte Kontakte zu verpassen.
- Er kann alternativ versuchen, den *Gesprächspartner ohne Kontaktaufnahme zu identifizieren.* Dies ist nach dem derzeitigen Stand der Kommunikationstechnik allenfalls über ISDN und der damit möglichen Rufnummernanzeige[19] oder über die Nutzung eines Anrufbeantworters möglich.
- Im Normalfall wird der Verbraucher das *Gespräch annehmen.* Bereits dadurch kommt der vom Telefonwerber beabsichtigte direkte Kundenkontakt zustande. Für den Telefonwerber besteht damit die Möglichkeit eines ungehinderten Zugriffs in den Privatbereich des angesprochenen Verbrauchers, und zwar unter weitgehender Ausschaltung von ansonsten gegenüber Werbung üblichen spontanen Abwehrreaktionen.

Aktive Telefonwerbung ermöglicht somit ein Eindringen in den Privatbereich des Verbrauchers, wodurch grundsätzlich die *Verbraucherprivatsphäre* und das *Verbraucherpersönlichkeitsrecht* tangiert werden.

---

19 *Hohensee,* DirektMarketing 04/1994, S. 9.

### a) Schutzbereich des allgemeinen Persönlichkeitsrechts

Die Freiheit zu aktivem Handeln, zur Entfaltung von Individualität und Persönlichkeit[20] sowie der Schutz vor Eingriffen in den Privatbereich wird über Art. 1 Abs. 1, 2 Abs. 1 GG durch das *allgemeine Persönlichkeitsrecht* gewährleistet,[21] welches aufgrund verfassungskonformer Auslegung der Generalklauseln auch im Privatrechtsverkehr und somit auch im Rahmen von § 1 UWG[22] Geltung erlangt.

Da es nicht nur das Recht auf Aktivität, sondern zudem das *„Recht, in Ruhe gelassen zu werden"* umfasst, gewährt es grundsätzlich auch einen *Belästigungsschutz* gegenüber unerwünschter Werbung.[23]

Zur Konkretisierung des allgemeinen Persönlichkeitsrechts wird in der Rechtsprechung und in der Literatur eine Differenzierung in verschiedene Persönlichkeitssphären *„mit unterschiedlicher Schutzbedürftigkeit und Eingriffsresistenz"* vertreten.[24] Dabei wird ein absoluter Persönlichkeitsschutz für den Bereich der *Intimsphäre*[25], also für die innere Gedanken- und Gefühlswelt[26] angenommen. Die Intimsphäre wird von unerbetenen Werbeanrufen, die keine besonderen Belästigungsmomente aufweisen, regelmäßig nicht berührt sein.

---

20 BGHZ 24, 72, 76 – Krankenpapiere.

21 *v. Münch/Kunig,* Art. 1, Rdnr. 10; ders., Art. 2, Rdnr. 30, 32 m.w.N.; *Baumbach/Hefermehl,* Allg., Rdr. 142; *v. Gamm,* 2. Kap., Rdnr. 16 m.w.N.; *Alt,* Briefkastenwerbung, S. 79 m.w.N.; *Ehlers,* WRP 1983, S. 187, 188.

22 Vgl. BGH NJW 1970, S. 1738 – Telefonwerbung I; BGH GRUR 1965, S. 315 – Werbewagen; BGH GRUR 1974, S. 341, 343 – Campagne; dazu ausführlich: *Baumbach/Hefermehl,* Allg., Rdnr. 142 ff.

23 OLG Stuttgart, ZIP 1988, S. 674, 675 – Telefonwerbung einer Partei; VG Hannover, NJW 1986, S. 1630, 1631; *Götzfried,* NJW 1963, S. 1961, 1962 f.; *Krüger-Nieland,* GRUR 1974, S. 561, 563 spricht von dem *„Bedürfnis",* sich wengistens im häuslichen Bereich *„einzuigeln"; Paefgen,* MDR 1992, S. 112, 114; *Jahn/Gonzales,* WRP 1991, S. 1, 3; *Freund,* Persönlichkeitsrecht, S. 141. *Grimes,* GRUR Int. 1971, S. 392, 393; *MüKom-Schwerdtner,* § 12, Rdnr. 234 ff.

24 Zur Unterscheidung zwischen Intim- und Privatsphäre: BVerfGE 6, 32, 41; BVerfGE 34, 238, 245 f.; BVerfGE 38, 312, 320; *Palandt-Thomas,* § 823, Rdnr. 178 m.w.N.; *v. Gamm,* 2. Kap., Rdnr. 17 m.w.N.; *Ehlers,* WRP 1983, S. 187, 188; *Jahn/Gonzalez,* WRP 1991, S. 1, 3; *Alt,* Briefkastenwerbung, S. 79 f.; *Paefgen,* MDR 1992, S. 112, 114 m.w.N.; kritisch: *v. Münch/Kunig,* Art. 2, Rdnr. 41 m.w.N.; eine verfeinerte Unterteilung findet sich bei *Freund,* Persönlichkeitsrecht, S. 173 ff.

25 BVerfGE 6, 32, 41; BVerfGE 34, 238, 245 f.; BVerfGE 38, 312, 320.

26 BGH NJW 1988, S. 1984, 1985; *Palandt-Thomas,* § 823, Rdnr. 178.

Der als *Individualsphäre* bezeichnete Bereich des Persönlichkeitsrechts bezieht sich auf das öffentliche und berufliche Wirken einer Person. Für die Individualsphäre wird regelmäßig das schwächste Schutzbedürfnis angenommen.[27] Soweit Werbung den Verbraucher nicht im häuslichen, sondern *„nur"* im geschäftlichen bzw. beruflichen Umfeld erreicht, kann somit ein Weniger an Schutz genügen.[28]

In den Entscheidungen zum aktiven Telefonmarketing gegenüber dem Privatverbraucher ist häufig – ungenau – vom *„Schutz der Individualsphäre"* die Rede.[29] Damit ist jedoch durchweg derjenige Teil der Persönlichkeit gemeint, der das private Leben im häuslichen oder im Familienkreis und das sonstige Privatleben umfasst.[30] Gegenüber der Individualsphäre als Schutzbereich des öffentlichen und beruflichen Wirkens kommt diesem, besser als *Privatsphäre* bezeichneten Bereich, eine gesteigerte Schutzintensität zu.[31] Die Privatsphäre ist eines der wichtigsten Schutzgüter des allgemeinen Persönlichkeitsrechts.[32]

Die Frage, ob der private Telefonanschluss der Privatsphäre zuzurechnen ist, wurde bisher weder in der Rechtsprechung noch in der Literatur problematisiert und bedarf aufgrund der Offensichtlichkeit einer entsprechenden Zuordnung auch keiner weitergehenden Erörterung.[33]

### b) Beeinträchtigung der Verbraucherprivatsphäre

Für eine Beeinträchtigung der Verbraucherprivatsphäre durch aktive Telefonwerbung kommen verschiedene Ansatzpunkte in Betracht:

---

27 *Palandt-Thomas,* § 823, Rdnr. 178 m.w.N.

28 OLG Hamburg, DB 1989, S. 1407, 1408; vgl. hierzu die Ausführungen im *4. Kapitel*, S. 182 ff.

29 BGH NJW 1970, S. 1738, 1739 – Telefonwerbung I; BGH NJW-RR 1995, S. 613, 614 – Telefonwerbung V; OLG Stuttgart, NJW-RR 1994, S. 1534; OLG Köln, NJW-RR 1993, S. 753.

30 *Palandt-Thomas*, § 823, Rdnr. 178; *Paefgen*, MDR 1992, 112, 114 spricht in diesem Zusammenhang von dem *„Missgeschick einer falsa demonstratio"*.

31 *Ehlers,* WRP 1983, S. 187, 190.

32 st. Rspr. BVerfGE 27, 1, 6; BVerfGE 30, 173, 194 ff.; BVerfGE 80, 367, 373.

33 *Kewening,* Festschrift für Lerche, S. 625, 633 führt dazu nur aus: *„Unstreitig ist, dass der private Telefonanschluss in diese Privatsphäre gehört, also von diesem Schutz erfasst wird . . ."*.

### (1) Belästigung durch *Überrumpelung*

Eine Werbemaßnahme ist regelmäßig dann belästigend, wenn *„der Umworbene überrumpelt oder in seiner Entscheidungsfreiheit derart beeinträchtigt wird, dass ihm eine ruhige und sachliche Prüfung des Angebots nicht mehr möglich ist"*.[34] Dabei ist zu berücksichtigen, dass Werbung grundsätzlich den Verbraucher ansprechen und in einem gewissen Rahmen auch zu einer Kaufentscheidung provozieren soll. Insoweit ist jeder Werbemaßnahme eine gewisse *Verbraucherbelästigung* immanent.[35]

Der Werbeanruf als solcher bedeutet für den Verbraucher zwar eine überraschende werbliche Ansprache, die ihn jedoch im Normalfall in seiner Entscheidungsfreiheit nicht derart beeinträchtigen wird, dass von einer Überrumpelung im vorstehenden Sinne gesprochen werden kann.[36] Dies gilt umso mehr, als der Verbraucher stets die Möglichkeit hat, das Gespräch durch das *Auflegen des Telefonhörers* zu unterbrechen.

### (2) Belästigung durch das *Klingeln des Telefons*

Eine Belästigung durch aktive Telefonwerbung wird häufig mit dem *bloßen Klingeln des Telefons* begründet. Dadurch werde der Verbraucher bereits aus seiner aktuellen Tätigkeit gerissen und gezwungen, den Telefonhörer abzunehmen, um Kenntnis über den Gesprächspartner und den Zweck des Anrufes zu erhalten.[37]

In diesem Zusammenhang ist jedoch zu berücksichtigen, dass das Telefon inzwischen integrierter Bestandteil des täglichen Lebens von mehr als 90 % der deutschen Bevölkerung geworden ist, und der wachsende Markt für Mobiltele-

---

[34] BGH GRUR 1959, S. 277, 279 – Künstlerpostkarten; BGH GRUR 1960, S. 431, 432 – Kraftfahrzeugnummernschilder; BGH GRUR 1965, S. 315, 316 – Werbewagen; *Baumbach/Hefermehl,* § 1 UWG, Rdnr. 51; *Fernandez-Novoa,* GRUR Int. 1973, S. 436, 439 m.w.N.; *Nordemann,* WRP 1969, S. 16, 17.

[35] *Busche/Kraft,* WRP 1998, S. 1142, 1144.

[36] a.A. ohne nähere Begründung: *Baumbach/Hefermehl,* § 1 UWG, Rdnr. 51.

[37] BGH NJW 1970, S. 1738, 1739 – Telefonwerbung I; KG Berlin, ZIP 1993, S. 462; *Baumbach/Hefermehl,* § 1 UWG, Rdnr. 67; *Krüger-Nieland,* GRUR 1974, S. 561, 563 für das Klingeln an der Haustüre.

fone das zunehmende Bedürfnis nach schneller und unkomplizierter Kontaktaufnahme zeigt.[38] Die Menschen sind in Zeiten verstärkter Mobilität mehr und mehr bereit, das Telefon zum Zwecke einer ständigen Erreichbarkeit auch in der Öffentlichkeit zu nutzen und sich in ganz unterschiedlichen Alltagssituationen durch Telefonanrufe stören zu lassen.

Das Telefon wird inzwischen auch *multifunktional* eingesetzt: Es dient nicht nur der Kommunikation über eine größere Distanz, sondern es ermöglicht im Zusammenhang mit einem Personal Computer zudem die problemlose Teilnahme am Geschäftsverkehr, ohne die Wohnung verlassen zu müssen. Telebanking, Teleshopping sowie die Geschäfte über das Internet sind dafür nur einige Beispiele. Die Nutzung des Telefons ist also nicht mehr ausschließlich auf das Privatgespräch mit der Familie oder den Freunden beschränkt, sondern erstreckt sich inzwischen auf die Erledigung der alltäglich notwendigen Geschäfte.

Damit hat das Telefonieren seinen exklusiv auf den Privatbereich bezogenen Charakter und den Mythos verloren, dass das Klingeln des Telefons etwas besonders Privates und daher, wenn es sich um unangekündigte oder unaufgeforderte Telefonanrufe handelt, etwas besonders Störendes darstellt.

Zudem hat der Anschlussinhaber mit der Anschaffung eines Telefonanschlusses grundsätzlich die Möglichkeit eröffnet, auch von unbekannten Personen angerufen zu werden.[39] Zwar wird man aus der bloßen Anschaffung eines Telefons und der Veröffentlichung einer privaten Telefonnummer nicht ohne weiteres den Verzicht auf jeglichen Schutz gegen unerwünschte oder belästigende Werbeanrufe ableiten können, dennoch hat der Verbraucher damit seinen Privatbereich grundsätzlich für *Kontakte mit ihm unbekannten Personen geöffnet.*[40] Alleine das Klingeln des Telefons, welches einen unerbetenen Werbeanruf ankündigt, kann somit eine wettbewerbsrechtlich relevante Verbraucherbelästigung nicht begründen.

---

[38] Vgl. die Ausführungen im *1. Kapitel*, S. 9 f.

[39] *Kewening,* Festschrift für Lerche, S. 625, 633.

[40] Entgegen BGH NJW 1970, S. 1738 – Telefonwerbung I; ebenso: *Kewening,* Festschrift für Lerche, S. 625, 633. *Nordemann* verweist in WRP 1969, S. 16, 17 auf unvorhersehbare private Beschwerdeanrufe von Nachbarn oder Gläubigern, die dem Anschlussinhaber ebenfalls unangenehm sein können und auch nicht mit dem Hinweis auf die Privatsphäre abwehrbar sind.

### (3) Belästigung durch den *werbemäßigen Inhalt* eines Telefonanrufes

Eine unlautere Belästigung könnte weiterhin in dem *werbemäßigen Inhalt* des unerbetenen Anrufs liegen, den der Inhaber eines privaten Telefonanschlusses bei Entgegennahme des Telefonats zunächst nicht erwartet.

Dabei ist jedoch zu berücksichtigen, dass auch private Anschlussinhaber grundsätzlich mit Telefonanrufen rechnen müssen, die sie als Teilnehmer des Wirtschafts- und Berufslebens betreffen. Dies gilt umso mehr bei der Verlagerung von Alltagsgeschäften und berufliche Tätigkeiten in den Privatbereich.[41] Hinzu kommt, dass der Verbraucher auch beim Einsatz traditioneller Werbemedien mit unerwarteter Werbung konfrontiert wird.

Außerdem ist *Werbung als solche*, die den Werbeadressaten unaufgefordert erreicht, *notwendig* mit einem Maß an *Belästigung des Umworbenen verbunden.*[42] Werbung lebt davon, dass sie stört, um die Aufmerksamkeit der Verbraucher auf sich zu lenken und die Nachfrage zu stimulieren.

Da die Durchführung von Werbung grundsätzlich nicht wettbewerbswidrig ist,[43] kann der werbemäßige Inhalt eines unerbetenen Werbeanrufes nur dann eine wettbewerbsrechtlich relevante Belästigung begründen, wenn die übermittelte Werbebotschaft als solche, oder der Einsatz des Telefons als Werbemedium qualitative Besonderheiten aufweist, die geeignet sind, den umworbenen Verbraucher in seiner freien Willensentschließung zu beeinträchtigen.

### (4) Belästigung durch die *Besonderheiten des Werbemediums Telefon*

Eine lauterkeitsrechtlich relevante Verbraucherbelästigung durch unerbetene Telefonwerbung kann sich schließlich aus den *Eigenarten des Werbemediums Telefon* ergeben. Dieser Aspekt spielt bei der Diskussion um die Zulässigkeit aktiver Telefonwerbung die zentrale Rolle. Es wird dabei insbesondere argumentiert, dass die Verbraucherbelästigung vornehmlich aus der *fehlenden vorherigen Identifizierbarkeit eines Werbeanrufes* resultiere.

---

41 Einzelheiten im *1. Kapitel*, S. 10 f.

42 Dazu *Busche/Kraft,* WRP 1998, S. 1142, 1144.

43 Vgl. zu den Grundsätzen rechtmäßiger Werbung: *Baumbach/Hefermehl*, vor §§ 3-8 UWG, Rdnr. 5 ff. m.w.N.

Die fehlende vorherige Erkennbarkeit eines telefonischen Werbekontaktes führt in der Tat dazu, dass sich der Verbraucher zunächst mit dem Anrufer beschäftigen und sich dessen Anliegen erklären lassen muss, bevor er entscheiden kann, ob er das Telefonat fortsetzen will.[44] Für den Werbenden besteht dadurch die Chance, direkt und unmittelbar in den privaten Bereich des Verbrauchers einzudringen. Dem Verbraucher verbleibt grundsätzlich nur die Reaktion auf den bereits zustande gekommenen Werbekontakt, nicht jedoch diejenige der vorherigen Abwehr. Der durch Telefonwerbung aktiv angesprochene Verbraucher wird auf diese Weise zur Kenntnisnahme der Werbebotschaft *„gezwungen“* und dadurch in seinem durch Art. 1 Abs. 1, 2 Abs. 1 GG geschützten *Recht zur Selbstbestimmung* und in seiner freien Willensentschließung hinsichtlich des Empfangs oder der Ablehnung von unerbetener Telefonwerbung beeinträchtigt.

Dies gilt auch für diejenigen Verbraucher, die auf einen Werbeanruf nach Kontaktaufnahme mit aktiver Abwehr reagieren[45] und dadurch den Werbekontakt zeitlich begrenzen. Selbst diese Verbrauchergruppe muss zunächst das Werbegespräch annehmen und dessen Verlauf abwarten, um den Gesprächspartner und den Gesprächszweck herausfinden und die Entscheidung über eine Gesprächsunterbrechung oder Gesprächsfortführung treffen zu können.[46] Für verkaufspsychologisch geschulte Telefonverkäufer wird damit die Möglichkeit eröffnet, in das Werbegespräch einzutreten und es, abhängig vom jeweiligen verkäuferischen Können, erfolgreich fortzuführen.[47]

### (5) Verringerung der Belästigung durch den Einsatz von ISDN oder eines Anrufbeantworters

Ausgehend von einer wettbewerbsrechtlich relevanten Verbraucherbelästigung aufgrund der fehlenden vorherigen Erkennbarkeit telefonischer Werbung wird neuerdings auf eine mögliche *Belästigungsreduktion* durch den Einsatz von ISDN oder von Anrufbeantwortern hingewiesen.[48]

---

44 So auch: *Köhler/Piper*, § 1 UWG Rdnr. 143.

45 Vgl. hierzu *Ehlers,* WRP 1983, S. 187, 190.

46 *Raeschke-Kessler/Schroeder*, Festschrift für Piper, S. 399, 401.

47 *Gilles,* Recht des Direktmarketing, S. 47, Rdnr. 57.

48 *Zöller,* GRUR 1992, S. 297, 300.

***Einsatz von ISDN***

Der Hinweis auf den Einsatz der ISDN-Technik[49] zielt auf die damit verbundene Möglichkeit der *Rufnummernanzeige im Telefondisplay* zur Identifikation des Anrufers.[50] Diese *Calling Line Identification* setzt zunächst voraus, dass beide Gesprächsteilnehmer über einen ISDN-Anschluss verfügen. Da die Umstellung der privaten Telefonanschlüsse auf das ISDN-System bisher nur teilweise erfolgt und seine Durchsetzung im Bereich der Privatanschlüsse noch nicht endgültig absehbar ist, sowie sich viele Inhaber eines ISDN-Anschlusses für eine Rufnummernunterdrückung entscheiden, ist eine umfassende Belästigungsreduktion durch den Einsatz von ISDN jedoch zweifelhaft.

Selbst wenn das ISDN-System genutzt werden kann und die Telefonnummer des Anrufenden im Display des Telefonapparates erscheint, bleibt weiterhin das Problem der vorherigen Identifizierbarkeit des Anrufes. Eine solche setzt nämlich bei Einsatz der *Calling Line Identification* voraus, dass der Angerufene entweder alle Anrufe mit ihm unbekannten Telefonnummern nicht entgegen nimmt oder aber alle Telefonnummern von erwünschten Gesprächspartnern kennt bzw. während der Zeit des Telefonklingelns nachprüfen kann. Abgesehen davon, dass jeder Anschlussinhaber auch unbekannte, jedoch erwünschte Telefonanrufe annehmen wird, ist die Prämisse, eine Privatperson werde alle Telefonnummern von erwünschten Gesprächspartnern abrufbereit im Gedächtnis behalten oder diese in der Eile eines sich durch das Telefonklingeln ankündigenden Gesprächskontaktes heraussuchen, unrealistisch und unpraktikabel.[51]

Eine Lösung dieses Problems ist allenfalls über eine *Kennzeichnung der Telefonnummer als Werbeanruf*, z. B. durch eine vorgegebene Nummernfolge[52], möglich, die dann vom Angerufenen als Hinweis auf einen Werbeanruf identifiziert werden kann. Eine Neubeurteilung der vorstehenden Einschätzung ist auch dann denkbar, wenn die Fortentwicklung der Telekommunikationstechnik zu einer anderweitigen Aussonderung von Werbeanrufen führt, wie z. B. die bei

---

49 Vgl. zu ISDN: *Hohensee,* DirektMarketing 04/1994, S. 9.

50 *Pordesch*, CR 1993, S. 313, 314.

51 Ebenso: *Raczinski/Bernhardt,* VersR 1992, S. 405, 406.

52 Die Wirtschaftswerbung mittels Bildschirmtext (Btx) ist nach Art. 8 Btx-Staatsvertrag (Btx-StV) mit dem Buchstaben 'W' zu kennzeichnen und aufgrund dieser Kennzeichnung ohne weiteres als Werbung erkennbar. Bei ordnungsgemäßer Kennzeichnung wird die Btx-Werbung von der Rechtsprechung als zulässige Werbung anerkannt; vgl. BGH JZ 1988, S. 612, 614 – Btx-Werbung I; *Paefgen,* MDR 1992, S. 112, 116; *Steckler,* GRUR 1993, S. 865, 872 f.

*Köhler/Piper*[53] angeführten speziellen Anrufaufzeichner oder durch unterschiedliche Telefonsignale.

Vor diesem Hintergrund ist eine nennenswerte Belästigungsreduktion durch den Einsatz von ISDN nicht zu erwarten. Dies gilt umso mehr bei Berücksichtigung der an späterer Stelle noch zu erörternden *Richtlinie 97/66/EG des Europäischen Parlaments und des Rates vom 15.12.1997 über die Verarbeitung personenbezogner Daten und den Schutz der Privatsphäre im Bereich der Telekommunikation (ISDN-Richtlinie)*[54], die Regelungen zum Schutz derjenigen Anschlussinhaber enthält, die eine *Calling Line Identification* nicht akzeptieren.[55]

***Einsatz eines Anrufbeantworters***

Es wird weiterhin die Möglichkeit diskutiert, durch den *Einsatz eines Anrufbeantworters* die Verbraucherbelästigung durch aktive Telefonwerbung einschränken zu können.[56] Der Anrufbeantworter könnte dabei so eingestellt werden, dass die Bandansage unmittelbar nach dem ersten Signalton anspringt, der Angerufene die Mitteilung mithören und sich in das Gespräch einschalten kann, wenn er den Anruf entgegennehmen möchte. Handelt es sich hingegen um einen unerwünschten Werbeanruf, ist lediglich die Werbenachricht vom Band zu löschen.

Bei diesem Vorschlag zeigen sich *Parallelen* zu der Diskussion über die *Zulässigkeit von unerbetener Telefax-Werbung,* die der BGH[57] auf der Grundlage von § 1 UWG als wettbewerbswidrig untersagt hat. Die Unlauterkeit von unerbetener Telefax-Werbung wird insbesondere damit begründet, dass das Gerät während der Übermittlung der Werbung für andere Nachrichten blockiert ist und der Werbende das Material des Telefax-Besitzers für seine Werbezwecke benutzt.

---

53 *Köhler/Piper*, § 1 UWG Rdnr. 146.

54 ABlEG Nr. L 24 v. 30.01.1998, S. 1 ff.

55 Vgl. Erwägungsgrund (19) sowie Art. 8.

56 *Zöller,* GRUR 1992, S. 297, 300.

57 BGH DB 1996, S. 573 = WRP 1996, S. 100 – Telefax-Werbung; ebenso OLG Stuttgart, WRP 1995, S. 254; OLG Stuttgart, NJW-RR 1995, S. 615; OLG München, NJW-RR 1994, S. 1054; KG Berlin, NJW-RR 1992, S. 1193; OLG Hamm, NJW-RR 1991, S. 160; OLG Hamm, AfP 1990, S. 219; *Unger/Sell,* DB 1993, S. 623.

Bei dem Einsatz eines Anrufbeantworters zur Abwehr von unerbetenen Telefonanrufen werden sowohl die Erwerbskosten als auch die Kosten der Gerätenutzung dem Verbraucher auferlegt. Zudem werden die Kassette oder der im Telefon integrierte Speicher durch die Werbebotschaft belegt mit der Konsequenz, dass dieser Speicherplatz für erwünschte private Nachrichten nicht mehr genutzt werden kann.

Aufgrund dessen ist eine durch unerbetene Telefonwerbung verursachte Verbraucherbelästigung durch den Einsatz eines Anrufbeantworters nicht vermeidbar. Vielmehr spricht die Abwägung des geringen Nutzens einer auf dem Anrufbeantworter hinterlassenen Werbenachricht gegenüber der beim Verbraucher entstehenden und vorstehend geschilderten Nachteile sogar für einen besonders weitgehenden Eingriff in den Privatbereich des Verbrauchers, sobald eine Nachricht auf den Anrufbeantworter aufgesprochen wird.

### (6) Ergebnis

Es ist daher festzuhalten, dass der Verbraucher aufgrund der fehlenden vorherigen Erkennbarkeit des werbemäßigen Charakters eines Telefonkontaktes, der zum Zwecke der aktiven Telefonwerbung durchgeführt wird, zunächst in seiner Privatsphäre und in dem nach Art. 1 Abs. 1, 2 Abs. 1 GG geschützten *Verbraucherpersönlichkeitsrecht* beeinträchtigt wird.

Dabei ist grundsätzlich auch das Merkmal der *„wesentlichen Belange der Verbraucher“* i. S. des § 13 Abs. 2 Nr. 3 UWG erfüllt.[58] Eine *„Wesentlichkeit“* i. S. des § 13 Abs. 2 Nr. 3 UWG liegt dann vor, wenn die Belange einer mehr oder weniger großen Verbrauchergruppe berührt werden. Dabei ist es nicht nötig, dass bereits materielle Nachteile bei einigen Verbrauchern eingetreten sind. Vielmehr reicht es aus, wenn der Wettbewerbsverstoß ein gewisses Gewicht hat, so dass ein kollektiver Schutz der Verbraucher geboten ist.[59]

Da eine Verbraucherbelästigung im Falle des Einsatzes aktiver Telefonwerbung grundsätzlich gegeben ist und eine Telefonwerbeaktion regelmäßig auch

---

[58] Das Merkmal der *„wesentlichen Belange der Verbraucher“* ist materiell-rechtlicher Natur und keine Frage der Prozessführungsbefugnis; vgl. *Gloy/Gloy,* § 19, S. 187, Rdnr. 21 m.w.N.; *Köhler/Piper,* § 13 UWG, Rdnr. 15.

[59] *Baumbach/Hefermehl,* § 13 UWG, Rdnr. 18b m.w.N.; *Köhler/Piper,* § 13 UWG, Rdnr. 15.

eine Vielzahl von Verbrauchern ansprechen wird, kann eine *„wesentliche Beeinträchtigung"* der Verbraucherbelange und daher des Wettbewerbs i. S. von § 13 Abs. 2 UWG grundsätzlich angenommen werden.

### c) Schranken des allgemeinen Persönlichkeitsrechts

Das allgemeine Persönlichkeitsrecht wirkt jedoch nicht uneingeschränkt, sondern findet seine *Grenzen* nach Art. 2 Abs. 1 2. Hs. GG dort, wo gegen die Rechte anderer oder gegen die verfassungsmäßige Ordnung verstoßen wird.[60] Der Begriff der *„verfassungsmäßigen Ordnung"* bezieht sich dabei auf die gesamte Rechtsordnung, soweit sie ihrerseits mit der Verfassung im Einklang steht.[61] Art. 2 Abs. 1 GG steht insoweit unter einem Rechtsvorbehalt, so dass auch Richter- und Gewohnheitsrecht das Persönlichkeitsrecht einschränken können.[62]

Einschränkungen des Persönlichkeitsschutzes gegen aktive Telefonwerbung sind einmal durch entgegenstehende *Rechte der werbetreibenden Unternehmen*, und zum anderen durch eine allgemeine Anerkennung dieser Werbemethode denkbar. Der letztgenannte Aspekt hat unter dem Begriff der *Sozialadäquanz* bei der Zulässigkeitsbeurteilung von Brief(kasten)werbung eine Rolle gespielt.

Als sozialadäquat werden all diejenigen, in Rechte Dritter eingreifenden Handlungen angesehen, *„die sich innerhalb des Rahmens der geschichtlich gewordenen sozialethischen Ordnung des Gemeinschaftslebens bewegen und von ihr offensichtlich gestattet werden"*.[63] Dafür ist Voraussetzung, dass die individuelle Störung als gering zu bewerten ist und die Interessen Dritter beachtet werden.

Auf dieser Basis hat der BGH die Brief(kasten)werbung als sozialadäquate Belästigung des täglichen Lebens und damit als eine vom Verbraucher hinzunehmende Begleiterscheinung der modernen Marktwirtschaft angesehen,[64] wel-

---

60 Vgl. dazu im Einzelnen: *v. Münch/Kunig,* Art. 2, Rdnr. 19 ff.

61 *v. Münch/Kunig,* Art. 2, Rdnr. 22 m.w.N.

62 Vgl. *v. Münch/Kunig,* Art. 2, Rdnr. 23 m.w.N.

63 *Nipperdey,* NJW 1957, S. 1777, 1779 ff.

64 BGH GRUR 1973, S. 554 – Briefwerbung; BGH GRUR 1992, S. 316 – Postwurfsendung; BGH GRUR 1992, S. 617 – Briefkastenwerbung; vgl. auch *Schwerdtner,* MüKom, § 12 Rdnr. 234; *Zuck,* MDR 1991, S. 937 m.w.N.; *Ulrich,* Festschrift für Vieregge, S. 901, 903.

che für die Aufrechterhaltung des Wettbewerbs[65] und für die hinreichende Information der Verbraucher[66] erforderlich ist. Die Beeinflussung des zunächst nicht interessierten Verbrauchers wird dabei geradezu vorausgesetzt.[67]

Wenn auch die Argumente zur Sozialadäquanz von Brief(kasten)werbung grundsätzlich auf die Beurteilung aktiver Telefonwerbung übertragbar sind, wird man von einer *„Sozialadäquanz aktiver Telefonwerbung"* im Ergebnis nicht ausgehen können. Gegen eine *„offensichtliche Gestattung"* spricht nämlich, dass aktive Telefonwerbung von Anbeginn an als belästigend und damit als sittenwidrig qualifiziert worden ist.[68] Dadurch konnte sich diese Werbemethode bei den Verbrauchern nicht in einer Weise durchsetzen, die eine allgemeine Akzeptanz annehmen lässt. Eine solche ergibt sich auch nicht aus den bereits vorgestellten Umfragen und der Feststellung, dass aktive Telefonwerbung von 2/3 der befragten Verbraucher nicht abgelehnt wird. Daraus kann nicht zwingend auf eine *„offensichtliche Gestattung"* geschlossen werden.

Eine Grenze des verfassungsmäßigen Schutzes der Verbraucherpersönlichkeit i. S. von Art. 2 Abs. 1 2. HS GG kann sich daher allenfalls aus den an späterer Stelle eingehend zu behandelnden Rechten der werbetreibenden Unternehmen ergeben.

---

Die sich häufenden Hinweise auf *„überquellende Briefkästen"* durch eine wachsende Werbeflut und auf die Verschwendung von Ressourcen, verbunden mit einer erheblichen Belastung der Umwelt durch Altpapier, lassen allerdings an der Sozialverträglichkeit von Brief(kasten)werbung zweifeln. Aus einer im Sommer 1995 von *Scharf*, WRP 1996, S. 393, 398, durchgeführten Umfrage ergibt sich immerhin eine Ablehnung dieser Werbemethode durch nahezu die Hälfte der befragten Personen Dies entspricht dem Ergebnis von Untersuchungen der *Deutschen Bundespost*, Studie Direktwerbung, S. 32, 33, aus den Jahren 1981 und 1986, nach denen 42 % der Befragten den Briefkasten regelmäßig als zu sehr mit Werbematerial gefüllt angesehen haben. Vgl. Der Spiegel v. 30.10.1989, S. 111, 114; *Alt*, S. 35 f.; *Jahn/Gonzalez*, WRP 1991, S. 1.

65 Vgl. *Hefermehl*, GRUR 1980, S. 622; *Raeschke-Kessler/Schroeder*, Festschrift für Piper, S. 399.

66 BGHZ 106, 229, 232 – Handzettel-Wurfsendung.

67 *Baumbach/Hefermehl*, § 1 UWG, Rdnr. 57; *Schade*, S. 5 m.w.N.; *Nordemann*, WRP 1969, S. 16, 17.

68 Vgl. dazu KG Berlin, WRP 1978, S. 373, 375.; KG Berlin, WRP 1995, S. 107, 112 f.

### 2. Art. 5 Abs. 1 GG: Verbraucherrecht auf Information und das *„Recht, nicht zuhören zu müssen"*

Nachdem ein Schutz der Werbefreiheit auf der Grundlage von Art. 5 Abs. 1 GG zunächst abgelehnt worden war,[69] findet nach neuerer Rechtsprechung des Bundesverfassungsgerichts[70] das Grundrecht auf *Meinungsfreiheit für Wirtschaftswerbung* mit wertendem und meinungsbildendem Inhalt Anwendung. Damit wird einem Funktionswandel im Bereich der Werbung, weg von der reinen Anpreisung und hin zur Verbraucherinformation und Verbraucheraufklärung, Rechnung getragen.[71] Insoweit unterfällt auch die Werbung mittels Telefon grundsätzlich dem Schutzbereich des Art. 5 Abs. 1 GG.[72]

Art. 5 Abs. 1 GG entfaltet jedoch nicht nur eine Schutzfunktion hinsichtlich der Werbeaussage, sondern auch hinsichtlich der *„Chance des freien Meinungskontaktes"* und des freien Zugangs zu Werbeinformationen.[73] Somit schützt Art. 5 Abs. 1 GG auch die Informationsrechte derjenigen Verbraucher, die eine Übermittlung von Werbeinformationen – per Telefon – akzeptieren oder sogar wünschen.[74] Insoweit kann auf die erste Entscheidung des BGH zur Briefwerbung verwiesen werden, in der das Informationsinteresse vieler Empfänger über das Persönlichkeitsrecht des einzelnen für den Fall der gelegentlichen Missachtung eines Werbeverbotes gestellt wurde.[75]

Mit dieser – *positiven – Informationsfreiheit* korrespondiert das Recht auf Ablehnung der telefonischen Übermittlung von Werbeinformationen. Durch unerwünschte Werbeanrufe wird dabei nicht nur das über Art. 2 Abs. 1 GG geschützte Recht auf Ruhe beeinträchtigt, sondern auch das *„Recht, nicht zuhören zu müssen"*[76] und die Werbeinformationen frei auswählen zu können[77].

---

69 BVerfGE 40, 371, 382 – Werbefahrt; BVerfGE 60, 215, 229 ff. – Steuerberater; *Paulus,* WRP 1990, S. 22, 23.

70 BVerfG NJW 1986, S. 1533, 1534 – Arztwerbung; BVerfGE 102, 347, 359 – Bennetton; dazu *Paschke*, WRP 2002, S. 1219, 1221 m.w.N.

71 *Kresse,* WRP 1985, S. 536, 538; *Lerche,* S. 77 ff.; *Paulus,* WRP 1990, S. 22; *Braun,* WRP 1982, S. 510, 512; *Schmidt-Jortzig,* S. 12.

72 Ebenso: *Paschke*, WRP 2002, S. 1219, 1221.

73 *Lerche*, S. 86.

74 Ebenso: *Paschke,* WRP 2002, S. 1219, 1222.

75 BGH GRUR 1973, S. 552, 554 – Briefwerbung.

76 *Götzfried,* NJW 1963, S. 1961.

77 *Fikentscher/Möllers,* NJW 1998, S. 1337, 1338 m.w.N.

Die Rechtsprechung zur aktiven Telefonwerbung hat eine Beeinträchtigung dieser Rechte bisher ausschließlich im Bereich des allgemeinen Persönlichkeitsrechts diskutiert. *Fikentscher/Möllers*[78] zeigen jedoch unter Rückgriff auf die US-amerikanische Doktrin der *„captive audience"* (gefangene Zuhörerschaft), dass für die Adressaten unerwünschter Telefonwerbung auch über Art. 5 Abs. 1 GG und die dort erfasste – *negative* – *Informationsfreiheit* Schutz gewährt werden kann.

Danach ist es unzulässig, jemanden zum Anhören von fremden Meinungen zu zwingen, ohne diesem die Möglichkeit des Sich-Entfernens oder der Abwehr zu geben.[79] Dabei ist die Überlegung maßgeblich, dass ein einfaches Weghören nicht ohne weiteres möglich und ein Zuhörer wider Willen quasi *„Gefangener"* der akustischen Informationen ist, ihm die Informationsaufnahme also aufgezwungen wird.[80] Ein akustischer Werbekontakt wird im Vergleich zur visuellen Werbung, der man sich durch ein einfaches Abwenden entziehen kann, daher auch zumeist als bedrängender empfunden.[81]

Durch aktive Telefonwerbung werden die Werbeinformationen akustisch vermittelt. Aufgrund der fehlenden vorherigen Erkennbarkeit ist der Verbraucher zunächst gezwungen, die Nachricht anzuhören, bevor er den werbemäßigen Inhalt erkennen und darauf reagieren kann. Damit sind grundsätzlich die Rechte des Verbrauchers, nicht zuhören zu müssen und Werbeinformationen frei auswählen zu können, beeinträchtigt.

Im Rahmen der Abwägung der beteiligten Interessen sowie bei der Erarbeitung von Lösungsvorschlägen ist somit der sich aus Art. 5 Abs. 1 GG ergebenden *passiven Informationsfreiheit* zugunsten derjenigen Verbraucher, die aktive Telefonwerbung ablehnen, aber auch der *positiven oder aktiven Informationsfreiheit* zugunsten derjenigen Verbrauchergruppe, die telefonische Werbeinformationen erhalten möchten, Geltung zu verschaffen.

---

[78] *Fikentscher/Möllers,* NJW 1998, S. 1337 ff.

[79] *v. Münch/Kunig,* Art. 5, Rdnr. 18 m.w.N.; *Fikentscher/Möllers,* NJW 1998, S. 1337, 1338 m.w.N.; *Götzfried,* NJW 1963, S. 1961.

[80] Vgl. *Fikentscher/Möllers,* NJW 1998, S. 1337, 1341 mit den Ausführungen zu der Entscheidung des US-Supreme Courts, *Lehmann v. City of Shaker Heights,* 418 US 298 (1974).

[81] Auf diesen Punkt macht auch *Hefermehl,* GRUR 1980, S. 622, 627 aufmerksam.

## II. Interesse der Allgemeinheit am Schutz vor *Verwilderung der Wettbewerbssitten*

Neben den Interessen der Verbraucher wird in die Diskussion um die Rechtmäßigkeit unerbetener Telefonwerbung das *allgemeine Interesse* an der Wahrung des lauteren Wettbewerbs unter dem Aspekt der *Nachahmungsgefahr* durch Mitbewerber angeführt.[82]

Das Argument der Nachahmungsgefahr wurde im Zusammenhang mit unerbetener Telefonwerbung bereits vom *LG Dortmund* [83] angeführt und später vom BGH in *Telefonwerbung I* [84] dahingehend konkretisiert, dass aufgrund der besonderen Effizienz dieser Werbemethode die *„Gefahr der lawinenartigen Ausbreitung"* und damit einer *„Verwilderung der Wettbewerbssitten"* bestehe.[85]

In der Literatur gibt es jedoch seit geraumer Zeit Stimmen, die auf die *Schwächen dieser Argumentation* hinweisen.[86] Nach *Bülow*[87] und *Schütz*[88] soll das Unlauterkeitskriterium der Nachahmungsgefahr nur dann herangezogen werden können, wenn die Wettbewerbshandlung als solche bereits unlauter ist. Wird also eine Handlung erst durch künftige Wiederholungen unzumutbar belästigend und mithin erst dann rechtswidrig, kann sich nach dieser Auffassung ein Verbot erst gegen die später Handelnden richten, aufgrund einer bloßen Möglichkeit von Nachahmung jedoch nicht präventiv ausgesprochen werden.[89]

---

[82] st. Rspr. seit BGH NJW 1970, S. 1738, 1739 – Telefonwerbung I; BGH NJW 1989, S. 2820 – Telefonwerbung II; BGH NJW-RR 1990, S. 359 – Telefonwerbung III; KG Berlin, WRP 1995, S. 107, 113; OLG Köln, NJW-RR 1993, S. 753; OLG Stuttgart, ZIP 1988, S. 674, 675; KG Berlin, WRP 1988, S. 304, 305; OLG Frankfurt/Main, GRUR 1983, S. 674, 675; *v. Gamm,* 18. Kap., Rdnr. 11.

[83] LG Dortmund, BB 1968, S. 970; a. A. OLG Hamburg, Urt. v. 17.11.1983, Az.: 3 U 138/83 (n.v.).

[84] BGH NJW 1970, S. 1738 – Telefonwerbung I.

[85] Ebenso unter Bezugnahme auf Telefonwerbung I: KG Berlin, WRP 1975, S. 445; LG Berlin, ZIP 1990, S. 1353.

[86] *Bülow,* WRP 1970, S. 413, 414; *ders.,* GRUR 1976, S. 180, 182; *Droste,* GRUR 1970, S. 523, 524 m.w.N.; *Eichmann,* Mitarbeiterfestschrift für Ulmer, S. 287, 291 f.; *Borck,* WRP 1989, S. 145, 149 ff.; *Zöller,* GRUR 1992, S. 297, 300; *Schütz,* WRP 1993, S. 168 ff.; *Paefgen,* WRP 1994, S. 73, 83 m.w.N.; *Paschke,* WRP 2002, S. 1219, 1228.

[87] *Bülow,* WRP 1970, S. 413, 414; *ders.,* GRUR 1976, S. 180, 182.

[88] *Schütz,* WRP 1993, S. 168, 169.

[89] *Bülow,* GRUR 1976, S. 180, 182; *Schütz,* WRP 1993, S. 168; *Gilles,* Das Recht des Direktmarketing, S. 102

Für diese Auffassung spricht, dass sich eine unzumutbare Verbraucherbelästigung nicht aufgrund der bloßen *„Gefahr"* einer Nachahmung ergeben kann. Ansonsten müssten sämtliche Innovationen im Werbebereich sowie die Einführung neuer Werbekonzepte und Werbestrategien von vornherein untersagt werden, und zwar bevor überhaupt objektiv feststellbar ist, wie der Markt und die Marktbeteiligten darauf reagieren.[90] Schließlich zeigt sich am Beispiel der als lauter angesehenen Briefwerbung, dass die Zulassung einer Werbemethode nicht zwangsläufig zu deren grenzenloser Ausweitung führen muss.[91] Den Nachteil einer vorschnellen Urteilsfindung haben zudem – so *Paefgen*[92] wörtlich – die *„innovationsfreudigen Marketingpioniere"* zu tragen, woraus sich eine *„nicht mehr erträgliche Gefahrenverteilung"* für den Fall ergebe, dass dem *„erkennenden Wettbewerbsgericht ein Prognoseirrtum unterlaufe"*.

Die Argumentation der Literatur überzeugt: Solange eine Konkretisierung von der bloßen *„Gefahr"* zu einer tatsächlichen, die Verbraucher belästigenden Nachahmung nicht eingetreten ist, kann die Nachahmungsgefahr für sich genommen die Unlauterkeit der aktiven Telefonwerbung nicht begründen. Sie kann allenfalls als Hilfsargument für den Fall herangezogen werden, dass bereits konkrete Anhaltspunkte für eine übermäßige und den Verbraucher belästigende Nachahmung dieser Werbemethode feststellbar sind.[93]

### III. Interesse der Mitbewerber an der Vermeidung von *Behinderungswettbewerb*

Das mögliche Interesse der *Mitbewerber* an der Einschränkung telefonischer Werbung wurde bisher nur vereinzelt,[94] und dann unter dem Aspekt eines *Behinderungswettbewerbes* behandelt.[95] Eine wettbewerbswidrige Behinderung der Mitbewerber liegt dann vor, wenn die Mitbewerber ihre Leistungen auf dem Markt aufgrund einer Handlung des Wettbewerbsstörers nicht oder nicht mehr

---

90 *Paefgen,* WRP 1994, S. 73, 82 f. m.w.N.; *Schütz,* WRP 1993, S. 168, 169.

91 *Busche/Kraft,* WRP 1998, S. 1142, 1148.

92 *Paefgen,* WRP 1994, S. 73, 82 f.

93 Ebenso: *Gilles,* Recht des Direktmarketing, S. 102; dazu auch *Paefgen,* WRP 1994, S. 73, 83, der in diesem Zusammenhang auf BGH NJW 1970, S. 1738, 1739 – Telefonwerbung I verweist.

94 Vgl. *Ulrich,* EWiR § 1 UWG 2/90, S. 188.

95 *Nordemann,* WRP 1969, S. 16, 18.

zur Geltung bringen können, und den Verbrauchern infolgedessen ein freier Leistungsvergleich nicht möglich ist.[96]

Die Annahme eines Behinderungswettbewerbs durch unerbetene Telefonwerbung wird von *Nordemann*[97] damit begründet, dass Telefon und Telefax die einzigen Werbeträger seien, die die gleichzeitige Beeinflussung des Kunden durch mehrere Mitbewerber ausschließen. An der Litfasssäule und in der Zeitung könne hingegen die Konkurrenz *„in friedlicher Eintracht vereint"* auf den Verbraucher einwirken; im Hörfunk und Fernsehen kämen in einer Werbesendung viele nebeneinander zu Wort. Selbst neben den Vertreter, der gerade den Fuß in der Tür habe, könne sich ein zweiter stellen und seine Waren anpreisen.

*Nordemann* verkennt dabei, dass auch bei der Fernsehwerbung die Verbraucher nicht gleichzeitig von mehreren Anbietern beeinflusst, sondern die Werbespots nacheinander gesendet werden, ebenso werden Zeitungsanzeigen nacheinander gelesen, so dass die Situationen mit derjenigen von nacheinander vorgenommenen Werbeanrufen vergleichbar sind. Die theoretisch vorstellbare Situation eines zweiten Vertreters, der seinen Fuß neben denjenigen seines Konkurrenten in die Tür des Verbrauchers stellt, ist unrealistisch und daher als Argument wenig überzeugend.

Die Mitbewerber werden durch die Telefonwerbung eines Konkurrenten vom Zugang zum relevanten Verbrauchermarkt nicht ausgeschlossen. Dies gilt umso mehr unter Berücksichtigung der durch ISDN gegebenen Möglichkeiten einer gleichzeitigen Nutzung von mehreren Telefonleitungen sowie einer Ankündigung weiterer Anrufe (Anklopfen).[98]

Nach alledem kann grundsätzlich eine *Behinderung von Mitbewerberinteressen* durch den Einsatz aktiver Telefonwerbung *ausgeschlossen* werden.

---

[96] BGH GRUR 1979, S. 321, 323 – Verkauf unter Einstandspreis I; *Baumbach/Hefermehl*, § 1 UWG, Rdnr. 208 ff.

[97] *Nordemann*, WRP 1969, S. 16 ff.

[98] *Hohensee*, DirektMarketing 04/1994, S. 9.

## IV. Interesse der Werbenden an einem möglichst weitgehenden Einsatz von aktiver Telefonwerbung

Den Interessen der Verbraucher am Schutz der Privatsphäre steht das *wirtschaftliche Interesse der werbetreibenden Unternehmen* am möglichst uneingeschränkten Einsatz aktiver Telefonwerbung als kostengünstige und besonders effektive Werbeform gegenüber. Zugunsten der Werbetreibenden streiten dabei das *Recht auf unternehmerische Betätigungsfreiheit* aus Art. 12 Abs. 1 GG, damit in Idealkonkurrenz stehend das *Recht am erworbenen Besitzstand* aus Art. 14 Abs. 1 GG und das *Recht auf Werbefreiheit* aus Art. 5 Abs. 1 GG, sowie – subsidiär[99] – die *unternehmerische Handlungsfreiheit* nach Art. 2 Abs. 1 GG.[100]

### 1. Berufsfreiheit nach Art. 12 Abs. 1 GG

Seit dem *Apothekenurteil* des BVerfG[101] besteht Einigkeit darüber, dass Art. 12 Abs. 1 GG die *Berufsfreiheit in ihrer Gesamtheit* schützt,[102] wovon auch die Werbetätigkeit von Gewerbetreibenden[103], und somit auch die Telefonwerbung, erfasst sind.[104] Die in Art. 12 Abs. 1 GG gewährleistete Freiheit ist jedoch nicht schrankenlos. Vielmehr ist dem Gesetzgeber in Art. 12 Abs. 1 S. 2 GG eine *Re-*

---

99 Art. 2 Abs. 1 GG greift ergänzend dann ein, wenn die speziellen Gewährleistungen der Berufsausübungsfreiheit und des Eigentums einen Schutz im freien Wettbewerb nicht hinreichend sicherstellen. Vgl. in st. Rspr. BVerfGE 21, 227, 234; BVerfGE 67, 157, 171.

100 Vgl. dazu *Paschke*, WRP 2002, S. 1219, 1221 ff.

101 BVerfGE 7, 377, 402.

102 Vgl. *v. Münch/Gubelt,* Art. 12, Rdnr. 40 m.w.N.

103 Grundrechtsträger sind *„alle Deutschen"*, wobei nicht nur natürliche Personen, sondern nach ständiger Rechtsprechung des BVerfG auch juristische Personen des Privatrechts und Handelsgesellschaften dem Schutz des Art. 12 Abs. 1 GG unterfallen; vgl. v. *Münch/Gubelt,* Art. 12, Rdnr. 6 ff. m.w.N.

104 st. Rspr. BVerfGE 9, 213, 221; BVerfGE 32, 311, 317 = GRUR 1972, S. 358, 360 – Grabsteinwerbung; BVerfGE 40, 371, 382; BVerfGE 60, 215, 229; BVerfGE 71, 183, 196; *v. Münch/Gubelt,* Art. 12, Rdnr. 51 – Werbeverbot; *Maunz/Dürig,* Art. 12, Rdnr. 327.

*gelungsbefugnis* eingeräumt, die sich nicht nur auf die Regelung der Berufsausübung, sondern auf das einheitliche Grundrecht der Berufsfreiheit bezieht.[105]

### a) Beschränkungen der Einsatzmöglichkeiten von aktiver Telefonwerbung als Eingriff in die *Freiheit der Berufswahl*

Zunächst stellt sich die Frage, ob eine rechtliche Beschränkung des Einsatzes aktiver Telefonwerbung einen Eingriff in die *Freiheit der Berufswahl* i. S. von Art. 12 Abs. 1 GG darstellen kann.

Die Freiheit der Berufswahl bedeutet, dass der angestrebte Beruf unbeeinflusst von einem fremden Willen frei gewählt werden kann.[106] Als *Beruf* ist jede erlaubte Tätigkeit anzusehen, die auf Dauer angelegt ist und der Schaffung und Erhaltung einer Lebensgrundlage dient.[107] Unter den Begriff des Berufes fällt grundsätzlich auch die gewerbliche Betätigung von Unternehmen.[108]

Soweit werbetreibenden Unternehmen der Einsatz von aktiver Telefonwerbung zur Vermarktung der Unternehmensprodukte untersagt wird, liegt darin kein Eingriff in die Berufswahl, da die Wahl der Unternehmenstätigkeit als solche nicht berührt wird.

Etwas anders kann gelten, wenn die Durchführung von aktiver Telefonwerbung der eigentliche Unternehmensgegenstand ist. So ist beispielsweise bei Telefonwerbeagenturen oder *Call Centern*[109] die Tätigkeit ausschließlich auf die Durchführung von Telefonmarketing gerichtet, wobei regelmäßig sowohl das *Outbound*-Telefonmarketing, als auch – und aufgrund der gegenwärtigen Rechtslage schwerpunktmäßig – das *Inbound*-Telefonmarketing angeboten werden.[110]

---

[105] st. Rspr. des BVerfG seit BVerfGE 7, 377, 401 – Apothekenurteil; vgl. zur Prüfungsreihenfolge der Schrankenprüfung *v. Münch/Gubelt,* Art. 12, Rdnr. 41 ff. m.w.N.

[106] *v. Münch/Gubelt,* Art. 12, Rdnr. 37 m.w.N.

[107] *v. Münch/Gubelt,* Art. 12, Rdnr. 8 m.w.N.

[108] Zum subjektiven Schutzbereich des Art. 12 Abs. 1 GG: *v. Münch/Gubelt,* Art. 12, Rdnr. 6 m.w.N.

[109] Unter einem *Call Center* versteht man innerbetriebliche oder externe Organisationseinheiten, die im Bereich des Telemarketing, derzeit insbesondere im Bereich *Business-to-Business,* tätig werden. Vgl. *Hartmann,* FAZ v. 15.08.1998, S. 47.

[110] Vgl. zu den Einsatzmöglichkeiten von aktivem Telefonmarketing die Ausführungen im *1. Kapitel*, S. 8 f.

Aufgrund des breiten Einsatzspektrums von Telefonmarketing, welches insbesondere im *Inbound*-Bereich umfangreiche Betätigungsmöglichkeiten bietet, wirkt sich eine wettbewerbsrechtliche Regelung zu aktiver Telefonwerbung in erster Linie auf den Umfang des Tätigkeitsangebots aus, nicht hingegen auf die freie Bestimmung des grundsätzlichen Unternehmenszweckes, Dienstleistungen aus dem Bereich des Telefonmarketing anzubieten. Aus diesem Grund stellt eine wettbewerbsrechtliche Regelung zu aktiver Telefonwerbung auch bei diesen Unternehmen regelmäßig keinen Eingriff in die Freiheit der Berufswahl nach Art. 12 Abs. 1 GG dar.

### b) Beschränkungen der Einsatzmöglichkeiten von aktiver Telefonwerbung als Eingriff in die *Freiheit der Berufsausübung*

Wettbewerbsrechtliche Verbote aktiver Telefonwerbung stellen jedoch Eingriffe in die *Freiheit der Berufsausübung* dar.[111] Die Berufsausübung umfasst die gesamte berufliche und gewerbliche Tätigkeit, d. h. deren Form, Mittel sowie Umfang und Inhalt.[112]

Sowohl die unternehmerische Entscheidung zum Werbemitteleinsatz, als auch diejenige zum Umfang des unternehmerischen Produktangebots unterfällt als Teil der gewerblichen Tätigkeit dem Schutzbereich von Art. 12 Abs. 1 GG.[113]

Die freie wirtschaftliche Betätigung eines Unternehmens wird durch eine wettbewerbsrechtliche (Verbots-)Regelung zu aktiver Telefonwerbung insoweit beeinträchtigt, als damit eine *Einschränkung der Entscheidungsfreiheit* über den Einsatz der unter Marketinggesichtspunkten *bestmöglichen Werbe- und Vertriebsmöglichkeiten* erfolgt. Wenn dieses Verbot auch regelmäßig keine Gefährdung des Unternehmensbestandes darstellen wird, beschneidet es dennoch den wirtschaftlichen und unternehmerischen Betätigungsrahmen und beeinträchtigt damit die Unternehmen in ihrer nach Art. 12 Abs. 1 GG geschützten Berufsausübungsfreiheit. Soweit Telefonwerbeagenturen betroffen sind, werden

---

111 So auch die st. Rspr. des BVerfG zu Werbebeschränkungen, vgl. z.B. BVerfGE 9, 213, 221.

112 *v. Münch/Gubelt*, Art. 12, Rdnr. 38 m.w.N.

113 OLG Koblenz, WRP 1991, S. 332, 334.

diese in ihrer freien Berufsausübung durch die Begrenzung ihres Angebotsumfanges tangiert.

Der Eingriff in die Berufsausübungsfreiheit entfällt auch nicht mit dem Argument, das *„üppige Arsenal von Direktmarketinginstrumenten“* ermögliche den Einsatz von anderen Werbemitteln, so dass der Einsatz von aktiver Telefonwerbung für eine Produktwerbung nicht unbedingt erforderlich sei.[114]

Abgesehen davon, dass auch die Verfechter dieser Argumentation die besondere Kostengünstigkeit und Effizienz des Einsatzes aktiver Telefonwerbung nicht bestreiten und zugestehen, dass der weitaus teurere Vertreterbesuch oder die schriftliche Kundenansprache dazu keine adäquaten Alternativen darstellen, verbietet es sich im Hinblick auf die unternehmerische Handlungsfreiheit, die Werbenden von vornherein auf die Nutzung bestimmter, möglicherweise ineffektiver Werbemittel zu verweisen.[115] Dies gilt umso mehr, als der Einsatz traditioneller Werbemedien regelmäßig zu dem eingangs angesprochenen erheblichen Verlust von Werbeinformationen führt.[116]

### c) Rechtfertigung des Eingriffs in die Freiheit der Berufsausübung

Die *Freiheit der Berufsausübung* besteht ebenfalls nicht schrankenlos. Sie kann vielmehr nach Art. 12 Abs. 1 S. 2 GG durch Gesetz oder aufgrund eines Gesetzes eingeschränkt werden, soweit vernünftige Erwägungen des Gemeinwohls dies für zweckmäßig erscheinen lassen.[117] Das BVerfG hat in diesem Zusammenhang Maßnahmen zum Schutz der Verbraucher und Mitbewerber gegen unlauteren Wettbewerb als hinreichende Gründe des Gemeinwohls und somit als verfassungsrechtlich zulässige *Beschränkungen der freien Berufsausübung* angesehen.[118] Insoweit können Regelungen zur Ausübung von aktiver Telefon-

---

[114] *Paefgen,* WRP 1994, S. 73, 80 m.w.N.; ebenso: *Raeschke-Kessler/Schroeder,* Festschrift für Piper, S. 399, 402; dazu insbesondere: BGH NJW-RR 1990, S. 359, 360 – Telefonwerbung III; BGH NJW-RR 1995, S. 613, 614 – Telefonwerbung V; OLG Stuttgart, NJW-RR 1994, S. 1534; OLG Koblenz, WRP 1991, S. 332, 333; OLG Köln, NJW-RR 1993, S. 753; KG Berlin, WRP 1995, S. 107, 111; OLG Hamburg, NJW-RR 1992, S. 1132.

[115] Vgl. *Bülow,* GRUR 1976, S. 180, 181.

[116] Vgl. die Ausführungen im *1. Kapitel*, S. 2.

[117] BVerfGE 7, 377, 405 – Apothekenurteil.

[118] BVerfG GRUR 1972, S. 358, 360 – Grabsteinwerbung.

werbung, die dem *Schutz des Persönlichkeitsrechts der Verbraucher* dienen, eine rechtmäßige Schranke nach Art. 12 Abs. 1 S. 2 GG darstellen.

Allerdings sind solche Regelungen am Verhältnismäßigkeitsgrundsatz zu messen, so dass im Rahmen der nachfolgend vorzunehmenden Abwägung der beteiligten Interessen geprüft werden muss, ob und in welchem Umfang wettbewerbsrechtliche (Verbots-)Regelungen zu aktiver Telefonwerbung die Voraussetzungen von Art. 12 Abs. 1 S. 2 GG erfüllen.

### 2. Aktives Telefonmarketing als *„erworbener Besitzstand“* i. S. von Art. 14 Abs. 1 GG

In den wettbewerbsrechtlichen Auseinandersetzungen zum aktiven Telefonmarketing findet sich weiterhin das Argument, dem Telefonmarketing müsse mittlerweile der *Schutz eines „erworbenen Besitzstandes“* im Sinne einer *Eigentumsgarantie* nach Art. 14 Abs. 1 GG zukommen.[119]

Dem entgegen hat das *KG Berlin* [120] zwei Jahrzehnte der Durchführung aktiver Telefonwerbung für die Annahme eines *„erworbenen Besitzstandes“* nicht ausreichen lassen. *Zöller*[121] hält das Kriterium der *„historischen Gegebenheiten“* im Zusammenhang mit neuen Werbemethoden zudem für sachwidrig, da aufgrund der Schnelllebigkeit des Werbemarktes und der Notwendigkeit stetiger Innovationen die Voraussetzungen eines erworbenen Besitzstandes im Werbebereich regelmäßig nicht erreichbar sein werden.

Ohne in die Diskussion zu den Voraussetzungen eines Bestandsschutzes i. S. von Art. 14 Abs. 1 GG eintreten zu müssen, kann für den Fall aktiver Telefonwerbung festgestellt werden, dass sich ein solcher bereits aufgrund der durchgängig ablehnenden Rechtsprechung nicht entwickeln konnte. Dem *KG*

---

119 Vgl. KG Berlin, WRP 1975, S. 445, 448; zum Bestandsschutz: *Paefgen,* WRP 1994, S. 73, 75 ff. m.w.N.
Nach st. Rspr. des BVerfG, z.B. in BVerfGE 45, 142, 179 – Kaufpreisforderung; BVerfGE 31, 229 – Urheberrecht oder BVerfGE 51, 193 – Warenzeichenrecht, werden auch vermögenswerte Rechte als verfassungsrechtlich geschütztes Eigentum i. S. von Art. 14 Abs. 1 GG angesehen.

120 KG Berlin, WRP 1975, S. 445; ebenso: *Völp,* WRP 1973, S. 63, 65; *Paefgen,* WRP 1994, S. 73, 79 f. m.w.N.

121 *Zöller,* GRUR 1992, S. 297, 299.

*Berlin* ist daher im Ergebnis zuzustimmen, dass ein Bestandsschutz für aktive Telefonwerbung nach Art. 14 Abs. 1 GG nicht angenommen werden kann.[122]

### 3. Schutz von Wirtschaftswerbung nach Art. 5 Abs. 1 GG

Es wurde bereits dargestellt, dass die Werbung unter Einsatz des Telefons dem Schutzbereich des Art. 5 Abs. 1 GG unterfällt. Die werbenden Unternehmen können sich auf diese Grundrechtsposition berufen.

Nach Art. 5 Abs. 2 GG ist das Recht der Meinungsfreiheit jedoch nicht schrankenlos, sondern kann durch allgemeine Gesetze eingeschränkt werden. Allgemeine Gesetze i. S. von Art. 5 Abs. 2 GG sind solche, die dem Schutz eines schlechthin, ohne Rücksicht auf eine besondere Meinung zu schützenden Rechtsgutes dienen.[123]

Das UWG bestimmt als allgemeines Gesetz i. S. von Art. 5 Abs. 2 GG die Schranken der Meinungsfreiheit nach Art. 5 Abs. 1 S. 1 GG. Im Rahmen der anzustellenden Gesamtabwägung muss daher festgestellt werden, ob und ggfs. in welchem Umfang dem Grundrecht der Meinungsfreiheit Vorrang vor den durch das UWG geschützten Rechtsgütern, im Falle der Telefonwerbung also Vorrang vor dem Persönlichkeitsrecht des mittels Telefon werbemäßig angesprochenen Verbrauchers, zukommt.

### 4. Handlungsfreiheit nach Art. 2 Abs. 1 GG

Nach der Rechtsprechung des BVerfG werden von Art. 2 Abs. 1 GG *„die Handlungsfreiheit auf wirtschaftlichen Gebiet“*[124] und die *Unternehmens-*

---

[122] Zu einem *„überwirkenden Bestandsschutz“* für sämtliche Direktmarketingmethoden: Vgl. *Paefgen,* WRP 1994, S. 73, 79 f.

[123] BVerfG NJW 1979, S. 1400, 1401; vgl. dazu *Paulus,* WRP 1990, S. 22, 24.

[124] st. Rspr. BVerfGE 4, 7, 15 (*„Spielraum . . . sich wirtschaftlich frei zu entfalten“*); BVerfGE 8, 274, 328; BVerfGE 23, 12, 30 (*„Freiheit der wirtschaftlichen Betätigung“*); BVerfGE 25, 371, 407; BVerfGE 27, 375, 384 (*„Möglichkeit, sich . . . wirtschaftlich zu betätigen“*); *Maunz/Dürig,* Art. 2 Abs. 1 Rdnr. 11; *v. Münch/Kunig,* Art. 2, Rdnr. 16; *Baumbach/Hefermehl,* Allg., Rdnr. 45; vgl. dazu auch *Degenhart,* JuS 1990, S. 161, 165 m.w.N

*freiheit*[125] erfasst. Die *Wettbewerbsfreiheit* unterfällt als konkrete Erscheinungsform freier wirtschaftlicher Betätigung dem Schutzbereich des Art. 2 Abs. 1 GG.[126] Darüber ist auch die *Werbung als Grundbestandteil geschäftlichen Erfolges* geschützt.[127] Wenn die konkrete Handlungsweise allerdings unter demselben sachlichen Gesichtspunkt von einem Spezialfreiheitsrecht garantiert wird, greift die allgemeine Handlungsfreiheit nur subsidiär ein.[128]

Verbote aktiver Telefonwerbung unterfallen sowohl dem Schutzbereich des Art. 12 Abs. 1 GG, als auch demjenigen des Art. 5 Abs. 1 GG, so dass ein Rückgriff auf die allgemeine Handlungsfreiheit zum Schutz der Werbetreibenden regelmäßig nicht erforderlich, grundsätzlich jedoch möglich ist.

## V. Gegenüberstellung der beteiligten Grundrechtspositionen

In der bisherigen Rechtsprechung zu aktiver Telefonwerbung wurden die Interessen der Werbetreibenden an einem möglichst weitgehenden Einsatz aktiver Telefonwerbung stets den Verbraucherinteressen am Schutz der Verbraucherprivatsphäre mit der Begründung untergeordnet,[129] dass dem *„Schutz des Verbraucherpersönlichkeitsrechts"* gegenüber dem *„wirtschaftlichen Gewinnstreben Dritter"*[130] grundsätzlich der Vorrang einzuräumen sei.

Diese Begründung kann vordergründig überzeugen, wenn man berücksichtigt, dass der Werbende durch eine telefonische Kontaktaufnahme einen direkten und ungehinderten Zugang zum Verbraucherprivatbereich erhält und dieser Zugriff durch den Verbraucher vor der Kontaktaufnahme regelmäßig nicht abwehrbar ist. Dadurch wird der Verbraucher in seinen durch Art. 1 Abs. 1, 2 Abs. 1 GG geschützten Persönlichkeits- und Selbstbestimmungsrechten und in sei-

---

125 BVerfGE 10, 89, 99, BVerfGE 29, 260, 266 f.; BVerfGE 65, 196, 210.

126 BVerfG GRUR 1972, S. 358, 360 – Grabsteinwerbung; *Maunz/Dürig,* Art. 2, Abs. 1, Rdnr. 48 ff.; *v. Münch/Kunig,* Art. 2, Rdnr. 29 – Wettbewerbsfreiheit; *Baumbach/Hefermehl,* Allg., Rdnr. 50 m.w.N.

127 BVerfGE 11, 234, 238 f.; *Jahn/Gonzalez*, WRP 1991, S. 1, 3.

128 BVerfGE 13, 290, 296; BVerfGE 59, 128, 163; *Degenhart,* JuS 1990, S. 161, 165 m.w.N.

129 KG Berlin, WRP 1995, S. 107, 111 f.; OLG Stuttgart, NJW-RR 1994, S. 1534; OLG Köln, NJW-RR 1993, S. 753; OLG Koblenz, WRP 1991, S. 332, 333; KG Berlin, WRP 1975, S. 445; LG Bad Kreuznach, GRUR 1989, S. 364.

130 BGH NJW 1970, S. 1739, 1739 – Telefonwerbung I.

nem nach Art. 5 Abs. 1 GG geschützten Recht auf negative Informationsfreiheit beeinträchtigt.

Hinzu kommt, dass dem Verbraucher beim Einsatz aktiver Telefonwerbung lediglich ein reaktiver Part verbleibt; er wird unvorbereitet und mit einem für ihn überraschenden (Werbe-)Inhalt über den privaten Telefonanschluß angesprochen. Der Werbende übernimmt hingegen den aktiven Part, indem er sowohl die telefonisch anzusprechende Verbrauchergruppe auswählen, als auch Zeitpunkt und Ablauf des Werbegespräches bestimmen und dieses inhaltlich auf die angesprochene Verbrauchergruppe abstimmen kann. Bereits die Tatsache, dass der Werbende die sozio- und psychographischen Daten des angesprochenen Verbrauchers kennt, während dieser beim ersten Telefonkontakt häufig noch nicht einmal den Namen des werbenden Unternehmens verstehen, geschweige denn nähere Einzelheiten zu dem Gesprächspartner wissen wird, schafft ein *Ungleichgewicht zu Lasten des Verbrauchers*.

Dieses Ungleichgewicht erfordert einen Ausgleich über verbraucherschützende Regelungen und rechtfertigt damit grundsätzlich auch eine Bevorzugung der Verbraucherrechte gegenüber denjenigen der werbenden Unternehmen. Insoweit können die berechtigten Schutzinteressen der Verbraucher als *„vernünftige Erwägungen des Gemeinwohls"* sowohl die Freiheit der Berufsausübung der Werbenden i. S. von Art. 12 Abs. 1 S. 2 GG, als auch die Freiheit zur Verbreitung von Werbeinformationen i. S. von Art. 5 Abs. 2 GG einschränken.

Andererseits bleiben bei einer bedingungslosen Bevorzugung der Verbraucherschutzinteressen die *Interessen derjenigen Verbraucher* außer Betracht, die *Werbeinformationen* gerade auch *über das Telefon vermittelt haben wollen.* Diese Verbrauchergruppe wird durch die uneingeschränkte Bevorzugung der Verbraucherschutzinteressen von den Möglichkeiten der Informationsbeschaffung mittels aktiver Telefonwerbung, und damit in dem Recht auf *positive oder aktive Informationsfreiheit* sowie in dem Recht auf Selbstbestimmung hinsichtlich der Entgegennahme unerbetener Werbekontakte eingeschränkt.

Schließlich verlangen die *Interessen der werbetreibenden Unternehmen* nach einer weitergehenden Berücksichtigung. Bereits vorhandene Veränderungen im Verbraucherverhalten sowie in der Kommunikationstechnik erfordern neue Werbestrategien. Durch inzwischen bestehende Möglichkeiten, von der Wohnung aus die Bankgeschäfte, die Einkäufe oder die beruflichen Tätigkeiten erledigen zu können, entzieht sich der Verbraucher den bisher üblichen Kontakten im Ladengeschäft des Anbieters. Für die Zukunft ist zu erwarten, dass sich die Verbraucherindividualisierung und die *Konzentration der wirtschaftlichen und beruflichen Verbraucheraktivitäten auf den privaten Bereich* noch steigern und die bisher üblichen Werbe- und Verkaufskontakte am *Point of Sale* weiter zurückgehen werden.

Die Werbetreibenden müssen daher ihre Werbeaktivitäten auf eine *Verbraucheransprache im häuslichen Bereich* ausrichten. Da die traditionellen Medien, wie z. B. die Fernseh- und Radiowerbung oder die Briefwerbung, weder Interaktion noch direkte Kommunikation ermöglichen und im übrigen von den Verbrauchern nur noch in einem geringen Umfang aufgenommen werden, kann den geschilderten Veränderungen mit einem verstärkten Einsatz der traditionellen Medien nicht hinreichend begegnet werden.

Vor diesem Hintergrund erhalten die von *Zöller*[131] eingeführten Argumente eine neue Bedeutung, wonach es im Rahmen eines *freien Leistungswettbewerbs* möglich sein müsse, einen *schnellen Kundenkontakt* herzustellen, und bei Vorliegen kundenspezifischer Anhaltspunkte auch private Verbraucher zu gängigen Zeiten anrufen zu können, um auf günstige Angebote aufmerksam zu machen. Die Anbieter werden aufgrund der geschilderten Veränderungen darauf angewiesen sein, mit dem Verbraucher mittels telekommunikativer Medien, und somit auch unter Nutzung des Telefons, in Kontakt treten zu können.

Hinzu kommt, dass moderne Telekommunikationstechniken sowie regelmäßige Werbekontakte inzwischen zum *Verbraucheralltag* gehören. Der Verbraucher hat nicht nur die Einführung von Mobiltelefonen akzeptiert, sondern ist zudem in seinem gesamten Umfeld, privat oder als Teilnehmer am Wirtschaftsleben, ständig mit telefonischen Kontakten und mit Werbung konfrontiert. Aufgrund dieser Entwicklungen muss sich die Schutzwürdigkeit der Verbraucherprivatsphäre um das Maß reduzieren, welches der *Öffnung des privaten Bereichs* für die Entgegennahme von Werbung entspricht.

Die uneingeschränkte Bevorzugung der Verbraucherinteressen und das daraus resultierende restriktive Verbot aktiver Telefonwerbung stellt daher eine zunehmende Belastung für die Werbenden dar. Im Hinblick auf die voranschreitende *Globalisierung der Märkte* und die dadurch wachsende Konkurrenz durch ausländische Anbieter erhalten diese Aspekte eine zusätzliche und drängende *grenzüberschreitende Komponente*.

---

[131] *Zöller*, GRUR 1992, S. 297, 300.

Dennoch bleibt die *Notwendigkeit eines Mindestschutzes* gegen aktive Telefonwerbung für diejenigen Verbraucher, die den Besonderheiten dieser Werbemethode negativ und oftmals auch hilflos gegenüberstehen.

Der Konflikt zwischen den Schutzinteressen der Verbraucher einerseits und den Interessen der Anbieter von telefonischer Werbung andererseits sollte bisher durch die Bevorzugung der Verbraucherrechte und die weitgehende Zurückstellung der Interessen der Werbetreibenden gelöst werden. Die bestehende Divergenz zwischen den Vorgaben der Rechtsprechung und der Rechtswirklichkeit sowie die geschilderten rechtstatsächlichen Veränderungen lassen jedoch erwarten, dass die bloße Bevorzugung der einen und die damit einhergehende Zurückstellung der anderen Position eine für beide Seiten befriedigende und akzeptable Lösung auch für die Zukunft nicht herbeiführen kann. Es ist daher nach *Regelungsalternativen* mit dem Ziel einer *Konfliktlösung für alle beteiligten Interessen* zu suchen.

## C. Regelungsvorschläge zur wettbewerbsrechtlichen Behandlung aktiver Telefonwerbung

Vor diesem Hintergrund stellt sich zunächst die Frage nach dem *Regelungsspektrum* und im Anschluss daran nach den *Vor- und Nachteilen* sowie nach der Vereinbarkeit bestimmter Regelungsalternativen mit den *verfassungsrechtlichen Positionen der Beteiligten.*

### I. Regelungsspektrum

Das Regelungsspektrum reicht von einer *uneingeschränkten Freigabe* aktiver Telefonwerbung als die eine Extremposition, bis zu einem *vollständigen Verbot ohne Rechtfertigungsmöglichkeit* als das andere Regelungsextrem. Dazwischen liegen der *status quo* des *Präventivverbots mit Erlaubnisvorbehalt (Opt in-Modell)* als mildere Alternative zum uneingeschränkten Totalverbot und die *grundsätzliche Erlaubnis aktiver Telefonwerbung* bei gleichzeitiger Einführung von Anwendungsmodalitäten und *Schaffung von Abwehrmöglichkeiten* für den Verbraucher *(Opt out-Modell).*

## II. Uneingeschränktes Verbot aktiver Telefonwerbung

Der *weitestgehende Verbraucherschutz* gegen die von aktiver Telefonwerbung ausgehenden Belästigungen kann durch ein uneingeschränktes Verbot des Einsatzes dieser Werbemethode erreicht werden.

Im Hinblick auf die Grundrechtspositionen der werbetreibenden Unternehmen sowie unter Berücksichtigung der Tatsache, dass das bereits geltende Präventivverbot mit Erlaubnisvorbehalt das mildere Eingriffsmittel darstellt, muss ein uneingeschränktes Verbot aktiver Telefonwerbung für den Normalfall unerbetener Werbeanrufe an der *Verhältnismäßigkeit* der eingesetzten Mittel zu dem damit erstrebten Ziel scheitern. Im Übrigen ist eine praktische Konfliktlösung durch ein vorbehaltloses Verbot aktiver Telefonwerbung vor dem geschilderten Hintergrund der bereits eingesetzten Abwehr- und Ignoranzstrategien nicht denkbar.

Allerdings kann ein uneingeschränktes oder zumindest hinsichtlich der Rechtfertigungsmöglichkeiten verschärftes wettbewerbsrechtliches Verbot telefonischer Werbung dann erforderlich sein, wenn *besondere Umstände* des Einsatzes aktiver Telefonwerbung zu *außergewöhnlichen Verbraucherbelästigungen* führen.

### 1. Besondere Belästigung bei Anwendung unlauterer Verkaufstechniken

Es bedarf im Rahmen dieser Untersuchung keiner vertiefenden Diskussion, dass eine besondere und die Rechtfertigung telefonischer Werbung ausschließende Belästigung anzunehmen ist, wenn bei Durchführung des Werbeanrufes Bedrohungen und/oder Beleidigungen ausgesprochen oder ständige Anrufwiederholungen gegen den Willen des Verbrauchers eingesetzt werden. Die Beurteilung derart gestalteter Telefonwerbung weist keine Besonderheiten zu sonstiger *Nötigungswerbung* auf und ist als solche uneingeschränkt zu untersagen.[132]

---

[132] Vgl. dazu *Baumbach/Hefermehl,* § 1 UWG, Rdnr. 46 ff. m.w.N.

Die Unlauterkeit einer Telefonwerbung kann sich im Übrigen auch aufgrund der Erregung oder Ausnutzung von Mitleid, von Sympathie oder Solidaritätsgefühlen oder aufgrund der Herbeiführung von Angstgefühlen ergeben.[133]

Eine außerordentliche Belästigung kann zudem vorliegen, wenn die Verbraucher in der freien Entscheidung, das Werbegespräch abzulehnen oder zu unterbrechen, durch *besondere Umstände* und *Tricks* gehemmt werden.[134] Dabei kann auf die Fälle der versteckten Ankündigung von Werbeanrufen auf Werbeantwortkarten,[135] der Verwendung mehrdeutiger Begriffe bei vorgefassten Erlaubniserklärungen[136] oder auf diejenigen Fälle verwiesen werden, bei denen das *Einverständnis des Werbeadressaten* zur Durchführung von Telefonwerbung *„erschlichen"*, *„provoziert"* oder *„aufgedrängt"* wird.[137] Darunter fallen im Übrigen auch solche unerbetene Werbeanrufe, die als Meinungsumfragen getarnt werden.[138]

---

133 Vgl. *Gilles,* Recht des Direktmarketing, S. 59 f., Rdnr. 82 ff. m.w.N. aus der Rspr. zu Vertreterbesuchen.

134 Vgl. zu Vertreterbesuchen: BGH GRUR 1976, S. 32, 33 m.w.N. – Präsentation; *Köhler/Piper,* § 1 UWG, Rdnr. 16 ff.; *Gilles,* Recht des Direktmarketing, S. 53 ff., Rdnr. 69 ff.; *Ulrich,* Festschrift für Vieregge, S. 901, 909 m.w.N.

135 BGH GRUR 1968, S. 648, 649 – Farbbildangebot: Ausgabe von Gutscheinen mit dem Vordruck *„Erbitte unverbindlich und kostenlos Ihr Farbfilmangebot"* und nach Einsenden des Gutscheines Kontaktaufnahme über einen Vertreter; BGH GRUR 1971, S. 320, 321 m. Anm. *Klaka* – Schlankheitskur: Hausbesuch durch einen Vertreter, nachdem eine Werbeschrift mit dem Vordruck *„Bitte machen Sie mir ein kostenloses, unverbindliches und persönliches Angebot über einen individuellen Schlankheitsplan und die für mich geeigneten Kurmittel"* eingesandt worden war. Vgl. auch OLG Stuttgart, EWiR § 1 UWG 14/86, S. 925 (*Gilles*) - Vertreterbesuch aufgrund Beratungsgutschein; OLG München, WRP 1968, S. 160, 161 – Vertreterbesuch nach Postwurfreklame; vgl. auch *Baumbach/Hefermehl,* § 1 UWG, Rdnr. 76 m.w.N.; *Gilles*, Recht des Direktmarketing, S. 54, Rdnr. 70 mit Beispielen aus der Praxis.

136 BGH GRUR 1974, S. 341, 343 – Campagne; BGH GRUR 1976, S. 32, 33 – Präsentation; OLG Stuttgart, EWiR § 1 UWG 14/86, S. 925 m. Anm. *Gilles*; *Gilles,* Recht des Direktmarketing, S. 55, Rdnr. 71 mit Beispielen aus der Praxis.

137 *Gilles,* NJW 1988, S. 2424, 2431; vgl. dazu OLG München, AfP 1997, S. 480, welches einen Verstoß gegen § 1 UWG auch dann angenommen hat, wenn ein zunächst aus Marktforschungszwecken nicht zu beanstandendes Gespräch dazu benutzt wird, ein zweites Gespräch vorzubereiten, um in diesem eine gewerbliche Leistung oder Ware anzubieten.

138 OLG Stuttgart, GRUR 2002, S. 457 f. = MMR 2002, S. 626 f. = NJW-RR 2002, S. 767 ff. (n.rkr.)

Außerdem ist in diesem Zusammenhang an die zur Vertreterwerbung entschiedenen Fallkonstellationen des *Erschleichens eines Kundengesprächs* durch Versprechen oder Inaussichtstellen von übermäßigen Geschenken, Preisnachlässen, Sonderkonditionen und ähnlichen Vergünstigungen zu denken, die im Falle ihres Einsatzes ebenfalls zur uneingeschränkten Wettbewerbswidrigkeit eines telefonischen Werbekontaktes führen müssen.[139]

## 2. Besondere Belästigung durch Einsatz von Sprachdialogsystemen oder Systemen zur automatischen Anwahl, verdeutlicht am Beispiel des US-amerikanischen *Telephone Consumer Protection Act*

Ein weiterer besonderer Belästigungstatbestand kann sich aus dem *Einsatz neuer Kommunikationstechniken,* wie z. B. aus der Nutzung von Sprachdialogsystemen oder Systemen zur automatischen Rufnummernanwahl, ergeben.[140] Während diese Systeme in Deutschland bisher nur in geringem Umfang genutzt werden, stehen sie in den USA seit geraumer Zeit im Zentrum der Diskussion.[141] Da zu erwarten ist, dass auch der deutsche Werbemarkt auf diese Techniken zugreifen wird,[142] ist die Betrachtung der in den USA aufgetretenen Probleme sowie der dazu getroffenen Regelungen für die zukünftige wettbewerbsrechtliche Beurteilung der automatisierten Telefonwerbung nutzbringend.

---

139 Vgl. *Gilles*, Recht des Direktmarketing, S. 57 f., Rdnr. 75 ff. m.w.N. aus der Rspr. und S. 62 ff., Rdnr. 89 ff.

140 Vgl. jedoch noch die Anmerkung bei *Köhler/Piper* 1995, § 1 UWG, Rdnr. 20: Dort wird der Eingriff durch unerbetene Telefonwerbung in den Fällen von *voice mail* als weniger schwerwiegend angesehen.

141 *Smith,* Los Angeles Times, p. 1; *Cain*, 31 Am. Bus. L. J. 641 (1994); *Crook*, 26 Wake Forest L. Rev. 669 (1991); *Kertz/Boardman Burnette* - Part II, 5 Loy. Consumer L. Rep. 104 (1993); *Berkenblit,* 36 B.C.L.Rev. 85 (1994); *Nadel,* 4 Yale J. on Reg. 99 (1986); *Luten,* 7 Hastings Const. L. Q. 129 (1979); *Thompson*, 1967 Utah L. Rev. 379; *Radner,* 42 Emory L.J. 359 (1993); vgl. auch *Paefgen*, GRUR Int. 1993, 208, 209 ff.; *Tholen* in Greff/Töpfer, S. 527, 535 f.

142 *Greff/Dallmer,* Handbuch 1997, S. 229, 239 ff.

### a) Ausgangssituation zu *unsolicited telephone calls* in den USA

Obwohl aktives Telefonmarketing in den USA zu den traditionell anerkannten Werbemethoden gehört,[143] bildete sich in den letzten Jahren eine deutliche Gegenfront.[144]

Auslöser dafür war die exzessive Nutzung neuer Telekommunikationstechniken, insbesondere zur Übermittlung aufgezeichneter Nachrichten mittels *Automatic Dialer Recorded Message Players* (ADRMP) und künstlicher Ansagen mittels *Automatic Dialing and Announcing Devices* (ADAD),[145] sowie damit einhergehend der Anstieg von *unsolicited telephone calls* und von *telemarke-*

---

143 Der Humorist *Art Buchwald* bemerkte dazu: „*You can't get a law passed (against telemarketers) by Congress because most of the legislators use junk calls to get reelected. And others make them to raise campaign funds.*"; zitiert nach *Albert*, 33 Santa Clara Law Rev. 51, 64 (1993).

144 Vgl. *Shaw*, The Washington Post v. 12.12,1991, T09; *Miller*, The Wall Street Journal v. 24.06.1991; *Schoeber-Naegele*, Welt am Sonntag v. 28.03.1993 zur Bildung der Bürgeraktion „*Leave Us Alone or Pay the Price!*" der *Private Citizen Inc.* Diese Vereinigung versendet zweimal im Jahr mehr als 1.400 *Do not call-Directories* mit dem Hinweis an Unternehmen, dass im Falle eines *cold calls* eine Gebühr für die unerwünschte Nutzung von Telefonanschluss und Zeit der *subscriber* berechnet wird. Telemarketer, die Mitglieder der *Private Citizen, Inc.* dennoch telefonisch kontaktieren, erhalten eine Rechnung über die angekündigte Gebühr. Einige zahlten freiwillig, gegen andere konnte die Bezahlung mittels gerichtlicher Hilfe erfolgreich durchgesetzt werden. Vgl. *Wilcox*, L.A. Daily News v. 22.06.1995, B1.

145 *ADAD-calls* ermöglichen die Plazierung von 1.500 Telefonanrufen täglich. Vgl. 137 CONG. REC. E793 (daily ed. March 6, 1991; statement of *Rep. Markey*); 137 CONG. REC. S18,317-18 (daily ed. November 26, 1991; statement of Sen. Pressler); 137 CONG. REC. S9,874 (daily ed. July 11, 1991; statement of *Sen. Hollings*); vgl. auch *Kertz/Boardman-Burnette* - Part II, 5 Loy. Consumer L. Rep. 104 et seq. (1993); *Crook*, 26 Wake Forest L. Rev. 669, 697 (1991); *Paefgen*, GRUR Int. 1993, S. 208, 210 m.w.N.

*ting fraud.*[146] Der Grund für diese Entwicklung lag in der *„Entflechtung"* des Fernmeldemonopols der *American Telephone & Telegraph Company (AT&T)* und in der damit einhergehenden Gebührenreduktion für Ferngespräche.[147]

Die *automated calls* haben Probleme bis hin zu Gefährdungssituationen im medizinischen Notfallbereich verursacht,[148] da sie Telefonleitungen auch nach Auflegen des Telefonhörers durch dem Angerufenen so lange belegt halten können, bis die aufgezeichnete Nachricht vollständig abgespult ist.[149] Außerdem können durch *automated calls* Telefonempfangsgeräte, wie *pagers* oder *cellular phones* angewählt werden, bei denen der Angerufene mit den Gebühren des Gesprächs belastet wird.[150]

---

In *State of Minnesota v. Casino Marketing Group, Inc.*, 491 N.W.2d 882, 884 (Minn. Sup. Ct. 1992) sind ADADs wie folgt beschrieben: *„ADADs . . . select telephone numbers by computer program and dial those numbers consecutively, . . . If the machine selects a number that is busy, it disconnects and immediately dials the next programmed number, returning to the previously engaged number at a later time. If the machine reaches a telephone to which no one responds, it disconnects after a predetermined number of rings and returns to that number at a later time. If the machine reaches a telephone to which a subscriber responds, a prerecorded message is played. Should the subscriber hang up in the course of the message, (some machines) automatically disconnects and dials the next programmed number. Should the subscriber listen to the entire message, he or she will be provided telephone numbers to call for further information."*

146 *Smythe*, 17 Hastings Comm.& Ent. L. J. 347 (1994); *Nedelman*, 32 Fed. Comm. L. J. 371, 372 (1980).

147 *Darmstadter*, 3 Computer/L. J. 393, 395 et seq. (1985).

148 *Crook*, 26 Wake Forest L. Rev. 669, 698 (1991) schildert den Fall einer Mutter, welche die Ambulanz für ihr verletztes Kind nicht anrufen konnte, da die Telefonleitung durch *prerecorded sales calls* ständig belegt war. Dieses Beispiel wurde auch von Kongreßabgeordneten Roukema im Gesetzgebungsverfahren zum TCPA vorgetragen: 137 CONG. REC. H11, 313 (daily ed. November 26, 1991); ebenso *Cain*, 31 Am. Bus. L. J. 641, 650 (1994).

149 Vgl. 137 CONG. REC. S18,785 (daily ed. November 27, 1991; statement of *Sen. Pressler*); 137 CONG. REC. E793 (daily ed. March 6, 1991; statement of *Rep. Markey*); *Crook*, 26 Wake Forest L. Rev. 669, 698 (1991) beschreibt, dass manche Nachrichten bis zu 40 Minuten lang sind und sogar Geräte, die auf sofortigen Abbruch nach Auflegen durch den Angerufenen programmiert sind, noch bis zu 10 Sekunden für das Abschalten benötigen; vgl. auch die Ausführungen bei *Paefgen*, GRUR Int. 1993, S. 208, 209 f. m.w.N.

150 Vgl. 137 CONG. REC. S18,317 (daily ed. November 26, 1991; statement of *Sen. Pressler*).

Aufgrund zunehmender Beschwerden über Belästigungen durch automatisierte Telefonwerbung legte der *US Congress* im Jahre 1977 den *Telephone Privacy Act*[151] vor, der jedoch nicht in Kraft gesetzt worden ist.[152] Kurze Zeit später erstellte die *Federal Commercial Commission (FCC)* ein Gutachten zur Feststellung von Regelungsbedarf und Regelungsmöglichkeiten zu *unsolicited interstate telephone calls,*[153] entschied sich jedoch aufgrund verfassungsrechtlicher Bedenken gegen eine bundeseinheitliche Regelung.[154] Daraufhin begannen zahlreiche Bundesstaaten, Regelungen zum automatisierten Telefonmarketing zu schaffen,[155] die jedoch mangels extraterritorialer Geltungskraft nur eingeschränkte Wirksamkeit entfalten konnten.[156]

Wenige Jahre später häuften sich die Beschwerden über den grenzüberschreitenden *(interstate)* Einsatz automatisierter Telefonwerbung derart, dass der *US Congress* mit dem *Telephone Consumer Protection Act (TCPA)*[157] reagierte, einem Kompromiss aus verschiedenen Gesetzesentwürfen des *House of Representatives*[158] und des *Senate*[159]. Der *TCPA* wurde im Dezember 1991[160] in Kraft gesetzt und durch die Ausführungsverordnung vom 17.09.1992[161] und die *Memorandum Opinion and Order* vom 07.08.1995[162] konkretisiert.

---

[151] S. 2193, 95th Cong., 1st Sess. (1977).

[152] *Darmstadter,* 3 Computer/L, J. 393, 397 (1985).

[153] Unsolicited Telephone Calls, 67 FCC2d 1384 (1978).

[154] Unsolicited Telephone Calls, 77 FCC2d 1023, 1025 (1980): Die FCC ging davon aus, hinsichtlich *„intrastate calls"* keine Regelungskompetenz und hinsichtlich *„interstate calls"* keinen Regelungsbedarf zu haben.

[155] S. Rep. No. 102-178, 102d Cong., 1st Sess. p. 3 (1991), *reprinted in* 1991 USC.A.N. 1968.

[156] 137 CONG. REC. H11.307 (daily ed. November 26, 1991); H.R. REP. No. 317, 102d Cong., 1st Sess. 2 (1991).

[157] 47 USC. § 227 (1991) .

[158] H.R. 1304, 102d Cong., 1st Sess. (1991) - Telephone Advertising Consumer Rights Act.

[159] S. 1410, 102d Cong., 1st Sess. (1991) - Telephone Advertising Consumer Rights Act; S. 1462, 102d Cong., 1st Sess. (1991) - Automated Telephone Consumer Protection Act; vgl. zur Gesetzgebungsdiskussion *Berkenbilt,* 36 B.C. L. Rev. 85, 96 et seq. (1994) sowie bei *Paefgen,* GRUR Int. 1993, S. 208, 210 m.w.N.

[160] Vgl. Statement by the President of the United States, 27 Weekly Comp. Pres. Doc. December 23, 1991, reprinted in 1991 USC.A.N. 1979.

[161] Rules and Regulations Implementing the Telephone Consumer Protection Act of 1991 (CC Docket No. 92-90), FCC Report and Order, FCC 92-443; in Kraft seit dem 20.12.1992 = 47 C.F.R. § 64.1200 und § 68.318.

[162] Rules and Regulations Implementing the Telephone Consumer Protection Act of 1991 (CC Docket No. 92-90), Memorandum Opinion and Order, FCC 95-310.

Des weiteren wurde mit Wirkung vom 01.01.1997 die Neufassung des *Telemarketing and Consumer Fraud and Abuse Prevention Act* erlassen, welcher Regelungen zur Verhinderung von *deceptive telemarketing acts or practices* enthält.[163]

Die amerikanischen Gerichte waren bisher nahezu ausschließlich mit der rechtlichen Beurteilung unerbetener *ADAD-calls* und – soweit ersichtlich – nur ein einziges Mal mit Fragen zur Rechtmäßigkeit von *live telephone solicitation* befasst. Eine Entscheidung des *US Supreme Court* zur Verfassungsmäßigkeit präventiver Telefonwerbeverbote oder zum Einsatz von *ADAD-calls* liegt bislang nicht vor.

In der amerikanischen Rechtsliteratur besteht unter Bezugnahme auf die Rechtsprechung zu *captive audience cases*[164], zu *door-to-door solicitation*[165]

---

163 16 C.F.R. part 310 - Telemarketing Sales Rules.

164 Zur Begründung dafür, dass gesetzliche Restriktionen zu *unsolicited telephone calls* unter dem Aspekt der *captive audience doctrine* möglich sein müssen, werden die Entscheidungen des US Supreme Courts in Sachen *Packer Corp. v. Utah,* 285 US 105 (1932), *Kovacs v. Cooper*, 336 US 77 (1948) und *Cohen v. California*, 403 US 15 (1971) herangezogen. Während in *Kovacs* ein Verbot von *sound trucks* mit der Begründung als verfassungsgemäß angesehen worden war, dass der *unwilling listener* den Geräuschen nicht ausweichen könne, wurde in *Cohen* entschieden, dass ein *unwilling viewer* den Einflüssen von *offensive speech* (in diesem Fall auf einer Lederjacke mit dem Aufdruck: *„Fuck the Draft")* durch *„averting his eyes"* entkommen könne. In *Erznoznik v. Citiy of Jacksonville,* 422 US 205 (1975) wurde ein Verbot für Filme mit Nacktszenen, die in *drive-in movie theaters* gezeigt worden und von der öffentlichen Straße aus zu sehen waren, für verfassungswidrig erklärt.

165 *Breard v. City of Alexandria*, 341 US 622 (1951): In *Breard* wurde eine *ordinance,* die *commercial door-to-door solicitation* untersagte, unter anderem wegen der Verletzung der *Freedom of Speech Clause* vom *US Supreme Court* als verfassungsgemäß angesehen, da *Freedom of Speech* nicht meine, *„that one can talk or distribute where, when and how one chooses"*, sondern vielmehr das Recht des Individuums anzuerkennen sei, *„to build a wall around the home to keep out unwanted people."*
*Martin v. City of Struthers,* 319 US 141 (1943) betrifft im Gegensatz zu *Breard* einen Fall von *non-commercial door-to-door solicitation,* in dem der *US Supreme Court* ein Verbot von *door-to-door distribution* durch *Jehovah's Witnesses* unter anderem mit der Begründung für verfassungswidrig erklärte, dass dem Werbenden die Kommunikation mit *willing listeners* möglich sein müsse und der Bürger ein Recht auf den Empfang erwünschter Informationen habe. Daraus wird in der amerikanischen Rechtsliteratur abgeleitet, dass die Information von *willing recipients* auch in den Fällen von *unsolicited commercial calls* möglich sein muss. Vgl. auch *Project 80's, Inc. v. City of Pocatello,* 942 F.2d 635 (9th Cir. 1991); *Nadel*, 4 Yale J. on Reg. 99, 104 (1986).

sowie zu *junk mail*[166] weitgehend Einigkeit darüber, dass ein totales Verbot jeder Art von unerbetener Telefonwerbung gegen die *Free Speech Clause*[167] der *US Constitution* verstoßen würde und auch durch das *Right of Privacy* nicht gerechtfertigt werden kann.[168] Vielmehr muss einem *willing recipient* die Möglichkeit verbleiben, Produkt- und Werbeinformationen über das Telefon erhalten zu können.[169]

### b) Uneingeschränktes Verbot der Benutzung von *automatic telephone dialing systems* und *prerecorded voice calls* gegenüber Notfalleinrichtungen und *paging services*

Der *TCPA* verbietet in 47 USC. § 227(b)(1)(A) jegliche Benutzung automatischer Wählsysteme oder Techniken zur Übertragung künstlicher oder aufgezeichneter Stimmen[170] zu *Notrufdiensten*, einschließlich zu den *911-lines* und *„any emergency line of a hospital, medical physician or service office . . . or fire protection or law enforcement agency"*.[171] Dadurch soll die als problema-

---

166 *Rowan v. United States Post Office*, 397 US 728 (1970): Der US Supreme Court diskutierte im Rahmen einer Interessensabwägung das *„highly important right to communicate"* einerseits und das *„very basic right to be free from sights (and) sounds"* andererseits und kam zu der Schlussfolgerung, dass das Recht zur Kommunikation nicht grundsätzlich an der *„mailbox of an unreceptive addressee"* enden könne. Der *Rowan-Court* hat jedoch weiter festgestellt, dass das Recht zum Schutz vor *„solicitors, hawkers, and peddlers"* bestehe und daher die in *Rowan* angegriffene Vorschrift verfassungsgemäß sei.
In *Bolger v. Youngs Drug Products Corp.*, 463 US 60 (1983) erklärte der US Supreme Court eine Vorschrift für verfassungswidrig, die eine Versendung von *„any unsolicited advertisement of matter which is designed, adapted, or intended for preventing conception"* mit zivil- und strafrechtlichen Sanktionen belegte.

167 Die *Free Speech Clause* ist im *First Amendment* der *US Constitution* geregelt, welches in den hier maßgeblichen Teilen wie folgt lautet: *„Congress shall make no law . . . abridging the freedom of speech . . ."*.

168 Vgl. *Gale,* 11 Santa Clara Lawyer 109, 122 (1970); Unsolicited Telephone Calls, 77 FCC 2d 1023, 1036-1037 (1980); *Crook,* 26 Wake Forest L. Rev. 669, 699 et seq. (1991).

169 *Albert,* 33 Santa Clara L. Rev. 51, 70 (1993); *Nadel,* 4 Yale J. on Reg. 99, 104 (1986); einschränkend *Luten,* 7 Hastings Const. L. Q. 129, 147 (1979).

170 47 USC. § 227(b)(1)(A)(i).

171 47 USC. § 227(b)(1)(A)(ii), übernommen in die FCC-AusführungsVO in 47 C.F.R. § 64.1200(a) (1)(i)(ii).

tisch erkannte werbemäßige Nutzung von sensiblen, da für das Gemeinschaftsleben existenziellen Telefonleitungen ausgeschaltet werden.[172]

Dem *Schutz von Vermögensinteressen* dient hingegen das Verbot der Kontaktaufnahme mittels *automated and prerecorded calls* zu Telekommunikationseinrichtungen, die den Anschlussinhaber für jeden Anruf mit zusätzlichen Kosten belasten.[173] Davon erfasst sind *paging services, cellular telephone services* oder mobile Funktelefone, ebenso wie *paging customers,* die sich während längerer Ortsabwesenheit durch professionelle Serviceunternehmen betreuen und eingehende Anrufe vermitteln lassen.[174]

### c) Präventivverbot mit Erlaubnisvorbehalt zu telefonischer Werbung mittels Sprachdialogsystemen gegenüber Privatpersonen

47 USC. § 227(b)(1)(B) verbietet weiterhin jede unerbetene telefonische Nachrichtenübermittlung durch *künstliche oder aufgezeichnete Stimmen* an private Anschlussinhaber, es sei denn, dass das ausdrückliche vorherige Einverständnis *(prior express consent)* des Anschlussinhabers vorliegt, es sich um eine Notfallsituation handelt oder ein von der *FCC* kraft Verordnung oder Verwaltungsakt geschaffener Ausnahmetatbestand gegeben ist.[175] Ein solcher wurde für *established business relationships* und für *tax-exempt non-profit organisations* anerkannt.[176] *Automatic telephone dialing systems* können hingegen gegenüber Privatpersonen auch weiterhin genutzt werden.

Im Bereich *Business-to-Business* können *autodialers* oder *prerecorded voice messages* ebenfalls eingesetzt werden, solange sie nicht zwei oder mehr Leitungen eines Mehrleitungssystems blockieren (47 USC. § 227(b)(1)(D).

---

172 Vgl. *Cain*, 31 Am. Bus. L. J. 641, 650 (1994) und die in diesem Kapitel vorgenommenen Ausführungen und Beispiele zu den Problemen mit *pre-recorded message devices,* die z. B. eine Verbindung nicht unmittelbar nach dem Auflegen des Telefonhörers durch den Angerufenen beenden.

173 47 USC. § 227(b)(1) (A)(iii).

174 Übernommen in die FCC-AusführungsVO, 47 C.F.R. § 64.1200(a)(1)(iii).

175 Vgl. dazu die Regelungen in der FCC-AusführungsVO 47 C.F.R. § 64.1200(a)(2) und § 64.1200(c).

176 Rules and Regulations Implementing the Telephone Consumer Protection Act of 1991 (CC Docket No. 92-90), FCC Report and Order, FCC 92-443, No. 34, § 64.1200 (c)(3)(4), § 64.1200(a)(2).

### d) *Opt out* für *„live telephone solicitations"* gegenüber Privatpersonen

Persönlich ausgeführte *unerbetene Werbeanrufe gegenüber Privatpersonen* sind hingegen auch weiterhin erlaubt.

Sie sind sogar ausdrücklich vom Geltungsbereich des *TCPA* ausgenommen, wenn es sich um einen Telefonkontakt

- *(A) to any person with that person's prior express invitation or permission,*
- *(B) to any person with whom the caller has an established business relationship,*[177] *or*
- *(C) by a tax-exempt nonprofit organization*[178]

handelt.[179]

Wenn der private Anschlussinhaber dem Empfang von *„live telephone solicitations"* widersprochen hat, stellt der *TCPA* die *„telephone subscribers' privacy rights"* über die Interessen der werbenden Unternehmen und sieht Regelungen zum Schutz der privaten Verbraucher vor,[180] wie sie über die Aus-

---

[177] Als *„established business relationship"* werden nicht nur laufende Vertragsbeziehung angesehen, sondern vielmehr auch frühere Transaktionen, Verhandlungen oder Anfragen, sofern sie innerhalb einer *reasonable time* vor dem Werbeanruf stattgefunden haben. Die Ausführungsverordnung legt in 47 C.F.R. § 64.1200(f)(4) jedoch fest, dass Geschäftsbeziehungen *„previously terminated by either party"* dem Tatbestand der *established business relationship* nicht unterfallen.

[178] Vgl. *Rules and Regulations implementing the Telephone Consumer Protection Act of 1991* (CC Docket No. 92-90), FCC Memorandum Opinion and Order, FCC 95-310,No. 13. Die Ausnahmeregelung berücksichtigt die Rechtsprechung des US Supreme Court zu *noncommercial solicitation,* wonach Werbung für religiöse, politische und karitative Zwecke als *„high value speech"* den besonderen verfassungsrechtlichen Schutz des *First Amendment* genießt: Vgl. *Village of Schaumburg v. Citizens for a Better Environment,* 444 US 620 (1980); *Consolidated Edison Comp. of New York v. Public Service Commission of New York,* 447 US 530 (1980).
Vgl. dazu auch *Haiman,* 67 Nw U. L. Rev. 153, 160 (1972). Dogmatisch ergibt sich dieser hohe Schutzgrad aus der Anwendung des *strict scrutiny*-Tests, nach dem nur zwingende Gründe des Allgemeinwohls Restriktionen von *non-commercial free speech* rechtfertigen können. Das *Right of Privacy* wird regelmäßig nicht als ein solches *„compelling state interest"* angesehen.

[179] 47 USC. § 227(a)(3) (1991); wörtlich übernommen in die FCC-AusführungsVO, 47 C.F.R. § 64.1200 (f)(3).

[180] 47 USC. § 227(c)(1).

führungsverordnung beispielsweise durch die Verpflichtung zum Führen von *„company-specific do-not-call-lists"* konkretisiert worden sind.[181]

Vorgeschrieben sind weiterhin *Informationspflichten (written policy)* hinsichtlich der *do-not-call-lists,* Pflichten zur *Schulung der Telefonverkäufer (training of personnel), Dokumentationspflichten* hinsichtlich der Ablehnung weiterer Werbeanrufe,[182] sowie die *Eigenidentifizierung des telephone solicitors* unter Angabe seines Names, des Namens seines Unternehmens, einer kontaktfähigen Telefonnummer und Anschrift.[183]

Im *TCPA* wurde im Hinblick auf die *Free Speech Clause* der Weg des *Opt out* mit der Begründung gewählt, den *willing recipients* den Empfang telefonischer Werbung und den *unwilling recipients* deren Abwehr ermöglichen zu müssen.[184] Diese Lösung wird durch die Rechtsprechung des *US Supreme Court* gestützt, der für das Individuum nicht den absoluten Schutz vor werbemäßiger Kontaktaufnahme, sondern lediglich die Möglichkeit fordert, *„to build a wall around the home to keep out unwanted people"*.[185]

---

[181] Der im TCPA enthaltene Vorschlag einer bundesweiten Telestop-Liste fand hingegen keine Mehrheit: *Rules and Regulations Implementing the Telephone Consumer Protection Act of 1991* (CC Docket No. 92-90), *FCC* Report and Order, *FCC* 92-443, Tit. III (B)(2), §§ 10 et seq., 14, 15. Nach vorsichtigen Schätzungen wären die Anschubinvestitionen im ersten Betriebsjahr mit US $ 20 Millionen anzunehmen gewesen, für die Zeit danach wurde ein Jahresaufwand von mindestens US $ 10 Millionen für kurzfristige *up-dates* geschätzt. Vgl. die FCC-AusführungsVO, 47 C.F.R. § 64.1200(e)(2). Die *Direct Marketing Association (DMA)* unterstützt jedoch den *Telephone Preference Service (TPS),* welcher *do-no-call*-Listen unterhält. Die Registrierung bleibt dort für fünf Jahre bestehen, und die DMA-Mitgliedsunternehmen sind verpflichtet, diese Listen zu beachten. Auch haben verschiedene US-Bundesstaaten, so z. B. Alabama, Arkansas, California, Colorado, Connecticut, Florida, Georgia, Idaho, Illinois, Indiana, Kansas, Kentucky, Louisiana, Maine, Massachusetts, Minnesota, Missouri, New York, Oklahoma, Oregon, Pennsylvania, Tennessee, Texas, Vermont, Wisconsin und Wyoming, sog. *„no-call"*-Listen für ihre Einwohner eingerichtet.

[182] 47 C.F.R. § 64.1200(e)(2).

[183] 47 C.F.R. § 64.1200(e)(2)(iv).

[184] H.R. Rep. No. 317, 102nd Cong., 1st Sess. p. 19 (1991) – *Possible remedies-limitations.*

[185] *Martin v. City of Struthers,* 319 US 141, 148 (1943).

### e) Spezifische Technik- und Benutzungsstandards

47 USC. § 227(d) legt schließlich *technische Standards* sowie *Verhaltensstandards* fest, denen die Betreiber von Telemarketing selbst bei erlaubter telefonischer Geschäftsanbahnung unterworfen sind:

Als *Benutzungsstandard* wird eine namentliche Vorstellung und die Angabe entweder des Telefonanschlusses oder der Postanschrift des Systembetreibers verlangt,[186] damit der Empfänger seine Abwehrrechte ohne umfassende Nachforschungen wahrnehmen kann.[187] Als *technischer Standard* wird gefordert, dass innerhalb von fünf Sekunden nach Ertönen des Unterbrechungssignals die beanspruchte Leitung vom Anrufer wieder freigegeben sein muss.[188]

### f) *Private Right of Action*

Für die Fälle der Zuwiderhandlung gegen die vorgenannten Verbotstatbestände stehen der verletzten Person wahlweise Ansprüche auf Unterlassung oder Schadensersatz in Geld zur Verfügung.[189] Es besteht zudem für die bundesstaatlichen Rechtsaufsichtsbehörden *(Attorney General of the State)* die Möglichkeit, *„on behalf of its residents"* Unterlassungs- und/oder Schadensersatzansprüche gerichtlich geltend zu machen.[190]

---

[186] Übernommen in die FCC-AusführungsVO: 47 C.F.R. § 64.1200(d)(1)(2).

[187] Vgl. *Meadows*, 3 Computer Law. 13 et seq. (1992).

[188] Übernommen in die FCC-AusführungsVO: 47 C.F.R. § 68.318(c)(2) und bestätigt durch *Rules and Regulations Implementing the Telephone Consumer Protection Act of 1991* (CC Docket No. 92-90), *FCC Memorandum Opinion and Order*, FCC 95-310, No. 7.

[189] 47 USC. § 227(b) (3) bei verbotswidriger Nutzung von *automated telephone equipment* und 47 USC. § 227(c)(5) für *„telephone soliciation against subscribers' objection"*. Der Umfang des Schadensersatzes bemißt sich für jeden Verstoß entweder nach der tatsächlich erlittenen wirtschaftlichen Einbuße oder kann mit US $ 500 pauschaliert werden. Wissentliche und willentliche Übertretungen können nach dem Ermessen des erkennenden Gerichts mit *treble damages* geahndet werden. Vgl. dazu das Consent Decree zu *State of Washington v. ACS Marketing* v. 30.03.1998, No. 97-2-17771-5 SEA, welches sich wegen verschiedener Verstöße auch gegen die Telefonwerbe-Regelungen des *Unfair Business Consumer Protection Acts, Chapter 19.86 RCW* des State of Washington auf insgesamt US $ 24,162.50 als Schadensersatzsumme beläuft.

[190] 47 USC. § 227(f)(1).

In den Fällen der „*telephone solicitation against subscribers' objection*" ist für den *solicitor* die Möglichkeit einer *affirmative defense* unter der Voraussetzung vorgesehen, dass er „*reasonable practices and procedures*" zur Verhinderung von Werbeanrufen bei Verbrauchern, die solchen widersprochen haben, nachweisen kann.

### g) Verfassungsmäßigkeit des *TCPA*

Die Verfassungsmäßigkeit des Verbots von *automated telemarketing calls* stand in *Moser v. FCC*[191] auf dem richterlichen Prüfstand: Ronald und Kathryn Moser betrieben einen *chimney sweep service* in Oregon. Nachdem kostenintensive Zeitungswerbung nicht die erhoffte Resonanz gebracht hatte, stellten sie ihre Werbekampagne auf Telefonwerbung um und setzten dazu einen *automatic dialer* ein.[192] Mit dem Verbot des Einsatzes von *Automatic Dialing and Announcing Devices* durch den Oregon-Gesetzgeber wurde dieser erfolgversprechenden Werbestrategie ein Ende gesetzt, wogegen Ronald Moser zunächst vor den *State Courts* erfolgreich klagte. In letzter Instanz bestätigte der *Oregon Supreme Court* in *Moser v. Frohnmayer*[193] das Urteil des *Oregon Court of Appeals*[194], der in dieser Verbotsvorschrift einen Verstoß gegen die in Art. I, § 8 der *Oregon Constitution*[195] geregelte Meinungsfreiheit sah.

Nach Erlass des *TCPA* wandte sich Kathryn Moser als Präsidentin der *National Association of Telecomputer Operators*[196] auf Bundesebene gegen das nunmehr im *TCPA* enthaltene Verbot des Einsatzes von *Automatic Dialing and Announcing Devices*. Der für diese Klage zuständige *US Court of Appeals, Ninth*

---

[191] *Moser v. FCC*, 46 F.3d 970 (9th Cir. 1995), rev'g 811 F.Supp. 541 (D. Or. 1992) (granting preliminary injunction), and rev'g 826 F.Supp. 360 (D. Or. 1993) (granting summary judgment), cert. denied, 115 S. Ct. 2615 (1995).

[192] *Arcadi*, 1991 Colum. Bus. L. Rev. 417, 427 (1991): Die Maschine wählte ca. 1.500 Telefonnummern pro Tag, erreichte ca. 500 Empfänger mit einem Ergebnis von 10 bis 15 soliden Aufträgen.

[193] *Moser v. Frohnmayer*, 315 Or. 372 (Or. Sup. Ct. 1992).

[194] *Moser v. Frohnmayer*, 112 Or. App. 226 (Or. Ct. App. 1992).

[195] Art. I, § 8, Oregon Constitution lautet im Auszug wie folgt: „*No law shall be passed restraining the free expression of opinion, or restricting the right to speak, write, or print freely on any subject whatever.*"

[196] *Moser v. FCC*, 46 F.3d 970, 973 (9th. Cir. 1995).

*Circuit*[197] entschied nunmehr in *Moser v. FCC*[198], dass das in 47 USC. § 227(b)(1)(B) geregelte Verbot von *ADAD-calls* nicht gegen die *Free Speech Clause* des *First Amendment* verstoße und daher rechtmäßig sei.[199] Der *US Supreme Court* hat die hiergegen erhobene Verfassungsbeschwerde nicht zur Entscheidung angenommen.[200]

Der *Moser*-Court qualifizierte diese Vorschrift als *„content-neutral time, place, and manner restriction"*, die *commercial* und *noncommercial calls* in gleicher Weise erfasse[201], und stützte seine Begründung auf die im *TCPA*-Gesetzgebungsverfahren festgestellten *Gefahren für die Verbraucherprivatsphäre,* verursacht durch eine steigende Anzahl von *automated telemarketing calls* und die bei *ADAD-calls* fehlenden Interaktionsmöglichkeiten.[202]

Nach Auffassung des Gerichts wird der erforderliche Schutz der *residential privacy* gegen die Einwirkungen der *automated telemarketing calls* durch die Regelungen des *TCPA* in geeigneter Weise verwirklicht. Der *Moser-Court* stellte weiterhin fest, dass die *TCPA restrictions* nicht weiter gehen *(narrowly tailored),* als dies zum Schutz der *subscriber* erforderlich ist. Aufgrund der weiterhin möglichen Nutzung von *„taped messages introduced by live speakers"*, *„taped messages to which consumers have consented"* und *„live solicitation calls"* wurde die Einschränkung von *automated telemarketing calls* zudem als verhältnismäßig angesehen.[203]

---

197 Orgeon.

198 *Moser v. FCC,* 46 F.3d 970 (9th Cir. 1995).

199 *Moser v. FCC,* 46 F.3d 970, 973 et seq. (9th Cir. 1995); entgegen den Oregon District Court, *Moser v. FCC,* 826 F.Supp. 360 (D. Or. 1993).

200 115 S. Ct. 2615 (1995).

201 Das Gericht diskutierte allerdings nicht, inwieweit einer solchen Beurteilung die in dem Gesetz enthaltene Ermächtigung der FCC entgegenstehen könnte, Ausnahmen zum totalen Verbot von *ADAD*-calls zuzulassen, die tatsächlich auch dazu geführt hat, dass *A-DAD-calls* von *„tax-exempt, non-profit organizations"* erlaubt sind; 47 USC. § 227(b) (2) (B)(i), 47 C.F.R. § 64.1200(c)(4) (1992).

202 *Moser v. FCC,* 46 F.3d 970, 972 (9th Cir. 1995) mit Verweis auf S. Rep. No. 102-178, 102d Cong., 1st Sess (1991), *reprinted in* 1991 USC.A.N. 1968, 1970.

203 *Moser v. FCC,* 46 F.3d 970, 975 (9th Cir. 1995).

### h) Unterstützung durch den *Telemarketing and Consumer Fraud and Abuse Prevention Act*

Der *Telemarketing and Consumer Fraud and Abuse Prevention Act*[204] bezweckt die Einschränkung von „*deceptive and abusive telemarketing acts or practices*" für die Fälle des telefonischen Abschlusses von Verträgen im *interstate*-Geschäftsverkehr. Von seinem Geltungsbereich sind nach 16 C.F.R. § 310.6(c) ausdrücklich alle *telephone calls* ausgenommen, *in which the sale of goods or services is not completed, and payment or authorization of payment is not required, until after a face-to-face sales representation by the seller.*

Nach 16 C.F.R. § 310.3(a)(1)(i)(ii) ist als „*deceptive telemarketing act or practice*" die Entgegennahme einer Zahlung aufgrund eines telefonischen Verkaufsgespräches verboten, wenn es zuvor unterlassen worden ist, die wesentlichen Informationen, wie beispielsweise die „*total costs to purchase, all material restrictions, limitations, or conditions to purchase*" oder die „*refund policy*" in unmissverständlicher Weise dem Verbraucher zu offenbaren. Als *abusive conduct* gilt nach 16 C.F.R. § 310.4(d) weiterhin das Versäumnis, „*to disclose promptly and in a clear and conspicuous manner to the person receiving the call:*

*(1) the identity of the seller;*

*(2) that the purpose of the call is to sell goods or services;*

*(3) the nature of the goods or services; and*

*(4) that no purchase or payment is necessary to be able to win a prize or participate in a prize promotion if a prize promotion is offered.*"

Schließlich ist nach 16 C.F.R. § 310.4(b)(ii) eine Kontaktaufnahme durch *outbound telephone calls* verboten, wenn die angerufene Person zuvor gegenüber dem Anrufer kundgetan hat, „*that he or she does not wish to receive an outbound telephone call made by or on behalf of the seller whose goods or services are being offered*". In 16 C.F.R. § 310.4(c) ist zudem ein *Window of Opportunity* vorgesehen, welches es verbietet, „*to engage in outbound telephone calls to a person's residence at any time other than between 8 a.m. and 9 p.m. local time at the called person's location*".

[204] 16 C.F.R. part 310; vgl. dazu: *Michela,* 21 Pepp. L. Rev. 553 et. seq. (1994).

### i) Regelungsstand zu *ADADs* in einzelnen amerikanischen Bundesstaaten

In der Mehrzahl der *US-Bundesstaaten* bestehen Regelungen zur Anwendung von Telemarketing, die einmal dem Schutz der Privatsphäre der Verbraucher und zum anderen der Verhinderung von *consumer fraud* dienen sollen. Da der *TCPA* weitergehende *„state telemarketing regulations"* ausdrücklich erlaubt, sind lediglich diejenigen einzelstaatlichen Regelungen präkludiert, die den *TCPA*-Standard nicht erreichen.[205] Die Unternehmen können daher verpflichtet sein, sowohl einzelstaatlichen Vorschriften, als auch den Regelungen des *TCPA* nachkommen zu müssen.

#### (1) *Opt out*-Regelungen

Einige Staaten haben *Opt out-Regelungen* geschaffen. In Florida[206] und Oregon[207] besteht beispielsweise die Möglichkeit, durch einen Eintrag in das örtliche Telefonbuch kundzutun, dass man *unsolicited telephone calls* nicht zu erhalten wünscht.[208] Telemarketer sind verpflichtet, diese Hinweise zu beachten. South Carolina[209] und Washington[210] haben eine dem *TCPA* entsprechende Regelung, nach der zukünftigen Anrufen während des laufenden Telefongesprächs widersprochen werden kann.

#### (2) Vorschriften zu *automated calls, autodialers* und *prerecorded messages*

Die Verbotsvorschriften der Bundesstaaten zu *ADAD-calls, autodialers* und *prerecorded messages* reichen bis zum *Totalverbot* von *automated telephone*

---

205 *Cain,* 31 Am. Bus. L. J. 641, 656 (1994).

206 FLA. STAT. ANN. § 501.059(3) (West 1995).

207 OR. REV. STAT. § 646.569 (1994).

208 Vgl. *Crook,* 26 Wake Forest L. Rev. 669, 705 (1991); *Cain,* 31 Am. Bus. J. J. 641, 656 m.w.N. (1994); ebenso *Mc-Daniel v. Pacific Tel & Tel. Company,* 60 PUR 47 (62) (1965); abgelehnt für die AusführungsVO zum TCPA durch die FCC: Rules and Regulations Implementing the Telephone Consumer Protection Act of 1991 (CC Docket No. 92-90), FCC Report and Order, FCC 92-443, Tit. III (B)(2), § 18 et seq.

209 S.C. Code Ann. § 16-17-445(E) (Law. Co-op. 1993)

210 WASH. REV. CODE ANN. § 19.158.110(2)(a)-(b) (West 1994).

*solicitiation.*[211] Verschiedene bundesstaatliche Verbotsvorschriften wurden inzwischen einer gerichtlichen Prüfung unterzogen:

So erklärte in *State of Minnesota (Humphrey) v. Casino Marketing Group, Inc.*[212] der Minnesota Supreme Court ein gesetzliches Verbot der *ADAD-calls* für *commercial telephone solicitation* sowohl für vereinbar mit dem *First Amendment* der *US Constitution,* als auch mit der *Minnesota Constitution* Art. I, § 3.[213]

Einige Jahre später wurde diese Entscheidung vom *US Court of Appeals* in *Van Bergen v. State of Minnesota*[214] bestätigt. Entscheidungsrelevant war dabei, dass *ADAD-calls* dem Angerufenen keine Möglichkeit der Kontaktablehnung lassen.[215]

Gegenteilig entschied hingegen der *US District Court of New Jersey* in *Lysaght v. State of New Jersey*[216] zu einer vergleichbaren New Jersey-Verbotsregelung für *„prerecorded commercial advertisements"*.[217] Das Gericht hielt diese Regelung als *„content-based restriction"*[218] für verfassungswidrig.

Schließlich hat der *US Court of Appeals* in *Bland v. Fessler*[219] die kalifornische Verbotsregelung zu *ADAD-calls* als verfassungsgemäß angesehen und dies mit dem *„significant interest in protecting the public from ADAD calls, whether received at home or at work"* begründet. Weiterhin, so das Gericht, seien die Telefonmarketer nicht berechtigt, *„to turn people who are outside of their homes into a captive audience that is incapable of declining to receive a message"*.

---

211 Totalverbot ohne Ausnahmen z. B. in Arkansas, Hawaii, Maryland, Montana, Nevada, Vermont, Washington, Wyoming.

212 *State of Minnesota v. Casino Marketing Group,* Inc., 491 N.W.2d 882 (1992); reexamination: *State of Minnesota v. Casino Marketing Group, Inc.,* 1995 WL 2228 (Minn. Ct. App. 1995), rev. and cert. denied.

213 Das Gericht stellte zunächst fest, dass es sich bei dem *ADAD*-Verbot um eine *„reasonable time, place, and manner restriction"* handele und sah das *„substantial interest"* des Gesetzgebers in dem Ziel, die *„privacy in the home"* zu schützen und Telefonbetrug zu vermeiden.

214 *Van Bergen v. State of Minnesota*, 1995 WL 413107 (8th Cir. 1995).

215 Dazu wurde *Breard v. City of Alexandria,* 341 US 622, 624-625 (1951) herangezogen.

216 *Lysaght v. State of New Jersey,* 837 F.Supp. 646 (D.N.J. 1993).

217 N.J.REV.STAT. § 48:17 (1993); vgl. die Ausführungen in *Lysaght v. State of New Jersey,* 837 F.Supp 646, 648 (D.N.J. 1993).

218 *Lysaght v. State of New Jersey,* 837 F.Supp. 646, 648 (D.N.J. 1993).

219 *Bland v. Fessler,* 79 F.3d 942 (9th Cir. 1996).

### (3) Rechtmäßigkeit von *commercial live calls*

Anrufe, die entweder im vollen Umfang von *live operators* durchgeführt, oder aber *ADAD-calls*, die zumindest von solchen eingeführt werden, gelten hingegen als *rechtmäßige Werbemethoden:*[220]

So lehnte der *Trial Court,* in der zweiten Instanz bestätigt durch den *Supreme Judicial Court of Massachusetts,* in *Schlesinger v. Merrill Lynch*[221] den Erlass einer einstweiligen Verfügung zur Abwendung wiederholter, an das Büro eines Rechtsanwalts gerichteter *cold calls* mit der Begründung ab, dass *Schlesinger's privacy rights* durch die *cold calls* nicht verletzt seien. Das Gericht führte aus, dass *„in an industrial and densely populared society, some intrusions into one's private sphere are inevitable"*, und dass *„the law does not provide a remedy for every annoyance that occurs in everyday life"*.[222]

Auch hat der *Minnesota Supreme Court* in *State of Minnesota (Humphrey) v. Casino Marketing Group Inc.*[223] das Argument, *„telephone solicitation by live operator"* dringe auf dieselbe Weise in den Privatbereich ein, wie reine *ADAD-calls,* als *„overly simplistic"* zurückgewiesen.

### (4) Sonstige Regelungen

Zu den sonstigen Regelungen in verschiedenen US-Bundesstaaten zählen insbesondere die zeitliche Begrenzung erlaubter Telefonwerbung *(Window of Opportunity),*[224] die sofortige Mitteilung von Zweck und Inhalt des Werbeanrufes

---

220 Vgl. *Moser v. FCC,* 46 F.3d 970, 975 (9th Cir. 1995); *Van Bergen v. State of Minnesota,* 1995 WL 413107 *11 (1995).

221 567 N.E.2d 912 (Mass. 1991).

222 *Schlesinger v. Merrill Lynch,* 567 N.E.2d 912, 915 (Mass. 1991); *Albert,* 33 Santa Clara Law Rev. 51, 65 (1993).

223 *State of Minnesota v. Casino Marketing Group Inc.,* 491 N.W.2d 882 (1992).

224 So z. B. in Florida Telemarketing Act Sec. 501.616(6); Official Code of Georgia Annotated (Michie) Sec. 46-5-23(a)(2)(B); Illinois Telephone Solicitations Act, ILL. ANN. STAT. 815 ILCS 413/15(a); Lousiana Consumer Telemarketing Protection Act of 1991 § 811(2); Maine Revised Statutes Annotated, Title 10: Commerce and Trade, Part 3: Regulation of Trade, Chapter 225: Telephone Solicitation § 1498(3); Laws of Nebraska 2002 Sec. 86-248(1); Missouri Revised Statutes Sec. 407.1076(5); New Hampshire Revised Statutes Annotated Sec. 359-E:8.II.

sowie der Identität des Anrufers zu Beginn eines Werbe- oder Verkaufstelefonats *(Sales pitch requirements)*,[225] die Verpflichtung zum sofortigen Abbruch des Gesprächs nach Aufforderung durch den Angerufenen[226] sowie Schriftformvorschriften und Widerrufsmöglichkeiten für telefonisch geschlossene Verträge[227].

### j) Zusammenfassung

Telefonische Werbung wird in den USA als Teil des *„everyday life"* und somit grundsätzlich nicht als Belästigung der Privatsphäre des einzelnen Verbrauchers, sondern als *erlaubte Werbe- und Marketingmethode* angesehen. Diese Toleranz erstreckt sich jedoch inzwischen nicht mehr auf die Anwendung automatisierter Telefonwerbung.

Durch bundesstaatliche Einzelgesetze sowie durch den *TCPA* und die daraufhin ergangenen Ausführungsverordnungen wurden daher lediglich Regelungen für die Fälle unerbetener automatisierter Werbeanrufe geschaffen. Zur Vermeidung von *consumer fraud* bei telefonisch geschlossenen Verträgen wurde zudem der *Telemarketing and Consumer Fraud and Abuse Prevention Act* erlassen.

Abgesehen von diesen Sonderregelungen wird dem amerikanischen Verbraucher ein kommerzieller Erstanruf, durchgeführt durch oder eingeleitet von

---

225 Vgl. z. B. Illinois Telephone Solicitations Act, ILL. ANN. STAT. 815 ILCS 413/15(b)(1); Indiana Telephone Solicitations Act IND CODE ANN. Sec. IC 24-4.7-2; Kansas Telephone Solicitations Act KAN STAT ANN Sec. 50-670(b)(2)(3); Nevada Revised Statutes NRS 599B.170(1); New Mexico Statutes Annotated Sec. 57-12-22(B)(1); Minnesota Statutes Annotated Sec. 325E312(2); Missouri Revised Statutes Sec. 407.1073.1(1)(2)(3).

226 Vgl. z. B. Kansas Telephone Solicitations Act KAN STAT ANN Sec. 50-670(b)(4); Laws of Nebraska 2002 Sec. 86-248(2)(c.

227 Vgl. z. B. Indiana Telephone Solicitations Act IND CODE ANN. Sec. IC 24-4.7-4-4(c); Nevada Revised Statutes NRS 599B.190.

einem *live operator,* ebenso zugemutet, wie das *Opt out* zur Vermeidung unerwünschter Werbeanrufe.[228]

Der amerikanische Verbraucher ist daher in seiner Entscheidung weitgehend selbstbestimmt, ob und inwieweit er Werbeinformationen unter Nutzung seines Telefons erhalten will.[229]

Im Gegenzug ist die *verbraucherseitige Ablehnung von Werbeanrufen* bedingungslos zu beachten. Ein Verstoß gegen diese Pflicht wird als ein besonders belästigendes Eindringen in die Verbraucherprivatsphäre angesehen und ist sowohl über den *TCPA,* als auch durch den *Telemarketing and Consumer Fraud and Abuse Prevention Act* verboten.

### k) Übertragbarkeit auf deutsche Rechtsverhältnisse

Zurückkommend auf die deutsche Rechtslage stellt sich die Frage, inwieweit die geschilderten US-amerikanischen Erfahrungen, Grundsätze und Regelungen für die nationale (wettbewerbs-)rechtliche Beurteilung unerbetener Telefonwerbung nutzbar gemacht werden können.

Die Unterscheidung in telefonische Kontaktaufnahme durch Telefonverkäufer einerseits und durch Sprachdialogsysteme oder Sprachcomputer andererseits wird nach der derzeitigen Rechtslage in Deutschland nicht getroffen.[230] In beiden Fällen kommt es nach dem geltenden Präventivverbot mit Erlaubnisvorbehalt vielmehr darauf an, ob der werbemäßige Telefonkontakt zum Privatverbraucher aufgrund eines ausdrücklichen oder konkludenten Einverständnisses gerechtfertigt ist.

Im Hinblick auf die Besonderheiten, die mit einer *telefonischen Kontaktaufnahme durch Sprachcomputer* verbunden sind, stellt sich jedoch bereits für die

---

228 C 612 ALI-ABA 355, 358 et seq. Dagegen werden jedoch immer wieder kritische Stimmen laut. So formuliert die *Private Citizen, Inc.* im Internet: „*The TCPA is the much heralded law which purports to protect residents from junk calls. But sadly, due to the Direct Marketing Association and its political campaign contributing members, it has so many loopholes that telemarketers can drive a boiler-room through it. In our opinion, the TCPA would be better titled the Telemarketing Callers' Protection Act*". Vgl. www.privatecitizen.com/tcpa.htm.

229 Vgl. zu möglichen Verbraucherabwehrmaßnahmen die Homepage der *Private Citizen, Inc.* unter www.privatecitizen.org.

230 Ebenso: *Köhler/Piper,* § 1 UWG Rdnr. 147.

bestehende Rechtslage die Frage, ob diese Art der Kontaktaufnahme nicht in jedem Fall eine abweichende und im Ergebnis die Werbemethode ablehnende Beurteilung erfordert.

Dabei ist insbesondere zu berücksichtigen, dass dem Verbraucher bei telefonischer Kontaktaufnahme durch Sprachcomputer die Möglichkeiten der verbalen Abwehr und Ablehnung des Werbeanrufes und somit die Möglichkeit einer direkten Reaktion genommen sind. Damit wird die verbraucherseitige Selbstbestimmung in einem Umfang beeinträchtigt, der über die mit aktiver Telefonwerbung ansonsten verbundenen Belästigungen hinausgeht und in einem hohen Maße gegen das Verbraucherpersönlichkeitsrecht aus Art. 1 Abs. 1, 2 Abs. 1 GG verstößt.

Dies gilt auch bei Berücksichtigung der berechtigten Interessen der Werbenden am Einsatz aktiver Telefonwerbung, da der Einsatz von Sprachcomputern für die Durchführung telefonischer Werbung nicht zwingend notwendig ist. Vielmehr verbleibt den Anwendern grundsätzlich die Möglichkeit der persönlich durchgeführten Telefonwerbung, wodurch den Anwenderinteressen am Einsatz dieser Werbemethode hinreichend Rechnung getragen wird.

Diese Beurteilung kann allenfalls dann zu einem anderen Ergebnis führen, wenn dem Verbraucher durch Einsatz eines *live operators* ausreichend Zeit und Möglichkeit gegeben wird, das Gespräch vor Übermittlung der automatisierten Werbenachricht zu unterbrechen und dem Telefonverkäufer mitzuteilen, dass er diesen oder weitere Werbeanrufe nicht wünsche.

Der Einsatz von Sprachdialogsystemen zur Durchführung telefonischer Werbung ist daher grundsätzlich nach § 1 UWG sittenwidrig und ausnahmslos zu untersagen. Als Rechtfertigung kann bei automatisierter Telefonwerbung nur das ausdrückliche Einverständnis des Verbrauchers in Betracht kommen, an das wegen der damit verbundenen besonderen Belästigung strenge Anforderungen zu stellen sind.

Wie die Ausführungen zu dem europarechtlichen Regelungsstand im *5. Kapitel* zeigen werden, geht auch der europäische Gesetzgeber von einer besonderen Belästigungssituation bei dem Einsatz von automatisierter Telefonwerbung aus.[231]

---

[231] Vgl. die Ausführungen im *5. Kapitel*, S. 227 ff.

### 3. Besondere Belästigung bei Missachtung eines verbraucherseitigen Widerspruchs

Eine besondere Belästigung ist auch dann anzunehmen, wenn der *Verbraucher* dem Empfang von unerbetenen Werbeanrufen eindeutig, z. B. durch die Eintragung in *Telestop-Listen* oder persönlich bei Empfang eines Werbeanrufs, *widersprochen* hat. Insoweit ist der entsprechende Verbraucherwille uneingeschränkt zu respektieren und jeder weitere Werbeanruf als wettbewerbswidrig nach § 1 UWG zu untersagen.[232]

Dabei kann auf die entsprechende Rechtslage zur Brief(kasten)werbung zurückgegriffen werden: Eine Wettbewerbswidrigkeit i. S. von § 1 UWG wird bei der ansonsten zulässigen Brief(kasten)werbung angenommen, wenn ein, z. B. durch Briefkastenaufkleber *„Bitte keine Werbung"*, ausdrücklich erklärter Widerspruch missachtet wird.[233] Die ausdrückliche Erklärung des Verbrauchers, seinen Lebensbereich von jeder Werbung freihalten zu wollen, ist als Ausdruck des *personalen Selbstbestimmungsrechts* absolut zu schützen. Für diese Fälle der unzulässigen Brief(kasten)werbung wurden Unterlassungsansprüche wegen Verletzung des Persönlichkeitsrechts sowie der Eigentums- und Besitzrechte nach §§ 823 Abs. 1, 862, 903, 1004 BGB ebenso zuerkannt,[234] wie solche wegen Wettbewerbswidrigkeit nach § 1 UWG.[235]

Außerdem finden sich Parallelen zum Verbot von Vertreterbesuchen, bei denen sich der Vertreter in unlauterer Weise über die, beispielsweise durch Aufkleber (*„Für Vertreter verboten"* oder *„Betteln und Hausieren verboten"*), er-

---

232 Ebenso: *Gilles,* NJW 1988, S. 2424, 2431.

233 BGH GRUR 1989, S. 225 – Handzettel-Wurfsendung; so bereits OLG Nürnberg, AfP 1972, S. 233 f. für Einwurf eines Anzeigenblattes entgegen Verbot; OLG Karlsruhe, AfP 1983, S. 399; OLG München, NJW 1984, S. 2422; differenzierend: OLG Karlsruhe, NJW 1991, S. 2910, 2911; OLG Stuttgart, NJW-RR 1994, S. 502; vgl. auch *Baumbach/Hefermehl,* § 1 UWG, Rdnr. 71a m.w.N.; *Weise,* GRUR 1989, S. 653, 654 f.

234 BGH GRUR 1989, S. 225, 226 - Handzettel-Wurfsendung; OLG Köln, WRP 1992, S. 258; für Postwurfsendungen vgl. ABl. BM Post und Telekommunikation v. 10.05.1991, S. 1019 ff., 1025 und zur früheren Rechtslage hinsichtlich der Postwurfsendungen: BGH GRUR 1992, S. 316 = NJW 1992, S. 1109 – Postwurfsendung; OLG Stuttgart, NJW 1991, S. 2912.

235 BGH GRUR 1973, S. 552 ff. – Briefwerbung.

klärte Abwehr des Umworbenen oder über gesetzliche Verbote (§§ 17 Abs. 1, 21 Abs. 1 Nr. 4 FernUSG) hinwegsetzt.[236]

### 4. Besondere Belästigung aufgrund der telefonisch angebotenen Produkte

Eine außerordentliche Belästigung kann sich auch ergeben, wenn durch das *telefonisch beworbene Produkt* besonders sensible Lebensbereiche angesprochen werden.[237] Dabei ist beispielsweise an Telefonwerbung für Bestattungsleistungen oder Sterbeversicherungen gegenüber alten oder kranken Menschen[238] oder zur Erlangung von Bestattungsaufträgen bei Angehörigen eines Verstorbenen[239], aber auch an Telefonwerbung für pornographische Angebote oder Verhütungs- bzw. Potenzmittel zu denken.

Ebenso ist die telefonische Benachrichtigung über die Gewinne eines Werbepreisausschreibens uneingeschränkt zu untersagen, wenn damit die Einleitung eines Verkaufsgesprächs verbunden ist.[240]

### 5. Besondere Belästigung aufgrund der Komplexität des telefonisch unterbreiteten Angebots

Inwieweit das telefonische Angebot *von inhaltlich komplexen Produkten oder Dienstleistungen* eine besondere Verbraucherbelästigung darstellt, ist der *Einzelfallentscheidung* zu überlassen. Dabei ist jedoch grundsätzlich zu berücksichtigen, dass der Verbraucher die Konsequenzen eines Werbe- und Verkaufs-

---

236 LG Hamburg, NJW-RR 1987, S. 361 = WRP 1987, S. 272, 273; *Gilles,* Recht des Direktmarketing, S. 106 f., Rdnr. 145.

237 Vgl. zu Vertreterbesuchen: BGH GRUR 1976, S. 32, 33 m.w.N. – Präsentation; *Köhler/Piper,* § 1 UWG, Rdnr. 119 ff.; *Gilles,* Recht des Direktmarketing, S. 53 ff., Rdnr. 69 ff.; *Ulrich,* Festschrift für Vieregge, S. 901, 909 m.w.N.

238 Zu Vertreterbesuchen: BGH GRUR 1955, S. 541, 542 – Bestattungswerbung; BGH GRUR 1967, S. 430, 431 – Grabsteinaufträge; vgl. den Rechtsprechungsüberblick bei *Schade,* S. 8 ff. und die Ausführungen bei *Krüger-Nieland,* GRUR 1974, S. 561, 562 f. und *Hefermehl,* GRUR 1980, S. 622, 623 m.w.N.; *Köhler/Piper,* § 1 UWG, Rdnr. 113 ff.

239 RGZ 145, 396, 401 – Bestattungswerbung; BGH GRUR 1971, S. 317, 318 – Grabsteinwerbung II m. Anm. v. *Falck;* OLG Karlsruhe, WRP 1973, S. 231, 233 zu Vertreterbesuchen für Grabsteinwerbung nach schriftlicher Ankündigung.

240 Zu Vertreterbesuchen: BGH GRUR 1973, 81 – Gewinnübermittlung.

gespräches häufig nicht überblicken kann und bei telefonischer Werbung *keine Vergleichsmöglichkeiten* gegeben sind. Einen unerbetenen telefonischen Kontakt zur Erklärung komplexer Angebote, die der Verbraucher zum Zeitpunkt des Werbeanrufes noch nicht oder nicht vollständig kennt, wird er regelmäßig als bedrängend empfinden und ablehnen. Wenn der Verbraucher, vom Telefonverkäufer unter dem *Zeitdruck eines Telefongesprächs* mit umfangreichen oder komplizierten Tatsachen konfrontiert und möglicherweise auch noch zu einer Entscheidung gedrängt wird, ist diese Art telefonischer Werbung als besonders belästigend zu untersagen.[241]

Es ist der Rechtsprechung oder ggfs. dem Gesetzgeber[242] zu überlassen, diejenigen Angebotsgruppen zu ermitteln, die regelmäßig eine besondere Komplexität aufweisen. *Ulrich*[243] verweist in diesem Zusammenhang auf die Probleme mit telefonisch geschlossenen Warentermingeschäften. Der EuGH hat in seiner Entscheidung *Alpine Investments*[244] den Bereich der Finanzdienstleistungen als für den Verbraucher undurchschaubar und besonders komplex charakterisiert.

### 6. Besondere Schutzbedürftigkeit bestimmter Verbrauchergruppen

Der Tatbestand einer besonderen Belästigung kann sich auch aufgrund einer gesteigerten *Schutzbedürftigkeit der jeweils angesprochenen Verbraucher* ergeben. Nachfolgend werden beispielhaft einige Personengruppen aufgeführt, bei denen aufgrund persönlicher Disposition oder der gegebenen Lebenssituation die Werbung über das Telefon als besonders belästigend zu beurteilen ist. Insoweit ist auch auf Art. 29 Ziff. 1 des *Revised ICC International Code of Direct Marketing*[245] zu verweisen, wo es heißt: „*1 . . . Tele-operators . . . should promptly: . . . terminate the call when it is apparent that the receiver of the call*

---

241 Ebenso: *Paefgen,* CR 1995, S. 461, 464.

242 Vgl. § 17 FernUSG zum Verbot von Vertreterbesuchen für den Verkauf von Fernunterrichtsverträgen oder das Richtlinienvorhaben der EU-Kommission zum grenzüberschreitenden Handel mit Finanzdienstleistungen (Finanzdienstleistungsrichtlinie), KOM (1999) 385, ABl. Nr. C 177 vom 27.06.2000, S. 27 ff., NJW 1998, Heft 47, XLVI und die Ausführungen im *5. Kapitel*, S. 243 ff.

243 *Ulrich,* WRP 1996, S. 1011, 1016 m.w.N.

244 EuGH, NJW 1995, S. 2541, 2542 - Alpine Investments

245 Abrufbar unter www.iccwbo.org/home/statements_rules/rules/2001/code_of_direct_marketing.asp.

*is not competent, or does not wish to take the call or is a child (unless the teleoperator receives permission from an appropriate adult to continue)."*

### a) Telefonwerbung gegenüber Kindern

Der Werbemarkt hat *Kinder und Jugendliche* längst als wirtschaftlich interessante Zielgruppe entdeckt.[246] Auch das Werbemittel Telefon wird eingesetzt, um diese Zielgruppe zu erreichen.[247] Die Ermittlung der Adressen erfolgt durch Preisausschreiben oder durch Mitgliederwerbung für Kinderclubs. Den Kindern wird damit das Gefühl vermittelt, besonders ernst genommen und wie Erwachsene behandelt zu werden.[248]

Eine direkte telefonische Ansprache von Kindern und Jugendlichen stellt zwar wegen des zivilrechtlichen Minderjährigenschutzes hinsichtlich möglicher Vertragsabschlüsse kein Problem dar. Kinder und Jugendliche sind jedoch besonders leicht beeinflussbar und in der Entscheidungsfindung vornehmlich spontan und irrational,[249] so dass jeder Werbekontakt Anreiz für spätere, häufig unwirtschaftliche Ausgaben sein kann.

Über das Telefon wird zudem die individuelle Aufmerksamkeit der Kinder und Jugendlichen ohne eine ausgleichende Steuerungsmöglichkeit der Eltern erreicht, so dass der Werbende die kindliche Mentalität in besonderem Maße nutzen kann. Dadurch wird die Grenze zu einer unlauteren Kaufbeeinflussung regelmäßig überschritten.

Unter dem Aspekt des Kinder- und Jugendschutzes[250] ist die *aktive Telefonwerbung gegenüber Kindern* daher generell als wettbewerbswidrig nach § 1

---

246 Nach *Eisenhardt,* WRP 1997, S. 283, 284 m.w.N., verfügen die 7-12jährigen Kinder über mehr als 2,8 Mrd. Euro an Taschengeldern und Sparguthaben und beeinflussen die Geldausgaben der Erwachsenen etwa in Höhe des doppelten Betrages ihrer persönlichen Geldmittel, so dass insgesamt von einer tatsächlichen Kaufkraft von fast 8,5 Mrd. Euro der Kinder bis 14 Jahren ausgegangen werden kann.

247 Vgl. den Sachverhalt zu der Entscheidung des OLG Frankfurt/Main, NJW-RR 1994, S. 946 – Lego-Hotline/ passive Telefonwerbung; *Gloy/Strothmann,* § 51, Rdnr. 20 m.w.N.; *Eisenhardt,* WRP 1997, S. 283, 286.

248 *Eisenhardt,* WRP 1997, S. 283, 286.

249 OLG Frankfurt/Main, NJW-RR 1994, S. 946 – Lego-Hotline.

250 BVerfGE 30, 336, 346 f. - Sonnenfreude; BVerfGE 83, 130, 139 - Josefine Mutzenbacher.

UWG zu untersagen. Für den Fall der zufälligen telefonischen Ansprache einer Person, bei der es sich erkennbar um ein Kind oder um einen Jugendlichen handelt, ist das Gespräch zur Vermeidung einer wettbewerbswidrigen Handlung sofort abzubrechen.

### b) Telefonwerbung bei Kranken

Ein grundsätzliches Verbot ist auch für die Fälle unerbetener Werbeanrufe bei *Einrichtungen der Krankenpflege, Sanatorien oder der Rehabilitation* zum Schutz der sich dort aufhaltenden kranken und pflegebedürftigen Menschen zu fordern.

Dafür ist die Überlegung entscheidend, dass durch Krankheit oder sonstige körperliche Beeinträchtigungen die bei gesunden Menschen vorhandenen Reaktionsmöglichkeiten häufig eingeschränkt sein werden, so dass die Abwehr telefonischer Werbung einem Kranken regelmäßig weitaus größere Überwindung kosten wird, als dies bei gesunden Menschen der Fall ist.

Zudem besteht die Gefahr der Beeinträchtigung des Gesundungs- oder Heilungsprozesses eines derart belästigten Verbrauchers. Menschen sind in solchen Situationen oft besonderes empfindlich und daher in einem gesteigerten Maße schutzbedürftig, so dass ein uneingeschränktes Verbot telefonischer Werbung gegenüber Kranken und Pflegebedürftigen erforderlich ist.

### c) Telefonwerbung bei Schwangeren und jungen Eltern

Dasselbe gilt für *schwangere Frauen und junge Eltern,* die sich nach der Geburt eines Kindes mit einer neuen und psychisch besonders belastenden Lebenssituation auseinandersetzen müssen.

Das Bestreben einer schwangeren Frau oder von jungen Eltern, dem werdenden oder neugeborenen Kind nur das Beste zukommen zu lassen, sowie die regelmäßig vorhandene Unsicherheit hinsichtlich der richtigen Auswahl der jeweiligen Produkte, bringen junge Eltern gegenüber geschultem Werbepersonal in eine unterlegene Situation. Das Ausnutzen einer solchen Lebenssituation widerspricht den guten Sitten des lauteren Wettbewerbs.

In *Schweden* wurde daher bereits 1985 vom Verbraucherombudsmann und den betroffenen Branchen die Telefonwerbung für *Babyartikel* innerhalb einer Frist von sechs Wochen nach dem Geburtstermin verboten.[251]

### d) Telefonwerbung gegenüber Hinterbliebenen

Nach dem Tod eines nahestehenden Menschen werden grundsätzlich besondere Empfindlichkeiten hinsichtlich jeder Art von kommerzieller Ansprache bestehen. Aus diesem Grund und im Hinblick auf die bereits entschiedenen Fälle der Vertreterwerbung bei Hinterbliebenen[252] kann auch für die *unerbetene Telefonwerbung bei Hinterbliebenen* davon ausgegangen werden, dass die unvorbereitete Ansprache auf den Todesfall eine besondere Belästigung darstellt. Dies gilt umso mehr, als der Telefonwerber für die Hinterbliebenen eine unbekannte Person und zudem visuell nicht wahrnehmbar ist. Telefonische Werbung bei Hinterbliebenen ist daher als uneingeschränkt wettbewerbswidrig einzuordnen.

### e) Telefonwerbung bei älteren Personen

Problematisch ist hingegen die Einordnung von *unerbetener Telefonwerbung bei älteren und alten Menschen.* Zwar können unerbetene und daher überraschende Werbeanrufe für diese Personengruppe eine über das normale Maß hinausgehende Belästigung darstellen, da mit zunehmendem Alter die physischen und psychischen Reaktionsmöglichkeiten nachlassen können und ein Werbekontakt daher leichter gelingen wird. Dennoch wird ein generelles Verbot von Telefonwerbung bei älteren Menschen aufgrund der Unterschiede in der individuellen Leistungsfähigkeit weder angemessen, noch im Hinblick auf die Probleme bei der Feststellung des Alters des telefonisch angesprochenen Verbrauchers praktikabel sein.

Es muss daher der Einzelfallbeurteilung überlassen bleiben, inwieweit telefonische Werbung aufgrund des Alters des telefonisch angesprochenen Verbrau-

---

[251] *Schricker/Kur,* Schweden, S. 77 f., Rdnr. 190.

[252] BGH GRUR 1971, S. 317, 318 - Grabsteinwerbung II; OLG Karlsruhe, WRP 1973, S. 231, 233, *Baumbach/Hefermehl,* § 1 UWG, Rdnr. 78 m.w.N.; *Köhler/Piper,* § 1 UWG, Rdnr. 132.

chers als wettbewerbswidrig zu qualifizieren ist. Dabei ist in jedem Fall die Frage einer – rechtswidrigen – Diskriminierung wegen des Alters zu berücksichtigen.

Bei Telefonwerbung gegenüber Bewohnern von Seniorenheimen oder Altenpflegeeinrichtungen wird jedoch die Vermutung Bestand haben können, dass es dem Anrufer gerade auf die Ansprache älterer oder alter Personen ankommt, die in solchen Einrichtungen häufig allein leben und aufgrund dessen eher bereit sind, sich eines Gespräches wegen auf den Werbekontakt einzulassen. Bei höflich und freundlich durchgeführter Telefonwerbung wird es dieser Verbrauchergruppe besonders schwer fallen, das Telefongespräch abzubrechen, wenn ein Kaufabschluss nicht gewünscht ist oder der Kontakt lästig wird. An die Rechtmäßigkeit telefonischer Werbung bei Einrichtungen der Alten- und Seniorenpflege sind daher besonders strenge Maßstäbe zu legen.

### 7. Besondere Belästigung bei werbemäßiger Kontaktaufnahme zu mobilen Telefonanschlüssen

Eine besondere Belästigungssituation kann sich für den Verbraucher auch daraus ergeben, dass er über ein *Mobiltelefon zu Werbezwecken* kontaktiert wird, entweder durch *direkte Werbeanrufe* oder mittels *SMS-Nachrichten.*[253]

Der Grund für die *besondere Belästigung* liegt darin, dass der Verbraucher über ein Mobiltelefon jederzeit und in ganz unterschiedlichen Situationen erreichbar ist. So kann der Werbeanruf den Verbraucher sowohl auf Reisen und somit in der Öffentlichkeit eines Beförderungsmittels, eines Restaurants oder auf der Straße ebenso erreichen, wie während einer wichtigen geschäftlichen Besprechung. Da der Verbraucher über ein Mobiltelefon in der Regel nur für wichtige Telefongespräche jederzeit erreichbar sein will, ist eine Störung durch einen Werbeanruf bei Mobilanschlüssen als besonders belästigend einzustufen.

Hinzu kommt, dass der Verbraucher in bestimmten Situationen, wie z. B. in der Öffentlichkeit oder während einer geschäftlichen Besprechung, dem Werbeanruf situationsbedingt nicht so entgegentreten kann, wie dies über den privaten oder beruflichen Telefonanschluß möglich ist. Auch aus diesem Grund ist der Werbekontakt über Mobiltelefone vollständig zu untersagen.

---

[253] Vgl. dazu *Krajewski,* MMR 2001, S. 86 ff.

Schließlich kann der Handy-Besitzer bei eingehenden SMS-Nachrichten nicht sofort zwischen Werbebotschaften und persönlichen Nachrichten unterscheiden. Er ist also gezwungen, sich die Nachrichten anzusehen und kann erst danach die Werbenachrichten aussortieren. Auch daraus ergibt sich eine besondere Belästigungssituation, die es rechtfertigt, die Übersendung von SMS-Werbung uneingeschränkt zu untersagen.[254]

Da die Anschlussnummern der Mobiltelefone von denjenigen der stationären Telefonanschlüsse ohne weiteres aufgrund der Nummernfolge erkennbar sind, ist die Herausnahme von mobilen Telefonanschlüssen aus den übrigen Kontaktnummern praktisch einfach umsetzbar.

## 8. Ausdrückliches Einverständnis zur Rechtfertigung besonderer Verbraucherbelästigung durch aktive Telefonwerbung

Während für die Fälle der nötigenden, beleidigenden oder erschlichenen Telefonwerbung, der Telefonwerbung gegenüber Kindern sowie bei Vorliegen eines Verbraucherwiderspruchs gegen unerbetene Werbeanrufe die Rechtfertigung unerlaubter Telefonwerbung über ein verbraucherseitiges Einverständnis *per se* ausgeschlossen ist, kann eine solche für die Fälle der Telefonwerbung gegenüber den sonstigen, als besonders schutzbedürftig erkannten Personengruppen sowie in den Fällen der automatisierten Telefonwerbung oder der Werbung für besonders komplexe Angebote grundsätzlich in Betracht kommen.

Die Rechtfertigung der unerbetenen Werbeanrufe kann in den vorgenannten Situationen nur durch ein *ausdrückliches* verbraucherseitiges Einverständnis erfolgen. Der Werbeadressat muss die fernmündliche Kontaktaufnahme oder Informationsübermittlung ausdrücklich abgefordert und sich mit ihr zweifelsfrei einverstanden erklärt haben.[255] Für die Fälle der automatisierten Telefonwerbung muss sich die Einverständniserklärung zudem ausdrücklich auf die telefonische Kontaktaufnahme durch Sprachcomputer beziehen.

Die Anerkennung eines *konkludenten* Einverständnisses kommt in den Fällen besonderer Verbraucherbelästigung hingegen nicht Betracht, da damit regelmäßig ein Auslegungsbedarf verbunden ist. Im Hinblick auf das besondere Bedürfnis, gegen übermäßig belästigende Telefonwerbung geschützt zu sein, ist

---

[254] Ebenso im Ergebnis: *Krajewski,* MMR 2001, S. 86, 89.

[255] BGH NJW 1989, S. 2820 – Telefonwerbung II.

eine Auslegungsunsicherheit zur Verwirklichung des erforderlichen Verbraucherschutzes jedoch nicht akzeptabel.

### 9. Zwischenergebnis

Für Fallkonstellationen, in denen eine *besondere Verbraucherbelästigung* situationsspezifisch zu erwarten oder tatsächlich gegeben ist, ist ein *uneingeschränktes Verbot aktiver Telefonwerbung* zum Schutz der Verbraucherprivatsphäre und des Verbraucherpersönlichkeitsrechts erforderlich und in Abwägung zu den entgegenstehenden Grundrechtspositionen der Werbenden auch verhältnismäßig. Die Interessen der Werbenden sind in diesen Fällen gegenüber den schutzwürdigen Belangen des Verbrauchers zurückzustellen und insoweit zu beschränken, als es das Schutzbedürfnis des Verbrauchers vor besonderen Eingriffen in die Privatsphäre erfordert. Dieses Verbot kann allenfalls durch ein ausdrückliches Einverständnis des telefonisch angesprochenen Verbrauchers eingeschränkt werden.

Die einseitige Bevorzugung der Verbraucherrechte kann jedoch nur für die Fälle außergewöhnlicher Belastungen gelten, nicht hingegen für den Normalfall unerbetener Telefonwerbung. Letzterer erfordert eine weiterführende Betrachtung der Regelungssystematik.

## III. Uneingeschränkte Freigabe aktiver Telefonwerbung

Die uneingeschränkte Freigabe aktiver Telefonwerbung wurde bisher weder von der Rechtsprechung in Erwägung gezogen, noch in der Literatur[256] diskutiert oder von der Werbewirtschaft[257] gefordert. Sie stellt die zum uneingeschränkten Verbot entgegengesetzte Extremposition dar, bei deren Einführung der Verbraucherschutz gegen den unerwünschten Einsatz dieser Werbemethode grundsätzlich auf Null reduziert würde.

Bereits im Hinblick auf die vorstehend aufgegriffenen Situationen besonderer Belästigung, die zur Verwirklichung eines ausreichenden Verbraucherschut-

[256] Vgl. die Ausführungen zum Diskussionsstand in der Literatur im *2. Kapitel,* S. 18 ff.

[257] Vgl. Pkt. II.2 des Ehrenkodex des *DDV Councils TeleMedien und CallCenter-Services*, abrufbar unter www.ddv.de/downloads/Service/Ehrenkodex_TeleMedien.pdf_.

zes sogar ein absolutes Verbot aktiver Telefonwerbung erfordern, kommt eine *uneingeschränkte Freigabe aktiver Telefonwerbung nicht in Betracht.*

Eine solche scheitert auch in den Normalfällen aktiver Telefonwerbung insbesondere an der fehlenden vorherigen Erkennbarkeit telefonischer Werbekontakte, wodurch grundsätzlich eine Verbraucherbelästigung verursacht wird. Bei Abwägung der beteiligten Interessen ist aus diesem Grunde dem Interesse der Verbraucher am Schutz der Privatsphäre gegenüber Eingriffen durch unerbetene Telefonwerbung Geltung zu verschaffen.

### IV. Erlaubnis mit Ablehnungsvorbehalt (*Opt out*) oder Präventivverbot mit Erlaubnisvorbehalt (*Opt in*)

Nach der geltenden Rechtslage ist der *Einsatz aktiver Telefonwerbung grundsätzlich verboten.* Geringfügige Einschränkungen des Verbots ergeben sich allenfalls für eine telefonische Kontaktaufnahme innerhalb bestehender Vertragsbeziehungen. Eine Rechtfertigung ist nur durch einen ausdrücklich oder konkludent erklärten verbraucherseitigen Verzicht auf staatliche Schutzgewährleistung möglich. Bisher hat die Rechtsprechung an die Voraussetzungen eines ausdrücklichen oder konkludenten Einverständnisses strenge Anforderungen gestellt und die Annahme eines mutmaßlichen Einverständnisses für den Privatbereich überwiegend abgelehnt.[258]

Trotz dieser eindeutigen Rechtslage wird aktive Telefonwerbung gegenüber Privatpersonen weiterhin genutzt; mit dem geltenden Präventivverbot ist es nicht gelungen, den Einsatz von aktiver Telefonwerbung in allseits akzeptierte Bahnen zu lenken.[259] Es stellt sich daher die Frage nach einer sinnvollen und für alle Beteiligten nützlichen sowie akzeptablen *Korrektur des geltenden Verbotssystems.*

Für eine solche Korrektur sind zwei Wege denkbar: (1) Es kann zum einen das geltende System beibehalten und durch die Ausweitung der Rechtfertigungssystematik zugunsten der Werbewirtschaft liberalisiert werden. (2) Zum anderen kann eine Korrektur über die Schaffung eines *Opt out*-Systems erfolgen, bei welchem die aktive Telefonwerbung grundsätzlich als erlaubt freigege-

---

[258] Vgl. die entsprechenden Ausführungen im *2. Kapitel*, S. 18 ff.

[259] Vgl. die Ausführungen im *1. Kapitel*, S. 3 ff.

ben, im Hinblick auf schutzwürdige Verbraucherinteressen jedoch durch einen Handlungs- und Abwehrrahmen beschränkt wird.

### 1. Grundsätzliche Erlaubnis aktiver Telefonwerbung bei gleichzeitiger Einführung von Anwendungsmodalitäten und eines *Opt out*-Systems

Während der Verbraucher bei Fortgeltung des bestehenden *Opt in*-Systems von einem generellen Verbot aktiver Telefonwerbung im Privatbereich ausgehen kann und damit um die Verbraucherprivatsphäre zunächst ein *„Schutzwall"* staatlicher Intervention errichtet wird, beseitigt die Freigabe unerbetener Telefonwerbung den staatlichen Schutz und erfordert eine eigenverantwortliche Verbraucherentscheidung über Entgegennahme oder Ablehnung *(Opt out)* von telefonisch übermittelten Werbeinformationen.

Bei dem Konzept des *Opt out* werden die Interessen der werbetreibenden Unternehmen sowie der *„willing recipients"* gegenüber den Interessen derjenigen Verbraucher, die aktive Telefonwerbung ablehnen und den Schutz ihrer Privatsphäre vor Eingriffen durch unerwünschte Werbeanrufe einfordern, bevorzugt. Zum Schutz der letztgenannten Verbrauchergruppe können jedoch Durchführungsmodalitäten und Abwehrmöglichkeiten dienen, wie sie nachfolgend beispielhaft angesprochen werden:

#### a) Einführung eines *Window of Opportunity*

Da eine Verbraucherbelästigung durch unerwünschte Telefonwerbung immer wieder mit der Gefahr einer zeitlich unbegrenzten und zu Zeiten eines besonderen Ruhebedürfnisses (Feierabend, Nachtzeiten, Sonn- und Feiertage) erfolgenden Nutzung des Werbemediums Telefon begründet wird, kann ein Verbraucherschutz durch Einführung von *zeitlichen Einsatzbeschränkungen* verwirklicht werden.

In der amerikanischen Gesetzgebung wird dieses Problem durch die Vorgabe von Ausschlusszeiten *(Window of Opportunity)* gelöst. Es finden sich dazu sowohl in der Gesetzgebung einzelner Bundesstaaten als auch im *TCPA*[260] und im *Telemarketing and Consumer Fraud and Abuse Prevention Act*[261] Regelungen, die *telephone solicitation* zu bestimmten Tageszeiten und an bestimmten Wochentagen strikt untersagen, zu den übrigen Zeiten hingegen gestatten.

Das *DDV-Council TeleMedien- und CallCenter-Services* hat in dem Ehrenkodex für Telekommunikations-Aktivitäten die Idee des *Window of Opportunity* aufgegriffen und dort in Pkt. II. 2. festgelegt, dass Telefonkontakte mit Privatpersonen in der Regel nicht vor 8.00 Uhr und nach 20.00 Uhr sowie nicht an Sonn- und Feiertagen erfolgen dürfen.[262]

Durch die Bestimmung von *Ausschlusszeiten* kann die Belästigung der Verbraucher verringert werden. Während der Verbraucher in den Zeiten eines besonderen Ruhebedürfnisses, also zu den Morgen-, Abend- und Nachtstunden sowie an Sonn- und Feiertagen, durch ein absolutes Verbot gegen unerwünschte Werbetelefonate geschützt ist, ist die telefonische Kontaktaufnahme zum Verbraucher während der erlaubten Zeiten, also der Zeiten des regulären Geschäftsverkehrs (spätestens ab 9.00 Uhr und regelmäßig bis 18.00 Uhr) grundsätzlich möglich.

Das Gegenargument, während der Tageszeiten könne man gerade die für Werbung besonders anfälligen Verbrauchergruppen, wie z. B. ältere Menschen oder geschäftsunerfahrene Hausfrauen, erreichen, kann nicht überzeugen, da die genannten Zielgruppen auch von der traditionellen Werbung sowie von den erlaubten Vertreterbesuchen, die ausschließlich tagsüber durchgeführt werden, in besonderem Maße angesprochen sind.

Die Festlegung eines *Window of Opportunity* bietet somit eine Möglichkeit, einen Mindestschutz der Verbraucherprivatsphäre gegen Belästigungen durch aktive Telefonwerbung zu besonders sensiblen Ausschlusszeiten zu gewährleisten.

Für eine erste Festlegung der Ausschlusszeiten kann die angesprochene Regelung in Pkt. II.2. des Ehrenkodex des *DDV-Councils TeleMedien- und CallCenter-Services* dienen. Die Angemessenheit der dort vorgenommenen Zeitvor-

---

260 47 C.F.R. § 64.1200 (e)(1) der Rules and Regulations Implementing the Telephone Consumer Protection Act of 1991 (CC Docket No. 92-90), FCC Memorandum Opinion and Order, FCC 95-310, No. 10; vgl. *Nadel*, 4 Yale J. on Reg. 99, 103 f. (1986); *McMahan Morris*, 11 Pac. L. J. 143, 166 (1979).

261 16 C.F.R. part 310.

262 Abrufbar unter www.ddv.de/downloads/Service/Ehrenkodex_TeleMedien.pdf_.

gaben ist justiziabel und nach gerichtlicher Verhältnismäßigkeitskontrolle gegebenenfalls zu modifizieren.

Ein Anruf, der während der Ausschlusszeiten erfolgt, ist alleine aufgrund der Verletzung des *Window of Opportunity* als Verstoß gegen § 1 UWG zu bewerten.

### b) Verhaltensregeln für den Telefonkontakt

Die Belästigung durch unerbetene Werbeanrufe wird weiterhin damit begründet, dass sich der Verbraucher auf das Gespräch erst einmal einlassen muss, um den Werbekontakt als solchen zu erkennen. Er könne das laufende Werbegespräch – aus Gründen der Höflichkeit – dann nicht ohne weiteres unterbrechen und sei dem Geschick der Telefonwerber bis hin zur nötigenden Fortsetzung des Gesprächs ausgeliefert.

Das *DDV-Council TeleMedien- und CallCenter-Services* fordert daher in seinem Ehrenkodex, dass sich das Telefonmarketing-Personal keiner Verkaufstechniken oder Formulierungen *(Druckverkauf)* bedienen darf, die aufdringlich wirken; vielmehr seien alle Regeln der Höflichkeit bei Durchführung von Werbetelefonaten zu beachten.[263]

#### (1) Kennzeichnung des Werbeanrufes durch einen standardisierten Einleitungssatz

Abgesehen davon, dass die gemeinhin unterstellte Zwangswirkung des Telefons bei zunehmender Gewöhnung der Verbraucher an moderne Kommunikationsmittel an Überzeugungskraft verliert, kann das Problem der fehlenden vorherigen Erkennbarkeit telefonischer Werbung durch die Einführung einer zwingend anzuwendenden, standardisierten und unpersönlich gefassten *Einleitungsfloskel* reduziert werden, die wie folgt lauten könnte:

---

[263] Pkt. II.5 des Ehrenkodex des DDV-Councils TeleMedien- und CallCenter-Services, abrufbar unter www.ddv.de/downloads/Service/Ehrenkodex_TeleMedien.pdf_.

> *„Es handelt sich um einen Werbeanruf der X-Firma für das Y-Produkt. Sie haben die Möglichkeit, das Gespräch durch Auflegen des Telefonhörers sofort sowie jederzeit während des Gesprächs zu unterbrechen.*
>
> *Für den Fall, dass Sie von unserem Unternehmen keine weiteren Werbeanrufe erhalten möchten, teilen Sie uns diesen Wunsch bitte im Verlauf dieses Telefongespräches mit. Wir werden Ihren Widerspruch für die Zukunft uneingeschränkt beachten."*

Die Ungewissheit über den Charakter des Gesprächs wird bei Einsatz einer standardisierten Einleitungsfloskel bereits zu Beginn des Telefonkontaktes beseitigt. Der Angerufene kann aufgrund der gegebenen Informationen über die Fortführung des Gesprächs entscheiden, bevor es überhaupt zu einem Dialog gekommen ist. Die Belästigung reduziert sich auf die kurzzeitige Unterbrechung durch das Aufnehmen des Telefonhörers und das wenige Sekunden andauernde Anhören des Einleitungssatzes.[264]

Die Benutzung einer standardisierten Einleitungsfloskel ermöglicht somit eine, für die wettbewerbsrechtliche Zulässigkeit der Brief- und Btx-Werbung als wesentlich angesehene *Erkennbarkeit des werbemäßigen Charakters* des Telefonanrufes, und zwar bevor es zum Werbedialog kommt. Der Abbruch eines unerwünschten Werbeanrufs wird bei Nutzung einer Einleitungsfloskel im Ergebnis nicht mehr Zeit in Anspruch nehmen, als das Aussortieren von Werbebriefen.

Im Übrigen entspricht diese Vorgehensweise den Forderungen der *International Chamber of Commerce (ICC),* Werbemaßnahmen, gleich in welcher Form oder in welchem Werbemedium sie platziert werden, als solche klar erkennbar zu gestalten.[265]

---

264 Nach amerikanischer Gesetzgebung sind die sog. *„sales pitch requirements"* weit verbreitet. Danach ist der Anrufer zur persönlichen Identifikation sowie zur Konkretisierung des Zwecks seines Anrufes und der angebotenen Waren oder Dienstleistungen innerhalb eines kurzen Zeitlimits von 10 bis 60 Sekunden zu Beginn des Gesprächs gezwungen. Vgl. *Cain,* 31 Am. Bus. L. J. 641, 657 (1994); *Gilles,* Recht des Direktmarketing, S. 107, Rdnr. 145 hält mit vergleichbarer Argumentation Vertreterbesuche dann für zulässig, wenn der Vertreter nach dem Öffnen der Tür die kurze Erklärung abgibt, dass er etwas und was er anzubieten hat und die Frage stellt, ob der Kunde an dem Angebot interessiert sei oder etwas benötige.

265 Vgl. Art. 12 des *Revised ICC International Code on Advertising Practice.*

Schließlich sieht der nach der Schuldrechtsreform neu geschaffene § 312c Abs. 1 S. 1, 2 BGB (bisher: § 2 Abs. 1 S. 1, 2 FernAbsG) i. V. mit § 1 BGB-InfoV für den Vertragsabschluss im Fernabsatz vor, dass der mit dem Verbraucher telefonisch Kontakt aufnehmende Unternehmer klar und verständlich die Einzelheiten des angestrebten Vertrags sowie *„seine Identität und den geschäftlichen Zweck des Vertrags bereits zu Beginn des Gesprächs ausdrücklich offen legen"* muss.

*Paschke*[266] weist in diesem Zusammenhang zu Recht darauf hin, dass der Gesetzgeber damit die Anerkennung des Direktmarketing als grundsätzlich zivilrechtskonformes Absatzinstrument vorgenommen hat. Diese Wertentscheidung unterstützt den vorstehenden Vorschlag, die Wettbewerbswidrigkeit unerbetener Werbeanrufe dann entfallen zu lassen, wenn deren Werbecharakter dem jeweiligen Verbraucher durch hinreichende und rechtzeitige Informationen verdeutlicht wird.

### (2) Sofortige Gesprächsunterbrechung nach verbraucherseitigem Widerspruch

Als weitere zwingende Verhaltensregel kommt die sofortige Gesprächsunterbrechung für den Fall eines *verbraucherseitigen Widerspruchs* in Betracht. Jeder Verstoß gegen eine solche Verhaltensregel muss zur Unlauterkeit des Werbekontaktes führen, da das Werbegespräch dem Angerufenen dann aufgezwungen wird.

### (3) Informationen über die Identität des Werbenden und die Einzelheiten des beworbenen Vertrages

Schließlich ist die ausreichende und rechtzeitige Information über die Identität des Werbenden und über die Einzelheiten eines möglichen Vertrages vorzusehen, wie es sowohl in Art. 29 Ziff. 1 des *Revised ICC International Code of Direct Marketing,* als auch in Pkt. II.1 des *Ehrenkodex* des *DDV-Councils Tele-Medien- und CallCenterServices* bereits niedergelegt ist.

---

266 *Paschke,* WRP 2002, S. 1219, 1224.

Inzwischen wurde dieser Forderung bei Umsetzung der *Fernabsatzrichtlinie* – wie bereits erwähnt – in § 312c Abs. 1 S. 1 und 2 BGB i. V. mit § 1 BGB-InfoV für das Vertragsrecht Rechnung getragen. Eine Missachtung dieser nunmehr gesetzlich festgelegten Informationsverpflichtung muss zur Wettbewerbswidrigkeit des jeweiligen werblichen Telefonkontaktes führen.[267]

### c) *Opt out* durch Sperrvermerke in Telefonbüchern

Es wird berichtet, dass der US-amerikanische Rechtsstudent *McDaniel* bereits Mitte der 60er Jahre gefordert hat, in jedem Telefonbuch bei denjenigen Personen, die *unsolicited calls* nicht zu erhalten wünschen, neben dem Namen und der Telefonnummer ein *asterisk* (*) anzubringen.[268] In einigen Bundesstaaten der USA besteht zur Abwehr unerwünschter Telefonwerbung die Möglichkeit, durch eine Eintragung in das örtliche Telefonbuch kundzutun, dass man *unsolicited telephone calls* ablehnt.[269]

Diese Abwehrmaßnahme ist grundsätzlich auch für Deutschland denkbar. Es könnte beispielsweise bei jedem Neuanschluss sowie bei jeder Ummeldung eines Telefonanschlusses zusammen mit der Anfrage zum Eintrag in das örtliche Telefonbuch abgefragt werden, ob für den jeweiligen Anschlussinhaber ein entsprechender Hinweis auf die Ablehnung aktiver Telefonwerbung eingetragen werden soll. Beim Druck der nächsten Auflage des Telefonbuches wäre dieser *Sperrvermerk* durch eine entsprechende Kennzeichnung vorzusehen. Außerdem könnten die Verbraucher mit Übersendung der Telefonrechnungen auf die Möglichkeit der Anbringung eines entsprechenden Sperrvermerkes hingewiesen werden.

Problematisch ist dabei allerdings, dass die Kontaktanschriften für telefonische Werbeaktionen regelmäßig nicht den Telefonbüchern entnommen, sondern

---

267 So entschieden für Telefaxwerbung: LG Frankfurt/Main., NJW-RR 2002, S. 1468, 1469; und für Internet-Werbung: OLG Frankfurt/Main, MMR 2001, S. 529 ff.

268 *McDaniel v. Pacific Tel. & Tel. Company*, 60 Pub. Util. Rep (PUR) 47 (49) (1965); dieser Fall ist auch geschildert bei Grimes, GRUR Int. 1971, S. 392, 393. Dieser Vorschlag wurde von der *California Public Utilities Commission* als unnötig, unpraktikabel und zu kostenintensiv zurückgewiesen; vgl. *McDaniel v. Pacific Tel & Tel. Company,* 60 PUR 47 (62)(1965).

269 Für Florida: FLA. STAT. ANN. § 501.059(3) (West 1995); für Oregon: OR. REV. STAT. § 646.569 (1994).

von Adressverlagen oder auf anderen Wegen erworben werden.[270] Dennoch kann den werbenden Unternehmen die Verpflichtung zur Berücksichtigung bestehender Sperrvermerke auferlegt und jede Missachtung dieser Sperrvermerke als wettbewerbswidrig i. S. von § 1 UWG sanktioniert werden.

Dieser Vorschlag deckt sich im übrigen mit den einschlägigen Regelungen der im *5. Kapitel* noch näher zu behandelnden *ISDN-Richtlinie*, nach denen eine Beschränkung der in gedruckten oder elektronischen Teilnehmerverzeichnissen enthaltenen Daten auf das für eine Identifizierung unbedingt notwendige Maß (Art. 11 Abs. 1 S. 1) sowie die Verpflichtung zur Aufnahme von Sperrvermerken hinsichtlich der Verwendung verbraucherseitiger Daten zum Zwecke des Direktmarketing (Art. 11 Abs. 1 S. 2) vorgeschrieben ist. Insoweit erfolgte eine Umsetzung der Richtlinienvorgaben in den §§ 3, 5 Abs. 2, 11 und 13 Telekommunikations-Datenschutzverordung (TDSV)[271].

Die Kosten für die Einführung entsprechender Sperrvermerke werden sich in Grenzen halten, da die Anbringung solcher Hinweise, ob nun in der Form eines (*) oder durch andere Schlüsselzeichen, im Falle des Neudruckes eines Telefonbuches keine gesondert erfassbaren Druckaufwendungen verursachen wird. Auch die Abfrage und Eingabe eines entsprechenden Hinweiszeichens bei Neuanmeldung oder Ummeldung eines Telefonanschlusses wird keine darstellbaren Zusatztätigkeiten und somit keine rechenbaren Zusatzkosten verursachen.

Zusatzkosten können allenfalls dann entstehen, wenn die Daten eines Telefonanschlusses unverändert bleiben und der Verbraucher die Hinzufügung des Hinweiszeichens zu seinen sonstigen Daten wünscht. In diesem Fall wird zusätzlicher Verwaltungsaufwand entstehen, um das Hinweiszeichen zu Name und Anschrift, die ansonsten nicht geändert werden müssen, einzufügen. Da es im *Opt out*-System die Obliegenheit des Verbrauchers ist, sich durch Aktivität gegen unerwünschte Telefonwerbung zu wehren, müssten diese Kosten vom Verbraucher durch Abrechnung mit der nächsten Telefonrechnung eingefordert werden. Insoweit ist die Kostenallokation vergleichbar mit derjenigen bei Anschaffung eines Briefkastenaufklebers „*Bitte keine Werbung*", dessen Anschaffungskosten ebenfalls dem Verbraucher auferlegt sind.

---

[270] *Fischer, Hölscher/Dallmer,* Handbuch 1997, S. 495, 500.

[271] Vom 18. Dezember 2000, BGBl I 2000, S. 1740; erlassen auf der Grundlage von § 89 Abs. 1 TKG.

### d) *Opt out* durch die Einrichtung von *Telestop-Listen*

Wie im *2. Kapitel* dargestellt,[272] führt der *Deutsche Direktmarketing Verband e.V. (DDV)* eine verbandsinterne *TeleRobinson-Liste,* in die sich diejenigen Verbraucher kostenlos und mittlereweile per Internet eintragen lassen können, die keine Werbeanrufe erhalten möchten.[273] Damit wurde eine, in der Bevölkerung allerdings bisher nur wenig bekannte Möglichkeit für ein verbraucherseitiges *Opt out* geschaffen.

Neben der beim *DDV* geführten überregionalen *TeleRobinson-Liste,* die im übrigen nur für DDV-Verbandsmitglieder verbindlich ist, ist an die Einrichtung *allgemeiner Telestop-Listen* bei den Anbietern von Telekommunikationsleistungen zu denken, die für alle Werbenden, unabhängig von einer Verbandszugehörigkeit, Verbindlichkeit entfalten können. Der Verbraucher könnte über das Bestehen dieser *Telestop-Listen* sowie die Möglichkeit des – kostenlosen – Eintrages z. B. bei der Anmeldung des Telefonanschlusses, durch Beilage zur Telefonrechnung oder über das Telefonbuch bzw. über das Internet informiert werden. Für die Anbieter müssten die jeweils aktuellen Listen abfragbar sein, möglicherweise gegen Zahlung einer entsprechenden Nutzungsgebühr oder Aufwandsentschädigung.

Um ein *einzelfallbezogenes Opt out* zu ermöglichen, muss den einzelnen Unternehmen zudem die Pflicht zur Führung von *unternehmensbezogenen Telestop-Listen* auferlegt werden. In diese Listen sind all diejenigen Verbraucherwidersprüche aufzunehmen, die entweder gegenüber dem jeweiligen Unternehmen allgemein, oder im Zusammenhang mit einem konkreten Werbeanruf erklärt werden. Ein einmal ausgesprochener Verbraucherwiderspruch ist von dem werbenden Unternehmen bedingungslos zu beachten. In diese Richtung ist auch die Regelung des *Ehrenkodex* des *DDV-Councils TeleMedien-und CallCenter-Services* zu verstehen, nach der Adressen von Privatpersonen, die keine Telefonkontakte wünschen, durch das Unternehmen für weitere Anrufe zu sperren sind.[274]

Die unternehmensinternen *Telestop-Listen* haben für den Verbraucher den Vorteil einer gezielten Abwehr unerwünschter Produktwerbung, ohne damit alle

---

272 Vgl. *2. Kapitel*, S. 60 ff.

273 Vgl. zu Einzelheiten der vormaligen *Telestop-Liste*: absatzwirtschaft 04/1991, S. 6.

274 Pkt. II.2. des Ehrenkodex des DDV-Councils *TeleMedien- und CallCenter-Services,* abrufbar unter www.ddv.de/downloads/Service/Ehrenkodex_TeleMedien.pdf_..

Werbekontakte abschneiden zu müssen. Für das werbende Unternehmen bedeutet das Führen einer unternehmensinternen *Telestop-Liste* zwar einen zusätzlichen Organisations- und Kostenaufwand, der jedoch durch die damit einhergehende Reduktion der Streuverluste kompensiert werden kann. Aufgrund der registrierten Verbraucherablehnung können nämlich Werbeanrufe bei desinteressierten Verbrauchern und die dafür entstehenden und im Ergebnis fehlgeleiteten Kosten vermieden werden.

Jeder Werbeanruf, der trotz vorliegender Eintragung in allgemeine oder unternehmensinterne *Telestop-Listen* erfolgt, stellt konsequenterweise eine Verletzung des Verbraucherpersönlichkeitsrechts und somit einen Verstoß gegen § 1 UWG dar.

Für eine wirksame Handhabung von *Telestop-Listen* ist eine hinreichende Verbraucherinformation unabdingbar. Die Kosten für diese Informationen sowie für den Verwaltungsaufwand zur Führung der bundesweiten Liste sind von den werbetreibenden Unternehmen zu tragen und beispielsweise über die Mitgliedsbeiträge, einen Werbefond oder durch Bezahlung bei Erwerb der *Telestop-Listen* aufzubringen.

Den Verbrauchern ist zudem die kostenlose Einsichtnahme in die zentral geführten *Telestop-Listen* zur Prüfung der Eintragungen zu ermöglichen. Die Eintragungen müssen für eine bestimmte Zeit (z. B. fünf Jahre) bestehen bleiben und jederzeit verlängerbar sowie löschbar sein.

### e) Verbraucherprivatsphäre im *Opt out*-System

Im Falle der Nutzung des *Opt out*-Systems wird die aktive Telefonwerbung grundsätzlich vom Stigma einer verbotenen Werbemethode befreit. Der Verbraucher ist als selbstbestimmtes Wirtschaftssubjekt gefordert, über die Akzeptanz oder Ablehnung telefonischer Werbekontakte eigenständig zu entscheiden und diese Entscheidung im Wege des *Opt out* zu erklären.

Dazu ist eine *Veränderung des Verbraucherleitbildes* erforderlich, wegführend vom *flüchtigen und in der Regel schutzbedürftigen,* und hin zum *selbstbestimmten, aktiv am Wirtschaftsleben teilnehmenden und mündigen Verbrau-*

*cher.*[275] Denjenigen Verbrauchern, die aktiver Telefonwerbung positiv gegenüber stehen, wird durch das *Opt out*-System die Möglichkeit der Werbekommunikation über das Telefon eröffnet.

Zur Vermeidung unerwünschter Werbeanrufe muss der Verbraucher von den zur Verfügung stehenden *Opt out*-Möglichkeiten Gebrauch machen. Solange vom Verbraucher weder ein allgemeines, noch ein einzelfallbezogenes *Opt out* erklärt worden ist, wird man dem Werbenden bei Anwendung dieses Systems die Schlussfolgerung zugestehen müssen, dass der Verbraucher mit Werbeanrufen rechnet und damit auch einverstanden ist.

Damit ist eine breite Streuung von Werbeanrufen möglich. Die Verbraucher müssen bei nicht erfolgtem *Opt out* auch mit Erstanrufen für solche Produkte rechnen, zu deren Zielgruppe sie aufgrund ihrer sozio- und/oder psychographischen Daten nicht gehören.

Dabei bleibt außer Betracht, dass mit der aktiven Telefonwerbung grundsätzlich ein direktes Eindringen in den Privatbereich des Verbrauchers möglich ist und die Konfrontation mit telefonischer Werbung für Produkte, die nicht benötigt werden oder vom telefonisch angesprochenen Verbraucher nicht nutzbar sind, einen zusätzlichen Belästigungsfaktor darstellt.

Hinzu kommt, dass dem deutschen Verbraucher im gegenwärtigen Zeitpunkt die für einen Selbstschutz notwendigen *Opt out*-Möglichkeiten nicht zur Verfügung stehen. Abgesehen von der wenig bekannten *TeleRobinson-Liste* des *DDV* fehlt es an jeglichen Strukturen und Vorgaben für die Schaffung unternehmensbezogener oder allgemeiner *Telestop-Listen*, sowie für ein *Opt out* durch entsprechende Einträge in Telefonverzeichnissen und Telefonbüchern. Hinzu kommt, dass weder die vorgeschlagenen, noch weitere Handlungsmodalitäten eingeführt sind. Sie existieren lediglich teilweise als Forderung im *DDV-Ehrenkodex* und sind insoweit nur für die dem DDV angehörenden Unternehmen verbindlich.

Eine grundsätzliche Freigabe aktiver Telefonwerbung, eingeschränkt durch die Einführung eines *Opt out*-Systems, ist aus diesen faktischen Gründen und im Hinblick auf den notwendigen Verbraucherschutz kurzfristig problematisch, langfristig jedoch anzustreben.

---

275 Vgl. dazu EuGH RIW 2000, S. 376 – Lifting. Dort ist vom durchschnittlich informierten, aufmerksamen und verständigen Durchschnittsverbraucher die Rede. In diesem Sinne auch: *Paschke,* WRP 2002, S. 1219, 1225 f. m.w.N.; *Dauses,* RIW 1998, S. 750 ff.

Es stellt sich somit die Frage nach kurz- und mittelfristigen Alternativen bei der Anwendung des bestehenden *Opt in*-Systems, welche eine entsprechende Steuerung des Einsatzes aktiver Telefonwerbung ermöglichen.

## 2. Liberalisierung des geltenden *Opt in*-Systems durch die Neubewertung der Rechtfertigungssystematik

Das geltende Regelungsgefüge wirkt einseitig, indem es den notwendigen Verbraucherschutz durch das Präventivverbot aktiver Telefonwerbung unter grundsätzlicher Zurückstellung der Interessen der Werbenden verwirklicht. Eine ausgewogene Berücksichtigung der beiderseitigen Interessen erfordert somit eine *Neubewertung der bestehenden Rechtfertigungssystematik*, um einerseits dem Verbraucherschutz hinreichend Rechnung zu tragen und andererseits die faktischen Veränderungen in der Werbepraxis zu berücksichtigen sowie den *„willing recipients"* den Empfang aktiver Telefonwerbung zu ermöglichen.

### a) Überprüfung der Kriterien eines ausdrücklichen Einverständnisses

In *Telefonwerbung II* [276] hat der BGH ein ausdrückliches Einverständnis angenommen, wenn *„der Werbeadressat um die fernmündliche Information nachgesucht oder bei Aufnahme des Geschäftskontaktes erklärt hat, mit einer telefonischen 'Betreuung' einverstanden zu sein"*.

In Anlehnung daran hat das *OLG Köln*[277] die schriftliche Angabe der Telefonnummer auf einer Antwortkarte, verbunden mit der *„ausdrücklichen Bitte um Rückruf"*, als ein ausdrückliches Einverständnis zu telefonischer Werbung angesehen, ein solches jedoch für den Fall des bloßen Abdrucks einer Einverständniserklärung in einem Bestellheft für Informationsmaterial verneint.

Nach einer Entscheidung des *OLG München*[278] ist eine *„Vereinbarung"*[279], abgedruckt im Bereich der Unterschriftszeile eines Auftragsformulars, mit der

---

[276] BGH NJW 1989, S. 2820.

[277] OLG Köln, NJW-RR 1993, S. 753; vgl. auch KG Berlin, WM 1988, S. 1144, 1146.

[278] OLG München, BB 1994, S. 1456.

[279] Nach dem Sachverhalt nicht im Sinne einer *„vertraglichen Vereinbarung"*, sondern im untechnischen Sinne zu verstehen.

sich der „*Besteller ausdrücklich mit einer telefonischen Kontaktaufnahme zum Zwecke der Information über neue Angebote einverstanden*" erklärt, für ein ausdrückliches Einverständnis genügend.

Zu berücksichtigen sind allerdings die in *Telefonwerbung V* und *VI* entwickelten Grundsätze zu formularmäßig abgefassten Einverständniserklärungen. Nach diesen Entscheidungen können Einverständniserklärungen, die den Charakter von Allgemeinen Geschäftsbedingungen (§§ 305 ff. BGB) haben,[280] nur zu einer Kontaktaufnahme im Rahmen eines laufenden Vertragsverhältnisses, nicht jedoch zu *Cross Selling*-Maßnahmen berechtigen.[281]

Diesen Grundlagen folgend wird man ein *ausdrückliches Einverständnis* dann annehmen können, wenn dem Verbraucher im Zusammenhang mit der Abfrage der Telefonnummer unmittelbar erläutert wird, dass diese nur für vertragsgemäße Zwecke verwendet werden soll, und der Verbraucher dann konkret um Anruf oder Rückruf gebeten bzw. bei Aufnahme des Geschäftskontaktes erklärt hat, mit einer telefonischen Betreuung einverstanden zu sein.[282]

Dies kann beispielsweise durch Formulierungen, wie

| |
|---|
| *Meine/Unsere Telefonnummer __________ für TELEFONISCHE RÜCKFRAGEN und weitergehende TELEFONISCHE INFORMATIONEN im Rahmen des bestehenden Vertragsverhältnisses.* |

oder

| |
|---|
| *Meine/Unsere Telefonnummer _________. Mit der Verwendung zur weiterführenden TELEFONISCHEN BERATUNG UND BETREUUNG im Rahmen des bestehenden Vertragsverhältnisses bin ich/sind wir einverstanden.* |

geschehen.[283] Der deutlich gestaltete, gesondert auszufüllende und zu unterzeichnende Hinweis mit dem Wortlaut:

---

280 Zu den Einzelheiten der AGB-Regelungen für formularmäßige Einverständniserklärungen: *Ayad/Schafft*, BB 2002, S. 1711, 1712 ff.

281 BGH WRP 2000, S. 722, 724 – Telefonwerbung VI; dazu *Lettl*, GRUR 2000, S. 977, 979; *Köhler/Piper*, § 1 UWG Rdnr. 151.

282 *Köhler/Piper*, § 1 UWG Rdnr. 151.

283 Vgl. auch *Siegert/Dallmer*, Handbuch 1997, S. 81, 86.

> *Ich bin*
> ☐ *damit einverstanden*
> ☐ *nicht damit einverstanden,*
> *dass Sie mich per*
> ☐ *Telefax*
> ☐ *Telefon*
> ☐ *eMail*
> ☐ *SMS*
> *über vertragsbezogene Produkte oder Dienstleistungen informieren.*

oder aber die – gesondert zu unterzeichnende und in einem getrennten Formular abzugebende – Erklärung[284]

> *EINVERSTÄNDNISERKLÄRUNG MIT WERBLICHEN TELEFONANRUFEN*
> *Wir sind damit einverstanden, dass Sie uns über aktuelle Angebote zu unserem Vertragsverhältnis auch telefonisch während der üblichen Tageszeiten unterrichten.*

müssen für ein ausdrückliches Einverständnis ebenfalls ausreichend sein. Entsprechend kann auch das Ankreuzen einer Option, die in einem Mailing oder in einem Vertragstext vorgesehen ist, ein ausdrückliches Einverständnis begründen, nicht hingegen das verbraucherseitige Schweigen auf den Hinweis: „*Wir rufen Sie in den nächsten Tagen an.*"[285]

Die Einverständniserklärung sollte im Hinblick auf die jüngste Rechtsprechung des BGH in *Telefonwerbung VI* als gesonderte Vereinbarung oder als Leistungsversprechen i. S. von § 307 Abs. 3 S. 1 BGB ausgestaltet werden.[286] Dabei und bei der Gestaltung jeder vorformulierten Einverständnisklausel ist das Transparenzgebot des § 307 Abs. 1 S. 2 BGB zu beachten.[287]

Da die Annahme eines ausdrücklichen Einverständnisses grundsätzlich die Berücksichtigung zusätzlicher Kriterien ausschließt und aktive Telefonwerbung auch in Situationen besonderer Belästigung rechtfertigt, ist die Forderung nach strengen Maßstäben angemessen. Aus diesem Grund können eine bestehende

284 Dazu *Ayad/Schafft*, BB 2002, S. 1711, 1714.
285 *Siegert*, S. 16 f.
286 *Ayad/Schafft*, BB 2002, S. 1711, 1715.
287 *Ayad/Schafft*, BB 2002, S. 1711, 1715.

Geschäftsverbindung ohne weitergehende Vereinbarung eines telefonischen Kontaktes oder eine persönliche Bekanntschaft für die Annahme eines ausdrücklichen Einverständnisses ebenso wenig ausreichen, wie auslegungsbedürftige Erklärungshandlungen des Verbrauchers.[288]

Zur Verwirklichung des nötigen Verbraucherschutzes ist vielmehr zu fordern, dass aktive Telefonwerbung durch ein ausdrückliches Einverständnis nur dann gerechtfertigt werden kann, wenn der Verbraucher durch einen *deutlichen und unmissverständlichen Hinweis* auf die Folgen der Einverständniserklärung aufmerksam gemacht wurde.[289] Wenn die Einwilligung auf einer bewussten und eindeutigen Entscheidung des Verbrauchers beruht (*Opt-in*), dann muss diese aber auch ausreichend für die erlaubte Durchführung von aktiver Telefonwerbung sein.

Der Forderung des *OLG Hamm*[290] nach Abgabe eines ausdrücklichen Einverständnisses *vor* der telefonischen Kontaktaufnahme ist zuzustimmen. Die widerspruchslose Hinnahme eines Werbetelefonats kann für die Annahme eines ausdrücklichen Einverständnisses nicht genügen.[291]

Im Ergebnis verbleibt es bei den geltenden Voraussetzungen für die rechtfertigende Annahme eines ausdrücklichen Einverständnisses zu aktiver Telefonwerbung, allerdings verbunden mit der Forderung an die Rechtsprechung, insbesondere hinsichtlich der AGB-rechtlichen Beurteilung einzelner Klauseln Augenmaß zu bewahren und zu berücksichtigen, dass die werbende Direktansprache per Telefon grundsätzlich dann möglich sein muss, wenn der Empfänger darin einwilligt oder sogar ausdrücklich darum bittet.[292]

---

288 Vgl. *Steckler*, GRUR 1993, S. 865, 867.

289 Vgl. OLG Stuttgart, BB 1997, S. 2181; dazu mit Einzelheiten zur AGB-Problematik: *Ayad/Schafft*, BB 2002, S. 1711, 1715.

290 OLG Hamm, NJW-RR 1992, S. 1395; ebenso OLG Frankfurt/Main, NJW-RR 1990, S. 1137.

291 Vgl. auch OLG Frankfurt/Main, NJW-RR 1990, S. 1137; OLG Karlsruhe, WRP 1992, S. 125.

292 So auch *Ayad/Schafft*, BB 2002, S. 1711, 1715 f.

### b) Überprüfung der Voraussetzungen für ein wirksames konkludentes Einverständnis

Ein *konkludentes Einverständnis* soll nach der geltenden Rechtsprechung immer dann anzunehmen sein, wenn *„der Kunde neben seiner Adresse auch seine Telefonnummer in der Erkenntnis mitteilt, diese werde von dem werbenden Unternehmen zur Fortführung des geschäftlichen Kontaktes genutzt"*.[293]

Soweit die Rechtsprechung auf die *„Angabe der Telefonnummer"* als Voraussetzung für ein konkludentes Einverständnis abstellt, liegt darin das berechtigte Bemühen um Objektivierbarkeit.[294] Problematisch ist hingegen die subjektive Voraussetzung, der Verbraucher müsse die Telefonnummer *„bewusst"* zum Zwecke des Aufbaus oder der Fortführung eines geschäftlichen Kontaktes mitgeteilt haben.

Rechtsprechung und Literatur schweigen zu den Einzelheiten eines solchen *Verbraucherbewusstseins*. Ein solches kann sich nur aus dem objektiven Handeln des Verbrauchers herleiten lassen, wozu als Maßstab der *durchschnittlich handelnde Verbraucher* und das bei diesem in der konkreten Situation zu erwartende *Bewusstsein* heranzuziehen sind.

Die Konkretisierung der in *Telefonwerbung II* – abstrakt gefassten – Kriterien erfolgte durch eine umfassende *einzelfallbezogene Rechtsprechung* der Instanzgerichte, deren enge Auslegungsmaßstäbe bisher nur in wenigen Fällen zur Anerkennung eines konkludenten Einverständnisses geführt haben.[295]

#### (1) Vorliegen einer ablehnenden Erklärungshandlung

Eindeutig sind die Fälle, in denen der Verbraucher seine *Ablehnung von telefonischer Werbung* deutlich zum Ausdruck bringt, indem beispielsweise

- das Feld für die Telefonnummer auf der Antwort-Postkarte durchgestrichen

oder

---

[293] OLG Köln, NJW-RR 1993, S. 753; OLG Karlsruhe, WRP 1992, S. 125, 127; OLG Koblenz, WRP 1991, S. 332, 333; OLG Frankfurt/Main, NJW-RR 1990, S. 1137; KG Berlin, WM 1988, S. 1144.

[294] Ebenso: *Raeschke-Kessler/Schroeder*, Festschrift für Piper, S. 399, 403.

[295] Vgl. die Ausführungen im *2. Kapitel*, S. 18 ff.

- ein Zusatz „*Keine Telefonanrufe*“ angebracht wird.[296]

In diesen Fällen verbietet sich die Annahme eines konkludenten Einverständnisses selbst im Rahmen laufender Geschäfts- oder Vertragsbeziehungen.[297] Vielmehr liegt der Fall eines verbraucherseitig erklärten *Opt out* vor, welcher die Vornahme aktiver Telefonwerbung unabhängig von der Frage eines konkludenten Einverständnisses ausschließt.

### (2) Fehlen einer Erklärungshandlung des Verbrauchers

Problematischer gestalten sich die Situationen, in denen sich der Verbraucher hinsichtlich der Ablehnung oder Akzeptanz telefonischer Werbekontakte neutral verhalten hat. Es handelt sich beispielsweise um die Fälle der

- bloßen Einrichtung eines Telefonanschlusses;[298]
- unterbliebenen Verbraucherreaktion auf die Übersendung von Informationsmaterial oder auf die briefliche Ankündigung eines Telefonanrufs;[299]
- bloßen Bitte um Übersendung von Informationsmaterial bei Nichtmitteilung der Telefonnummer oder bei Nichtausfüllen eines für die Telefonnummer auf einer Rückantwortkarte vorgesehenen Feldes.[300]
- Eintragung in das amtliche Fernsprechverzeichnis;[301]
- Angabe der Telefonnummer im Briefkopf eines privaten Briefbogens.[302]

---

296 BGH NJW-RR 1990, S. 359 – Telefonwerbung III; OLG Köln, NJW-RR 1993, S. 753.

297 Ebenso: *Siegert/Dallmer,* Handbuch 1997, S. 81, 87.

298 *Kewening,* Festschrift für Lerche, S. 625, 633; *Paefgen,* MDR 1992, S. 112, 117 m.w.N.; *Gilles,* NJW 1988, S. 2424, 2430.

299 BGH NJW 1989, S. 2820 – Telefonwerbung II.

300 KG Berlin, WM 1988, S. 1144, 1146; OLG Köln, NJW-RR 1993, S. 753; KG Berlin, WRP 1995, S. 107, 110; KG Berlin, ZIP 1993, S. 462, 463; OLG Düsseldorf, WRP 1997, S. 853, 854 zur Anforderung schriftlicher Informationen während des ersten, unerbetenen Telefonkontakts; *Köhler/Piper*, § 1 UWG Rdnr. 151 m.w.N..

301 Bereits in *Telefonwerbung I* von der Beklagten vorgebracht – BGH NJW 1970, S. 1738; kürzlich zurückgewiesen von KG Berlin, WRP 1995, S. 107, 108.

302 Vgl. den Sachverhalt zu OLG Frankfurt/Main, NJW-RR 1990, S. 1137.

Bei diesen Fallkonstellationen ist das Vorliegen eines konkludenten Einverständnisses grundsätzlich abzulehnen, da es an den dafür erforderlichen objektiven Anhaltspunkten fehlt. Der Verbraucher ist entweder überhaupt nicht tätig geworden oder hat die Telefonnummer lediglich zum Zwecke einer allgemeinen Erreichbarkeit mitgeteilt.

Hierzu kann eine Parallele zu § 17 FernUSG gezogen werden: Dort ist geregelt, dass ein Vertreterbesuch zum Zwecke der Werbung oder der Beratung über Fernlehrgänge nur dann erlaubt ist, wenn der Verbraucher nach Erhalt des Informationsmaterials *schriftlich* um Beratung gebeten hat (§ 17 Abs. 1 S. 1 Nr. 1 und 2 FernUSG). Selbst wenn man die Schriftform für den Bereich der aktiven Telefonwerbung nicht zwingend vorsehen will, erfordert die berechtigte Annahme eines konkludenten Einverständnisses dennoch ein *objektiv erkennbares* und als solches *auslegungsfähiges Verbraucherhandeln.*

Allerdings wird der Verbraucher bei Angabe seiner Telefonnummer auf privaten Briefbögen eine die telefonische Kontaktaufnahme ablehnende Haltung dann kenntlich machen müssen, wenn er im Übrigen unter Verwendung des Briefbogens einen Geschäftskontakt aufnimmt. Insoweit ist dem *DDV-Positionspapier Telefonmarketing* zuzustimmen, welches dazu ausführt: *„Teilt der Adressat seine Telefonnummer – etwa im Briefkopf – mit, möchte er aber trotzdem nicht angerufen werden, so sollte er dies deutlich zum Ausdruck bringen, z. B. durch Durchstreichen der Telefonnummer auf dem Briefkopf.“*[303]

### (3) Mitteilung der Telefonnummer bei Anforderung von Auskünften und/ oder Informationsmaterial

Bei Mitteilung der Telefonnummer auf Bestellkarten oder sonstigem Material zur Anforderung von Auskünften und/oder Informationen wird die Berechtigung zur Annahme eines konkludenten Einverständnisses davon abhängen, ob ausdrücklich schriftliches Informationsmaterial oder lediglich allgemeine Auskünfte angefordert worden sind.

Wenn der Verbraucher lediglich *allgemein* um *weitergehende Informationen oder Auskünfte unter Angabe seiner Telefonnummer* gebeten hat, muss er damit rechnen, dass mit ihm telefonisch Kontakt aufgenommen wird. Dem mit täglicher Werbung vertrauten Durchschnittsverbraucher wird bei freiwilliger Mittei-

[303] DDV-Positionspapier Telefonmarketing 1991, S. 14, Nr. 5.

lung der privaten Telefonnummer an potentielle Geschäftspartner regelmäßig klar sein, dass die konkrete Möglichkeit einer Nutzung dieser Telefonnummer zur geschäftsmäßigen Kontaktaufnahme besteht.[304] Insoweit kann die verbraucherseitige Angabe der Telefonnummer nicht nur als *„Wissenserklärung"* ohne Verzicht auf verfassungsrechtlich geschützte Positionen gesehen werden. Vielmehr wird in die *freiwillige Angabe der Telefonnummer regelmäßig eine konkludente Aufforderung* – auch – zu *telefonischer Kontaktaufnahme* eingebunden sein.

Wenn hingegen ausdrücklich *schriftliches Informationsmaterial* angefordert worden ist, sprechen die objektiven Anhaltspunkte gegen ein konkludentes Einverständnis zu einer unmittelbaren telefonischen Kontaktaufnahme. Durch die Anforderung von schriftlichem Informationsmaterial macht der Verbraucher nämlich gerade deutlich, dass er sich erst einmal im Eigenstudium über das Produktangebot informieren und nicht sogleich mit einem Verkaufsmitarbeiter in persönlichen Kontakt treten will.

### (4) Zweckbezogene Mitteilung der Telefonnummer

Der Verbraucher teilt seine Telefonnummer im Zusammenhang mit der Anbahnung einer Geschäftsbeziehung oder zur *zweckbezogenen Kontaktaufnahme* mit, z. B. durch

- Angabe in einem Bestellschein oder Vertragsformular[305] oder
- Angabe in einem Inserat.[306]

---

304 a.A. *Paefgen,* WRP 1994, S. 73, 86 f.; einschränkend: *Köhler/Piper,* § 1 UWG Rdnr. 151 m.w.N.

305 Für Zeitschriftenabonnement: Vgl. Sachverhalte zu BGH NJW 1989, S. 2820 - Telefonwerbung II; OLG Koblenz, WRP 1991, S. 332, 333 f.; für Partner-Test-Bogen: OLG Stuttgart, NJW-RR 1990, S. 1135, 1136; ebenso OLG Hamburg, Urt. v. 17.11.1983, Az.: 3 U 138/83 (n.v.); LG Hamburg, Urt. v. 18.05.1983, Az.: 15 0 1141/82 (n.v.); Zulässigkeit von Telefonanrufen zur Klärung von Unklarheiten: KG Berlin, WM 1988, 1144; vgl. auch *Raczinski/Bernhardt*, VersR 1992, S. 405, 407.

306 Vgl. die Sachverhalte zu OLG Stuttgart, NJW-RR 1994, S. 1534, 1535 und LG Köln, AfP 1992, S. 309, 310.

In diesen Fällen wird die Annahme eines konkludenten Einverständnisses mit einer zweckbezogenen telefonischen Kontaktaufnahme berechtigt sein. So gilt dies beispielsweise im erstgenannten Fall für die telefonische Rückfrage bei Nichtverfügbarkeit der bestellten Ware oder zu Einzelheiten der Vertragsdurchführung,[307] sowie im zweitgenannten Fall für die telefonische Kontaktaufnahme zum Zwecke der Erörterung des Inseratinhaltes. Ein konkludentes Einverständnis zu weitergehender Telefonwerbung kann darin jedoch nicht gesehen werden.[308]

### (5) Telefonische Kontaktaufnahme im Rahmen einer laufenden Vertragsbeziehung

Zu der Frage, ob und inwieweit ein bestehendes Vertragsverhältnis nach Übermittlung der Telefonnummer an den Geschäftspartner die Annahme eines konkludenten Einverständnisses zur telefonischen Kontaktaufnahme für die Bearbeitung, Ausweitung oder Nachbearbeitung des Vertrages begründen kann, bestand in der Rechtsprechung Uneinigkeit:

Während das *OLG Koblenz*[309] die *telefonische Nachbearbeitung* eines gekündigten Zeitschriftenabonnements vor Ablauf der Kündigungszeit als einen Verstoß gegen § 1 UWG angesehen hat,[310] hat das *KG Berlin*[311] angenommen, dass ein Verbraucher bei Angabe der Telefonnummer im Rahmen eines laufenden Vertragsverhältnisses regelmäßig in der Erkenntnis handelt, diese werde von dem Vertragspartner zur Fortführung des geschäftlichen Kontaktes auch genutzt[312].

Der BGH beurteilte die Nachbearbeitung eines gekündigten Zeitschriftenabonnements in *Lexikothek*[313] als wettbewerbswidrig. In *Telefonwerbung V* [314]

---

307 Vgl. LG Offenburg, WRP 1998, S. 85, 88.

308 Ebenso: *Köhler/Piper,* § 1 UWG Rdnr. 151 m.w.N.

309 OLG Koblenz, WRP 1991, S. 332; ebenso: LG Bad Kreuznach, GRUR 1989, S. 364; diese Auffassung unterstützende: *Köhler/Piper*, § 1 UWG Rdnr. 151.

310 Dazu: *Kewening,* Festschrift für Lerche, S. 625, 630; *Nordemann,* AfP 1991, S. 484, 486.

311 KG Berlin, ZIP 1993, S. 462 = EWiR § 1 UWG 3/93, S. 87 (*Lindacher*); a.A. Vorinstanz LG Berlin, ZIP 1990, S. 1353 = EWiR § 1 UWG 19/90, S. 1123 (*Gilles*).

312 Im Ergebnis ebenso: OLG Karlsruhe, WRP 1992, S. 125, 126; LG Offenburg, WRP 1998, S. 85, 88.

313 BGH NJW 1994, S. 1071 – Lexikothek.

erfolgte insoweit eine Positionsänderung, die in *Telefonwerbung VI* fortgeführt wurde, als nunmehr in der verbraucherseitigen Mitteilung der Telefonnummer oder in der Akzeptanz von entsprechenden Erlaubnisklauseln ein Einverständnis zu telefonischer Kontaktaufnahme im Rahmen eines *bestehenden Vertragsverhältnisses* gesehen wird. Damit wurde die telefonische Bearbeitung eines noch laufenden Vertrages, nicht hingegen ein unerbetener Telefonkontakt zum Zwecke einer *Vertragsausdehnung* oder eines *Neuabschlusses*, legalisiert.

Die Differenzierung zwischen der erlaubten Telefonwerbung im Rahmen eines bestehenden Vertragsverhältnisses und der verbotenen Telefonwerbung zum Zwecke der Vertragserweiterung wird in der Literatur insbesondere von *Kewening*[315] und *Nordemann*[316] als *„unvertretbar"* und *„lebensfremd"* angegriffen.[317]

Für diese Kritik spricht die Tatsache, dass ein kundenorientiertes Vertragsmanagement für beide Vertragsparteien sinnvoll und wirtschaftlich notwendig ist. Häufig wird es sogar im besonderen Kundeninteresse liegen, über neue Produktentwicklungen, Sonderangebote oder über sonstige Vertragsverbesserungen sowie über die Möglichkeiten einer modifizierten Fortführung des Vertrages kurzfristig und zeitnah informiert zu werden.[318] Bei realitätsnaher Betrachtung hat der Verbraucher mit Bekanntgabe der Telefonnummer gerade seine Bereitschaft bekundet, während der Laufzeit des Vertrages mit seinem Vertragspartner auch telefonisch in Kontakt treten zu wollen.[319] Der Verbraucher hat insoweit die verfassungsrechtlich abgesicherte Privatsphäre für Anrufe des Vertragspartners zur Bearbeitung des bestehenden Vertragsverhältnisses geöffnet.

---

314 BGH NJW-RR 1995, S. 613, 614 – Telefonwerbung V.

315 *Kewening,* Festschrift für Lerche, S. 625, 630.

316 *Nordemann,* AfP 1991, S. 484, 486; vgl. auch *Steppeler,* WuB V B. § 1 UWG 5.89, S. 1471, 1473 m.w.N.

317 Die Differenzierung verursacht insbesondere Anwendungsschwierigkeiten in der Praxis, die bei *Nordemann,* AfP 1991, S. 484, 486, exemplarisch an einigen Beispielen gezeigt werden: Der Werkstattkunde gibt sein Auto zur Inspektion. In der Werkstatt entdeckt der Meister eine kleine Beule am rechten hinteren Kotflügel, deren Beseitigung ihm nicht in Auftrag gegeben ist. Bei einem totalen Verbot telefonischer Werbung darf der Meister den Kunden zu Hause nicht anrufen, um zu erfragen, ob diese Reparatur gleich mit erledigt werden soll, da darin eine Werbung um einen neuen Auftrag zu sehen ist. Vgl. auch: *Steppeler,* WuB V B. § 1 UWG 5.89, S. 1471, 1473.

318 Ebenso: *Steppeler,* WuB V B. § 1 UWG 5.89, S. 1471, 1473.

319 Ebenso: *Kewening,* Festschrift für Lerche, S. 625, 634.

Hinzu kommt, dass sich der Verbraucher durch den Vertragsschluss aktiv für den Werbenden als Vertragspartner entschieden hat, so dass die Gefahr einer Überrumpelung bei telefonischer Kontaktaufnahme durch den – bekannten – Vertragspartner erheblich reduziert ist. Der Belästigungsgrad ist bei Anrufen durch bekannte Vertragspartner zudem weit geringer, als derjenige bei Anrufen von fremden Anbietern, da die Bekanntheit des Anrufenden eine jederzeitige Untersagung der Fortsetzung von telefonischer Kontaktaufnahme ermöglicht.

Vor diesem Hintergrund ist den Unternehmen zuzugestehen, während der Vertragslaufzeit, und nach erfolgter Vertragskündigung auch *während der Kündigungsfrist,* mit dem Verbraucher vertragsbezogen in telefonischen Kontakt treten zu können.[320] Die Rechtmäßigkeit der Durchführung aktiver Werbeanrufe kann in diesen Fällen an die Vertragslaufzeit gekoppelt werden und ist daher problemlos kontrollierbar. Jede telefonische Werbung, die nach Ablauf des Kündigungszeitraumes erfolgt, ist konsequenterweise dann wie Telefonwerbung eines dem Verbraucher unbekannten Unternehmens, also wie ein Neukontakt, zu behandeln.

Weitergehend ist jedoch zu fordern, dass der werbemäßige Telefonkontakt im Rahmen einer laufenden Vertragsbeziehungen zu Zwecken des Vertragsmanagements durch *Vertragserweiterung, Vertragsänderung oder Vertragsfortführung* unter dem Aspekt des konkludenten Einverständnisses zuzulassen ist. Dieses Ergebnis trägt im Übrigen zur Rechtsvereinheitlichung insoweit bei, als der BGH in *Lexikothek*[321] Vertreterbesuche zum Zwecke der Nachbearbeitung gekündigter oder nach dem HWiG/BGB widerrufener Verträge als zulässig angesehen hat.

### (6) Telefonische Kontaktaufnahme im Rahmen einer Geschäftsbeziehung

Problematischer gestaltet sich die Rechtfertigung eines telefonischen Werbekontaktes mit der Begründung, dass zwischen dem Werbenden und dem kontaktierten Verbraucher eine *Geschäftsbeziehung* bestünde. Der BGH hat in *Tele-*

---

[320] Ebenso: *Kewening,* Festschrift für Lerche, S. 625, 635; *Nordemann,* AfP 1991, S. 484, 486; a.A. *Paefgen*, WRP 1994, S. 73, 86 ff.

[321] BGH NJW 1994, S. 1071 – Lexikothek.

*fonwerbung II*[322] die telefonische Kontaktaufnahme im Rahmen einer über längere Zeit inaktiven Geschäftsbeziehung als wettbewerbswidrig angesehen.

Dem BGH ist insoweit zuzustimmen, dass nicht jeder, noch so entfernte Geschäftskontakt die Vermutung begründen kann, der Verbraucher sei mit der telefonischen Kontaktaufnahme zur Wiederbelebung oder Fortführung der geschäftlichen Beziehung einverstanden. Andererseits wird der Verbraucher bei bestimmten Geschäftskontakten häufig erwarten, unaufgefordert auch telefonisch in regelmäßigen Abständen betreut zu werden.[323]

Die Abgrenzung zwischen Geschäftsbeziehungen, die einen telefonischen Werbekontakt rechtfertigen, und solchen, die in einem Maße inaktiv oder gelockert sind, dass von einem ständigen geschäftlichen Kontakt nicht mehr gesprochen werden kann, muss der *Einzelfallentscheidung* überlassen bleiben. Als Leitfaden können dabei die Betrachtung des mit dem geschäftlichen Kontakt vertriebenen Produktes und die retrospektive Betrachtung des Kontaktverlaufes dienen.[324] Wenn es sich beispielsweise um ein Produkt handelt, welches nur über einen längeren Zeitraum verbraucht werden kann oder in regelmäßigen Abständen erneuert werden muss, sind auch längere kontaktfreie Intervalle für die Rechtfertigung einer telefonischen Kontaktaufnahme zu Werbezwecken unschädlich. Dazu kann beispielsweise die Lieferung von Wein oder Heizöl zählen, oder das regelmäßig erforderliche Update von spezieller Computersoftware.

### (7) Zwischenergebnis

Die Rechtfertigung aktiver Telefonwerbung durch die Annahme eines *konkludenten Einverständnisses* stellt eine für die Belange der Werbepraxis brauchbare Einschränkung des geltenden Totalverbots dar, wobei jedoch *de lege ferenda* eine *Öffnung* des Anwendungsbereiches dieses Rechtfertigungsgrundes, insbesondere zum *Zwecke eines Vertragsmanagements* während einer bestehenden Vertragsbeziehung, zu fordern ist.

---

[322] BGH NJW 1989, S. 2820 – Telefonwerbung II.

[323] *Steppeler,* WuB V B. § 1 UWG 5.89, S. 1471, 1473; ebenso: *Köhler/Piper*, § 1 UWG Rdnr. 151.

[324] Vgl. dazu die Beispiele bei *Köhler/Piper*, § 1 UWG Rdnr. 151.

Als Maßstab für die Annahme eines konkludenten Einverständnisses muss das Verständnis des Normalverbrauchers herangezogen werden, der keine besonderen Empfindlichkeiten hinsichtlich eines Werbekontaktes oder eines Telefonkontaktes aufweist und aktiv am Wirtschaftsleben teilnimmt.

### c) Erweiterung der Rechtfertigungsgründe durch Zulassung eines mutmaßlichen Einverständnisses zu aktiver Telefonwerbung im Privatbereich

In der Vergangenheit wurde auch für den privaten Bereich immer wieder die Möglichkeit des *mutmaßlichen Einverständnisses* als Rechtfertigung unerbetener Telefonwerbung diskutiert.[325]

Das Modell einer Rechtfertigung durch Einverständnisvermutung lag bereits der Entscheidung *Telefonwerbung I* zugrunde, wonach ein Verstoß gegen die guten Sitten nur bei unerbetenen Werbeanrufen gegeben war, wenn zu dem angerufenen Verbraucher *„bislang keine Beziehungen"*[326] bestanden hatten. Das *OLG Hamm*[327] hat dazu in einer ersten Entscheidung zur Telefonwerbung festgestellt, dass das Interesse des Verbrauchers an dem Werbeanruf maßgebliches Zulässigkeitskriterium sei. *De lege lata* wird die Rechtfertigung aktiver Telefonwerbung aufgrund einer Einverständnisvermutung nur für den Bereich *Business-to-Business* akzeptiert.[328]

#### (1) Voraussetzungen eines mutmaßlichen Einverständnisses

Die *Voraussetzungen* eines mutmaßlichen Einverständnisses zu unerbetenen Werbeanrufen lassen sich unter Rückgriff auf die Vorschriften zur Geschäftsführung ohne Auftrag (§§ 678, 683 BGB) bestimmen.

Nach §§ 678, 683 S. 1 BGB ist für die Feststellung des mutmaßlichen Willens nicht die subjektive Ansicht des Geschäftsführers, sondern allein der Wille maßgeblich, den der Geschäftsherr bei *objektiver Beurteilung aller Umstände*

---

325 *Gilles,* EWiR § 1 UWG 1/87, S. 289, 290; *ders.,* NJW 1988, S. 2424, 2431; *Zöller,* GRUR 1992, S. 297, 300; *Steckler,* GRUR 1993, S. 865, 867.

326 BGH NJW 1970, S. 1738, 1739 – Telefonwerbung I.

327 OLG Hamm, WRP 1968, S. 452.

328 BGH NJW 1991, S. 2087 – Telefonwerbung IV.

im Zeitpunkt der Geschäftsübernahme gehabt haben würde. Wenn andere Anhaltspunkte fehlen, ist als mutmaßlich der dem Interesse des Geschäftsherrn entsprechende Wille anzunehmen.[329]

Ein *Interesse des Geschäftsherrn* an der Durchführung des konkreten Geschäfts besteht dann, wenn die Übernahme des Geschäfts dem Geschäftsherrn im Übernahmezeitpunkt nützlich ist. Das ist im Einzelfall aktiver Telefonwerbung anhand der konkreten Sachlage und der *objektiven Nützlichkeit*, bezogen auf die Person des Umworbenen, festzustellen.[330]

Ein unerbetener Werbeanruf kann für den Angerufenen als den Geschäftsherrn im vorstehenden Sinne nur dann objektiv nützlich sein, wenn bei ihm eine *Sachbezogenheit* zu dem beworbenen Produkt besteht.[331] Eine Sachbezogenheit setzt voraus, dass der telefonisch angesprochene Verbraucher überhaupt als potentieller Abnehmer des angebotenen Produkts in Frage kommt, also der produktbezogenen Zielgruppe angehört.

Wenn man jedoch lediglich das Kriterium der *Sachbezogenheit*, in der Form der Zielgruppenzugehörigkeit für die berechtigte Annahme eines mutmaßlichen Einverständnisses ausreichen lässt, kommt dies im Hinblick auf die Vielzahl von benötigten Gegenständen des täglichen Lebens und der daraus folgenden Vielzahl möglicher Zielgruppenzugehörigkeiten einer Freigabe der aktiven Telefonwerbung gleich.[332] Zum Schutz der Verbraucher sind daher weitergehende Anhaltspunkte zur Ermittlung eines mutmaßlichen Verbraucherwillens erforderlich.[333] In diese Richtung argumentiert das *KG Berlin*[334], wenn es für die Annahme einer Einverständnisvermutung im Privatbereich *„konkrete tatsächliche Umstände"* verlangt, nach denen ein *„sachliches Interesse des Anzurufenden vermutet"* werden kann.[335]

---

329 *Palandt-Sprau,* § 683, Rdnr. 7 m.w.N.

330 *Palandt-Sprau,* § 683, Rdnr. 4 m.w.N.; *Gilles,* NJW 1988, S. 2424, 2431.

331 Ebenso bereits OLG Hamm, WRP 1968, S. 452.

332 Vgl. dazu die Argumentation bei *Raeschke-Kessler/Schroeder*, Festschrift für Piper, S. 399, 408.

333 BGH NJW 1991, S. 2087 - Telefonwerbung IV.

334 KG Berlin, ZIP 1993, S. 462, 463.

335 Ebenso bereits OLG Hamm, WRP 1968, S. 452; für den Bereich *Business-to-Business:* OLG Hamburg, NJWE-WettbR 1997, 3; *Steckler,* GRUR 1993, S. 865, 867 stellt für die Rechtfertigung aktiver Telefonwerbung durch ein mutmaßliches Einverständnis auf die *Interessenlage des Anschlussinhabers* ab.

Dieser Ansatz erscheint brauchbar und zeigt Parallelen zu den Voraussetzungen des konkludenten Einverständnisses: Ebenso wie ein konkludentes Einverständnis eine Verbraucheraktivität, vornehmlich durch Mitteilung der Telefonnummer erfordert, sind für die Annahme eines mutmaßlichen Einverständnisses objektiv feststellbare Umstände vorauszusetzen, die auf ein entsprechendes Interesse des Verbrauchers an dem konkreten Werbeanruf schließen lassen. Bloße Passivität des Verbrauchers, z. B. das Schweigen auf die Übersendung schriftlichen Werbematerials[336] oder auf die schriftliche Ankündigung eines Telefonanrufes, kann daher für die Annahme eines mutmaßlichen Einverständnisses nicht ausreichend sein.

Mit dem zusätzlichen Kriterium der *„konkreten tatsächlichen Umstände"*, die die Annahme einer Einverständnisvermutung erst möglich machen, kann auch der Kritik von *Paefgen*[337] begegnet werden, der bei Akzeptanz eines *„nur spekulativen Interesses"* die Gefahr einer Belegung des Fernsprechanschlusses *„rund um die Uhr"* sieht. Durch die Feststellung von konkreten tatsächlichen Umständen, die erst den Schluss auf ein mutmaßliches Einverständnis zulassen, kann eine *„zügellose"* Durchführung aktiver Telefonwerbung eingeschränkt werden.

### (2) Beispielsfälle zur Bestimmung *„konkreter Umstände"* für die Rechtfertigung telefonischer Werbung aufgrund einer Einverständnisvermutung

Nachfolgend sollen die vorstehend abstrakt gefassten Voraussetzungen eines – im Privatbereich zulässigen – mutmaßlichen Einverständnisses anhand von *Beispielsfällen* konkretisiert werden.

#### (a) Anforderung von Informations-/Werbematerial ohne Angabe der Telefonnummer

Während die Anforderung von Informationsmaterial unter Angabe der Telefonnummer des Verbrauchers einen objektiven Grund für die Annahme eines konkludenten Einverständnisses darstellt, stellt sich Frage nach einem mutmaßli-

---

336 Vergleichbar § 17 Abs. 1 S. 1 Nr. 1 und 2 FernUSG für Vertreterbesuche.

337 *Paefgen,* WRP 1994, S. 73, 81.

chen Einverständnis für den Fall, dass *Informationsmaterial ohne Mitteilung der Telefonnummer* angefordert worden ist.[338]

Die so gestaltete Anforderung von Informationsmaterial ist mit der verbraucherseitigen Kontaktaufnahme durch das Betreten eines Ladengeschäftes und das nähere Betrachten der dort ausgestellten Ware vergleichbar. In beiden Fällen hat der Verbraucher zwar von sich aus den Kontakt zum Anbieter aufgenommen, allerdings ergibt sich daraus nicht zwingend, dass er auch sogleich über das Angebot sprechen oder sich persönlichen Nachfragen stellen will. Aus diesem Grund und im Hinblick auf den notwendigen Verbraucherschutz kann der Werbende aufgrund der bloßen Anforderung von Informationen ohne Mitteilung der verbraucherseitigen Telefonnummer *kein sachliches Interesse* an einer telefonischen Kontaktaufnahme vermuten.

Der Anbieter wird ein sachliches Interesse an einer telefonischen Kontaktaufnahme auch dann nicht annehmen können, wenn der Verbraucher trotz Angabe seiner Telefonnummer ausdrücklich *„schriftliches Informationsmaterial"* anfordert. In diesen Fällen geht der Verbraucherwille erkennbar dahin, sich zunächst über das angebotene Produkt ohne persönliche Kontaktaufnahme informieren zu wollen.

### (b) Mitteilung der Telefonnummer an die Allgemeinheit

Soweit die Telefonnummer nicht zielgerichtet an einen bestimmten oder bestimmbaren Personenkreis, sondern lediglich durch eine informatorische Veröffentlichung an die Allgemeinheit mitgeteilt wird, ist einerseits zu berücksichtigen, dass der Verbraucher durch die Veröffentlichung seiner Telefonnummer grundsätzlich die Möglichkeit der telefonischen Kontaktaufnahme durch jedermann, also auch für Werbebotschaften schafft. Andererseits ist die Bekanntgabe der Telefonnummer in Telefonbüchern oder über die Telefonauskunft systemnotwendige Voraussetzung für die Abwicklung des Telefonverkehrs.

Aus der *bloßen Veröffentlichung der Telefonnummer* kann daher die sachlich begründete Vermutung, der Verbraucher sei grundsätzlich mit telefonischer Werbung einverstanden, nicht abgeleitet werden.

---

[338] Vgl. den Sachverhalt zu KG Berlin, WM 1988, S. 1144, 1146.

### (c) Langjähriger persönlicher Kontakt

Das *OLG Stuttgart* hat eine *persönliche Bekanntschaft* zwischen Anrufer und Angerufenen als *rechtfertigende Beziehung* ausreichen lassen und entschieden, dass eine Telefonwerbung noch nicht deshalb unvereinbar mit den guten Sitten im Wettbewerb sei, wenn der anrufende Handelsvertreter ein Arbeitskollege oder Schulkamerad des Angerufenen ist und beide über die Mitgliedschaft in einem Verein auch sonst in Beziehung stehen.[339]

Die Rechtfertigung telefonischer Werbung aufgrund eines bestehenden persönlichen Kontaktes ist jedoch *problematisch:* Zum einen werden dadurch ungewollte, weil den Verbraucher erheblich belastende Vertriebssysteme gefördert, mit denen die Werber ihre Bekanntschaft zu den Umworbenen ausnutzen und dann – mit Hilfe des Telefons – den Bekanntenkreis systematisch *„abgrasen"* können.

Zum anderen kann eine Vermutungsregel, dass ein Verbraucher den unerbetenen Werbeanruf eines Bekannten positiver aufnimmt und als weniger belästigend empfindet, als den Werbeanruf eines unbekannten Telefonverkäufers, nicht aufgestellt werden. Im Gegenteil: Die private Beziehung des Angerufenen zum Anrufer wird die ansonsten üblichen Abwehrreaktionen des Angerufenen weitgehend ausschalten und den Angerufenen aufgrund persönlicher Verbundenheit zumindest zum Anhören der Werbebotschaft bewegen. Die Hemmschwelle, einen telefonischen Kontakt gegenüber einer privat bekannten Person abzubrechen, ist ungleich größer, als bei unbekannten Telefonverkäufern.

Es kann daher nicht grundsätzlich davon ausgegangen werden, dass der Angerufene dem Werbeanruf eines Bekannten positiv gegenübersteht und aufgrund einer bloßen Bekanntschaft mutmaßlich mit der telefonischen Werbung einverstanden ist.[340] Vielmehr wird man unerbetene Werbeanrufe, welche ausschließlich auf der Basis einer persönlichen Bekanntschaft erfolgen, wegen des *signifikant erhöhten Entscheidungsdrucks* als *besonders belästigend* einstufen müssen.

---

[339] OLG Stuttgart, NJW-RR 1987, S. 1132, 1133.

[340] Ebenso: *Gilles,* NJW 1988, S. 2424, 2431.

### (d) Empfehlung eines Dritten

*Ehlers*[341] bejaht das Vorliegen einer Einverständnisvermutung auch dann, wenn der *Werbeanruf auf Empfehlung eines Dritten* erfolgt und der Dritte den mutmaßlichen Wunsch des Umworbenen zur telefonischen Kontaktaufnahme zum Ausdruck gebracht hat.

Abgesehen von der Gefahr, dass sich damit für die Werbetreibenden weitgehende (Missbrauchs-)Möglichkeiten, z. B. durch die Ankündigung und Gewährung von Prämien oder Werbegeschenken gegen die Weitergabe bislang unbekannter Telefonnummern eröffnen, kann dieser Auffassung auch im Hinblick auf die Kriterien für die berechtigte Annahme einer Einverständnisvermutung nicht gefolgt werden: Bei einer telefonischen Kontaktaufnahme, die lediglich aufgrund der Empfehlung eines Dritten erfolgt, fehlt es an jeglicher Aktivität des angerufenen Verbrauchers. Selbst wenn der Dritte dem werbenden Unternehmen mitteilt, der Anschlussinhaber sei mit der Telefonwerbung einverstanden, verbleibt die Ungewissheit über die Richtigkeit der Behauptung und das tatsächliche Interesse des umworbenen Verbrauchers. Die Annahme einer Einverständnisvermutung kann daher in dieser Situation keinen Bestand haben.

### (e) Eilbedürftigkeit des Angebots

Die besondere *Eilbedürftigkeit* eines Angebots oder im Falle von *„Gefahr im Verzug"* kann ein Sachgrund für die Aufnahme eines mutmaßlichen Einverständnisses zur telefonischen Kontaktaufnahme sein.[342]

Zu denken ist dabei an Notfälle, z. B. Sicherheitsmängel anlässlich der Reperatur eines Fahrzeugs, aber auch an Finanzierungs- oder Warentermingeschäfte sowie an kurzfristig zu realisierende Sonderangebote, wie z. B. Last-Minute-Reisen. Im Hinblick auf die damit eröffneten Missbrauchsmöglichkeiten ist allerdings in jedem Einzelfall besonders sorgfältig zu prüfen, ob die vom Werbenden behauptete Eilbedürftigkeit auch tatsächlich gegeben war.

---

[341] *Ehlers,* WRP 1983, S. 187, 190.

[342] *Köhler/Piper*, § 1 UWG Rdnr. 152 m.w.N.

### (f) Branchenüblichkeit

Nach der Auffassung von *Steckler*[343] kann das Einverständnis der Zielperson mit der telefonischen Direktwerbung dann vermutet werden, wenn zu einer bestehenden Geschäftsbeziehung die im Einzelfall nachzuweisenden *„besonderen Gepflogenheiten einer bestimmten Branche"* zur Vornahme telefonischer Werbung hinzutreten. *Steckler* nennt in diesem Zusammenhang die Werbung für Finanzdienstleistungen, die Werbung von Reiseunternehmen und im Auslandsgeschäft. Der BGH hat in *Telefonwerbung II*[344] die Branchenüblichkeit für die telefonische Akquise im Weinhandel hingegen verneint.[345]

*Raczinski/Bernhardt*[346] argumentieren ebenfalls mit der *Branchenüblichkeit aktiver Telefonwerbung* und schlagen vor, diese Werbemethode für Branchen mit dem spezifisch feststellbaren Handelsbrauch zuzulassen, bestimmte Waren ausschließlich und für den Verbraucher bekanntermaßen über das Telefon zu bewerben. *Raczinski/Bernhardt* denken dabei insbesondere an die Versicherungsbranche und verweisen in diesem Zusammenhang auf die im sonstigen (Wettbewerbs-)Recht vorhandenen *Bereichsausnahmen,* aufgrund derer bestimmte Branchen von Verbotsregelungen ausgenommen sind. So gilt nach § 29 Abs. 2 GWB die Vorschrift des § 14 GWB nicht für einzelfallbezogene Vereinbarungen von Kreditinstituten oder Versicherungsunternehmen. In § 312b Abs. 3 BGB ist geregelt, dass die Vorschriften zu Fernabsatzverträgen u. a. für Versicherungsverträge keine Anwendung finden.

In dem Verfahren vor dem *OLG Koblenz*[347] zur Rechtmäßigkeit einer telefonischen Nachbearbeitung gekündigter Zeitschriftenabonnements wurden von der *Arbeitsgemeinschaft Abonnentenwerbung e.V.* und der *Zentrale zur Bekämpfung unlauteren Wettbewerbs* Gutachten vorgelegt, die übereinstimmend einen solchen Telefonkontakt als *„allgemein branchenüblich"* und daher als rechtlich unbedenklich angesehen hatten.

---

343 *Steckler,* GRUR 1993, S. 865, 869 f. m.w.N.; ebenso: *Bülow,* WRP 1978, S. 774, 775.

344 BGH NJW 1989, S. 2820 – Telefonwerbung II.

345 Vgl. dazu erneut BGH WRP 2001, 1068 – Telefonwerbung für Blindenwaren, und zwar zur Branchenüblichkeit bei telefonischer Bewerbung gegenüber Gewerbetreibenden; ebenso ablehnend: *Köhler/Piper,* § 1 UWG Rdnr. 151.

346 *Raczinski/Bernhardt,* VersR 1992, S. 405, 408.

347 OLG Koblenz, WRP 1991, S. 332.

Wenn auch gegenwärtig eine Branchenüblichkeit für telefonische Akquise aufgrund des geltenden restriktiven Verbots weitgehend ausgeschlossen erscheint, sind durchaus Entwicklungen denkbar, die über eine feststellbare Branchenüblichkeit zur Rechtmäßigkeit telefonischer Werbung führen können. Dem Verbraucher wird in solchen Fällen zumutbar sein, sich bei Kenntnis der Branchenüblichkeit durch geeignete Maßnahmen gegen die unerwünschte Telefonwerbung zur Wehr zu setzen.

### (g) Bestehende Geschäfts- und/oder Vertragsbeziehung

Nach den bisher gefundenen Ergebnissen ist eine telefonische Kontaktaufnahme zu Werbezwecken im Rahmen einer bestehenden Geschäfts- und/oder Vertragsbeziehung

- durch ein *ausdrückliches Einverständnis* gerechtfertigt, wenn eine entsprechende Einverständniserklärung vorliegt, z. B. die Telefonnummer nach eindeutigem Hinweis durch den Werbenden vom Umworbenen erkennbar zum Zwecke telefonischer Werbung mitgeteilt worden ist;
- durch ein *konkludentes Einverständnis* gerechtfertigt, wenn bei Vertragsabschluss neben den Personalien die Telefonnummer mitgeteilt wurde und sich die telefonische Werbung auf eine aktive Geschäftsbeziehung, die Geschäftsdurchführung oder das Vertragsmanagement bezieht.

*Nicht* erfasst wurden bisher die Fälle der telefonischen Werbung im Rahmen einer bestehenden Geschäfts- oder Vertragsbeziehung, wenn

- die *Geschäftsbeziehung aus Einzelgeschäften* besteht, die jeweils nach Erfüllung des einzelnen Auftrages abgeschlossen sind,
- für ein *anderes* als das vertragsgegenständliche *Produkt*, oder
- von einer *Tochtergesellschaft* oder einem *Kooperationspartner* des eigentlichen Vertragspartners geworben werden soll.

Die *erstgenannte Fallkonstellation* war Gegenstand der bereits angesprochenen Weinhändler-Entscheidung zu *Telefonwerbung II.* Während dem *KG Berlin*[348] als Vorinstanz ein mehrjähriger aktiver geschäftlicher Kontakt für die Annahme einer *rechtfertigenden Beziehung* und somit im Sinne einer Einverständnisver-

[348] KG Berlin, WRP 1988, S. 304, 306.

mutung ausreichte, hat der BGH[349] eine derartige Einverständnisvermutung abgelehnt.

Von den Instanzgerichten wurden nach *Telefonwerbung I* die geschäftlichen Verbindungen eines Handelsvertreters zu seinem Kundenstamm[350] sowie die ständigen geschäftlichen Beziehungen zwischen dem Werbenden und der beworbenen Privatperson[351] als Kontakte angesehen, die eine unerbetene Telefonwerbung gegenüber Privatpersonen rechtfertigen können.[352]

Eine praxisbezogene Betrachtung stützt die instanzgerichtliche Auffassung, so dass bei Bestehen eines dauerhaften geschäftlichen Kontaktes, welcher sich auf immer wieder erneut abzuschließende Einzelgeschäfte erstreckt, ein mutmaßliches Einverständnis mit einer telefonischen Kontaktaufnahme zu Zwecken wiederholter Geschäftsanbahnung zu befürworten ist.[353]

So kann ein Weinhändler, um auf den Sachverhalt von *Telefonwerbung II* zurückzugreifen, ohne weiteres vermuten, dass ein von ihm in der Vergangenheit bereits belieferter und evtl. sogar telefonisch kontaktierter Privatkunde auch für die Zukunft in regelmäßigen Abständen Interesse an den Angeboten neuer Weinsorten haben wird, um seinen Weinkeller aufzufüllen.[354] Wenn der Kunde für die Zukunft die telefonische Übermittlung solcher Angebote nicht mehr wünscht, ist ihm ein einfacher Hinweis im Rahmen eines Werbetelefonats zur Vermeidung zukünftiger Werbeanrufe zuzumuten.

Die *zweitgenannte Fallkonstellation* bietet hingegen keinen sachlichen Grund für die Rechtfertigung unerbetener Telefonwerbung. Vielmehr muss auch die Telefonwerbung im Rahmen einer laufenden Geschäfts- und Vertragsbeziehung, die sich auf andere als die vertrags- oder geschäftsgegenständlichen Produkte bezieht, grundsätzlich wie unerbetene Telefonwerbung bei Neuanbahnung eines Geschäfts gesehen werden. Dies bedeutet nach dem hier vertretenen

349 BGH NJW 1989, S. 2820 – Telefonwerbung II.

350 OLG Hamburg, WRP 1978, S. 553, 554.

351 OLG Frankfurt/Main, GRUR 1983, S. 674, 675; ebenso: LG Oldenburg, GRUR 1988, S. 551, 552.

352 Dazu bestätigend: *Ehlers,* WRP 1983, S. 187, 190; *Nordemann,* WRP 1969, S. 16, 17, der den Anruf bei einem Kunden, der einen Fernseher im Laden besichtigt hat, sich aber noch nicht gleich entschließen konnte, für ebenso zulässig hält, wie die routinemäßige telefonische Anfrage einer Autofirma bei allen ihren Kunden, deren Pkws 2 Jahre alt geworden sind, ob sie nicht ein neues Fahrzeug kaufen wollten.

353 Ebenso: *Steppeler*, WuB V B. § 1 UWG 5.89, S. 1472, 1473.

354 Ebenso: *Köhler/Piper,* § 1 UWG Rdnr. 151 m.w.N.

Ansatz, dass der umworbene Verbraucher zumindest zu der Zielgruppe des Produkts gehören und konkrete zusätzliche Anhaltspunkte für die Annahme eines mutmaßlichen Einverständnisses vorliegen müssen.

Ein entsprechender konkreter Anhaltspunkt kann sich aus der bereits bestehenden Vertragsbeziehung jedoch dann ergeben, wenn zwischen dem laufenden Vertragsverhältnis und dem Neuangebot ein sachlicher Zusammenhang besteht. Ein solcher *Sachzusammenhang* könnte beispielsweise – entgegen *Telefonwerbung V* – bei einem Telefonkontakt zu dem Versicherungsnehmer zu sehen sein, um diesem ein, mit der bestehenden Versicherung verbundenes Angebot zu unterbreiten.

Anders wird hingegen die in der *letztgenannten Fallkonstellation* beschriebene Situation zu beurteilen sein, wenn eine Bank ihrem Kunden durch eine mit dieser Bank verbundene Tochtergesellschaft eine Versicherung anbieten lässt. Der für ein mutmaßliches Einverständnis geforderte konkrete Anhaltspunkt ist zwischen der Eigenschaft als privater Bankkunde und dem Angebot der Versicherung durch eine Tochtergesellschaft oder einen Kooperationspartner des eigentlichen Vertragspartners nicht erkennbar.[355]

### (h) Kündigungsmanagement abgelaufener Verträge

Die Fälle der telefonischen *Nachbearbeitung gekündigter Dauerschuldverhältnisse während der noch laufenden Kündigungszeit* wurden bereits im Rahmen der Erörterungen zum konkludenten Einverständnis behandelt. Fraglich ist hingegen, ob durch ein mutmaßliches Einverständnis die telefonische Nachbearbeitung *nach Ablauf der Kündigungszeit* gerechtfertigt sein kann.

Im Unterschied zur Nachbearbeitung während der laufenden Kündigungszeit besteht nach Ablauf eines Vertrages zwischen den Vertragsparteien keine Rechtsbeziehung mehr, die als Rechtfertigung für eine telefonische Kontaktaufnahme dienen könnte. Der Verbraucher hat durch die Kündigung des Vertragsverhältnisses kundgetan, die Rechtsbeziehung und damit den Kontakt zum Vertragspartner beenden zu wollen. Dieser Wille ist zu respektieren, so dass die Annahme eines mutmaßlichen Einverständnisses zur telefonischen Nachbear-

---

[355] Nunmehr: BGH, WRP 2000, S. 722, 724 – Telefonwerbung VI; ebenso im Ergebnis: OLG Stuttgart, BB 1997, S. 2181, 2182; OLG Frankfurt/Main, ZIP 1998, S. 729.

beitung gekündigter Verträge nach Ablauf der Kündigungsfrist grundsätzlich ausscheidet.

Dem Vertragspartner ist im Übrigen zumutbar, eine Nachbearbeitung des gekündigten Vertrages noch während der Kündigungszeit, also zeitnah zu der ausgesprochenen Kündigung und damit noch im Rahmen des bestehenden Vertragsverhältnisses durchzuführen.

#### (i) Ausschluss der Einverständnisvermutung bei *Opt out*

Die Rechtfertigung unerbetener Telefonanrufe aufgrund eines vermuteten Einverständnisses ist unter Anwendung der Grundsätze des § 678 BGB immer dann ausgeschlossen, wenn die telefonische Werbung objektiv dem mutmaßlichen Willen des Verbrauchers widerspricht und der Werbende subjektiv den entgegenstehenden Willen des Verbrauchers erkannt oder bei Anwendung gehöriger Sorgfalt (§ 276 BGB) erkennen mußte.[356]

Das *Opt out* des Verbrauchers kann entweder durch ausdrückliche Ablehnung telefonischer Werbung gegenüber dem Werbenden oder konkludent durch entsprechende Erklärungshandlungen, wie z.B. das Durchstreichen eines für die Angabe der Telefonnummer vorgesehenen Feldes oder durch Auflegen des Telefonhörers während eines Werbegesprächs, kundgetan werden. In diesen Fällen ist die Annahme einer Einverständnisvermutung ausgeschlossen.[357]

### d) Zusammenfassung

Die Neubewertung der Rechtfertigungssystematik führt für die aktive Telefonwerbung *Business-to-Consumer* zu einer *Öffnung des Opt in-Systems* durch die Ausweitung des konkludenten Einverständnisses und durch die Akzeptanz des mutmaßlichen Einverständnisses.

Insbesondere durch die Zulassung einer Einverständnisvermutung wird den Interessen der Werbetreibenden Rechnung getragen. Andererseits werden die Verbraucherschutzinteressen dadurch nicht vernachlässigt, da die Einverständ-

---

356 *Palandt-Sprau,* § 678, Rdnr. 2 f.
357 Ebenso: *Gilles,* NJW 1988, S. 2424, 2431.

nisvermutung an konkrete Umstände gebunden ist, aus denen sich ein sachliches Interesse des Verbrauchers an dem maßgeblichen Werbeanruf ergeben muss.

Eine *unbeschränkte Freigabe telefonischer Werbung* findet über die Annahme eines mutmaßlichen Einverständnisses ebenfalls nicht statt. Vielmehr bleibt der telefonische Erstkontakt beim Verbraucher, also der klassische Kaltanruf ohne vorherige Kundenansprache, weiterhin *grundsätzlich ausgeschlossen.*

Die *Einverständnisvermutung* kann vom Werbenden aus Empfängersicht bestimmt werden, der sich anhand seines Alltagsverständnisses fragen muss, ob er aufgrund der gegebenen Fakten von einem Einverständnis des Kunden ausgehen kann. Insoweit stellt die Vermutungslösung auch eine *praktikable Alternative* dar.

## V. Lösungsvorschlag

Sowohl die Freigabe der aktiven Telefonwerbung mit dem Vorbehalt des *Opt out* und der Einführung von Durchführungsmodalitäten, als auch die Fortgeltung eines im Rechtfertigungsbereich gelockerten Präventivverbots bedeuten grundsätzlich ein *Zurückdrängen der Verbraucherschutzinteressen* gegenüber den Interessen der Werbewirtschaft am möglichst uneingeschränkten Einsatz dieser Werbemethode.

Dabei ist der Normalfall aktiver Telefonwerbung von den *Fällen besonderer Belästigungen durch aktive Telefonwerbung* zu unterscheiden. Für die letztgenannte Fallgruppe ist festzuhalten, dass ein *uneingeschränktes Verbot* telefonischer Werbekontakte auch unter Berücksichtigung der wirtschaftlichen Interessen der Werbetreibenden verhältnismäßig sein kann.

Soweit der *Normalfall aktiver Telefonwerbung* in Frage steht, kann durch eine *Beibehaltung des Präventivverbots* das rechts- und verbraucherpolitisch maßgebliche Signal gesetzt werden, dass aktive Telefonwerbung grundsätzlich die Verbraucherbelange zu berücksichtigen hat. Andererseits wird durch die Ausweitung der Möglichkeiten eines konkludenten Einverständnisses und durch die Anerkennung eines mutmaßlichen Einverständnisses den Interessen der Werbetreibenden Rechnung getragen. Da mit dieser Lösung den beiderseitigen Interessen angemessen entsprochen wird, ist dieser Alternative der Vorzug vor der Einführung eines *Opt out*-Systems zu geben.[358]

Dennoch sind mit der *Zulassung einer Einverständnisvermutung* – im Vergleich zur geltenden Rechtslage – weitergehende Einschränkungen des Verbraucherpersönlichkeitsrechts verbunden. Diesen kann jedoch durch *Kombination* der erweiterten Einverständnislösung mit den vorgestellten Möglichkeiten zum *Opt out*-System Rechnung getragen werden, so dass die Verbraucher durch die an eine Einverständnisvermutung geknüpften Voraussetzungen, durch die Einführung von Verhaltensregeln für den Telefonkontakt, durch das Vorsehen von Ausschlusszeiten und durch weitere Möglichkeiten des *Opt out* geschützt werden. Für die werbenden Unternehmen sind diese Einschränkungen praktisch umsetzbar und stellen im Zusammenhang mit den Vorteilen der Zulassung der Einverständnisvermutung für den Einsatz aktiver Telefonwerbung ein milderes Mittel im Vergleich zur geltenden Rechtslage dar.

Die Liberalisierung durch die *Öffnung der Rechtfertigungssystematik* unter gleichzeitiger Einführung von Verhaltens- und Durchführungsregelungen sowie des *verbraucherseitigen Opt out* hält auch der *Verhältnismäßigkeitsprüfung* Stand:

Die grundsätzliche Beibehaltung des Präventivverbots ist zum Schutz der *Verbraucherinteressen* an der Abwehr übermäßiger Belästigungen durch aktive Telefonwerbung geboten. Gleichzeitig ist den veränderten Gegebenheiten im Verbraucher- und Kommunikationsbereich Rechnung zu tragen, und es sind die berechtigten *Interessen der Werbewirtschaft* am Einsatz möglichst effizienter und kostengünstiger Werbemittel zu berücksichtigen. Die Einschränkung der Verbraucherschutzrechte wird durch die Berücksichtigung von Abwehr- und Durchführungsmodalitäten ausgeglichen. Die verbleibende Beeinträchtigung der Verbraucherprivatsphäre ist im Hinblick auf den Stellenwert der Werbung im Wirtschaftssystem und den Möglichkeiten des *Opt out,* sowie unter Berücksichtigung der berechtigten Interessen der Werbenden, als verhältnismäßig anzusehen.

Durch diese Lösung wird zudem denjenigen Verbrauchern Rechnung getragen, die grundsätzlich mit der Werbung mittels Telefon einverstanden sind. Diese Verbraucher erhalten bei Einführung der Einverständnisvermutung die Möglichkeit, die telefonische Informationssammlung und Informationsauslese zu steuern. Damit führt der Weg von einem generalisierenden, für alle Verbrau-

---

[358] So wohl auch im Ergebnis: *Scherer,* WRP 2001, S. 1255, 1259 f.

cher gleichlaufenden Schutz hin zu einer *Individualisierung der Schutzmöglichkeiten der einzelnen Verbraucher.* Dem Verbraucher wird damit ein größeres Maß an Selbstbestimmung zugestanden, aber auch mehr Selbstverantwortung zugewiesen.

Eine Einschränkung erfolgt lediglich im Hinblick auf das fortgeltende Verbot von werblichen *Erstanrufen*, die ohne jeglichen vorherigen Kontakt erfolgen. Diese Einschränkung ist jedoch unter Berücksichtigung der maßgeblichen Schutzinteressen von Verbrauchern, die den Einsatz aktiver Telefonwerbung ablehnen, erforderlich und *verhältnismäßig.*

Schließlich ist als Konsequenz der *Liberalisierung* des geltenden Verbotsstandards zu erwarten, dass die Werbepraxis ihre *Konfrontationsstrategien* aufgeben und durch einen verbraucherorientierten Einsatz dieser Werbemethode zu einer Kanalisierung der damit verbundenen Einzelprobleme beitragen wird. Durch die Ahnung von Missbräuchen im Rahmen der Werbeselbstkontrolle und durch das Verbot von besonders belästigenden Telefonwerbekontakten können *„schwarze Schafe"* der Telemarketingbranche ausgesondert werden. Damit ist eine *Imageverbesserung des Telefonmarketing* als Werbemethode, verbunden mit einer Akzeptanzsteigerung bei den Verbrauchern erreichbar, wovon die lauter werbenden Unternehmen profitieren werden.

Unabdingbare Voraussetzung ist jedoch eine hinreichende *Verbraucherinformation*, insbesondere über die bestehenden Abwehrmöglichkeiten, sowie eine Verbesserung der Markttransparenz durch Aufklärungsarbeit und Unterstützung seitens der Werbepraxis.

## D. Abstimmung zur rechtlichen Beurteilung sonstiger Direktmarketingmethoden

Unter Berücksichtigung des *Gleichbehandlungsgrundsatzes* aus Art. 3 GG und zur Schaffung von Rechtssicherheit durch eine Beurteilung vergleichbarer Sachverhalte nach möglichst einheitlichen Kriterien stellt sich nunmehr die Frage nach der Vereinbarkeit der vorgeschlagenen Liberalisierung des Einsatzes aktiver Telefonwerbung mit der gegebenen wettbewerbsrechtlichen Einschätzung anderer Direktmarketingmethoden.[359]

## I. Unerbetene Telefonwerbung und unerwünsche Vertreterbesuche

Unerbetene Vertreterbesuche und unerwünschte Telefonwerbung sind in ihren tatsächlichen Abläufen vergleichbar. Der *Überraschungseffekt* ist sowohl bei einem Vertreterbesuch an der Wohnungstüre, als auch bei der Kontaktaufnahme durch das Telefon gegeben, ebenso das *„Ungleichgewicht"* zwischen dem auf das Gespräch unvorbereiteten Wohnungs- resp. Fernsprechinhaber auf der einen und dem auf das Gespräch vorbereiteten und geschulten Werber auf der anderen Seite.[360] Die *Vergleichbarkeit* beider Direktmarketingmethoden wird insbesondere bei Benutzung einer Haussprechanlage im Falle eines Vertreterbesuches resp. des Telefons im Falle der Telefonwerbung deutlich:[361] In beiden Fällen ist der Verbraucher zur Identifikation des Besuchers/Anrufers gezwungen, nach Ertönen des akustischen Signals den Hörer zur Hand zu nehmen und sich auf den Kontakt einzulassen.

Herkömmlich wird der Störung durch Werbeanrufe aufgrund der *„technischen Eigenart des Telefons"* ein höherer Belästigungsgrad zugeschrieben, als dem traditionell als zulässig angesehenen Vertreterbesuch.[362] Letzterer ist nach höchstrichterlicher Rechtsprechung im Rahmen von § 1 UWG auch dann zulässig, wenn er unvermutet stattfindet und unerwünscht ist,[363] da für den Verkehr kein allgemeines Schutzbedürfnis vor dem Kontakt mit geschäftsgewandten Partnern bestehe.[364]

---

[359] Vgl. dazu *Paschke,* WRP 2002, S. 1219, 1222; *ders.*, S. 66 ff.

[360] *Ulrich,* WRP 1996, S. 1011, 1014.

[361] Ebenso: *Ulrich,* LM H 6/1995 UWG § 1 Nr. 677 (Telefonwerbung V), Bl. 1078, 1079; *ders.* in Festschrift für Vieregge, S. 901, 918; *Köhler*, LM H.6/1994 UWG § 1 Nr. 643, Bl. 1060, 1061.

[362] BGH NJW 1970, S. 1738, 1739 - Telefonwerbung I; BGH NJW 1994, S. 1071, 1072 - Lexikothek; BGH NJW 1994, S. 2028, 2029 = EWiR § 1 UWG 30/94, S. 1221 (*Paefgen*) – Schriftliche Voranmeldung; OLG Stuttgart, ZIP 1988, S. 674; KG Berlin, WRP 1995, S. 107, 112; *Hefermehl,* GRUR 1980, S. 622, 627; a.A. *Schade,* S. 123, 127; *Ulrich,* EWiR § 1 UWG 2/90, S. 187, 188.

[363] BGH GRUR 1959, S. 277, 280 – Künstlerpostkarten; ebenso BGH GRUR 1968, S. 648, 649 – Farbbildangebot; a.A. *Völp,* WRP 1973, S. 63, 64 ff.

[364] BGH GRUR 1993, S. 761, 763 – Makler-Privatangebot.

Mit der im *2. Kapitel* dargestellten Rechtsprechung des XI. Zivilsenats des BGH wird jedoch inzwischen anerkannt, dass *„bei Telefonanrufen die Einflussnahme auf den Kunden weniger intensiv"* ist als bei persönlicher Anwesenheit der anderen Vertragspartei, und ein Telefongespräch abzubrechen leichter fällt, als einen Besucher aus der Wohnung zu weisen.[365]

Damit zeichnet sich eine *neue Tendenz* zur *wettbewerbsrechtlichen Beurteilung unerbetener Vertreterbesuche* ab, die von der Literatur zunehmend aufgegriffen wird. Die Zahl der Kommentatoren, die eine uneingeschränkte Zulässigkeit unerbetener Vertreterbesuche weiterhin vertreten,[366] nimmt in Relation zu dem *Anwachsen kritischer Stimmen*[367] ab. Dies wird insbesondere in der neueren Kommentierung von *Baumbach/Hefermehl*[368] deutlich: Während in den Kommentar-Vorauflagen[369] nahezu uneingeschränkt die wettbewerbsrechtliche Zulässigkeit unerbetener Vertreterbesuche vertreten worden ist, erfolgt nunmehr eine Annäherung der wettbewerbsrechtlichen Beurteilung unerbetener Vertreterbesuche an diejenige unerbetener Telefonanrufe. Dieser Meinungsumschwung wird wie folgt begründet: *„Die Zwangssituation, in die Wohnungsinhaber bei unerbetenen Hausbesuchen geraten, ist aufgrund der Überraschungswirkung und des persönlichen Kontakts grundsätzlich stärker als bei einem unerbetenen Telefonanruf, dem man mit Auflegen des Hörers sofort begegnen kann."*

Ähnlich argumentiert auch *Krüger-Nieland*[370]: *„. . . bereits das Klingeln an der Haustür und die dann dem Umworbenen aufgezwungene Auseinanderset-*

---

365 BGH NJW 1996, S. 929, 930 – Telefonwerbung als Haustürgeschäft; so bereits *Köhler* in seiner Anmerkung zu BGH LM H.6/1994, § 1 UWG Nr. 643, Bl. 1061 Rs.; *Gilles,* Recht des Direktmarketing, S. 105, Rdnr. 143, der die Auffassung vertritt, es falle einem Kunden leichter, den ungewollten telefonischen Kontakt kurzerhand abzubrechen, als den Vertreter aus der Wohnung zu weisen.

366 *Emmerich,* S. 184; *Nordemann,* Wettbewerbsrecht, S. 117 f., Rdnr. 180; *Lehmann,* GRUR 1974, S. 133, 135 ff.

367 *Baumbach/Hefermehl,* § 1 UWG, Rdnr. 75b; *Krüger-Nieland,* GRUR 1974, S. 561, 563 f.; *Hefermehl,* GRUR 1980, S. 622, 627; *Droste,* GRUR 1970, S. 524, 525; *Gilles,* Recht des Direktmarketing, S. 105, Rdnr. 143; *Ulrich,* EWiR § 1 UWG 2/90, S. 187, 188.; *Völp,* WRP 1973, S. 61, 63 ff.; *Borck,* WRP 1980, S. 184, 188; *Paschke,* WRP 2002, S. 1219, 1222.

368 *Baumbach/Hefermehl,* § 1 UWG, Rdnr. 75b m.w.N.

369 Vgl. *Baumbach/Hefermehl,* 17. Aufl., § 1 UWG, Rdnr. 75.

370 *Krüger-Nieland,* GRUR 1974, S. 561, 563; bestätigend: *Krüger-Nieland,* WRP 1979, S. 1, 6.

*zung mit dem Einlassbegehren stellt . . . einen Angriff auf die Freiheit des Umworbenen dar, über seinen häuslichen Bereich selbst zu bestimmen.“*

Nach *Ulrich*[371] gehört wesentlich weniger *„Zivilcourage“* dazu, den Telefonhörer aufzulegen, als die Haustür wieder zu schließen. Auch der Gesetzgeber des HWiG ist ersichtlich von einer geringeren Einflussnahme bei telefonischen Verhandlungen, als bei persönlicher Anwesenheit des Gewerbetreibenden oder seines Vertreters, ausgegangen.[372]

Dem ist uneingeschränkt zu folgen: Sowohl der werbemäßige Kontakt über das Telefon, als auch der Werbekontakt mittels Vertreterbesuch setzen auf Individualisierung und erzeugen die für das Direktmarketing typische direkte *Konfrontation mit der Werbebotschaft* und mit einer konkreten Entscheidungssituation. Dabei kann es den Kunden in beiden Fällen aus Gründen der Höflichkeit, Unsicherheit, Scheu oder Ängstlichkeit schwer fallen, den Kontakt zu unterbrechen.[373] Die Hemmschwelle, dem Vertreter die Tür zu weisen, wird jedoch im Falle des direkten visuellen und persönlichen Kontaktes größer sein, als diejenige, den Hörer während des Gespräches mit einem anonymen Telefonwerber aufzulegen. Ein wiederholtes Klingeln an der Haustüre kann zudem eine Störung der Mitbewohner bedeutet, die sich diesem Geräusch in den Nachbarwohnungen nicht ohne weiteres entziehen können. Durch diese Faktoren und die physische Anwesenheit des Vertreters wird auf den Verbraucher ein erheblicher Handlungs- und Entscheidungsdruck ausgeübt, der bei Durchführung von Telefonwerbung in dieser Weise nicht besteht.

Der Verbraucher wird aufgrund des *persönlichen Kontaktes* außerdem eher dazu neigen, sich durch übereilte Vertragsabschlüsse von der Anwesenheit eines Vertreters befreien zu wollen.[374] Hinzu kommt beim Vertreterbesuch häufig der unmittelbare Warenkontakt, womit ein besonderer Kaufanreiz verbunden ist. Aus diesem Grund wurden das HWiG und nunmehr die Regelungen der §§ 312, 312a, 355 BGB als spezielle Verbraucherschutzgesetze geschaffen, welche die Rückgängigmachung von übereilten Entscheidungen ermöglichen, die aufgrund eines Haustürverkaufes getroffen worden sind. Die Bereitschaft zu einem spontanen telefonischen Vertragsabschluß wird hingegen aufgrund des bei einem Telefonat fehlenden Warenkontaktes regelmäßig geringer sein.[375]

---

371 *Ulrich*, Festschrift für Vieregge, S. 901, 911 f.

372 BT-Drucksache 10/2816; abgedruckt: ZiP 1985, 376, 381.

373 *Gilles*, Recht des Direktmarketing, S. 49, Rdnr. 62.

374 Vgl. Gesetzesbegründung zum HWiG, BT-Drucks. 10/2876, S. 6.

375 So auch *Fischer/Machunsky*, § 1, Rdnr. 77 m.w.N.

Durch die vorgeschlagene Liberalisierung aktiver Telefonwerbung einerseits und die Verschärfung der wettbewerbsrechtlichen Beurteilung unerbetener Vertreterbesuche andererseits kann eine rechtliche Angleichung dieser faktisch vergleichbaren Direktmarketingmethoden erfolgen.

Einer *wettbewerbsrechtlichen Gleichbehandlung* dieser beiden Werbemethoden stehen auch die bisher angeführten Differenzierungsargumente nicht entgegen:

## 1. Abwehrbarkeit als sachlicher Grund für eine Ungleichbehandlung

Im Vergleich zur unerwünschten Telefonwerbung wurde die Durchführung unerbetener Vertreterbesuche mit der Begründung als zulässig angesehen, dass man diesen durch Verschlossenhalten der Haustüre[376] oder durch *„schriftliche Hinweise an der Haustür, Abstellen der Glocke oder schlichte Passivität leicht"* ausweichen[377] und der unerbetene Vertreterbesuch *„an der Haustür häufig schon vor Kontaktaufnahme, spätestens aber alsbald nach Beginn eines Gesprächs erkannt und zurückgewiesen werden"*[378] könne.

Dabei bleibt einmal unberücksichtigt, dass Verbraucher mit Wohnungen in oberen Wohnblocketagen die Möglichkeit der Identitätsfeststellung durch Blickkontakt nicht haben, sondern vielmehr auf die Haussprechanlage und somit auf eine mit dem Telefonkontakt vergleichbare Kontaktaufnahme angewiesen sind. Häufig wird es sogar erforderlich sein, die Haustüre zu öffnen, um die Identität des Besuchers herauszufinden, womit bereits ein direkter persönlicher Kontakt hergestellt ist. Zum anderen wird der telefonisch angesprochene Verbraucher durch den vorgeschlagenen Standard-Einleitungssatz ebenso in die Lage versetzt, den Werbekontakt *„alsbald nach Beginn des Gesprächs"* zu erkennen und zurückzuweisen.

Maßnahmen, wie das *Abstellen der Glocke oder schlichte Passivität*, können ebenfalls zur Abwehr unerbetener Telefonanrufe eingesetzt werden. In beiden Fällen handelt es sich um unbefriedigende und unpraktikable Lösungen, die dem Verbraucher jegliche, auch gewollte, Kontaktmöglichkeiten abschneiden.

---

[376] OLG Hamburg, WRP 1961, S. 161; ebenso: KG Berlin, WRP 1976, S. 614, 616 f.

[377] OLG Stuttgart, ZIP 1988, S. 674, 675; ebenso: *Hefermehl,* GRUR 1980, S. 622, 626.

[378] KG Berlin, WRP 1995, S. 107, 112.

## 2. Zeitliche Beschränkbarkeit als sachliches Differenzierungsargument

Das *KG Berlin*[379] hat die Zulässigkeit von unerbetenen Vertreterbesuchen gegenüber aktiver Telefonwerbung damit begründet, dass erstere im allgemeinen *tagsüber und an Werktagen* stattfinden, während Telefonkontakte außerhalb dieser Zeiten gesucht würden.

Mit dem Vorschlag des *Window of Opportunity*, welches Telefonkontakte zu bestimmten Ausschlusszeiten ausnahmslos verbietet, wird dieses Argument aufgegriffen und für die Telefonwerbung umgesetzt. Die Einführung eines *Window of Opportunity* kann sich sowohl auf telefonische, als auch auf persönliche Werbekontakte erstrecken und damit den Erlaubnisrahmen für beide Werbemethoden vereinheitlichen.

## 3. Nachahmungsgefahr als sachlicher Grund für eine unterschiedliche Bewertung

Es wird weiterhin die Auffassung vertreten, dass bei Vertreterbesuchen die *Gefahr der Nachahmung* geringer sei, als bei der Telefonwerbung: Der Aufbau eines Direktvertriebssystems bedeute, so diese Argumentation, ein hohes Kostenrisiko, während zur Nachahmung der Telefonwerbung lediglich die Einstellung einer Telefonistin und die Sammlung von Telefonadressen erforderlich sei. Ein Überhandnehmen unbestellter Vertreterbesuche sei, anders als bei der Telefonwerbung, daher nicht zu erwarten.[380]

Abgesehen davon, dass die Nachahmungsgefahr allenfalls als Hilfsargument dienen und die Wettbewerbswidrigkeit einer Werbemethode für sich genommen nicht begründen kann, schließt die Kostenfrage die Gefahr der Nachahmung nicht zwangsläufig aus. Vielmehr zeigen die Beispiele des Einsatzes von sog. *Drückerkolonnen* gegenüber Haushalten, die nicht über ausreichende Telefon-

---

379 KG Berlin, WRP 1995, S. 107, 112; vgl. auch OLG Hamburg, WRP 1992, S. 728.

380 Vgl. LG Dortmund, BB 1968, S. 970; KG Berlin, WRP 1995, S. 107, 112; *Lehmann*, GRUR 1974, S. 133, 139; *Hefermehl*, GRUR 1980, S. 622, 627; *Raeschke-Kessler/ Schroeder*, Festschrift für Piper, S. 399, 404.

anschlüsse verfügen,[381] dass auch die Werbung durch Vertreterbesuche umfangreich nutzbar ist und auch genutzt wird.

## 4. Differenzierung aufgrund gewachsener Besitzstände und historischer Gegebenheiten

Die Zulässigkeit von Vertreterbesuchen wird zudem häufig mit der *Tradition des Vertreterhandels* begründet.[382] Dieses Argument hat mittlerweile jedoch erheblich an Überzeugungskraft verloren: Während nämlich zu denjenigen Zeiten, in denen ein Großteil der Bevölkerung in ländlichen Gebieten ohne Anbindung an das Versorgungssystem der Städte lebte, die Versorgung durch Hausierer oder ambulante Verkäufer existenznotwendig war, ist heute die Bedarfsdeckung durch ein weitgehend geschlossenes Netz von Verkehrsverbindungen, durch individuelle Mobilität sowie durch ein umfassendes System von Einkaufs- und Vertriebsmöglichkeiten sichergestellt.[383] Der Verbraucher ist auf den Verkauf an der Haustüre zur Sicherstellung der Grundversorgung nicht mehr angewiesen. Der Vertreterhandel hat damit diese ökonomische Funktion eingebüßt.[384]

Beim Vertreterhandel haben sich zudem die faktischen Verhältnisse von einer für die Verbraucher existenzwichtigen Handelsform zu einer *aggressiven Form des Direktvertriebs* für Spezialartikel und spezielle Dienstleistungen, wie z. B. Versicherungen oder Finanzdienstleistungen, geändert. Aufgrund dieser Veränderungen kann die traditionelle Nutzung eine Rechtmäßigkeit des heutigen Vertreterhandels nicht begründen.[385]

Dem steht auch der Verweis auf *wertvolle Besitzstände*, die durch jahrelange Billigung unerbetener Vertreterbesuche entstanden und daher zu schützen seien,

---

381 Vgl. *Gilles,* Recht des Direktmarketing, S. 30 Rdnr. 33. Als Beispiel sei auf den umfangreichen Einsatz von Drückerkolonnen in den Neubundesländern verwiesen.

382 Vgl. *Hefermehl,* GRUR 1980, S. 622, 626.

383 *Völp*, WRP 1973, S. 63, 65 f.; *Gilles,* Recht des Direktmarketing, S. 18 ff., Rdnr. 12 ff. m.w.N. zur historischen Entwicklung des Vertreterhandels.

384 Ebenso: *Gilles*, Recht des Direktmarketing, S. 19, Rdnr. 15; a.A. *Lehmann*, GRUR 1974, S. 133, 139, der *„neue Aufgaben"* für den Vertreterbesuch durch das unmittelbare Produkterlebnis und die optimale Produktdarbietung sieht.

385 Ebenso: *Zöller,* GRUR 1992, S. 297, 299.

nicht entgegen.[386] Dabei bleibt nämlich außer Betracht, dass Art. 14 GG zwar Bestandsschutz im Hinblick auf bereits vorhandene Besitzwerte, nicht hingegen Erwerbsschutz hinsichtlich möglicher *„Chancen, Aussichten und Hoffnungen"* gewährt.[387] Es kann somit keinen Anspruch auf Fortsetzung einer als unlauter erkannten Wettbewerbshandlung geben.[388]

Daran ändert auch das berechtigte Interesse an einer Kontinuität in der Beurteilung von wettbewerbsrechtlichem Handeln nichts, da eine solche Kontinuität bei Änderung der faktischen Verhältnisse unter Anwendung der wettbewerbsrechtlichen Generalklauseln und im Rahmen der gebotenen Einzelfallprüfung gegebenenfalls aufgegeben werden muss.

## 5. Differenzierung aufgrund gesetzlicher Vorschriften

Aus der Existenz der Haustürwiderrufsvorschriften (nunmehr: §§ 312, 312a BGB) und den §§ 55, 56 GewO wird weiterhin geschlossen, dass der Gesetzgeber unerbetene Vertreterbesuche grundsätzlich zugelassen und einen Schutz für die Verbraucher durch das nunmehr in den §§ 312, 355 BGB enthaltene Widerrufsrecht geschaffen hat.[389]

Die *Vorschriften zum Widerruf von Haustürgeschäften* und das Wettbewerbsrecht verfolgen jedoch unterschiedliche Ziele:[390] Das wettbewerbsrechtliche Verbot unerbetener Vertreterbesuche soll möglichen, dieser Werbeform immanenten Belästigungen präventiv entgegenwirken, wohingegen das *Widerrufsrecht* nach dem HWiG/BGB lediglich *nachwirkenden Verbraucherschutz* gegen die Folgen eines unüberlegten Vertragsabschlusses an der Haustüre gewährt.[391] Der nachwirkende Verbraucherschutz in Form des Widerrufsrechts für Haustürgeschäfte besteht unabhängig von der wettbewerbsrechtlichen Beurteilung der

386 *Baumbach/Hefermehl,* § 1 UWG, Rdnr. 75b m.w.N.; *Hefermehl,* GRUR 1980, S. 622, 627; *Krüger-Nieland,* GRUR 1974, S. 561, 563 f.; für Vertreterbesuche zweifelnd: *Paefgen,* WRP 1994, S. 73, 76 mit dem Hinweis auf BGH DB 1974, S. 473 – Campagne.

387 *Ulrich,* Festschrift für Vieregge, S. 901, 913.

388 *Völp*, WRP 1973, S. 63, 65.

389 BGH NJW 1994, S. 1071- Lexikothek = LM H.6/1994, Nr. 643 zu § 1 UWG mit Anm. *Köhler*; *Raeschke-Kessler/Schroeder,* Festschrift für Piper, S. 399, 403 f.

390 BT-Drucks. 10/2876 (1985), S. 7.

391 Ebenso: *Baumbach/Hefermehl,* § 1 UWG, Rdnr. 82; *Köhler/Piper,* § 1 UWG, Rdnr. 122.

jeweiligen Verkaufshandlung und kann daher eine wettbewerbsrechtlich relevante Belästigung nicht beseitigen.

Im Übrigen kann dieses Argument nach Umsetzung der im *5. Kapitel* noch näher zu beschreibenden *Fernabsatzrichtlinie* nicht mehr greifen, da für Verkäufe über das Telefon nunmehr ebenfalls Widerrufsregelungen nach den §§ 312b ff. BGB gelten.

Hinsichtlich der *Regelungen des Reisegewerbes* in den §§ 55, 56 GewO ist der Argumentation von *Köhler*[392] und *Baumbach/Hefermehl*[393] zuzustimmen, die in der gewerberechtlichen Zulässigkeit eines unbestellten Vertreterbesuches keine Bindung für eine Auslegung nach § 1 UWG sehen. Dem steht die von *Lehmann*[394] vertretene Begründung, ein Verbot unaufgeforderter Vertreterbesuche beeinträchtige gemäß Art. 12 Abs. 1 GG nicht nur die Berufsausübung, sondern sogar die Berufswahl, nicht entgegen. Dieser Aspekt wurde zwar vom BGH in seiner Entscheidung *Schriftliche Voranmeldung*[395] unter Rückgriff auf § 55 Abs. 1 Nr. 1 GewO aufgegriffen, wonach Ware ohne vorherige Bestellung von Personen feilgeboten werden darf, die eine Reisegewerbekarte i. S. dieser Vorschrift besitzen. Dadurch werde deutlich, so der Senat, dass der Gesetzgeber das unaufgeforderte Klingeln eines Vertreters an der Wohnungstür des Umworbenen zum Berufsbild gezählt habe. Wenn das unaufgeforderte Kommen und Klingeln des Vertreters aus wettbewerbsrechtlichen Gründen untersagt werde, verbliebe für das Hausierergewerbe im Rahmen von § 55 Abs. 1 Nr. 1 GewO kein Raum und die eigentliche Wahl dieses Berufes werde unmöglich gemacht.[396]

Das Feilhalten i. S. von § 55 Abs. 1 Nr. 1 GewO erfordert jedoch keineswegs zwingend das Klingeln an fremden Wohnungstüren. Vielmehr kann sich der Gewerbetreibende auch auf andere Art und Weise bemerkbar machen, so z. B. durch Verkaufsstände, Lautsprecherdurchsagen oder das Glockenschwingen auf der Straße.[397]

Die gewerberechtliche Beurteilung ist zudem unabhängig von der wettbewerbsrechtlichen Einschätzung zu sehen. Deshalb war der BGH auch nicht dar-

---

392 *Köhler/Piper,* § 1 UWG, Rdnr. 121 m.w.N.

393 *Baumbach/Hefermehl*, § 1 UWG, Rdnr. 75b.

394 *Lehmann,* GRUR 1974, S. 133, 135; vgl. auch *Schade,* S. 129.

395 BGH WRP 1994, S. 597 - Schriftliche Voranmeldung.

396 *Lehmann,* GRUR 1974, S. 133, 135; Schade, S. 129.

397 *Völp,* WRP 1973, S. 63, 66.

an gehindert, die Tätigkeit im Reisegewerbe durch Ansprechen von Passanten auf der Straße als einen Verstoß gegen § 1 UWG anzusehen.[398]

Im Übrigen ist zu berücksichtigen, dass die §§ 55 ff. GewO aus dem Jahre 1869 stammen und daher den inzwischen eingetretenen Rechtsänderungen, insbesondere der Anerkennung des allgemeinen Persönlichkeitsrechts, ebenso wenig Rechnung tragen, wie den Änderungen in den Anschauungen der Verbraucher und in der Bedeutung des Hausierergewerbes.

Aus den bestehenden gesetzlichen Regelungen zu Vertreterbesuchen lässt sich somit eine gesetzgeberische Entscheidung für die generelle Zulässigkeit unerbetener Vertreterbesuche nicht ableiten.[399] Auch kann aus der Existenz der vorgenannten Regelungen nicht im Umkehrschluss gefolgert werden, dass der Telefonverkauf wegen des Fehlens entsprechender Regelungen grundsätzlich unzulässig sein muss.

## 6. Sozialadäquanz als sachlicher Grund für eine Differenzierung

Der BGH nimmt für den Bereich der Vertreterbesuche an, dass es sich um eine *tradierte Werbeform* handele, bei der das *„Publikum gelernt“* habe, *„mit ihr auch dann, wenn sie unerwünscht ist, in der den eigenen Interessen entsprechenden Weise umzugehen“*. In jedem Fall könne von dem Verbraucher gegenüber einem unerbetenen Vertreter erwartet werden, dass er von seiner Freiheit, diesem den Zutritt zu verweigern, Gebrauch macht.[400]

Dieser Argumentation liegt die Annahme zugrunde, dass unerbetene Vertreterbesuche – ähnlich der Briefwerbung – eine allgemein akzeptierte und *sozialadäquate Erscheinung einer modernen Gesellschaft* sind und die Verbraucher aus diesem Grund die damit einhergehenden Belästigungen hinnehmen müssen. Im Hinblick auf die durch Umfrageergebnisse belegte und bereits dargestellte verbraucherseitige Ablehnung von Briefwerbung[401] und von Werbung durch Vertreterbesuche[402] ergeben sich hierzu jedoch erhebliche Zweifel.

---

398 *Baumbach/Hefermehl,* § 1 UWG, Rdnr. 60 ff. m.w.N.

399 Ebenso: *Ulrich*, Festschrift für Vieregge, S. 901, 914.

400 BGH GRUR 1968, S. 648, 649 - Farbbildangebot.

401 *Scharf,* WRP 1996, S. 393, 398; Deutsche Bundespost, Studie Direktwerbung, S. 32, 33.

402 *Gilles,* Recht des Direktmarketing, S. 41, Rdnr. 48 m.w.N.; *Ulrich,* Festschrift für Vieregge, S. 901, 912.

Unabhängig davon bieten die vorgenannten Kriterien keinen hinreichenden Grund für eine Differenzierung zwischen unerbetener Telefonwerbung und unerbetenen Vertreterbesuchen i. S. von Art. 3 Abs. 1 GG. Die Entwicklung von sozialer Akzeptanz einer Werbemethode setzt nämlich die Möglichkeit des Einsatzes und der an den Verbraucherbedürfnissen orientierten Fortentwicklung dieser Werbemethode voraus. Wenn eine Werbemcthodc aufgrund einer bestehenden Verbotsrechtsprechung nicht zum Einsatz kommen kann, ist eine verbraucherseitige Gewöhnung an diese Werbemethode nicht möglich; eine Verbraucherakzeptanz kann sich insoweit nicht entwickeln.

Zudem kann vom Verbraucher auch in den Fällen unerbetener Telefonwerbung erwartet werden, dass er von seiner Freiheit, das Telefonat zu unterbrechen, Gebrauch macht. Sachliche Gründe für eine Differenzierung sind insoweit nicht erkennbar.

### 7. Ergebnis

Die *traditionelle Argumentation* zur wettbewerbsrechtlichen Unterscheidung zwischen telefonischer Werbung und Werbung durch Vertreterbesuche hat an Stichhaltigkeit verloren.

Die *Veränderungen in den Kommunikationsstrukturen* und die zur aktiven Telefonwerbung vorgeschlagenen Verhaltensregeln sowie eine neuerdings veränderte Beurteilung des von Vertreterbesuchen ausgehenden Belästigungsumfanges führen vielmehr zu der Forderung, die *Voraussetzungen* eines *erlaubten Einsatzes beider Werbemethoden anzugleichen*. Dies kann dadurch geschehen, dass für unerbetene Vertreterbesuche ebenfalls das Präventivverbot mit Erlaubnisvorbehalt unter Berücksichtigung von Durchführungs- und Abwehrmodalitäten gilt und die Beurteilung aktiver Telefonwerbung in der vorgeschlagenen Weise liberalisiert wird.

## II. Unerbetene Telefonwerbung und Brief-, Btx- sowie eMail-Werbung

Die Zusendung *adressierter Briefwerbung* sowie der Einwurf von *unadressierten Handzetteln, Prospekten, Anzeigenblättern* oder Postwurfsendungen wird vom BGH grundsätzlich auch ohne Einwilligung des Empfängers mit der Begründung als *wettbewerbsrechtlich zulässig* angesehen, dass viele Verbraucher ein berechtigtes Interesse an Werbeinformationen haben und sich eines unerwünschten Werbebriefes ohne größere Umstände entledigen können.[403] Maßgebend sei dabei, ob der Brief *„auf den ersten Blick"* als Werbeschreiben erkennbar ist. Eine unzumutbare Verbraucherbelästigung könne bei Zusendung eines Werbebriefes allerdings dann vorliegen, wenn dieser Werbebrief als Privatbrief getarnt ist.[404]

Für die Wirtschaftswerbung mittels *Btx* gilt ähnliches: Die Werbung mittels Btx muss nach Art. 8 Btx-StV mit dem Buchstaben 'W' gekennzeichnet und somit als Werbung erkennbar gemacht sein.[405] Die aufgrund der Kennzeichnung leicht vorzunehmende Aussonderung der Werbenachrichten reduziert den damit verbundenen Aufwand auf ein hinnehmbares Maß, so dass in den Fällen ordnungsgemäßer Kennzeichnung die *Btx-Werbung* als *zulässige Werbemethode* angesehen wird.[406] Bei Unterlassen der Kennzeichnung ist die Btx-Werbung sowohl unter dem Gesichtspunkt der Vorteilserlangung durch Rechtsbruch,[407] als auch unter dem Aspekt der unzumutbaren Belästigung und der irreführenden Werbung lauterkeitsrechtlich unzulässig.[408]

Durch die rasante Entwicklung des *Internet*[409] und die damit verbundene Dienstleistung der elektronischen Post, dem sog. *eMail*, besteht zunehmend die Möglichkeit, Waren und Dienstleistungen *Online* zu bestellen.[410] Mit der entsprechenden Software[411] kann ein Absender bei minimalem Kostenaufwand tau-

---

403 BGHZ 60, 296, 299 = GRUR 1973, S. 552, 553 – Briefwerbung m. Anm. *Bauer*; zur Zulässigkeit einer Werbung in Briefform: BGH GRUR 1992, S. 622 – Verdeckte Laienwerbung; ebenso BGHZ 106, 229 = BGH GRUR 1989, S. 225 = NJW 1989, S. 902 – Handzettel-Wurfsendung; OLG Bremen NJW 1990, S. 2140 für Einwurf politischer Werbung in Briefkasten; *Baumbach/Hefermehl*, § 1 UWG, Rdnr. 71 ff. m.w.N.; *Köhler/Piper*, § 1 UWG, Rdnr. 170 ff. m.w.N.; *Alt*, Briefkastenwerbung, S. 45 ff.; *Weise*, GRUR 1989, S. 653 ff.

404 BGH GRUR 1973, S. 552, 553 - Briefwerbung.

405 *Paefgen*, MDR 1992, S. 112, 116.

406 BGH JZ 1988, S. 612, 614 – Btx-Werbung I; *Paefgen*, MDR 1992, S. 112, 116 m.w.N.; *Steckler*, GRUR 1993, S. 865, 872 f.

407 *Köhler/Piper*, § 1 UWG, Rdnr. 97.

408 *Paefgen*, MDR 1992, S. 112, 116.

409 Vgl. dazu *Gloy/Jacobs,Schulte-Beckhausen*, § 27, Rdnr. 30 ff. m.w.N.

410 *Leupold*, WRP 1998, S. 270.

411 Die Massenversendung von eMail-Werbung kann über sog. *bulk-eMail*-Programme erfolgen; vgl. *Leupold*, WRP 1998, S. 270, 271 m.w.N. und Informationen zum tatsächlichen Ablauf von eMail-Marketing. Ebenso: DDV-Report 10/2000, S. 27 mit den Infor-

sende oder – bei entsprechender Vernetzung – sogar Millionen Verbraucher ansprechen, ohne teuere Printmaterialien versenden zu müssen[412].

Die unaufgeforderte *Versendung von eMails mit werbemäßigem Inhalt* wird unter Rückgriff auf die Rechtsprechung zur Wettbewerbswidrigkeit von Telefon-, Telefax- und Btx-Werbung als Verstoß gegen § 1 UWG angesehen.[413] Zur Begründung wird angeführt, dass durch eMail-Werbung eine weitaus größere Belästigung der Empfänger zu erwarten sei, als bei der Briefkastenwerbung. Zudem sei wegen der geringen Kosten ein Sogeffekt nachahmender Konkurrenten zu befürchten, welche sich nicht an die Selbstbeschränkungen der werbetreibenden Unternehmen halten. Die Mühe und Arbeit, elektronische Werbung als solche zu erkennen und auszusortieren, stelle eine erhebliche Belästigung für den Empfänger dar.[414]

---

mationen, dass insgesamt 154 professionelle Internet-Newsletter ca. 3,3 Millionen Sichtkontakte erreichen. Nach einer Studie der Europäischen Kommission kann ein einziges Internet-Marketingunternehmen täglich 500 Millionen personalisierte eMails über das Netz versenden, FAZ v. 03.02.2001, S. 13.

412 Vgl. dazu FAZ v. 03.02.2001, S. 13.

413 LG Berlin, NJW-RR 2001, S. 628 f. = MMR 2001, S. 60; LG Hamburg, WRP 1999, S. 250 (Ls.); LG Ellwangen, MMR 1999, S. 675 ff.; LG Traunstein, MMR 1998, S. 53 (Ls.) = NJW 1998, S. 1648 f. = NJW-CoR 1998, S. 109 ff.; LG Berlin, NJW 1998, S. 3208 f. und AG Brakel, MMR 1998, S. 492 = NJW 1998, S. 3209 mit der Begründung aus §§ 823, 1004 BGB; a.A. LG Augsburg, NJW 2000, S. 593 f. für den Fall eines vorherigen Zugriffs auf die Datenbank des Werbenden und AG Kiel, MMR 2000, S. 51 ff. = NJW-CoR 2000, S. 106 (Ls.); LG Kiel, Urt. v. 20.06.2000, Az.: 8 S 263/99 (n.v.); *Spätgens* zu KG Berlin, EWiR § 1004 BGB 1/02, S. 753 f.; *Schrick,* MMR 2000, S. 399 ff.; *Hoeren,* S. 109 f., Rdnr. 261 m.w.N.; *Ernst,* BB 1997, S. 1057, 1060; *Schrey/Westerwelle*, BB 1997, Beil. 18, S. 17, 20 ff.; *Lange,* BB 2002, S. 561, 564 ff.; für eine grundsätzliche Zulässigkeit von eMail-Werbung: *Reichelsdorfer,* GRUR 1997, S. 191, 197; *Busche/Kraft,* WRP 1998, S. 1142, 1144 ff.; differenzierend: *Leupold,* WRP 1998, S. 270, 276; *Ziem,* MMR 2000, S. 129, 131 ff.; die Rechtslage zusammenfassend: *Wolber/Eckhardt,* DB 2002, S. 2581 ff.

414 Vgl. *Hoeren,* WRP 1997, S. 993, 995 m.w.N., der zudem auf die Gefahr einer außerordentlichen Belastung des Empfänger-Rechnersystems und des *net marketing overkill* mit der Folge von Datenverlusten, von Rücksendungen eingehender, jedoch nicht mehr speicherbarer Nachrichten und damit von einer Gefährdung des gesamten Datenverkehrs hinweist. *Schmittmann,* MMR 1998, S. 53, 54 hält den *net marketing overkill* durch eine sog. *Remote-Mailbox* oder durch einen beim *Provider* einsetzbaren Filter für vermeidbar. Nach *Leupold,* WRP 1998, S. 270, 271 erhalten in den USA größere Provider täglich zwischen 1000 und 3000 Beschwerden wegen unerwünschter eMail-Werbung.

Zur Vermeidung der unerbetenen Zusendung von eMail-Werbung wurden die *eRobinson-Liste* bzw. die *Bigfoot Privacy List* angelegt, die Internet-Anwendern eine kostenlose Eintragung zur Abwehr unerwünschter eMail-Werbung ermöglichen.[415] Weiterhin haben sich *Selbsthilfegruppen* gegen unerwünschte eMail-Werbung organisiert.[416] Schließlich wird eine *Kennzeichnungspflicht für Werbe-eMails* diskutiert, z. B. durch die Abkürzung *com* für *commercial* bzw. *Ad* für *Advertisement,* oder den Buchstaben *W* für *Werbung*, angebracht im Nachrichtenkopf *(eMail-header)* bzw. in der *Subject*-Zeile.[417]

Diese Diskussion entspricht im Übrigen den Vorschriften der *eCommerce-Richtlinie*[418], in deren Art. 7 Abs. 1 festgelegt ist, dass der kommerzielle Charakter von Werbe-eMails klar und unzweideutig erkennbar gemacht werden muss. Zugleich müssen die Mitgliedstaaten sicherstellen, dass die Diensteanbieter, die sich solcher Werbe-eMails bedienen, regelmäßig die vorerwähnten Robinson-Listen konsultieren und dort registrierte Empfänger von der Sendung ausnehmen, Art. 7 Abs. 2 eCommerce-Richtlinie.[419]

Handzettel, Werbebriefe oder sonstige Drucksachen sowie die Werbung über Btx und – nach Einführung einer Kennzeichnungspflicht – über eMail haben für den Verbraucher gegenüber der unerbetenen Telefonwerbung den Vorteil der *sofortigen Erkennbarkeit als Werbebotschaft.* Dieser Unterschied verliert jedoch mit dem Einsatz eines für unerbetene Werbeanrufe vorgeschlagenen standardisierten Einleitungssatzes an Bedeutung. Wenn der Verbraucher bereits im ersten Satz über den werbemäßigen Charakter des Anrufes informiert wird, kann er das Gespräch ebenso spontan unterbrechen, wie er unerwünschte Briefwerbung nach Erkennen des werbemäßigen Charakters spontan wegwerfen oder eMails nach Abruf aus dem elektronischen Briefkasten einfach löschen kann.

---

415 Diese Listen werden den Versendern von Massen-eMails gegen Entgelt und gegen Abgabe einer strafbewehrten Verpflichtungserklärung des Inhalts zur Verfügung gestellt, die in der Liste enthaltenen eMail-Adressen nicht zu bewerben. Vgl. *Leupold,* WRP 1998, S. 270, 272 m.w.N.

416 *Leupold,* WRP 1998, S. 270, 272.

417 *Spindler/Schmittmann,* MMR 2001, S. 10, 14 m.w.N.; *Leupold,* WRP 1998, S. 270, 279 m.w.N.; *Hoeren,* S. 110, Rdnr. 261; *Busche/Kraft,* WRP 1998, S. 1142, 1146; *Lange,* BB 2002, S. 561, 565.

418 Richtlinie 2000/31/EG des Europäischen Parlaments und des Rates vom 08.06.2000 über bestimmte rechtliche Aspekte der Dienste der Informationsgesellschaft, insbesondere des elektronischen Verkehrs im Binnenmarkt *(„Richtlinie über den elektronischen Geschäftsverkehr/eCommerce-Richtlinie“),* ABlEG 2000 Nr. L 178, 1.

419 Vgl. dazu *Lange,* BB 2002, S. 561, 566 m.w.N.

Der durch das Entfernen unerwünschter Brief- oder eMail-Werbung entstehende *Belästigungsgrad* ist mit der Belästigung vergleichbar, die durch ein Abbrechen des Telefonkontaktes zu Beginn des Werbegespräches entsteht: Die unerwünschte Briefwerbung muss vom Briefkasten in den Abfalleimer befördert werden, die unerwünschte eMail muss nach Identifikation als Werbesendung gelöscht werden, bei unerbetener Telefonwerbung muss der Verbraucher nach Vernehmen der einleitenden Information den Telefonhörer auflegen. In allen Fällen ist der Verbraucher mit der Werbebotschaft in Kontakt gekommen, entweder visuell durch Entgegennahme des Briefes bzw. durch das Abrufen der eMail-Sendungen oder akustisch durch Entgegennahme des Werbeanrufs. In allen Fällen muss der Verbraucher zur Beseitigung des Werbekontaktes aktiv werden.

Das Argument der vorherigen Erkennbarkeit und *„leichten Beseitigbarkeit"* ist als Differenzierungskriterium zu unerwünschter Telefonwerbung daher nicht mehr stichhaltig.

## III. Unerbetene Telefonwerbung und unaufgeforderte öffentliche Passantenansprache

Die gezielte und individuelle *Ansprache von Verbrauchern in der Öffentlichkeit* ohne ausdrückliches oder stillschweigendes Einverständnis, welches etwa durch die Bitte um Beratung oder das Betreten eines Geschäftes erklärt werden kann,[420] ist nach § 1 UWG grundsätzlich unzulässig.[421] Maßgebend ist dabei die Erwägung, dass die angesprochene Person durch die persönliche Kontaktaufnahme gezwungen ist, sich mit einem bestimmten Angebot zu befassen. Dem derart umworbenen Verbraucher falle es aus Gründen der Höflichkeit schwer,

---

420 *Köhler/Piper*, § 1 UWG, Rdnr. 109 ff. m.w.N.

421 BGH GRUR 1965, S. 315 – Werbewagen (Ansprechen vor einem Bücherwagen); BGH, Urt. v. 16.12.1964 - I b ZR 43/63, zitiert nach *Ulrich*, Festschrift für Vieregge, S. 901, 908 (Ansprechen vor dem eigenen Ladenlokal); BGH GRUR 1960, S. 431 – Kraftfahrzeugnummernschilder (Ansprechen vor einer Kfz-Zulassungsstelle); BGH Urt. v. 30.06.1971 - I ZR 33/70, zitiert nach *Ulrich*, Festschrift für Vieregge, S. 901, 908 (Ansprechen am Landungssteg einer Schiffahrtslinie); KG Berlin, WRP 1978, S. 721 (Ansprechen von Brautpaaren im Bereich des Standesamtes durch Fotografen); OLG Köln, MMR 2002, S. 184 = NJW-RR 2002, S. 547 f. (Straßenakquisition für TK-Dienstleistungen); *Köhler/Piper*, § 1 UWG, Rdnr. 109 m.w.N.

einfach weiterzugehen, so dass häufig die Bereitschaft bestehe, den Gesprächspartner anzuhören.[422]

Als sittenwidrig wurde insbesondere auch das unerbetene Ansprechen von Personen angesehen, die sich in Ausnahmesituationen, wie z. B. nach einem Autounfall, befinden und dadurch zu einer unbefangenen Prüfung und freien Entscheidung nicht in der Lage sind.[423] Etwas anderes soll jedoch beim bloßen *Verteilen von Werbegeschenken und Werbezetteln*[424] sowie bei speziellen *Verkaufsveranstaltungen*[425], wie Jahrmärkte oder Messen[426] bzw. Werbe- und Unterhaltungsveranstaltungen[427] gelten, bei denen der Verbraucher darauf gefasst ist, angesprochen zu werden.

Die gezielte individuelle Ansprache von Passanten auf öffentlichen Straßen oder Plätzen ist grundsätzlich vergleichbar mit dem werbemäßigen Telefonkontakt,[428] zeigt jedoch einen *höheren Grad an Belästigung*. Im Falle der Telefonwerbung bleibt der Anrufer als Person anonym, während der Straßenwerber physisch präsent ist. Hinzu kommt, dass ein unerwünschter Telefonanruf durch das einfache Auflegen des Telefonhörers, Straßenwerbung jedoch im besten Fall durch Unterbrechung des Gesprächs, bei besonders hartnäckigen Werbern nur durch Verlassen des Ortes beendet werden kann. Im Hinblick darauf, dass die Straßenwerbung in der Öffentlichkeit stattfindet, wird der angesprochene Verbraucher in seinen Reaktionen zudem häufig gehemmter sein, als bei einem Telefonkontakt.

Der *physische Kontakt zwischen Verbraucher und Werber* wird daher grundsätzlich eine größere Bedrängnis auslösen, als dies bei der Kontaktaufnahme durch einen Telefonwerber der Fall ist. Aus diesem Grund ist eine Differenzierung der beiden Werbemethoden durch Beibehaltung des Totalverbotes von persönlicher Straßenwerbung und durch Liberalisierung der wettbewerbsrechtlichen Beurteilung unerbetener Telefonwerbung sachlich gerechtfertigt.

---

422 BGH GRUR 1960, S. 431, 432 f. – Kraftfahrzeugnummernschilder; BGH GRUR 1965, S. 315, 316 – Werbewagen; ebenso: *Gilles*, Recht des Direktmarketing, S. 70, Rdnr. 100.

423 BGH GRUR 1975, S. 264 – Werbung am Unfallort I; BGH GRUR 1975, S. 266 – Werbung am Unfallort II; BGH WRP 1980, S. 392 – Werbung am Unfallort III; dazu: *Gilles,* Recht des Direktmarketing, S. 70 f., Rdnr. 100.

424 BGH GRUR 1994, S. 639, 640 – Pinguin-Apotheke.

425 *Gilles,* Recht des Direktmarketing, S. 74 ff., Rdnr. 103 m.w.N.

426 *Baumbach/Hefermehl,* § 1 UWG, Rdnr. 64.

427 *Gilles,* Recht des Direktmarketing, S. 72 f., Rdnr. 102 m.w.N.

428 Ebenso: *Hofmann,* WRP 1970, S. 8, 9.

## IV. Unerbetene Telefonwerbung und Telefaxwerbung

Die Beibehaltung des geltenden Verbotes von Telex-[429] und Telefax-Werbung[430] ist in Abgrenzung zu der für unerbetene Telefonwerbung vorgeschlagenen Liberalisierung ebenfalls begründbar.

Der sachliche Grund für diese Differenzierung liegt insbesondere darin, dass dem Empfänger der Telex- und Telefax-Werbung die *Kosten für die Telefax-Werbung* insoweit aufgebürdet werden, als er die Kosten für die Bereithaltung des Empfangsgerätes, für das Material, welches durch das eingehende Werbefax verbraucht wird, sowie für das Sichten und Aussortieren der Werbesendungen tragen muss.[431]

Erschwerend kommt hinzu, dass durch die Übermittlung unerbetener Telefax-Werbeschreiben das Empfangsgerät für weitere Mitteilungen blockiert ist, und der Kontakt – im Gegensatz zu blockierten Telefonleitungen – durch den Empfänger nicht ohne weiteres unterbrochen werden kann.[432]

Die Werbung durch Telefax ist daher graduell belastender, als unerbetene Telefonwerbung. Dem wird auf europäischer Ebene dadurch Rechnung getragen, dass in Art. 10 Abs. 2 der *Fernabsatzrichtlinie* die Übermittlung von Werbung durch Telefax, nicht jedoch diejenige mittels eines Telefons, der vorherigen Zustimmung des Verbrauchers bedarf.

Der amerikanische *TCPA* geht noch weiter und normiert in 47 USC. § 227(b)(1)(C) ein totales Verbot *„to use any telephone facsimile machine, com-*

---

429 BGHZ 59, 317, 321 = GRUR 1973, S. 210, 211 – Telex-Werbung m. Anm. *Droste*; *Baumbach/Hefermehl*, § 1 UWG, Rdnr. 69a m.w.N.; *Steckler,* GRUR 1993, S. 865, 872.

430 BGH WRP 1996, S. 100 – Telefax-Werbung; OLG Oldenburg, NJW 1998, S. 3208; LG Bonn, WRP 2001, S. 587; LG Augsburg, WRP 2002, S. 587 f.; AG Baden-Baden, Urt. v. 27.06.1999 – 7 C 70/99, zit. nach DDV-Report 05/2000, S. 32; AG Frankfurt/Main, MMR 2002, S. 490 (n.rkr.) zu Schadensersatz wegen unverlangter Faxwerbung; *Schmittmann,* Telefaxübermittlungen, S. 184 ff. m.w.N.; vgl. dazu: *Hoeren*, NJW 2002, S. 1521 ff.; *ders.*, NJW 2001, S. 2525 ff.

431 Vgl. zum Kostenaufwand beim Empfänger von 0,03 Cent pro Telefax-Übermittlung einer DIN-A-4-Seite: LG Hamburg, AfP 1988, S. 387 = NJW-RR 1989, S. 487; ebenso OLG Stuttgart, NJW-RR 1995, S. 615 m.w.N.; AG Frankfurt/Main, MMR 2002, S. 490 (n.rkr.); *Hoeren,* NJW 2001, 2525 ff.

432 Darauf hat im Zusammenhang mit der Telex-Werbung bereits *Nordemann,* WRP 1969, S. 16 f. hingewiesen.

*puter, or other device to send an unsolicited advertisement to a telephone facsimilie machine".*[433]

Telex- bzw. Telefax- und Telefonwerbung weisen somit eine unterschiedliche Belästigungsintensität auf, die eine differenzierte wettbewerbsrechtliche Beurteilung unter Beibehaltung des Verbots unerbetener Telefax-Werbung und der vorgeschlagenen Liberalisierung unerbetener Telefonwerbung rechtfertigt.

## V. Unerbetene Telefonwerbung im Vergleich zur Scheibenwischerwerbung

Auf einer Belästigungsskala von unzumutbarer bis zu unerheblich belästigender Werbung hat das *OLG Hamm*[434] die Befestigung von Flugblättern und Werbematerial hinter den Scheibenwischern parkender Kraftfahrzeuge als *„noch nicht das Maß an Belästigung"* erreichend angesehen, wie sie *„etwa bei der Btx-Werbung, der Telex-Werbung oder der Telefax-Werbung gegeben"* sei. Die *Scheibenwischerwerbung* lege dem an der Werbung uninteressierten Verbraucher lediglich das Entsorgungsproblem auf.

Abgesehen davon, dass die Zweckbestimmung eines Kraftfahrzeugs den vereinfachenden Vergleich mit einem Briefkasten verbietet, ist die Einordnung der Scheibenwischerwerbung als geringfügig belästigend auch im Hinblick auf die als belästigend angesehene Telefonwerbung nicht sachgerecht:[435]

Während durch die Telefonwerbung eine Umweltbelastung gerade nicht erfolgt, stellt die Entfernung von – teilweise feuchten und abfärbenden – Werbezetteln nicht nur eine Zumutung für den Umworbenen, sondern zudem eine beträchtliche Belastung für die Umwelt dar, insbesondere wenn sie durch Wegwerfen auf die Straße entsorgt werden. Im Verhältnis zu der wettbewerbsrechtlichen Beurteilung aktiver Telefonwerbung ist die lauterkeitsrechtliche Einordnung der Scheibenwischerwerbung daher anzupassen und als solche grundsätzlich zu untersagen.

---

433 Dazu auch: *Paefgen*, GRUR Int. 1993, S. 208, 213.
434 OLG Hamm, GRUR 1991, S. 229 ff. = EWiR § 1 UWG 10/91, S. 507 m. Anm. *Alt*;
435 Ebenso: *Dahlen*, MDR 1991, S. 1130, 1131.

## VI. Ergebnis

Die vorstehenden Ausführungen zeigen, dass sich die *Vorschläge zur Liberalisierung aktiver Telefonwerbung* in das Beurteilungsgefüge zu vergleichbaren Direktmarketingmethoden *einfügen* und noch bestehende *Differenzierungen* entweder *sachlich begründbar* und daher der Werbepraxis auch vermittelbar sind, oder durch Anpassung der Beurteilung der übrigen Direktmarketingmethoden beseitigt werden können.

Es stellt sich nunmehr die Frage, inwieweit die Liberalisierungsvorschläge für das Beurteilungsgefüge zur aktiven Telefonwerbung *Business-to-Business* verwendbar sind.

# 4. Kapitel – Darstellung, Analyse und kritische Bewertung der wettbewerbsrechtlichen Beurteilung aktiver Telefonwerbung im Bereich *Business-to-Business*

## A. Vorbemerkung

Unter Telefonwerbung *Business-to-Business* ist die Werbung bei Firmenkunden, Gewerbetreibenden oder freiberuflich Tätigen zu verstehen.[1] Sobald Gewerbetreibende als Privatpersonen oder aber im Geschäftsbereich mit Werbeangeboten angesprochen werden, die den Privatbereich betreffen, gelten die Ausführungen zur Telefonwerbung *Business-to-Consumer.* Dem Gewerbetreibenden kommt insoweit derselbe Schutz zu, wie dem mittels Telefonwerbung angesprochenen (Letzt-)Verbraucher.[2]

Nach *Telefonwerbung I* blieb die Frage der Zulässigkeit von aktiver Telefonwerbung im Bereich *Business-to-Business* lange Zeit ungeklärt. Die instanzgerichtliche Rechtsprechung zum gewerblichen Telefonmarketing entwickelte sich auf der Basis der BGH-Entscheidung zur *Telexwerbung*, die 1973 einzelfallbezogen für den Geschäftsbereich untersagt worden war.[3]

Im Gegensatz zu der Beurteilung der Telefonwerbung im Privatbereich hielt der BGH die ausschließlich im Geschäftsbereich eingesetzte Telexwerbung für weniger belästigend. Dabei wurde deutlich, dass der Gesichtspunkt der *„freien Persönlichkeitsentfaltung"* nicht ohne weiteres auf die Beurteilung von Werbung *Business-to-Business* übertragbar ist. Vielmehr erfolgte die Beurteilung der Telex-Werbung unter Berücksichtigung der aus persönlichen, sachlichen und sonstigen Mitteln zusammengesetzten Betriebsorganisation und unter Rückgriff auf das delikts-[4] und verfassungsrechtlich[5] anerkannte *„Recht am eingerichteten und ausgeübten Gewerbebetrieb"*.

---

1 *Aßum, Piske/Dallmer*, Handbuch 1997, S. 507, 514 ff.

2 BGH GRUR 1990, S. 617, 619 f. - Metro III m.w.N.; a.A. *Schricker* GRUR Int. 1970, S. 32, 38 f.; *Hofmann,* WRP 1970, S. 8 meint sogar, dass sich ein Geschäftsmann gegen den Zwang, sich mit dem Anrufer unterhalten zu müssen, aus Rücksichtnahme auf das Geschäft noch weniger *„wappnen"* könne, als der Inhaber eines privaten Anschlusses.

3 BGH, GRUR 1973, S. 210 – Telexwerbung.

4 *Palandt-Thomas*, § 823, Rdnr. 19 ff. m.w.N.

Das Interesse des Inhabers eines gewerblichen Telexanschlusses wurde darin gesehen, die Anlage von einer funktionsbeeinträchtigenden Inanspruchnahme durch unerwünschte Werbung freizuhalten. Im Hinblick auf den regelmäßigen Einsatz von Telexwerbung im geschäftlichen Bereich räumte der Senat jedoch ein, dass ein Interesse des Telexteilnehmers an sachbezogener Werbung nicht von vornherein ausgeschlossen werden könne. Sachbezogene Werbung liege dann vor, wenn für die angebotene Ware oder Leistung beim Adressaten ein Bedürfnis bestehe oder ein solches aufgrund sachlicher Erwägungen vermutet werden könne. Außerdem müsse ein sachlicher, in der Interessenssphäre des Adressaten liegender Grund gegeben sein, das Angebot über Fernschreiben übermittelt zu bekommen.[6] Damit waren diejenigen Kriterien entwickelt, die seither die wettbewerbsrechtliche Beurteilung aktiver Telefonwerbung *Business-to-Business* bestimmen.

## B. Stand der Rechtsprechung und Diskussionsstand in der Literatur

Der BGH hat erst 1991 mit *Telefonwerbung IV*[7] zum Telefonmarketing im Geschäftsbereich Stellung genommen. Die Entwicklung der Rechtsprechung zum gewerblichen Telefonmarketing lässt sich daher am besten in einem ersten Schritt durch die Rechtsprechung der Instanzgerichte *vor,* in einem zweiten Schritt durch die Argumente des BGH *in*, und in einem dritten Schritt durch die Rechtsprechung der Instanzgerichte *nach Telefonwerbung IV* darstellen.

### I. Rechtsprechung der Instanzgerichte vor *Telefonwerbung IV*

Die Instanzgerichte vor *Telefonwerbung IV* haben eine Belästigung durch unerbetene Telefonwerbung im gewerblichen Bereich damit begründet, dass mit dem Werbeanruf eine Störung der beruflichen Tätigkeit einhergehe,[8] der Telefonanschluss für geschäftsbezogene Gespräche für die Dauer des Werbeanrufs blo-

---

5 v. *Münch/Kunig*, Art. 14, Rdnr. 18 ff. m.w.N.

6 BGH, GRUR 1973, S. 210, 211 – Telexwerbung.

7 BGH NJW 1991, S. 2087 – Telefonwerbung IV.

8 OLG Düsseldorf, Urt. v. 14.07.1988, Az.: 2 U 210/87 (n.v.); OLG Hamburg, GRUR 1977, S. 225 – Teletessen; LG Berlin, WRP 1973, S. 548, 549.

ckiert[9] und eine Gefahr der Überrumpelung von Angestellten[10] gegeben sein könne. Zwar müsse ein Gewerbetreibender, anders als Privatpersonen, eher mit Anrufen potentieller Geschäftspartner rechnen,[11] so dass die Belästigung nicht schon von dem Umstand ausgehen könne, überhaupt von einer fremden Person angerufen zu werden. Dennoch unterhalte der Gewerbetreibende den Telefonanschluss nicht im Interesse der Werbenden[12]. Im Übrigen sei auch im gewerblichen Bereich mit einer *„Verwilderung des Telefonverkehrs“* bei Anerkennung dieser Werbemethode zu rechnen.[13]

Die Telefonwerbung *Business-to-Business* wurde jedoch dann als zulässig angesehen, wenn der Gewerbetreibende den Anruf erbeten hatte oder der Werbende annehmen konnte, der Gewerbetreibende werde mit dem Anruf einverstanden sein.[14] In Anlehnung an die Rechtsprechung zur Telexwerbung sollte dazu erforderlich sein, dass der Anruf sich auf *„den Gegenstand der eigentlichen gewerblichen Tätigkeit des Angerufenen“* (Geschäftsgegenstand) und nicht auf bloße Hilfsmittel, die der eigentlichen Tätigkeit untergeordnet sind, bezieht (Sachbezogenheit).[15] In der bloßen Gewinnerzielung wurde kein *„eigentlicher Geschäftszweck“* im vorstehenden Sinne gesehen, da ansonsten eine

---

9 OLG Hamburg, DB 1989, S. 1407, 1408; OLG Düsseldorf, Urt. v. 14.07.1988, Az.: 2 U 210/87 (n.v.); LG Düsseldorf, Urt. v. 12.07.1990, Az.: 38 O 81/90 (n.v.).

10 OLG Hamburg, GRUR 1977, S. 225, 226 – Teletessen.

11 OLG Hamburg, DB 1989, S. 1407, 1408.

12 OLG Hamburg, DB 1989, S. 1407, 1408; OLG Düsseldorf, Urt. v. 14.07.1988, Az.: 2 U 210/87 (n.v.); LG Düsseldorf, Urt. v. 12.07.1990, Az.: 38 O 81/90 (n.v.)

13 OLG Hamburg, GRUR 1987, S. 60; OLG Düsseldorf, Urt. v. 14.07.1988, Az.: 2 U 210/87 (n.v.); OLG Hamburg, GRUR 1977, S. 225, 226 – Teletessen; LG Bielefeld, Urt. v. 27.09.1991, Az.: 10 0 125/91 (n.v.).

14 OLG Hamburg, GRUR 1987, S. 60; OLG Düsseldorf, Urt. v. 14.07.1988, Az.: 2 U 210/87 (n.v.); LG Düsseldorf, Urt. v. 12.07.1990, Az.: 38 O 81/90 (n.v.); LG Berlin, WRP 1973, S. 548, 549.

15 OLG Hamburg, DB 1989, S. 1407 (Kraftfahrzeuge kein Geschäftsgegenstand eines Rechtsanwalts); OLG Düsseldorf, Urt. v. 14.07.1988, Az.: 2 U 210/87 (n.v.) (Betriebliche Versicherungsanalysen kein Geschäftsgegenstand eines Büromöbelhändlers); OLG Hamburg, GRUR 1987, S. 60 = EWiR § 1 UWG 1/87, S. 289 (*Gilles*); OLG Koblenz, NJW 1987, S. 3269 (Keine Sachbezogenheit bei Telefonwerbung für Präsente bei Rechtsanwälten); OLG Hamburg, GRUR 1977, S. 225 - Teletessen (Telefonwerbung gegenüber Inserenten nicht sachbezogen); LG Hamburg, NJW-RR 1990, S. 620, 621 (Beschaffung von Büromaterial kein geschäftlicher Tätigkeitsbereich eines Einzelhandelsverbandes).

uneingeschränkte Telefonwerbung durch Unternehmensberatungsfirmen oder Versicherungen möglich wäre.[16]

Neben der Sachbezogenheit wurde ein sachlicher, in der Interessenssphäre des Gewerbetreibenden liegender Grund zur Rechtfertigung der unerbetenen Telefonwerbung gefordert.[17] Ein solcher sachlicher Grund wurde bei wirtschaftlich bedeutsamen Angeboten oder bei Vorliegen einer besonderen Eilbedürftigkeit anerkannt.[18]

## II. *Telefonwerbung IV* (BMW-Urteil)

Mit der Entscheidung *Telefonwerbung IV* [19] hat der BGH die Voraussetzungen erlaubter Telefonwerbung für den gewerblichen Bereich festgelegt.

### 1. Sachverhalt und Entscheidungsgründe

Der Entscheidung lag folgender Sachverhalt zugrunde: Ein Automobilhersteller hatte eine Telefonmarketing-Agentur eingeschaltet, die mehrmals telefonisch mit einer Hamburger Anwaltssozietät Kontakt aufnahm, um jeweils einem anderen Anwalt eine kostenlose Probefahrt anzubieten. Das *LG Hamburg*[20] hat der Klage stattgegeben. Die Berufung vor dem *OLG Hamburg*[21] blieb ohne Erfolg.

Der *BGH* betonte in diesem Urteil den Unterschied zwischen Telefonwerbung im Privat- und im Geschäftsbereich, der darin liege, dass ein Geschäftsinhaber den Anrufen von unbekannten Personen aufgeschlossener gegenüberstehe. Dennoch müsse berücksichtigt werden, dass telefonische Werbemaßnahmen auch in der beruflichen Tätigkeit zu *„belästigenden oder sonst unerwünschten Störungen"*, insbesondere zu einer den *„Geschäftsgang störenden Belegung des Telefonanschlusses"* führen könnten.

---

16 OLG Düsseldorf, Urt. v. 14.07.1988, Az.: 2 U 210/87 (n.v.); LG Düsseldorf, Urt. v. 12.07.1990, Az.: 38 O 81/90 (n.v.).

17 OLG Hamburg, GRUR 1987, S. 60.

18 OLG Hamburg, GRUR 1977, S. 225 – Teletessen.

19 BGH, Urt. v. 24.01.1991, BGHZ 113, S. 282 = NJW 1991, S. 2087 = GRUR 1991, S. 764 = WRP 1991, S. 470 = EWiR § 1 UWG 11/91, S. 615 (*Raschke-Kessler*) = WuB V B. § 1 UWG 6.91 m. Anm. *Salger*.

20 LG Hamburg, Urt. v. 16.06.1988, Az.: 312 O 143/88 (n.v.).

21 OLG Hamburg, DB 1989, S. 1407 = EWiR § 1 UWG 8/89, S. 923 (*Gilles*).

Ob und inwieweit die Bereitschaft eines gewerblichen Anschlussinhabers feststellbar ist, telefonische Werbemaßnahmen hinzunehmen, macht der BGH vom Grad des Interesses des Gewerbetreibenden an der Werbung abhängig. Ein solches Interesse könne jedoch nicht aus dem bloßen allgemeinen Sachbezug zum Geschäftsbetrieb hergeleitet werden. Dies würde zu einer nahezu unbegrenzten Zulässigkeit der Telefonwerbung im gewerblichen Bereich führen. Hinzukommen müsse vielmehr ein konkreter, sich aus dem Interessenbereich des Anzurufenden ergebender Grund, der den Einsatz gerade dieser Werbemethode rechtfertige. Ein für die Rechtfertigung von Telefonwerbung ausreichender *„konkreter Grund"* liege regelmäßig nur dann vor, wenn der Anzurufende ausdrücklich oder konkludent sein Einverständnis mit derartigen Anrufen erklärt habe oder wenn konkrete tatsächliche Umstände ein sachliches Interesse des Anzurufenden i. S. von § 683 BGB vermuten lassen.

Das *OLG Hamburg* hatte in der Berufungsentscheidung ebenfalls auf die Möglichkeit der Einverständnisvermutung abgestellt und eine solche grundsätzlich dann gesehen, wenn der Anruf zum eigentlichen Geschäftsgegenstand im Sinne einer *„unmittelbaren Betriebsbezogenheit des beworbenen Gegenstandes"* erfolge. Bei Werbeanrufen, die bloße Hilfsmittel der beruflichen Betätigung umfassen, sollte dagegen ein Einverständnis grundsätzlich nicht vermutet werden können.

Der BGH hat diese Betrachtung als *„teils zu eng, teils zu weit"* abgelehnt und es als alleinig entscheidend angesehen, ob der Anzurufende den Anruf erwartet habe oder ihm jedenfalls positiv gegenüberstehe. Nicht entscheidend sei dagegen, ob die Telefonwerbung den eigentlichen Geschäftsgegenstand im vorstehenden Sinne betreffe, da unschwer Fälle vorstellbar seien, in denen auch bei Telefonwerbung für Hilfsmittel das Einverständnis des Angerufenen vermutet werden könne. Allerdings hat der BGH zugestanden, dass Gründe für die Annahme eines vermuteten Einverständnisses bei bestehender Geschäftsverbindung sowie in den Fällen, in denen die Werbeanrufe den eigentlichen Geschäftsgegenstand betreffen, häufig gegeben sein dürften.

Im konkreten Fall hat der BGH eine allgemeine Sachbezogenheit der Werbung für Kraftfahrzeuge gegenüber Rechtsanwälten akzeptiert, jedoch einen konkreten Grund, der es erlaubt hätte, bei den Angerufenen gerade auf telefonischem Wege zu werben,[22] nicht gesehen.

[22] Vgl. dazu: *Klawitter*, NJW 1993, S. 1620, 1621 f.

## 2. Stellungnahme

Der BGH hat die vom *OLG Hamburg* entwickelte Unterscheidung zwischen dem *„eigentlichen Geschäftsgegenstand"* und den Hilfsmitteln zu Recht abgelehnt. Die von *Salger*[23] hierzu geäußerte Kritik, damit sei anstelle von Rechtsklarheit Unsicherheit geschaffen worden, wird nicht geteilt. Vielmehr vermeidet die vom BGH entwickelte, sachübergreifende Vermutungsregelung nicht nur definitorische Probleme zur Abgrenzung des *„eigentlichen Geschäftsgegenstandes"* gegenüber Hilfsmitteln, sondern auch Probleme in der Zuordnung eines Anrufes als zum *„eigentlichen Geschäftsgegenstand"* oder zu bloßen Hilfsmitteln gehörend.[24]

Missverständlich ist allerdings die vom BGH hergestellte Verbindung zwischen allgemeinem Sachbezug einerseits und dem erklärten Einverständnis andererseits. Für den Fall, dass der Angerufene sein Einverständnis zu einer telefonischen Werbemaßnahme unter Nutzung seines Geschäftsanschlusses – ausdrücklich oder konkludent – erklärt hat, kann es nicht mehr darauf ankommen, ob diese Werbung einen allgemeinen Sachbezug zum Geschäftsbetrieb des Beworbenen aufweist. Das ausdrücklich erklärte oder durch objektive Anhaltspunkte feststellbare konkludente Einverständnis begründet für sich genommen die Zulässigkeit dieser Werbemethode. Das Kriterium der Sachbezogenheit kann also nur im Zusammenhang mit der Einverständnisvermutung bedeutsam sein.[25]

Zu der Frage, welche Kriterien für die Annahme eines vermuteten Einverständnisses erfüllt sein müssen, schweigt der BGH und überlässt die Konkretisierung dieses Tatbestandsmerkmals den Instanzgerichten.

## III. Rechtsprechung der Instanzgerichte nach *Telefonwerbung IV*

Die Instanzgerichte haben die Vorgaben aus *Telefonwerbung IV* bisher restriktiv ausgelegt:[26] So entschied das *OLG Hamburg*[27], dass der regelmäßig in Gewerbe-

---

23 *Salger,* WuB V B.§ 1 UWG 6.91, S. 1176, 1177.

24 Ebenso *Raeschke-Kessler*, EWiR § 1 UWG 11/91, S. 615, 616; *Gilles,* EWiR § 1 UWG 8/89, S. 923, 924.

25 Ebenso: *Klawitter,* GRUR 1991, S. 764, 766.

26 OLG Frankfurt/Main, CR 1995, S. 731 zur Telefonwerbung eines Diamantenhändlers bei einem Ingenieurbüro; OLG Hamburg, NJW-RR 1992, S. 1132 zur Telefonwerbung für den Verkauf von Fotokopiergeräten bei Steuerberatungsgesellschaften; OLG Hamm,

betrieben bestehende Bedarf nach Bürogeräten (hier: Fotokopiergeräte) nicht die Annahme rechtfertige, der Gewerbetreibende sei mit einer diesbezüglichen Telefonwerbung einverstanden. Das *OLG Hamburg*[28] hat in Fortsetzung dieser Rechtsprechung auch die Annahme, ein Gewerbebetrieb habe grundsätzliches Interesse an einer Anzeigenschaltung, für eine berechtigte Einverständnisvermutung nicht ausreichen lassen, wenn zu dem mittels aktiver Telefonwerbung anfragenden Verlag bislang kein Kontakt bestand.

Das *LG Mainz*[29] hat die Telefonwerbung einer Zeitarbeitsfirma als unzulässige Belästigung angesehen, da die bloße Sachbezogenheit des Tätigkeitsbereichs des angebotenen Leiharbeitnehmers zum Geschäftsbetrieb des Angerufenen für eine Rechtfertigung der Telefonwerbung nicht ausreiche.

Kurze Zeit später musste sich das *OLG Düsseldorf*[30] ebenfalls mit der Telefonwerbung von Arbeitnehmerverleihern beschäftigen: Nach dieser Entscheidung reicht der Umstand, dass das Angebot des Anrufenden ausschließlich die gewerbliche Tätigkeit des Umworbenen betrifft, ebenfalls für sich allein nicht aus, um die Vermutung eines sachlichen Interesses an der Telefonwerbung zu begründen.[31] Ebenso wenig wurde das Bedürfnis der Arbeitnehmerverleiher, ihre Leiharbeitnehmer möglichst schnell vermitteln zu können, für die Vermutung eines konkreten Interesses beim Anzurufenden als ausreichend angesehen.

Im Falle einer Telefonwerbung, die ein Beratungsangebot zu Fragen der Rentabilität und Umsatzsteigerung zum Inhalt hatte, urteilte das *KG Berlin*[32], dass dabei ein allgemeiner Sachbezug schlechthin zu jedem Gewerbebetrieb bestünde und es daher für die Annahme eines sachlichen Interesses auf die konkreten Umstände des Einzelfalles ankomme. Das allgemeine Interesse an Umsatzstei-

---

GRUR 1992, S. 889 zur Telefonwerbung für den Verkauf von Fotokopiergeräten bei Rechtsanwälten; OLG Hamm, NJW-RR 1992, S. 1395, 1396 zur Telefonwerbung bei Gewerbetreibenden aufgrund eines Stellenangebots in einer Tageszeitung; OLG Köln, WRP 1991, S. 836 zur Telefonwerbung für Büromaterial bei einem Übersetzungsbüro.

27 OLG Hamburg, NJW-RR 1992, S. 1132; ebenso OLG Hamm, GRUR 1992, S. 889 = EWiR § 1 UWG 16/92, S. 919 (*Paefgen*).

28 OLG Hamburg, NJWE-WettbR 1997, S. 3.

29 LG Mainz, WRP 1997, S. 806 (Ls.).

30 OLG Düsseldorf, WRP 1997, S. 853.

31 a.A. *Schricker* in einem für dieses Verfahren erstellten Rechtsgutachten, vgl. WRP 1997, S. 853, 854.

32 KG Berlin, WRP 1994, S. 67.

gerung und Rentabilität genüge jedenfalls für die Annahme einer Einverständnisvermutung nicht.[33]

Schließlich bezeichnete das *OLG Frankfurt/Main*[34] auch die Telefonwerbung im Gewerbebereich als einen nicht zu tolerierenden *„Auswuchs der Werbewirtschaft"* und befürchtete eine branchenspezifisch Nachahmung für den Fall, dass einem Diamant-Versandhandel als Kleinanbieter mit einem begrenzten Kundenkreis telefonische Werbung erlaubt werde. Im Übrigen unterstellte der Senat, dass unzulässige Telefonwerbung einen *„nicht unerheblichen Wettbewerbsvorsprung"* mit sich bringe, da sich anders die Tatsache nicht erklären lasse, dass die Beklagte *„ihre Telefonwerbung fortsetzt, obwohl sie schon einmal wegen unzulässiger Telefonwerbung abgemahnt werden musste"*.

Das *LG Darmstadt*[35] wertete den Anruf der Beklagten in der Vorinstanz hingegen als nur *„geringfügigen Wettbewerbsverstoß"*, welcher nicht so erheblich sei, dass man von einer *„wesentlichen Beeinträchtigung der Interessen der Allgemeinheit sprechen"* könne.[36]

Lediglich das *OLG Hamburg*[37] erkannte im Fall einer telefonischen Anzeigenakquise für einen Zusatzeintrag im Amtlichen Fernsprechbuch ein sachliches Interesse an Information, da das Fernsprechteilnehmerverhältnis eine Vertragsbeziehung begründe, die Pflichtleistungen hinsichtlich der Veröffentlichung in Fernsprechbüchern einschließe. Werbewirksame Zusatzeinträge in amtlichen Fernsprechbüchern stünden außerdem als *„sinnvolle und unstreitig auch von Rechtsanwälten häufig genutzte werbliche Ergänzung des Standardeintrags mit diesem in einem unmittelbaren Zusammenhang"*, so dass ein Einverständnis vermutet werden konnte. Eine Nachahmung durch Dritte sei im Übrigen nicht zu befürchten, da das Telefonbuch nur jährlich erscheine.

Das *OLG Stuttgart*[38] hat in einem vergleichbaren Fall die telefonische Werbung bei gewerblichen Anschlussinhabern, die bereits in den *„Gelben Seiten"* eingetragen waren, für die Eintragung in ein bundesweit bestehendes elektronisches Branchenbuch (EBB) untersagt, und zwar obwohl diese Werbeeinträge ohne Kostenbelastung für die Gewerbetreibenden vorgenommen werden soll-

---

33 Nichtannahmebeschluss BGH WRP 1994, S. 67.
34 OLG Frankfurt/Main, CR 1995, S. 731.
35 LG Darmstadt, Urt. v. 04.11.1994, Az.: 15 O 494/94 (n.v.).
36 Vgl. Bgrdg. Reg. Entw zu § 13 Abs. 2 UWG n.F., WRP 1994, S. 369, 377.
37 OLG Hamburg, NJW aktuell 1996, VIII (Ls) = NJW-RR 1996, 365, 366.
38 OLG Stuttgart, CR 1998, S. 348, 349 ff.

ten.[39] Maßgeblich für diese Entscheidung war, dass eine Tochtergesellschaft der *Telekom AG* für den Eintrag in das EBB telefonisch geworben hatte, so dass eine bestehende Geschäftsbeziehung nach Auffassung des Gerichts als Rechtfertigungsgrund ausschied.

In einer weiteren Entscheidung orientiert sich das *OLG Hamburg*[40] hingegen strikt an der BGH-Rechtsprechung und führte aus, dass selbst dann, wenn es bei der Telefonwerbung um den eigentlichen Geschäftsgegenstand gehe, ein generelles Einverständnis des angerufenen Gewerbetreibenden nicht vermutet werden könne. Die Tatsache, dass Werbung allgegenwärtig sei, lasse nicht den Schluss zu, dass Gewerbetreibende deshalb der Telefonwerbung generell positiv gegenüber stünden. Die Gewerbetreibenden seien in erster Linie an ihren Geschäften interessiert und wollten dabei nicht unnötig gestört werden. Auch aus der *Fernabsatzrichtlinie* ergebe sich nicht, dass Telefonmarketing zulässig sei.

## IV. Telefonwerbung für Blindenwaren

Im Jahr 2001 hatte sich der BGH[41] erneut mit der Frage der wettbewerbsrechtlichen Zulässigkeit einer unaufgeforderten telefonischen Werbung *Business-to-Business* zu beschäftigen, die in diesem Fall von einer staatlich anerkannten Blindenwerkstätte für die dort hergestellten Waren gegenüber Gewerbetreibenden mit dem Ziel der Neukundengewinnung durchgeführt worden war.

Sowohl das OLG Düsseldorf als auch – bestätigend – der BGH haben zunächst an dem Grundsatz festgehalten, dass Telefonwerbung im geschäftlichen Bereich mit dem Ziel der Neukundenakquise grundsätzlich gegen § 1 UWG verstößt, solange der Anzurufende weder ausdrücklich noch konkludent sein Einverständnis mit derartigen Anrufen erklärt hat und ein solches vom Anrufer auf Grund konkreter tatsächlicher Umstände auch nicht vermutet werden kann.

Das Berufungsgericht war jedoch dann weiter der Auffassung, dass die angegriffene Werbemaßnahme dennoch wettbewerbsrechtlich zulässig sein muss, weil sie dem anerkennenswerten sozialen Zweck des Absatzes von Blindenwa-

---

39 Ebenso in einem vergleichbaren Fall: OLG Köln, GRUR-RR 2002, S. 237, welches ausführt, dass selbst der bevorstehende Redaktionsschluss ein mutmaßliches Einverständnis mit einer telefonischen Nachfrage nicht rechtfertige. Es handele sich dabei um selbst geschaffenen Zwang, nicht hingegen um einen Grund für ein mutmaßliches Einverständnis.

40 OLG Hamburg, MD 2000, S. 603.

41 BGH, Urt. v. 25.01.2001, WRP 2001, S. 1068 ff.

ren diene und die telefonische Werbung für diese Waren gegenüber Gewerbetreibenden in Deutschland branchenüblich, die wirtschaftliche Bedeutung des Vertriebs von handgefertigten Blindenwaren relativ gering und daher ein belästigendes Umsichgreifen dieser Vertriebsform nicht zu befürchten sei.

Dieser Argumentation ist der BGH mit dem Hinweis auf die Bedeutung der Verkehrsauffassung für das Sittenwidrigkeitsurteil gefolgt, die Revision führte letztendlich aus beweisrechtlichen Gründen zur Zurückverweisung.

## V. Weitere Rechtsprechung: Telefonische Abwerbungsversuche

In jüngster Zeit ist zudem Streit darüber ausgebrochen, ob es wettbewerbsrechtlich zulässig ist, dass Personalberater im Auftrag eines Kunden Arbeitnehmer an deren Arbeitsplatz telefonisch wegen eines Stellenwechsels ansprechen. Hintergrund ist ein akuter Arbeitskräftemangel in bestimmten Branchen, auf den Headhunter mit zunehmenden Abwerbeaktivitäten reagieren.[42]

In einem ersten Fall telefonischer Abwerbung, der vom *LG Heilbronn*[43] zu entscheiden war, hatte ein Headhunter über die Kundentelefonnummer einer Computersoftwarefirma einen Arbeitnehmer angerufen und ihm einen anderen Arbeitsplatz angeboten. Die Vorgehensweise wurde aufgrund der Nutzung des Kundentelefonanschlusses, der daraus folgenden Direktansprache von Mitarbeitern mit dem Ziel, diese dem Arbeitgeber auszuspannen, und aufgrund der dann erfolgten Aufforderung zur Weitergabe der Kontaktadresse an andere interessierte Mitarbeiter vom *LG Heilbronn* als Verstoß gegen die guten Sitten i. S. von § 1 UWG angesehen.[44]

Für Aufsehen[45] sorgte dann das Urteil des *OLG Stuttgart* vom 17.12.1999[46], bei dem es um den Anruf eines Headhunters beim schwäbischen IT-Systemhaus Bechtle AG ging. Der Headhunter wurde über die Telefonzentrale des Unternehmens mit einem auf Netzwerke spezialisieren Vertriebsmitarbeiter verbunden, dessen Abwerbung er versuchte. Das *OLG Stuttgart* entschied, dass die telefonische Kontaktaufnahme mit dem Umworbenen im Betrieb des Mitbewerbers ein sittenwidriges Verhalten darstelle. Es bezog sich dazu insbesondere auf

---

42 *Köhler,* WRP 2002, S. 1, 2 m.w.N.
43 LG Heilbronn, WRP 1999, S. 1190 ff.
44 Kritisch dazu: *Quiring,* WRP 2000, S. 33, 36 ff.
45 Vgl. *Busch/Dendorfer,* BB 2002, S. 301, 302 (FN 17).
46 OLG Stuttgart, WRP 2000, S. 318 ff. = DB 2000, S. 372 f.

die Rechtsprechung des BGH zur Telefonwerbung im privaten und geschäftlichen Bereich und führte aus, dass die über Art. 12 Abs. 1 GG geschützte Berufsfreiheit des Headhunters durch das Verbot der telefonischen Abwerbung nicht in unzumutbarer Weise berührt sei, weil ihm auch weniger belastende Formen der Abwerbung möglich sind, so z. B. durch Anzeigen in Fachzeitschriften oder auch durch Präsenz bei Fachmessen.

In der Literatur ist diese Entscheidung, die aufgrund eines Nichtannahmebeschlusses des BGH[47] rechtskräftig geworden ist, auf unterschiedliche Resonanz gestoßen, die von Zustimmung[48], über differenziert kritische Positionen[49] bis zur eindeutigen Ablehnung[50] reicht.

Weniger als zwei Jahre später musste sich das *OLG Karlsruhe* mit zwei Fällen zur Abwerbung von Arbeitnehmern beschäftigen, nämlich zum einen mit Abwerbeversuchen über den privaten Telefonanschluss der abzuwerbenden Mitarbeiter[51], und zum anderen mit solchen, die telefonisch während der Arbeitszeit im Betrieb des Abwerbekandidaten erfolgten[52].

In beiden Fällen hatten die Berufungen gegen die in der ersten Instanz klageabweisenden landgerichtlichen Urteile keinen Erfolg: Im erstgenannten Fall stellte das *OLG Karlsruhe* fest, dass der Mitbewerber nicht in die Privatsphäre des Umworbenen eingedrungen war, um Waren oder Leistungen anzubieten, Gegenstand des Anrufs war vielmehr ein Stellenangebot, der Angerufene war also nicht Objekt einer Werbemaßnahme mit Absatzinteresse, so dass eine Sittenwidrigkeit nicht angenommen wurde.

Im zweiten Fall entschied das *OLG Karlsruhe*[53] entgegen der Auffassung des *LG Mannheim*[54], dass die Mitarbeiterwerbung Teil der freien, auf Wettbewerb angelegten Marktwirtschaft sei. Nur die Abwerbung unter Anwendung eines unlauteren Mittels oder unter Verfolgung eines verwerflichen Zwecks beeinträchtige die guten Sitten im Wettbewerb. Die in Anspruch genommene Arbeitszeit für das Telefonat und die anschließende Zeitspanne der gedanklichen Beschäftigung seien in diesem Zusammenhang jedoch zu vernachlässigen. Die

47 BGH, Beschl. v. 02.11.2000, Az.: I ZR 22/00 – Headhunting (n.v.).
48 *Trube,* WRP 2001, S. 97 ff.
49 *Schmidt,* WRP 2001, S. 1138, 1139; *Köhler,* WRP 2001, S. 1 ff.
50 *Reufels*, GRUR 2001, S. 214, 217 ff.; *Quiring,* WRP 2001, S. 470 ff.
51 OLG Karlsruhe, WRP 2002, S. 338 f.
52 OLG Karlsruhe, WRP 2001, S. 1092 ff.
53 OLG Karlsruhe, WRP 2001, S. 1092 ff.; ebenso: LG Düsseldorf, Urt. v. 26.09.2001, Az.: 34 O 74/01 (n.v.); kritisch dazu: *Schmidt,* WRP 2001, S. 1138 ff.
54 LG Mannheim, WRP 2001, S. 974 ff.

vom BGH aufgestellten Grundsätze zur Telefonwerbung für Gewerbetreibende könnten nicht ohne weiteres übertragen werden, vielmehr schränke ein generelles Verbot der Direktansprache am Arbeitsplatz die Personalwerber in ihrer Berufsfreiheit nach Art. 12 Abs. 1 GG unverhältnismäßig ein.[55]

Während das erstgenannte Urteil durch Nichtannahmebeschluss des BGH rechtskräftig geworden ist[56], wurde die Revision gegen das zweite Urteil des *OLG Karlsruhe* vom BGH[57] zur Entscheidung angenommen.[58]

## VI. Diskussionsstand in der Literatur

Der Telefonwerbung im gewerblichen Bereich wird von der Literatur grundsätzlich ein geringerer Belästigungsgrad zugeschrieben,[59] so dass die in *Telefonwerbung IV* gefundenen Grundsätze durchweg Zustimmung finden.[60]

*Bülow*[61] begründet den geringeren Belästigungsgrad von Telefonwerbung im gewerblichen Bereich damit, dass dort häufig Sammelanschlüsse vorhanden seien, bei denen die Blockierung eines Anschlusses nicht ins Gewicht falle. Die Üblichkeit der telefonischen Kontaktaufnahme zu Geschäftszwecken erleichtere es im Übrigen, ein Werbegespräch abzubrechen. Außerdem sei die Beeinflußbarkeit von Kaufleuten im Gegensatz zu derjenigen von Privatleuten geringer, und ein Kaufmann oder sonst im gewerblichen Bereich Tätiger wird den höflichen Werbeanrufer leichter zurückweisen als ein Privatmann.

*Köhler*[62] betont für Anrufe im gewerblichen Bereich zwar die Belästigung und Störung in der beruflichen Tätigkeit und durch Blockierung der Telefonleitung, schätzt jedoch den damit einhergehenden Belästigungsgrad im Vergleich

---

55 Kritisch dazu: *Schloßer,* WRP 2002, S. 1349, 1361 f.

56 BGH, Beschluss v. 06.12.2002, Az.: I ZR 54/01 (n.v.).

57 Az. I ZR 221/01. Mit einer Entscheidung ist nach Auskunft der BGH-Pressestelle im Jahre 2004 zu rechnen.

58 Dazu auch: *Braun,* DB 2002, S. 2326 ff.; *Schloßer,* WRP 2002, S. 1349 ff.

59 *Bülow,* GRUR 1976, S. 180, 182; *ders.*, WRP 1978, S. 774, 775; *Gilles,* EWiR § 1 UWG 1/87, S. 289, 290; *Freund,* Persönlichkeitsrecht, S. 183, FN. 261; a.A. *Hofmann,* WRP 1970, S. 8, 9.

60 *Baumbach/Hefermehl,* § 1 UWG, Rdnr. 68 m.w.N.; *Köhler/Piper,* § 1 UWG, Rdnr. 153 ff.; *Raeschke-Kessler,* EWiR § 1 UWG 11/91, S. 615, 616; *Raczinski/Bernhardt*, VersR 1992, S. 405, 407; *Klawitter*, NJW 1993, S. 1620 ff.

61 *Bülow,* GRUR 1976, S. 180, 182.

62 *Köhler/Piper,* § 1 UWG, Rdnr. 153, 154.

zu demjenigen gegenüber Privatpersonen ebenfalls als geringer ein. *Baumbach/Hefermehl*[63] sieht die Voraussetzungen eines mutmaßlichen Einverständnisses bei Bestehen einer Geschäftsverbindung als gegeben an.

Schließlich äußert sich *Klawitter* zu dem speziellen Fall der telefonischen Terminsvereinbarung für einen nachfolgenden Vertreterbesuch und vertritt die Auffassung, dass die vorherige Besuchsankündigung mittels zeitgemäßer Kommunikationsmittel sogar erwartet und nicht als störend empfunden werde.[64]

In jüngerer Zeit hat *Böhm*[65] zu den Fragen der unerlaubten Telefonwerbung im geschäftlichen Bereich Stellung genommen und vertritt die Auffassung, dass Telefonwerbung gegenüber Gewerbetreibenden nicht mehr als unzulässig angesehen werden könne. Zu diesem Ergebnis müsse man im Rahmen der notwendigen Interessenabwägung und unter Beachtung einer geänderten Verkehrsauffassung sowie der europäischen Gesetzeslage gelangen.

## VII. Zusammenfassung

Aktives Telefonmarketing im gewerblichen Bereich unterliegt nach geltender Rechtslage nicht denselben Grenzen wie die aktive Telefonwerbung im Privatbereich. Grundsätzlich ist Telefonwerbung *Business-to-Business* zulässig, wenn ein ausdrückliches oder konkludentes Einverständnis vorliegt oder bei dem betroffenen Gewerbetreibenden ein Interesse an dem Werbeanruf besteht. Ein solches Interesse ist nach *Telefonwerbung IV* dann anzunehmen, wenn

(1) ein allgemeiner Sachbezug zum Geschäft des Angerufenen besteht, UND

(2) ein konkreter, aus dem Interessenbereich des Angerufenen herzuleitender Grund vorliegt, der die Telefonwerbung rechtfertigt und der regelmäßig nur dann in Betracht gezogen werden kann, wenn

- der Anzurufende ausdrücklich oder konkludent sein Einverständnis mit derartigen Anrufen erklärt hat, oder
- auf Grund tatsächlicher Umstände ein solches Einverständnis vom Anrufer vermutet werden kann. Für die Vermutung eines Einver-

63 *Baumbach/Hefermehl,* § 1 UWG, Rdnr. 68.
64 *Klawitter,* NJW 1993, S. 1620, 1623.
65 *Böhm,* MMR 1999, S. 643, 648.

ständnisses ist entscheidend, ob der Anzurufende den Anruf erwartet hat oder ihm jedenfalls positiv gegenübersteht.

Die Entwicklung der Rechtsprechung in den letzten Jahren zeigt jedoch, dass auch in diesem Bereich noch keine Rechtsbefriedung eingetreten ist. Insbesondere die Entscheidungen zu der *Telefonwerbung für Blindenwaren* und die anhängige Revision für den Fall der *Telefonwerbung zur Mitarbeiterabwerbung* sprechen dafür, dass Telefonwerbung im Bereich *Business-to-Business* zunehmend genutzt wird und sich damit vermehrt Abwägungsfragen stellen werden.

## C. Untersuchung und Bewertung der wettbewerbsrechtlichen Beurteilung aktiver Telefonwerbung *Business-to-Business*

Die von der Rechtsprechung entwickelten Kriterien für aktive Telefonwerbung im gewerblichen Bereich gewähren *de lege lata* einen *„einzelfallbezogenen Beurteilungsspielraum"*. Dafür ausschlaggebend ist das geringere Schutzbedürfnis der angerufenen Gewerbetreibenden, so dass zur Rechtfertigung der aktiven Telefonwerbung *Business-to-Business* das Vorliegen eines vermuteten Einverständnisses als ausreichend angesehen wird.

Mit dem Anerkenntnis der Einverständnisvermutung als Rechtfertigungsgrund auch für den Privatbereich decken sich die bereits bestehenden Zulässigkeitskriterien für Telefonwerbung *Business-to-Business* mit denjenigen, wie sie im *3. Kapitel* für aktive Telefonwerbung im Privatbereich entwickelt worden sind. Insoweit führen die Vorschläge zur Zulässigkeitsbeurteilung aktiver Telefonwerbung *Business-to-Consumer* zu einer Rechtsvereinheitlichung in der Gesamtbeurteilung und zu mehr Rechtssicherheit für Anwender und Adressaten.

Dennoch bedarf die geltende Rechtslage zur Telefonwerbung *Business-to-Business* im Hinblick auf die restriktive Anwendungspraxis einer Überprüfung. Es soll dabei die Frage geklärt werden, ob die in *Telefonwerbung IV* entwickelten Kriterien von der Rechtsprechung bisher sach- und interessengerecht eingesetzt worden sind. In diesem Zusammenhang können die für den Privatbereich vorgestellten Möglichkeiten zur Belästigungsreduktion von Bedeutung sein. Schließlich ist zu überlegen, in welchen Situationen auch die Telefonwerbung im gewerblichen Bereich eine übermäßige Belästigung der angerufenen Gewerbetreibenden darstellt und aufgrund dessen vollständig zu untersagen ist.

## I. Gegenüberstellung und Abwägung der beteiligten Interessen

Die verfassungsrechtliche Ausgangslage für die Telefonwerbung im gewerblichen Bereich unterscheidet sich nicht wesentlich von derjenigen bei aktiver Telefonwerbung gegenüber Privatpersonen.

### 1. Belästigung durch Telefonwerbung im geschäftlichen Bereich

Störende Telefonanrufe können – ebenso wie bei Privatpersonen – das Selbstbestimmungsrecht des angerufenen Gewerbetreibenden nach Art. 2 Abs. 1 GG beeinträchtigen. Die Annahme eines *„Eingriffs in den eingerichteten und ausgeübten Gewerbebetrieb"* wird hingegen regelmäßig bereits an dem Tatbestandsmerkmal der *„Betriebsbezogenheit"* scheitern. Danach muss sich der Eingriff spezifisch gegen die betriebliche Organisation oder die unternehmerische Entscheidungsfreiheit richten.[66] Die Telefonwerbung wird die betriebliche Organisation jedoch im Regelfall nur als Nebeneffekt berühren, was für die Annahme eines Eingriffs in den eingerichteten und ausgeübten Gewerbebetrieb nicht ausreichend ist.[67]

Die Beeinträchtigungen der Gewerbetreibenden durch unerbetene Telefonwerbung werden im Übrigen auch von dem *Ehrenkodex* des *DDV Councils TeleMedien- und CallCenter-Services* anerkannt. Dort ist nämlich – wenn auch wenig konkret – festgelegt, dass keine telefonischen Angebote im Geschäftsbereich abgegeben werden dürfen, sofern dadurch die betriebliche Ordnung des Angerufenen gestört wird.[68]

Der *BGH* hat jedoch zu Recht darauf hingewiesen, dass ein Gewerbetreibender Anrufen Dritter grundsätzlich aufgeschlossener gegenüberstehen wird, als dies bei Privatpersonen der Fall ist. Gewerbetreibende unterhalten den Telefonanschluss nämlich gerade auch für die Kontaktaufnahme durch – noch – unbekannte, jedoch potentielle Geschäftspartner. Ein Gewerbetreibender rechnet somit nicht nur mit Telefonanrufen unbekannter Personen, sondern wird diese häufig sogar wünschen. Aus der bloßen Tatsache, dass eine dem gewerblichen An-

---

66 *Palandt-Thomas,* § 823, Rdnr. 21 m.w.N.

67 Ebenso: *Bülow,* GRUR 1976, S. 180, 182 m.w.N.

68 Vgl. Pkt. II.3 des Ehrenkodex der Fachgruppe TeleMedienServices des DDV, aberufbar unter www.ddv.de/downloads/Service/Ehrenkodex_TeleMedien.pdf_.

schlussinhaber unbekannte Person den Geschäftsanschluss nutzt, kann daher eine wettbewerbsrechtlich relevante Belästigung nicht hergeleitet werden.

Dabei ist jedoch zu berücksichtigen, dass Geschäftsanschlüsse in erster Linie für die Fort- und Durchführung der Geschäfte und nicht für den Empfang von Werbung eingerichtet und unterhalten werden. Aus diesem Grunde bedarf auch die unerbetene Telefonwerbung im gewerblichen Bereich gewisser Grenzen.

*Raeschke-Kessler/Schroeder* greifen in diesem Zusammenhang insbesondere den Kostenaspekt auf und qualifizieren die Telefonwerbung, im Gegensatz zu anderen Formen des Direktmarketing, als eine Werbung auf Kosten des Adressaten: Ein Kaltanruf bei einem Rechtsanwalt von 7 Minuten Dauer, so errechnen *Raeschke-Kessler/Schroeder,* verursache in der Anwaltssozietät aufgrund der zeitlichen Inanspruchnahme der Telefonistin, der Anwaltssekretärin und des Rechtsanwalts Kosten in Höhe von ca. 6,50 Euro.[69]

### a) Verringerung der Belästigung durch moderne Technologien

Im gewerblichen Bereich ist der *Einsatz moderner Kommunikationseinrichtungen,* wie Anrufbeantworter, ISDN, eMail oder Internet weiter verbreitet, als dies im Privatbereich der Fall ist.

Abgesehen von dem Vorschlag, die im Display erscheinende Telefonnummer mit einer Kennung zu versehen, wird der Einsatz von ISDN oder Anrufbeantworter auch im geschäftlichen Bereich zu keiner wesentlichen Verringerung der Belästigung führen:

- Für den Einsatz der *ISDN-eigenen Rufnummernanzeige* gilt auch hier das Problem der Identifizierbarkeit des Anrufers.
- Der Einsatz von *Anrufbeantwortern* ist während der Geschäftszeiten grundsätzlich nicht möglich.
- Im Übrigen gilt auch für den gewerblichen Bereich, dass beim Besprechen von Anrufbeantwortern mit Werbenachrichten der Speicherplatz belegt und damit für wichtige Nachrichten verbraucht sein kann. Dadurch werden die Kosten für die Übermittlung einer Werbenachricht auf den Empfänger abgewälzt. Aus diesem Grund ist die Übermittlung von Werbenachrichten auf Anrufbeantwortern von Gewerbetreibenden ebenfalls zu untersagen.

---

69 *Raeschke-Kessler/Schroeder,* Festschrift für Piper, S. 399, 410 (nach damals gültiger Währung: DM 13,31).

### b) *Opt out* durch Sperrvermerke in Telefonbüchern oder Telefonverzeichnissen

Die Abwehr unerwünschter Telefonwerbung durch Eintragung von Sperrvermerken in Telefonbüchern und/oder Telefonverzeichnissen kann grundsätzlich auch für den gewerblichen Bereich erfolgen. Es gelten insoweit die Ausführungen zur Telefonwerbung gegenüber Privatpersonen.

### c) *Opt out* durch Widerspruch während des Werbeanrufs und/oder Aufnahme in allgemeine oder betriebsbezogene *Telestop-Listen*

Die Ausführungen zum Einsatz von unternehmensbezogenen und allgemeinen *Telestop-Listen* im Privatbereich gelten mit denselben Argumenten auch für den gewerblichen Bereich, so dass auch dort eine Herabsetzung der von aktiver Telefonwerbung ausgehenden Belästigung erwartet werden kann.

### d) Verringerung der Belästigung durch ein *Window of Opportunity*

Die Einführung einer zeitlichen Begrenzung des Einsatzes unerwünschter Telefonwerbung ist für den geschäftlichen Bereich hingegen von untergeordneter Bedeutung. Die telefonische Werbung gegenüber Gewerbetreibenden wird zwangsläufig nur während der *Geschäftszeiten* erfolgen, da regelmäßig abends und an den Wochenenden unter gewerblich geführten Telefonanschlüssen niemand erreichbar ist. Aus diesem Grund ist eine Verringerung der Belästigung durch die Vorgabe eines *Window of Opportunity* im gewerblichen Bereich nicht zu erwarten.

### e) Verringerung der Belästigung durch Verhaltensregeln für den Telefonkontakt

Wie bereits ausgeführt, wird die von unerbetener Telefonwerbung ausgehende Belästigung häufig damit begründet, dass der Angerufene, einmal in das Telefongespräch verwickelt, dieses – bereits aus Gründen der Höflichkeit – nicht mehr ohne weiteres unterbrechen kann. Für den geschäftlichen Bereich wird in diesem Zusammenhang weiterführend damit argumentiert, dass die Telefonistin oder Sekretärin als erste Ansprechpartnerinnen eines Telefonwerbers das Gespräch nicht abbrechen wird, sondern es an den jeweils zuständigen Vorgesetzten weiterleitet, wodurch nicht nur die Telefonleitung für wichtige berufsbezogene Gespräche blockiert, sondern beim Empfänger des Telefonats auch Kosten für den in das Werbegespräch investierten Zeitaufwand verursacht werden.[70]

Dieses Problem kann mit der Einführung des bereits vorgeschlagenen Modells, jeder Werbenachricht einen unpersönlich gefassten *Standard-Einleitungssatz* voranzusetzen, gelöst werden. Dem Gewerbetreibenden ist es dann möglich, sein Personal anzuweisen, alle oder auch nur geschäftsfremde telefonische Werbenachrichten, die aufgrund des Einleitungssatzes als solche gekennzeichnet sind, sofort zu unterbrechen und keinesfalls weiterzuleiten. Damit wird das von Werbeanrufen ausgehende Störungs- und Belästigungspotential erheblich reduziert.

## 2. Interessen der Anwender von telefonischer Werbung im Geschäftsbereich

Die Interessenlage der Anwender telefonischer Werbung wurde bereits eingehend dargestellt. Es geht dabei in erster Linie um den Einsatz einer schnellen, effizienten und kostengünstigen Möglichkeit zur direkten Kundenansprache.

Als Besonderheit der Werbung *Business-to-Business* ist jedoch zu berücksichtigen, dass im gewerblichen Bereich das Geschäft am *Point of Sale* unüblich und nicht praktikabel ist. Im gewerblichen Bereich ist es vielmehr Praxis, dass die gewerbetreibenden Unternehmen, Anwaltskanzleien, Arztpraxen oder Einzelhandelsgeschäfte von Zulieferern oder Anbietern tätigkeitsrelevanter Produkte direkt und zumeist durch Vertreter betreut werden. Im Hinblick auf eine unkomplizierte und schnelle Kommunikation liegt es somit im besonderen Interesse der Anbieter, geschäftliche Kunden über das Telefon entweder auf das angebotene Produkt oder zur Vorbereitung eines Vertreterbesuches ansprechen zu können.

---

70 Vgl. *Raeschke-Kessler/Schroeder*, Festschrift für Piper, S. 399, 409 f.

### 3. Abwägung der beteiligten Interessen

Bei Abwägung der beteiligten Interessen ergeben sich – im Vergleich zur aktiven Telefonwerbung im Privatbereich – sowohl identische als auch unterschiedliche Ansatzpunkte:

Gewerbetreibende benötigen – im Vergleich zu Privatpersonen – aufgrund der eigenen Geschäftstätigkeit und Geschäftserfahrenheit lediglich *geringeren Schutz durch staatliche Intervention.* Im Regelfall besteht bei Gewerbetreibenden und Geschäftsleuten außerdem die Erwartungshaltung, vom Anbieter geschäftsrelevanter Produkte unaufgefordert möglichst zeitnah, betriebsbezogen und persönlich informiert zu werden.

Dennoch greifen unerbetene Werbeanrufe auch im Bereich *Business-to-Business* in die verfassungsrechtlich geschützte *Handlungsfreiheit eines Gewerbetreibenden* ein, so dass auch für den geschäftlichen Bereich eine unbeschränkte Freigabe aktiver Telefonwerbung nicht in Betracht kommen kann. Dies muss selbst dann gelten, wenn man die Möglichkeiten der Belästigungsreduktion durch die vorgeschlagenen Maßnahmen berücksichtigt.

Auf der anderen Seite findet sich die dargestellte *Interessenslage der Werbenden* an einer möglichst uneingeschränkten Erlaubnis zur Durchführung telefonischer Werbung auch gegenüber Gewerbetreibenden. Die Gründe für diese Interessenslage liegen in der bereits bestehenden Praxis, Gewerbetreibende nicht am *Point of Sale,* sondern in den Firmenräumen anzusprechen und dort für das angebotene Produkt zu werben. Weiterhin begründet sich diese Interessenslage wiederum mit den Spezifika aktiver Telefonwerbung hinsichtlich Effizienz, Kostengünstigkeit und Kundennähe.

Die Auflösung des bestehenden, wenn auch mit der Diskussion zur Telefonwerbung für den Privatbereich nicht vergleichbaren, Konflikts wird *de lege lata* durch die Zulässigkeit einer *Einverständnisvermutung bei sachbezogener Werbung* versucht.

## II. Sachbezogenheit als Zulässigkeitsvoraussetzung für aktive Telefonwerbung *Business-to-Business*

Durch das in *Telefonwerbung IV* entwickelte Kriterium des *„allgemeinen Sachbezugs zum Geschäft des Angerufenen“* wird für die Telefonwerbung *Business-*

*to-Business* eine Negativabgrenzung insoweit vorgenommen, als für sachfremde unerbetene Telefonwerbung gegenüber Gewerbetreibenden eine Rechtfertigung nur durch ein erklärtes Einverständnis in Betracht kommen kann.

In der Rechtsprechung wurde das Kriterium des *„allgemeinen Sachbezugs"* regelmäßig weit ausgelegt. Ein allgemeiner Sachbezug wurde z. B. angenommen bei einem, in Gewerbebetrieben grundsätzlich bestehenden Bedarf an Bürogeräten[71], an Leiharbeitnehmern[72], an Kraftfahrzeugen[73] oder an Beratung zu Fragen der Rentabilität und Umsatzsteigerung[74].

Das Abgrenzungskriterium des *„allgemeinen Sachbezugs"* stellt im Rahmen der Rechtfertigungsprüfung zu gewerblicher Telefonwerbung somit eine leicht zu nehmende Hürde dar. Diese Einschätzung wird auch weiterhin Gültigkeit haben, da gerade im geschäftlichen Bereich Angebote denkbar sind, die organisationsbezogen für eine Vielzahl von Gewerbebetrieben, Büros, Kanzleien oder Unternehmen von grundsätzlichem Interesse sein können.

Aus diesem Grund führt die alleinige Berücksichtigung der Sachbezogenheit eines Werbeanrufes im gewerblichen, ebenso wie im privaten Bereich zu keiner wesentlichen Einschränkung telefonischer Werbung. Vielmehr käme es einer nahezu vollständigen *Freigabe* telefonischer Werbung gleich, wenn man ausschließlich den allgemeinen Sachbezug eines Werbeanrufes zum Geschäft des Angerufenen ausreichen lassen würde. Im Hinblick auf die bereits festgestellte Beeinträchtigung der nach Art. 2 Abs. 1 GG geschützten Handlungssphäre telefonisch angesprochener Gewerbetreibenden ist daher der Rechtsprechung zuzustimmen, dass die Rechtfertigung eines geschäftsbezogenen Werbeanrufes ein weitergehendes Korrektiv erfordert.

## III. Vorliegen eines erklärten oder vermuteten Einverständnisses

Dieses Korrektiv ist nach geltender Rechtslage in der Forderung nach einer Einverständniserklärung oder Einverständnisvermutung zu sehen. Während die Frage einer *ausdrücklichen oder konkludenten Einverständniserklärung* für Telefonwerbung im gewerblichen Bereich bisher keine Probleme aufgeworfen hat, wird das Vorliegen einer *Einverständnisvermutung* in der Rechtsprechung re-

---

[71] OLG Hamburg, NJW-RR 1992, S. 1132; OLG Hamm, GRUR 1992, S. 889 (Ls.).
[72] LG Mainz, WRP 1997, S. 806 (Ls.).
[73] BGH NJW 1991, S. 2087, 2088 – Telefonwerbung IV.
[74] KG Berlin, WRP 1994, S. 67.

gelmäßig diskutiert. Als Voraussetzung für die Annahme einer Einverständnisvermutung wird als entscheidend angesehen, *„ob der Anzurufende den Anruf erwartet hat oder ihm jedenfalls positiv gegenübersteht"*.

Es wurde bereits zur Telefonwerbung im Privatbereich ausgeführt, dass die Einverständnisvermutung grundsätzlich ein brauchbares Kriterium zur Rechtfertigung telefonischer Werbung darstellt, mit dem den Interessen beider Seiten Rechnung getragen werden kann.[75] Zu fragen ist allerdings, ob dieses Kriterium in den bisherigen *Einzelfallbeurteilungen* aktiver Telefonwerbung im Geschäftsbereich interessengerecht angewandt worden ist.

## 1. Interesse an bestimmten Angeboten

*Allgemein gehaltene Anfragen von Gewerbetreibenden* können – entgegen der Beurteilung dieser Fallkonstellation für den Privatbereich – die Vermutung begründen, dass der Anfragende grundsätzlich mit einer persönlichen Kontaktaufnahme einverstanden ist. Die zum Privatbereich abweichende Beurteilung lässt sich damit rechtfertigen, dass es im Gewerbebereich üblich ist, in den Firmenräumen hinsichtlich neuer Produkte angesprochen und beworben zu werden.

Etwas anderes muss jedoch dann gelten, wenn ausdrücklich um *schriftliche Information* oder um die *Abgabe eines schriftlichen Angebots*[76] gebeten worden ist. In diesen Fällen schließt der erklärte Wille, schriftliche Werbeinformationen erhalten zu wollen, die Mutmaßlichkeit i. S. von §§ 678, 683 S. 1 BGB aus. Die ausdrückliche Aufforderung zur schriftlichen Information beinhaltet den Hinweis, dass der Umworbene gerade kein Interesse an einem persönlichen Kontakt hat.

## 2. Bestehende Geschäftsbeziehung

In *Telefonwerbung IV* führt der BGH aus, dass *„Gründe, die Anrufe werbender Art im geschäftlichen Bereich . . . rechtfertigen, . . . bei Bestehen einer Geschäftsverbindung häufig gegeben"* sein dürften.[77] Daraus lässt sich ableiten, dass der Senat eine *bestehende Geschäftsverbindung* für die Annahme einer Ein-

---

[75] Ebenso: *Raeschke-Kessler,* BGH EWiR § 1 UWG 11/91, S. 615, 616.
[76] OLG Düsseldorf, WRP 1997, S. 853 ff.
[77] BGH NJW 1991, S. 2087, 2089 – Telefonwerbung IV.

verständnisvermutung zu telefonischer Werbung *Business-to-Business* grundsätzlich als ausreichend ansieht.

Im Hinblick auf die inzwischen eingetretenen Veränderungen im Telekommunikationsbereich wäre ein Verbot telefonischer Kontaktaufnahme zu Werbezwecken im Rahmen bestehender Geschäftsbeziehungen auch realitätsfern. Vielmehr sind die beteiligten Geschäftspartner gerade bei beruflichen oder gewerblichen Kontakten auf einen schnellen Informationsfluss und ein zeitgerechtes Kundenmanagement angewiesen, so dass sich die Frage einer Belästigung durch telefonisch unterbreitete Angebote *Business-to-Business* in den Fällen laufender Geschäftsbeziehungen regelmäßig nicht stellen wird.

Abgrenzungsprobleme kann es jedoch bei *inaktiven Geschäftsbeziehungen* geben, wenn also z. B. der telefonisch angesprochene Kunde lediglich in zeitlich größeren Intervallen mit dem werbenden Unternehmen in Kontakt steht.

Ein Blick auf die amerikanische Rechtslage zeigt, dass *„a call or message ... (B) to any person with whom the caller has an established business relationship“*[78] von den Verbotsregelungen des *TCPA* ausgenommen ist. Mit dieser Ausnahme wurde in Abwägung zu den Schutzinteressen der Anschlussinhaber den wirtschaftlichen Interessen der Werbenden an der reibungslosen Fortführung eines *ongoing business*[79] der Vorrang eingeräumt. Als *„established business relationship“* werden dabei nicht nur laufende Vertragsbeziehungen angesehen, sondern vielmehr auch frühere Transaktionen, Verhandlungen oder Anfragen,[80] sofern sie innerhalb einer *reasonable time* vor dem Werbeanruf stattgefunden haben. Im Gesetzgebungsverfahren wurden in diesem Zusammenhang als ausreichend die telefonische Nachbearbeitung ausgelaufener Abonnementverträge[81] sowie die Übergabe der Telefonnummer zum Zwecke geschäftlicher Kontaktaufnahme[82] genannt.

---

78 47 U.S.C. § 227(a)(3) (1991); übernommen in die FCC-AusführungsVO, 47 C.F.R. § 64.1200 (f)(3).

79 H.R.Rep. No. 317, 102nd Cong., 1st Sess. (1991), *„Section-by-section Analysis and Discussion, Sec. 2. Findings“.*

80 So auch KG Berlin, WRP 1988, S. 304.

81 H.R. Rep. No. 317, 102nd Cong., 1st Sess., p. 12 (1991) *„Section-by-section Analysis and Discussion, Sec. 2. Findings“;* dagegen *FCC* in der Ausführungs- VO, 47 C.F.R. § 64.1200(f) (4): *The term . . . means a prior or existing relationship which . . . has not been previously terminated by either party;* dazu BGH NJW 1994, S. 1071 – Lexikothek.

82 H.R. Rep. No. 317, 102nd Cong., 1st Sess. (1991) *„Section-by-section Analysis and Discussion, Sec. 2. Findings“;* vgl. im Gegensatz dazu OLG Stuttgart, NJW-RR 1990, 1135 (Angabe der Telefonnummer kein Einverständnis).

Vor dem Hintergrund einer insgesamt geringeren Schutzbedürftigkeit gewerblicher Kunden kann die über eine gewisse Dauer inaktive Geschäftsbeziehung für eine Einverständnisvermutung im Gewerbebereich ausreichen.

### 3. Angebote zum eigentlichen Geschäftsgegenstand

Der BGH hat in *Telefonwerbung IV* die Argumentation abgelehnt, bei Werbeanrufen zum *eigentlichen Geschäftsgegenstand des Angerufenen* könne das Einverständnis des Angerufenen grundsätzlich vermutet werden.[83] Das *OLG Düsseldorf*[84] bestätigt diese Rechtsprechung zu einem Fall von Arbeitnehmerüberlassung und weist den seitens der Antragsgegner in diesem Verfahren durch Rechtsgutachten[85] gestützten Standpunkt zurück, dass es für die Zulässigkeit von Telefonwerbung eines Arbeitnehmerüberlassungsunternehmens genügen müsse, wenn der Umworbene nach Branche und Betriebsart grundsätzlichen Bedarf an Arbeitskräften haben kann.

Der Rechtsprechung ist insoweit zu folgen, als jeder Werbeanruf im geschäftlichen Bereich, der sich auf allgemein gebräuchliche und benötigte Waren oder Dienstleistungen bezieht, mit einer Geschäftsbezogenheit gerechtfertigt werden könnte. Allerdings müssen von den telefonischen Angeboten allgemein benötigter Waren solche unterschieden werden, die speziell auf den Gewerbebetrieb des Angerufenen zugeschnitten und möglicherweise im Ladenverkauf überhaupt nicht erwerbbar sind. Dies kann beispielsweise bei Computersoftware der Fall sein, die für bestimmte Gewerbezweige konzipiert wird. Der grundsätzliche Bezug zum Geschäftsbereich des telefonisch Umworbenen muss in solchen Fällen zur Begründung eines vermuteten Einverständnisses ausreichen.

### 4. Eilbedürftigkeit

Eine *einzelfallbezogene Einverständnisvermutung* wird in der Rechtsprechung und in der Literatur dann in Betracht gezogen, wenn es sich um *eilbedürftige Angebote* handelt, über die der Adressat schnellstmöglich informiert werden

---

83 BGH, NJW 1991, S. 2087, 2089 – Telefonwerbung IV.
84 OLG Düsseldorf, WRP 1997, S. 853, 854 f.
85 OLG Düsseldorf, WRP 1997, S. 853, 854: Rechtsgutachten von *Prof. Dr. Schricker*.

muss.[86] Für den Fall einer *produktbezogenen Eilbedürftigkeit* erhält das Interesse des Angerufenen am Empfang zeitnaher Informationen ein besonderes Gewicht. Dadurch wird der Belästigungsaspekt so weit zurückgedrängt, dass der Anbieter, entsprechende Sachbezogenheit vorausgesetzt, von dem grundsätzlichen Einverständnis des Angerufenen zur telefonischen Übermittlung des Angebots ausgehen kann.

Bei der Bestimmung der Eilbedürftigkeit ist auf *produktbezogene Kriterien* abzustellen, die entweder in einer besondere Verderblichkeit, einem schnellen Wertverfall oder einer Termingebundenheit im Sinne eines Fixgeschäftes liegen können.[87] Die Tatsache, dass das Vorhalten der angebotenen Ware oder Dienstleistung beim Anbieter erhöhte Betriebskosten verursacht, kann hingegen die Eilbedürftigkeit eines Angebots nicht begründen.[88]

## 5. Einhaltung des *Ehrenkodex* für Telefonmarketing

Das *KG Berlin*[89] hatte sich speziell zum Telefonmarketing im gewerblichen Bereich mit dem Argument auseinanderzusetzen, dass bei Einhaltung der Regeln des *Ehrenkodex* der damaligen DDV-Fachgruppe *TeleMedienServices,* welcher unter Punkt II.3. die *„Angebote im Geschäftsbereich“* betrifft, das Einverständnis des angerufenen Gewerbetreibenden vermutet werden könne.[90]

Das Gericht hat diesen Rechtfertigungsgrund jedoch abgelehnt und dies damit begründet, dass nach den Regelungen des *Ehrenkodex* unklar bleibe, wann und unter welchen Voraussetzungen der Telefonanruf im Einzelfall den betriebs- und sachbezogenen Bedürfnissen des Angerufenen entspricht und damit sein Einverständnis mit dem Anruf vermutet werden kann. Es ist nachvollziebar, dass die Einhaltung von selbstdisziplinären Regelungen eine Einzelfallprüfung zu den Voraussetzungen einer Einverständnisvermutung nicht ersetzen kann.

---

86 Vgl. OLG Hamburg, GRUR 1977, S. 225; *Paefgen,* EWiR § 1 UWG 16/92, S. 919, 920.

87 *Paefgen,* EWiR § 1 UWG 16/92, S. 919, 920.

88 Ebenso: OLG Düsseldorf, WRP 1997, S. 853, 854 entgegen der gutachtlich geäußerten Auffassung von *Schricker,* der im Fall des Arbeitnehmerverleihs die Eilbedürftigkeit mit dem Interesse der Verleiher an einer möglichst schnellen Vermittlung aufgrund hoher Vorhaltekosten begründete.

89 KG Berlin, WRP 1994, S. 67, 68; ebenso: OLG Köln, WRP 1991, S. 836, 837.

90 Abrufbar unter: www.ddv.de/downloads/Service/Ehrenkodex_TeleMedien.pdf_.

### 6. Mitteilung der Telefonnummer

Die Frage, ob die *Mitteilung der Telefonnummer* einen Rechtfertigungsgrund für telefonische Werbung darstellen kann, wurde bereits eingehend erörtert.

Nach der zum Bereich *Business-to-Consumer* vertretenen und auch auf den Bereich der Telefonwerbung *Business-to-Business* übertragbaren Ansicht liegt in der freiwilligen vertrags- oder geschäftsbezogenen Mitteilung der Telefonnummer grundsätzlich ein konkludentes Einverständnis zur telefonischen Kontaktaufnahme zu Werbezwecken. Die Frage nach einer Einverständnisvermutung stellt sich daher bei gezielter Angabe der Telefonnummer nicht.

Soweit die Mitteilung der Telefonnummer jedoch nicht zielgerichtet an einen bestimmten oder bestimmbaren Personenkreis, sondern lediglich als eine informatorische oder zweckgebundene Veröffentlichung an die Allgemeinheit erfolgt, verbleibt die Frage nach einem mutmaßlichen Einverständnis zu telefonischer Werbung. Für diesen Fall sind Gründe für eine abweichende Beurteilung zur Telefonwerbung im Privatbereich nicht ersichtlich, so dass insoweit auf die dortigen Ausführungen verwiesen werden kann.

### 7. Kündigungsmanagement abgelaufener Verträge

Die Fälle der telefonischen Nachbearbeitung gekündigter Dauerschuldverhältnisse *während* und *nach* der Kündigungszeit wurden ebenfalls bereits im Rahmen der Erörterungen zur Telefonwerbung im Privatbereich behandelt. Darauf kann für die Beurteilung der Rechtfertigungslage bei Telefonwerbung *Business-to-Business* mangels abweichender Beurteilungsgründe zurückgegriffen werden.

### 8. Telefonkontakt zum Zwecke der Terminabsprache

*Klawitter*[91] befasste sich mit der Frage, inwieweit eine telefonische Kontaktaufnahme zum Zwecke einer Vereinbarung für den *Termin eines Vertreterbesuches* im gewerblichen Bereich zulässig sein kann. Er kommt zu dem Ergebnis, dass vom Vertreter erwartet werde, dass er seinen Besuch vorher ankündige und sich dabei zeitgemäßer Kommunikationsmittel, im Zweifel also des Telefons, bedie-

---

91 *Klawitter*, NJW 1993, S. 1620.

ne. Ein solches Vorgehen sei Ausdruck sozialadäquaten Verhaltens und werde nicht als störend empfunden.[92]

Die Zweckausrichtung eines Werbeanrufes auf die Vereinbarung eines Termins für einen Vertreterbesuch kann den Werbeanruf für sich genommen jedoch nicht rechtfertigen. Vielmehr muss in jedem Einzelfall geprüft werden, ob die erforderliche *Sachbezogenheit* gegeben ist und ob der Umworbene den *Anruf erwartet* hat oder ihm jedenfalls *positiv gegenübersteht.* Es sind also auch für Anrufe zum Zweck einer Terminsvereinbarung konkrete Anhaltspunkte erforderlich, die im Einzelfall die Vermutung rechtfertigen, der Angerufene sei mit der telefonischen Kontaktaufnahme einverstanden.

## IV. Besondere Schutzbedürftigkeit bei außergewöhnlichen Belästigungen

Ein uneingeschränktes Verbot telefonischer Werbung kann auch im Bereich *Business-to-Business* gerechtfertigt sein, wenn besondere Umstände in der Ausgestaltung oder im Inhalt des Werbeanrufs oder im Zusammenhang mit einer erklärten Ablehnung zu einer außergewöhnlichen Belästigung führen.

### 1. Besondere Schutzbedürftigkeit bei Einsatz von Sprachdialogsystemen

Im Rahmen der Diskussion zur Telefonwerbung im Privatbereich wurde bereits unter Darstellung der US-amerikanischen Rechtslage erörtert, dass sich ein besonderer Belästigungstatbestand aus dem Einsatz neuer Kommunikationstechniken, wie z. B. bei Nutzung von *Sprachdialogsystemen*, ergeben kann.

#### a) Rechtslage zum Einsatz von *automated telephone calls* gegenüber Gewerbetreibenden in den USA

Im Gegensatz zum Verbot des Einsatzes von *Automatic Dialing Systems* und *Prerecorded Voice Systems* gegenüber Privatpersonen können automatische Wähl- und Sprachdialogsysteme nach 47 U.S.C. § 227(b) (1)(D) grundsätzlich

---

92 *Klawitter,* NJW 1993, S. 1620, 1623.

zur Kontaktaufnahme mit kommerziellen Fernsprechteilnehmern genutzt werden.

Die einzige Einschränkung besteht für *Automatic Dialing Systems* dahingehend, dass bei Übertragung ein- und derselben Werbebotschaft nicht zwei oder mehrere Telefonleitungen eines *multiline business* gleichzeitig belegen sein dürfen.[93] Kleine und mittlere Gewerbebetriebe, die lediglich mit einem Telefonanschluss arbeiten, müssen somit nach der derzeitigen US-amerikanischen Rechtslage unerbetene Telefonwerbung durch *automated calls* dulden.

### b) Übertragbarkeit auf deutsche Rechtsverhältnisse

Die vorstehend geschilderte US-amerikanische Rechtspraxis bedeutet die vollständige Freigabe telefonischer Werbung gegenüber Gewerbetreibenden mit der geringfügigen Ausnahme, dass immer nur eine Telefonleitung des angerufenen Unternehmens belegt sein darf.

Es ist jedoch nicht einsichtig, warum der Einsatz von *Sprachdialogsystemen* gegenüber Geschäftsleuten weniger belästigend sein soll, als dies bei Privatleuten der Fall ist. Die bei Einsatz eines Sprachcomputers fehlende Möglichkeit der Interaktion besteht auch bei Telefonwerbung gegenüber Geschäftsleuten. Die damit einhergehenden Beeinträchtigungen werden auch nicht dadurch kompensiert, dass Geschäftsleute mit Anrufen unbekannter Dritter eher rechnen müssen, als dies bei Privatleuten der Fall ist.

Vielmehr blockieren ständig sich wiederholende automatisierte Anrufe die gewerblich genutzten Telefonleitungen in besonderem Maße, da im geschäftlichen Bereich mit einem Vielfachen an Telefonkontakten zu rechnen ist. Eine vollständige Freigabe telefonischer Werbung gegenüber Gewerbetreibenden unter Rückgriff auf das US-amerikanische Modell kommt daher auch *de lege ferenda* nicht in Betracht.

## 2. Besondere Belästigung bei Anrufwiederholungen

Für die Telefonwerbung *Business-to-Business* gilt ebenso, wie für Telefonwerbung gegenüber Privatpersonen, dass der *Widerspruch* des telefonisch angespro-

---

[93] Wörtlich übernommen in die FCC-AusführungsVO, 47 C.F.R. § 64.1200(a)(4).

chenen Gewerbetreibenden uneingeschränkt zu beachten und jeder Wiederholungsanruf unter Missachtung eines solchen Widerspruchs als wettbewerbswidrige Belästigung zu werten ist.

### 3. Besondere Belästigung aufgrund des Inhalts bestimmter Angebote

Eine besondere Belästigung durch telefonische Werbung kann sich gegenüber Gewerbetreibenden auch aufgrund des Inhalts bestimmter Angebote ergeben.

So kann ein Gewerbetreibender – ebenso wie ein privater Verbraucher – bei *komplexen Angeboten* mit weit reichenden Konsequenzen durch ein telefonisch unterbreitetes Angebot überfordert sein. Dies gilt umso mehr, wenn das Telefonat während des normalen Büroablaufes, möglicherweise in Kollision mit Terminen des Angesprochenen stattfindet oder die konkret angesprochene Person die Entscheidung zu dem telefonisch unterbreiteten Angebot unter Zeitdruck treffen muss. Eine auf diese Weise durchgeführte Telefonwerbung ist – zumindest in Extremfällen – als unlauter anzusehen.

## V. Ergebnis

Die geltende Rechtslage zu aktiver Telefonwerbung im Bereich *Business-to-Business* ist – von geringfügigen Korrekturen abgesehen – zeitgemäß und kann daher beibehalten werden. Nach Umsetzung der Liberalisierungsvorschläge für aktive Telefonwerbung im Privatbereich wird sich zwischen den beiden Bereichen eine Angleichung ergeben, die erheblich zur Rechtssicherheit und Planbarkeit aktiver Telefonwerbung beitragen kann.

## 5. Kapitel – Vereinbarkeit der deutschen Rechtslage mit dem Gemeinschaftsrecht – unter Berücksichtigung der vorgeschlagenen wettbewerbsrechtlichen Liberalisierung

### A. Vorbemerkung

Telefonmarketing wird zunehmend grenzüberschreitend eingesetzt. Bei Konzeption und Durchführung einer multinationalen Telemarketingaktion sind dabei nicht nur die gesellschaftlichen, kulturellen und sprachlichen Unterschiede, sondern insbesondere auch die unterschiedlichen nationalen Rechtsvorschriften zu berücksichtigen.[1]

Abgesehen von dem – in der Praxis wenig bedeutsamen – Art. 10$^{bis}$ PVÜ[2] und vereinzelten gemeinschaftsrechtlichen Regelungen[3] fehlt es bisher an einer grenzübergreifenden Harmonisierung des Werbe- und Wettbewerbsrechts.[4] Das Telefonmarketing wird zwar von verschiedenen, nachfolgend noch zu behandelnden EU-Richtlinien erfasst, ohne dass damit umfassende grenzüberschreitende Regelungen zur aktiven Telefonwerbung geschaffen worden sind.

Es sind bei Grenzüberschreitungen durch Telefonwerbung somit nach wie vor die nationalen Wettbewerbs- und Werbegesetze zu berücksichtigen,[5] so dass

---

1 Vgl. Grünbuch, KOM(96) 192 endg., S. 2 ff.; *Beyerle*, Anwalts-Handbuch, S. 411, 412, Rdnr. 1; *Rohleder/Gratzer*, MA 1990, S. 473.

2 *Baumbach/Hefermehl*, Art. 10$^{bis}$ PVÜ, Rdnr. 1 ff.; *Schricker,* GRUR Int. 1990, S. 771, 772.

3 Vgl. Richtlinie 84/450/EWG des Rates v. 10.09.1984 zur Angleichung der Rechts- und Verwaltungsvorschriften der Mitgliedstaaten über irreführende Werbung, ABlEG Nr. L 250 v. 19.09.1984, S. 17 ff. = GRUR Int. 1984, S. 688; Richtlinie 89/552/EWG des Rates v. 03.10.1989 zur Koordinierung bestimmter Rechts- und Verwaltungsvorschriften der Mitgliedstaaten über die Ausübung der Fernsehtätigkeit, ABlEG Nr. L 298 v. 17.10.1989, S. 23 ff. = GRUR Int. 1990, S. 134; *Gloy/Jacobs/Schulte-Beckhausen*, § 25, S. 269 f.; Rdnr. 4 m.w.N.; *Münker*, WRP 1996, S. 990; *Beyerle*, Anwalts-Handbuch, S. 411, 430 f., Rdnr. 35.

4 *Münker*, WRP 1996, S. 990; vgl. die Forderung nach Harmonisierung der Regelungen zum unlauteren Wettbewerb sowie nach einer europäischen Generalklausel: *Schricker*, GRUR Int. 1990, 771, 776 f.; *Funke*, WRP 1991, 550, 551.

5 *Schmidt-Jortzig*, S. 15 führt dazu aus: *„Ein Unternehmen muss . . . in seinen europaweiten Werbekampagnen im Extremfall 15 nationale Rechtsordnungen und eine Vielzahl verstreuter Gemeinschaftsrechtsakte beachten. Dabei sind die Unterschiede zwischen den*

sich in jedem Einzelfall grenzüberschreitender Telefonwerbung die Frage nach dem einschlägigen nationalen Recht stellt. Die Beantwortung dieser Frage erfolgt grundsätzlich nach den Regelungen des nationalen Kollisionsrechts des Gerichtsortes (*lex fori*),[6] in Deutschland nach dem im EGBGB geregelten deutschen Internationalen Privatrecht (IPR).[7]

Da Verstöße gegen wettbewerbsrechtliche Regelungen dem Recht der unerlaubten Handlungen zugeordnet werden,[8] kommt im deutschen IPR als Kollisionsnorm für die wettbewerbsrechtliche Zulässigkeitsbeurteilung aktiver Telefonwerbung allenfalls Art. 40 EGBGB in Betracht.[9] Nach dieser Vorschrift sind die Rechtsfolgen eines Delikts, also auch eines Wettbewerbsverstoßes, grundsätzlich nach dem Recht des *Tat- oder Begehungsortes (lex loci delicti commissi)* zu beurteilen.[10] Art. 40 Abs. 3 EGBGB regelt zudem die im vormaligen Art. 38 EGBGB enthaltene Begrenzung der Deliktshaftung deutscher Staatsangehöriger bei im Ausland begangener unerlaubter Handlungen (Inländerschutzklausel).[11]

Nach der BGH-Rechtsprechung[12] ist unter *Begehungsort* derjenige *Ort* zu verstehen, an dem der *wettbewerbliche Interessenskonflikt* auftritt (*Marktort-*

---

*einzelnen Rechtsordnungen gerade im Werberecht erheblich. Ein größeres Hindernis für eine europaweite Werbung läßt sich kaum denken."*

6 Vgl. *Bernhard*, EuZW 1992, 437 ff.

7 *Sack*, GRUR Int. 1988, 320 mit Ausführungen zu einem Referentenentwurf des BMJ zur Ergänzung des IPR um eine Kollisionsregelung für unlauteren Wettbewerb.

8 BGH GRUR 1991, 462, 463 – Kauf im Ausland; BGH GRUR 1987, 172, 174 – Unternehmensberatungsgesellschaft I; zuvor bereits BGH GRUR 1962, 243, 245 – Kindersaugflaschen; BGH GRUR 1964, 316, 318 – Stahlexport; *Baumbach/Hefermehl*, Einl. UWG, Rdnr. 176; *Lindacher*, WRP 1996, 645, 646 m.w.N.

9 *Palandt-Heldrich,* Art. 40 EGBGB, Rdnr. 11 m.w.N.

10 *Palandt-Heldrich,* Art. 40 EGBGB, Rdnr. 3.

11 *Palandt-Heldrich*, Art. 40 EGBGB, Rdnr. 19 ff. m.w.N.

12 BGH GRUR 1962, S. 243, 245 – Kindersaugflaschen: Obwohl die sklavisch nachgeahmten Flaschen in Deutschland hergestellt worden waren, kam der BGH zur Anwendung ausländischen Rechts. Vgl. auch: BGH GRUR 1988, S. 453, 454 – Ein Champagner unter den Mineralwässern; BGH GRUR Int. 1991, S. 563, 564 – Kauf im Ausland; BGH NJW 1998, S. 1228 ff.; Das RG GRUR 1924, S. 85, 88 – Saccarin ließ es hingegen für die Annahme eines inländischen Handlungsortes ausreichen, wenn der ein fremdes Warenzeichen verletzende Angebotsbrief im Inland aufgegeben wurde; weitere Nachweise bei *Baumbach/Hefermehl,* Einl. UWG, Rdnr. 180 ff. und bei *Sack,* GRUR Int. 1988, S. 320, 321.

*prinzip*).[13] Da in den Fällen aktiver Telefonwerbung der Interessenskonflikt grundsätzlich bei Entgegennahme des Werbeanrufes entsteht, ist kollisionsrechtlich relevanter Marktort derjenige Ort, an dem der Angerufene vom unerbetenen Werbeanruf erreicht wird.[14] Dies gilt auch für multinationale Werbung, die somit den nationalen Wettbewerbsregeln eines jeden Staates entsprechen muss, in dem die Werbehandlung vorgenommen wird.[15] Praktisch führt dies bei einer international konzipierten Telefonwerbeaktion zu der Ausrichtung an dem strengsten nationalen Werberecht.[16]

Unter der Voraussetzung, dass die Telefonwerbemaßnahmen im Empfängerstaat *spürbar*[17] werden muss und auch keine andere Wettbewerbsordnung *sachnäher*[18] sein darf, ist nach den vorstehenden genannten Prinzipien bei grenzüberschreitender Telefonwerbung

- *vom Ausland ausgehend nach Deutschland* oder von in Deutschland tätigen Auslandsunternehmen das deutsche UWG anzuwenden;
- *von Deutschland ausgehend ins Ausland* oder von deutschen Unternehmen mit Sitz und Tätigkeit im Ausland das jeweils maßgebliche ausländische Wettbewerbsrecht heranzuziehen;[19]

---

13 Vgl. dazu eingehend *Sack,* GRUR Int. 1988, S. S. 320, 322 ff. m.w.N.; *ders.* WRP 1994, S. 281 ff. m.w.N.; *Lindacher,* WRP 1996, S. 645, 646 ff.; *Löffler,* WRP 2001, S. 379 f.

14 Ebenso zu „*Direct-Mail*"-Aktionen eines deutschen Unternehmens im Ausland, wenn die Briefe in Deutschland erstellt und versandt worden sind: *Möllering,* WRP 1990, 1, 3.

15 *Schricker,* GRUR Int. 1982, S. 720, 724; *Sack,* GRUR Int. 1988, S. 320, 327 f.; *ders.* WRP 1994, S. 281, 282; *Baudenbacher,* GRUR Int. 1988, S. 310, 318 m.w.N.; *Reese,* S. 11 m.w.N.; *Kotthoff,* S. 25 ff. m.w.N. an dem Beispiel der *Multistate*-Werbung für Presseerzeugnisse.

16 *Beyerle,* Anwalts-Handbuch, S. 411, 424, Rdnr. 24; *Meyer,* GRUR Int. 1996, S. 697 f.

17 Vgl. *Sack,* WRP 1994, S. 281, 282 m.w.N. aus der Rspr.

18 BGH GRUR 1964, S. 316 – Stahlexport; *Sack,* WRP 1994, S. 281, 282; a. A. *Lindacher,* WRP 1996, S. 645, 649.
Darunter werden einmal der Auslandswettbewerb ausschließlich zwischen Unternehmen einer Nationalität oder der gezielte Wettbewerb gegen einen inländischen Mitbewerber verstanden. Vgl. dazu auch BGH GRUR 1991, S. 462, 465 – Kauf im Ausland.

19 Vgl. *Baumbach/Hefermehl,* Einl. UWG, Rdnr. 176 m.w.N.; *Beyerle,* Anwalts-Handbuch, S. 411, 421, Rdnr. 20 m.w.N. Die Anwendung ausländischen Rechts steht jedoch unter dem Vorbehalt des inländischen *ordre public* (Art. 6 EGBGB), und zwar nach BGH GRUR 1962, S. 243, 245 – Kindersaugflaschen – dann, wenn der Unterschied der staatspolitischen oder sozialen Anschauungen so erheblich ist, dass durch die Anwendung des ausländischen Rechts die Grundlagen des deutschen staatlichen oder wirtschaftlichen Lebens angegriffen, oder wenn durch die Anwendung des ausländischen Wettbewerbsrechts das deutsche Wirtschaftsleben ernsthaft bedroht werden.

- durch *deutsche Niederlassungen oder Tochtergesellschaften ausländischer Unternehmen* bei Umsetzung globaler Marketingkonzepte im Inland das deutsche Wettbewerbsrecht anzuwenden. Diese Situation betrifft insbesondere internationale Unternehmen *(Global Players)*, die ihre Absatzpolitik durch nationale Niederlassungen, z.B. Franchiseunternehmen, betreiben und ihre Marketingstrategien aus Kostengründen und zur Imageverbesserung weltweit einsetzen.[20]

An dieser Situation ändert sich auch nach der inzwischen erlassenen und in das deutsche Recht umgesetzten[21] *Richtlinie 2000/31/EG des Europäischen Parlaments und des Rates vom 08. Juni 2000 über bestimmte rechtliche Aspekte der Dienste der Informationsgesellschaft, insbesondere des elektronischen Geschäftsverkehrs, im Binnenmarkt („Richtlinie über den elektronischen Geschäftsverkehr")*[22] im Hinblick auf das dort geregelte *Herkunftslandprinzip*[23] nichts:

Zwar unterfällt die kommerzielle aktive Telefonwerbung nicht dem Ausnahmenkatalog des Richtlinienanhangs zu Art. 3. Dort ist unter dem letzten Spiegelstrich nämlich lediglich von der Zulässigkeit nicht angeforderter kommerzieller Kommunikation mittels elektronischer Post die Rede. Aber der Begriff *„Dienste der Informationsgesellschaft"* bezeichnet nach deren Art. 2 lit. a Dienste im Sinne von Art. 1 Nr. 2 der Richtlinie 98/34/EG in der Fassung der Richtlinie 98/48/EG, d. h. jede in der Regel gegen Entgelt elektronisch im Fernabsatz und auf individuellen Abruf erbrachte Dienstleistung.

Dementsprechend stellt Art. 1 § 2 EGG auf *„elektronische Informations- und Kommunikationsdienste"* ab, die für eine individuelle Nutzung von kombinierbaren Daten, wie Zeichen, Bilder oder Töne bestimmt sind und denen eine Ü-

---

20 Vgl. dazu den Sachverhalt von OLG Köln, WRP 1989, S. 411, 412 – Paris Gewinnspiel: Deutsche Yves Rocher-Franchisenehmerin benutzte Werbung für Deutschland, die in der zentralen Werbeabteilung ihrer Muttergesellschaft in Frankreich für ganz Europa einheitlich entwickelt und praktiziert worden war; ebenso die Sachverhalte zu EuGH, WRP 1993, S. 615 – Yves Rocher (Werbung eines deutschen Franchisenehmers des französischen Unternehmens Yves Rocher mit Preisgegenüberstellungen in Deutschland) und – für Frankreich – EuGH, Slg. 1989, 1235 = GRUR Int. 1990, S. 459 - Buet (Haustürverkauf einer französischen Tochtergesellschaft der britischen Encyclopaedia Britannica für Unterrichtsmaterial in Frankreich).

21 Vgl. § 312e BGB zum Abschluss von Verträgen auf elektronischem Weg sowie das EGG, Elektronischer Geschäftsverkehr-Gesetz, BT-Drucks. 136/01. Das EGG regelt Änderungen im Teledienstegesetz (TDG) und im Teledienstedatenschutzgesetz (TDDSG).

22 Abl. Nr. L 178 vom 17.07.2000, S. 1 ff.

23 Vgl. die Umsetzung in § 4 EGG.

bermittlung mittels Telekommunikation zugrunde liegt (Teledienste). Elektronisch erbrachte Dienstleistungen in diesem Sinne sind solche, die mittels Geräten für die elektronische Verarbeitung und Speicherung von Daten erbracht werden; die *eCommerce-Richtlinie* und in deren Folge das EGG betreffen somit den Einsatz des Internets im elektronischen Geschäftsverkehr, nicht hingegen das Telefonmarketing im herkömmlichen Sinne.[24]

Bedeutung kann die *eCommerce-Richtlinie* für das Telefonmarketing allenfalls bei der Kommunikation unter Verwendung automatischer elektronischer Anrufsysteme haben, für die bereits Art. 10 Abs. 1 der Fernabsatzrichtlinie ein *„Opt in"*-Modell vorsieht (anwendbar über Art. 7 Abs. 2 der *eCommerce-Richtlinie*).

Im Übrigen gelten die bisherigen Prinzipien des IPR für all diejenigen Fälle uneingeschränkt weiter, in denen Beteiligte aus Nicht-Mitgliedstaaten der EU mitwirken.[25]

Wenn nach den IPR-Regelungen die gegenüber dem Absendestaat strengeren Wettbewerbs- oder Werberegeln des Empfängerstaates anzuwenden sind, sind diese im Falle einer Telefonwerbeaktion innerhalb der Mitgliedstaaten der Europäischen Union (EU) ergänzend an den Grundfreiheiten des EG-Vertrages (EGV) zu messen.

Für den Einsatz grenzüberschreitender Telefonwerbung ist daher die Kenntnis der einschlägigen Rechtsvorschriften der Zielstaaten von Bedeutung. Nachfolgend wird anhand einiger Beispiele das Regelungsspektrum zur aktiven Telefonwerbung in den EU-Mitgliedstaaten dargestellt. Der Blick auf das Regelungsspektrum der EU-Nachbarstaaten soll nicht nur zum Vergleich dienen, sondern ist zudem für die Beurteilung der für Deutschland erarbeiteten Regelungsvorschläge anhand der Vorgaben des EGV maßgeblich.[26]

---

24 *Paschke*, S. 13 f. m.w.N.; vgl. auch *Bender/Sommer,* RIW 2000, S. 260, 261.

25 *Löffler,* WRP 2001, S. 379, 380.

26 Im Hinblick auf die Themensetzung konzentrieren sich die Ausführungen auf das materielle Wettbewerbs- und Werberecht. Auf die Erörterung internationaler Verfahrensfragen und internationaler Entscheidungszuständigkeiten muss ebenso verzichtet werden, wie auf die Darstellung vertragsrechtlicher Kollisionsprobleme aufgrund grenzüberschreitender telefonischer Vertragsverhandlungen, Vertragsabschlüsse und Vertragsabwicklungen. Zum internationalen (Wettbewerbs-)Straf- und Ordnungswidrigkeitenrecht: *Baumbach/ Hefermehl*, Einl. UWG, Rdnr. 196; *Möllering,* WRP 1990, S. 1, 4 ff.; zum internationalen Verwaltungsrecht: *Reese*, S. 7 f. m.w.N.; zu Fragen der gerichtlichen Zuständigkeiten: Vgl. nunmehr die *Verordnung (EG) Nr. 44/2001 des Rates vom 22.12.2000, Abl EG L 12 v. 16.01.2001 über die gerichtliche Zuständigkeit und die Anerkennung und Vollstrek-*

## B. Regelungsspektrum zur aktiven Telefonwerbung in Europa

Einzelstaatliche Regelungen finden sich im allgemeinen Zivilrecht, im Wettbewerbsrecht, im Bereich des Verbraucherschutzes und als spezifische Gesetze zum Schutz öffentlicher Interessen.[27] Außerdem gibt es eine Reihe von selbstdisziplinären Regelungen, die direkt oder indirekt das aktive Telefonmarketing betreffen.

### I. Wettbewerbsrechtliche Regelungen

So wird das aktive Telefonmarketing in **Österreich** nach den Vorschriften des österreichischen Gesetzes gegen den unlauteren Wettbewerb (öUWG), und dort nach § 1 öUWG beurteilt.[28]

Der Oberste Gerichtshof (OGH) hat 1983 auf dieser Grundlage und in Anlehnung an die Argumente der deutschen Rechtsprechung zur aktiven Telefonwerbung entschieden, dass diese gegenüber Privatpersonen wegen der damit verbundenen Belästigung unlauter, und auch im gewerblichen Bereich nur bei Vorliegen eines mutmaßlichen Einverständnisses hinzunehmen sei.[29]

Diese Rechtsprechung wurde durch die Entscheidung *Computerkurse II*[30] unter besonderer Berücksichtigung des Beitritts Österreichs zur EU und der an späterer Stelle noch näher zu behandelnden EuGH-Entscheidung *Alpine Investments*[31] bestätigt. Eine nationale Vorschrift, die Telefonwerbung als sittenwidrig verbietet, verstößt nach Auffassung des OGH nicht gegen Art. 28 EGV, da

---

*kung von Entscheidungen in Zivil- und Handelssachen (EuGVVO)* sowie das *Abkommen über die gerichtliche Zuständigkeit und die Vollstreckung gerichtlicher Entscheidungen in Zivil- und Handelssachen (EuGVÜ) v. 27.09.1968*; in Deutschland ratifiziert durch Gesetz v. 24.07.1972, BGBl. II, S. 773 ff.; *Albers* in Baumbach/Lauterbach/Albers/Hartmann, EuGVVO, Rdnr. 1 ff.; *Baumbach/Hefermehl*, Einl. UWG, Rdnr. 191 ff. m.w.N.; *Münker,* WRP 1996, S. 990, 996 f.; *Beckmann,* WRP 1993, S. 651, 652 ff.; *Möllering,* WRP 1990, S. 1 ff.; zu vertragsrechtlichen Kollisionsproblemen: *Beyerle,* Anwalts-Handbuch, S. 411, 414 ff., Rdnr. 4 ff. m.w.N.; *Beckmann,* WRP 1993, S. 651, 652 ff.

27 Vgl. Grünbuch, KOM(96) 192 endg., S. 24 ff.

28 § 1 öUWG stimmt wörtlich mit § 1 UWG überein. Vgl. *Baumbach/Hefermehl*, Einl. UWG, Rdnr. 9 m.w.N.; *Wiltschek,* WRP 1993, S. 602 ff.

29 OGH, GRUR Int. 1984, S. 311 f.

30 OGH ÖBl 1996, S. 80 – Computerkurse II.

31 EuGH, NJW 1995, 2541 – Alpine Investments.

es sich dabei nicht um eine Maßnahme gleicher Wirkung i. S. dieser Vorschrift handele.[32]

In **Griechenland** ist automatisierte Telefonwerbung nach Art. 4 § 6 des Gesetzes L.2251/1994 in der Fassung der Änderung Z1-496/2000 (Verbraucherschutzrecht) und nach Art. 9 § 1 des Gesetzes 2774/1999 (Datenschutzrecht) nur zulässig, soweit der Verbraucher ausdrücklich zugestimmt hat. Das Privatleben des Verbrauchers darf durch die Nutzung von technischen Kommunikationsmitteln nicht gestört werden, so ausdrücklich geregelt in Art. 4 § 6 des Gesetzes L.2251/1994 i. d. F. von 2000. Auf Verlangen des Verbrauchers ist die Telefonwerbung zu unterbrechen und es sind die persönlichen Daten zu löschen.[33]

## II. Sonstige gesetzliche Regelungen zur Zulässigkeit aktiver Telefonwerbung

Neben den wettbewerbsrechtlichen Vorschriften finden sich z. B. für **Großbritannien** weitere Regelungen, die sich auf die Zulässigkeit aktiver Telefonwerbung auswirken. Dort ist die Werbung durch unaufgeforderte Telefonanrufe grundsätzlich erlaubt,[34] gesetzliche Beschränkungen finden sich lediglich in

- Sec. 56 des *Financial Services Act 1986*, der den Abschluss von Investitionsverträgen bei bzw. aufgrund von unaufgeforderten Telefonanrufen oder persönlichen Besuchen verbietet.[35] Verträge als Ergebnis solcher Kundenwerbung sind nicht vollstreckbar.[36]
- Sec. 43 (1) des *Telecommunications Act 1984*, der Telefonanrufe mit „*grossly offensive or indecent, obscene or menacing character*", sowie eine Nachrichtenübermittlung durch das Telefon verbietet, die „*annoyance, inconvenience or needless anxiety*" verursacht.[37]
- *Telecommunications (Data Protection and Privacy) Regulations 1999*, wonach unaufgeforderte Werbeanrufe gegenüber Personen, die diese entweder

---

[32] *Baumbach/Hefermehl*, Einl. UWG Rdnr. 627b m.w.N.; *Paschke,* S. 92.

[33] *Paschke,* S. 81; *Alexandridou*, GRUR Int. 1992, S. 120 ff.

[34] *Schricker/Ohly*, Großbritannien und Nordirland, S. 45, Rdnr. 91; *Schotthöfer/Groom*, Großbritannien, S. 325, 338, Rdnr. 35; *Paschke,* S. 82.

[35] Vgl. die Ausführungen bei *Boyle,* WRP 1990, 159, 162 m.w.N.

[36] Vgl. dazu *Schotthöfer/Groom*, Großbritannien, S. 325, 339, Rdnr. 39.

[37] *Schotthöfer/Groom*, Großbritannien, S. 325, 338, Rdnr. 35; *Paschke*, S. 82.

individuell oder über den *Telephone Preference Service* verboten haben, unzulässig sind.[38] Die *Telecommunications Regulations 1999* werden vom *Office of the Data Protection Commissioner* überwacht und durchgesetzt.[39]

In der Literatur wird zudem diskutiert, dass *„recurrent telephoning, irrespective of the aim or content of the call"* den deliktsrechtlichen Tatbestand von *nuisance* erfüllen und damit Schadensersatzansprüche nach *tort law* auslösen kann.[40]

In **Irland** kann eine Person auf der Grundlage des *Data Protection Act 1988* persönliche Daten innerhalb von 40 Tagen aus jeder Direktmarketingliste streichen lassen.[41] Ansonsten finden sich keine Spezialregelungen zum Telefonmarketing.[42]

## III. Vertragsrechtliche Sanktionen für telefonisch geschlossene Verträge

In verschiedenen EU-Mitgliedstaaten sind zudem vertragsrechtliche Sanktionen für telefonisch geschlossene Verträge geregelt, um den Verbraucher vor den Konsequenzen telefonischer Werbe- und Verkaufskontakte zu schützen.

**Belgien:** So ist in der belgischen Judikatur Telefonwerbung bisher – mit Ausnahme der Entscheidung des Handelsgerichts Mons vom 10.09.1993[43] – nicht behandelt worden und gilt grundsätzlich als zulässig.[44] Die Entscheidung des Handelsgerichts Mons betraf weniger die Frage der Belästigung durch unerbetene Telefonwerbung, sondern vielmehr die Problematik der Irreführung: Ein Lederwarenhändler hatte verschiedene Kunden angerufen und ihnen ein Geschenk in Aussicht gestellt, falls sie sein Geschäft aufsuchen würden. Der zuständige Richter sah hierin einen Verstoß gegen Art. 23 Abs. 10 des *Gesetzes über die Handelspraktiken und die Information und den Schutz des Ver-*

---

38 *Paschke*, S. 83; www.tpsonline.org.uk/tpsC/html/legal.asp.

39 www.telemkt.com/whitepapers/dma-telecom-regulations.html.

40 Vgl. *Lawson*, S. 160.

41 Entnommen aus dem Kommissionsvorschlag KOM(92) 11 endg. SYN 411 zur Fernabsatzrichtlinie v. 09.06.1992, S. 52. Vgl. zum Wettbewerbsrecht in Irland: *Conrads-Hassel*, WRP 1990, 223 ff.

42 *Paschke*, S. 85.

43 Comm. Mons (cess.), R.G. no. 53270/92, zitiert nach *Schotthöfer/Kocks*, Belgien, S. 125, Rdnr. 57.

44 *Schotthöfer/Kocks*, Belgien, S. 113, 125, Rdnr. 57; vgl. auch *Henning-Bodewig*, GRUR Int. 1994, 455 ff.; *Paschke*, S. 72.

*brauchers (LPC/WHP)*[45], weil der Telefonanruf bei den Kunden den Eindruck erweckt habe, dass sie per Zufall für ein Geschenk ausgewählt worden seien.

Im LPC/WHP können für die rechtliche Beurteilung aktiver Telefonwerbung die Art. 77 bis 83 über die *Verkäufe auf Abstand (Des ventes à distance/Verkopen op afstand)* relevant sein, wonach vertragsrechtliche Einschränkungen für Verkaufsangebote im Fernabsatz vorgesehen sind. Bei einem Verstoß gegen diese Bestimmungen wird davon ausgegangen, dass es sich um einen *aufgedrängten Kauf* gehandelt hat, der den Verbraucher weder zur Zahlung des Kaufpreises des gelieferten Produktes noch zu dessen Herausgabe verpflichtet.[46]

**Dänemark:** Nach § 2 Abs. 1 des Gesetzes über bestimmte mit Verbrauchern abgeschlossene Verträge *(Lov om visse Forbrugeraftaler)*[47] ist es verboten, sich *„ohne vorausgehende Aufforderung“* persönlich oder telefonisch zur Abgabe eines Angebots für einen Vertragsabschluss bzw. der Einholung einer entsprechenden Annahmeerklärung an einen Kunden unter seiner Privatadresse, am Arbeitsplatz oder an einem Ort zu wenden, zu dem es keinen freien Zutritt gibt.[48] Auf diesem Wege geschlossene Verträge sind unwirksam.[49] Von dieser Regel sind traditionell die Bestellung von Büchern, Abonnements von Zeitungen, Wochenblättern und Zeitschriften sowie Versicherungsverträge ausgenommen.[50]

---

45 *Loi sur les practiques du commerce et sur l'information et la protection du consommateur (LPC)/Wet betreffende de handelspraktijken en de voorlichting en bescherming von de consument (WHP)* v. 14.07.1971, deutsche Übersetzung in GRUR Int. 1972, 202 ff., wurde durch das Gesetz v. 14.07.1991, deutsche Übersetzung in GRUR Int. 1992, 623 ff., erheblich geändert. Vgl. auch *Schricker/Henning-Bodewig*, Belgien, S. 188 ff.

46 Kommissionsvorschlag KOM(92) 11 endg. SYN 411 zur Fernabsatzrichtlinie v. 09.06. 1992, S. 27.

47 Veröffentlicht als *Lovbekendtgoreise* betreffend Haustürverkäufe, Fernverkauf und die zeitlich unbefristete Bereitstellung von Dienstleistungen, Lovbkg. Nr. 886 v. 29.12.1987, geändert durch Gesetz Nr. 262 v. 06.05.1993 und Gesetz Nr. 1098 v. 21.12.1994 – Haustürkaufgesetz. Vgl. *Schricker/Kur, Schovsbo*, Dänemark, S. 53, Rdnr. 107 m.w.N.

48 *Schotthöfer/Eckhardt-Hansen*, Dänemark, S. 147, 158 f., Rdnr. 38 f.; *Schricker/Kur, Schovsbo*, Dänemark, S. 53 Rdnr. 107.

49 *Schricker/Kur, Schovsbo*, Dänemark, S. 53, Rdnr. 107 m.w.N.

50 Vgl. *Reinel*, WRP 1990, 92, 94 f.; *Schotthöfer/Eckhardt-Hansen*, S. 147, 153, Rdnr. 39, 41; *Paschke*, S. 75.

Ergänzend zu diesen Regelungen können die Vorschriften des Marktgesetzes (*Lov om Markedsforing, Mfl*)[51] maßgeblich werden, wenn eine ansonsten zulässige Vertragsanbahnung per Telefon im Einzelfall, z. B. wegen des Zeitpunktes der Werbemaßnahme, gegen die Generalklauseln der §§ 1, 2 Abs. 3 Mfl verstößt. Für den Bereich *Business-to-Business* bestehen in Dänemark keine Restriktionen unerbetener Telefonwerbung, solange die allgemeinen Bestimmungen des dänischen Werbe- und Wettbewerbsrechts beachtet werden.[52]

**Finnland:** In Finnland ist Telefonwerbung grundsätzlich zulässig und wird ausschließlich am finnischen Wettbewerbsrecht gemessen. Nach einer Empfehlung des Verbraucherombudsmannes muss beim Verkauf per Telefon über alle Bestellbedingungen deutlich informiert werden. Außerdem soll dem Kunden danach das Recht zum Vertragsrücktritt innerhalb von sieben Tagen nach Vertragsabschluss zustehen.[53]

**Frankreich:** In Frankreich ist aktive Telefonwerbung grundsätzlich zulässig, sofern keine inhaltlichen Einschränkungen für die jeweilige Werbung bestehen und die Regeln zum Schutz der Verbraucher beachtet werden.[54]

Das Gesetz über den Telefonverkauf Nr. 89-421 vom 23.06.1989 *(Loi du 23. Juin 1989 sur le démacharge par telefone)* legt jedoch fest, dass der Anrufer dem Verbraucher das telefonisch unterbreitete Angebot schriftlich bestätigen muss. Der Verbraucher kann aus einem Telefonverkauf nur bei Vertragsgegenzeichnung verpflichtet werden.[55] Das Gesetz Nr. 89-421 ist als Art. $2^{bis}$ in das Gesetz 72-1137 zum Schutz der Verbraucher bei Kundenbesuchen und Verkauf an der Haustür vom 22.12.1972 aufgenommen worden und lässt sich in drei Hauptpunkte zusammenfassen: (1) Schriftformerfordernis mit einem gesetzlich festgelegten Mindestinhalt; (2) Widerrufsrecht des Käufers und (3) besondere zivil- und strafrechtliche Sanktionen bei missbräuchlichem Geschäftsgebahren.[56] Von den gesetzlichen Regelungen sind die Versicherungsverträge ebenso

---

51 *Lov om Markedsforing,* Nr. 428 v. 01.06.1994, abgedruckt bei *Schricker/Kur, Schovsbo,* Dänemark, S. 123 ff.

52 *Schotthöfer/Eckhardt-Hansen*, Dänemark, S. 147, 159, Rdnr. 42; DirektMarketing 11/1995, S. 42, 43; *Paschke*, S. 76..

53 *Paschke,* S. 78.

54 *Schotthöfer/Ranke,* Frankreich, S. 245, 286, Rdnr. 127; *Schricker/Dreier, v. Lewinski*, Frankreich, S. 66, Rdnr. 128 ff.; *Paschke*, S. 79.

55 Vgl. *Siegert*, S. 44.

56 *Schotthöfer/Ranke*, Frankreich, S. 245, 286, Rdnr. 129; *Baumann*, GRUR Int. 1977, 268, 269 ff.

ausgenommen, wie der Verkauf von selbsthergestellten Produkten und alle Formen des Kundendienstes.[57]

**Griechenland:** Nach Art. 4 § 2 des Gesetzes L 2251/1994 i. d. Fassung des Dekrets 496/2000 sind Fernabsatzverträge, die u. a. durch den Einsatz von Telefonkommunikation geschlossen werden, unwirksam, sofern der Verbraucher nicht über die Identität des Werbenden, die wesentlichen Merkmale des beworbenen Produktes, Preis und Lieferbedingungen, Zahlungsbedingungen, die Möglichkeit zum Rücktritt und die Laufzeit des Vertrages informiert worden ist. Im Falle eines Telefonkontaktes muss der Unternehmer – vergleichbar zu § 312c Abs. 1 S. 2 BGB – ausdrücklich seine Identität und den kommerziellen Zweck des Telefonkontaktes offenbaren.

**Großbritannien:** Das britische *Office of Fair Trading* hat die *Distance Selling Regulations* veröffentlicht, die u. a. auch den Telefonverkauf regeln.[58] Danach muss der Verbraucher weitgehende Informationen zum Produkt, dem Verkäufer und den Rücktrittsrechten schriftlich sowie eine *cooling-off period* von sieben Tagen eingeräumt erhalten.[59]

In **Schweden** bestehen sondergesetzliche Vorschriften für den Verkauf von Waren an der Haustür oder mittels Telefon *(hemförsäljningslag)*.[60] Der Verkäufer muss danach besondere Informationspflichten beachten und dem Kunden zu Beginn des Gesprächs den Zweck der Kontaktaufnahme mitteilen. Dem Käufer wird ein Rücktrittsrecht von telefonisch geschlossenen Verträgen eingeräumt, auf das ihn der Verkäufer schriftlich hinweisen muss.[61] Wenn der Gewerbetreibende die daraus folgenden Verpflichtungen nicht einhält, liegt darin zugleich ein Verstoß gegen das *marknadsföringslag (MFL)*,[62] dessen Ahndung dem schwedischen *Ombudsmann* obliegt.[63]

---

57 *Baumann*, GRUR Int. 1977, 268, 271 m.w.N.

58 Vgl. www.oft.gov.uk/Business/Legal+Powers/distance+selling+regulations.htm; *Paschke*, S. 83.

59 Vgl. www.oft.gov.uk/Business/Legal+Powers/distance+selling+regulations.htm.

60 Hemförsäljningslag, SFS 1981:1361 i.d.F. v. 01.01.1993; vgl. *Schricker/Kur*, Schweden, S. 74 f., Rdnr. 180.

61 *Schricker/Kur*, Schweden, S. 75 Rdnr. 180.

62 *Schricker/Kur*, Schweden, S. 75 Rdnr. 183 m.w.N. aus der schwedischen Rspr.; *Paschke*, S. 94 f.

63 Zum schwedischen Rechts- und Verbraucherschutzsystem: *Schricker/Kur*, Schweden, S. 24 ff., Rdnr. 43 ff.

## IV. Regelungen durch Werbeselbstkontrolle

In zahlreichen EU-Mitgliedstaaten finden sich außerdem Regelungen der Werbeselbstdisziplin und Werbeselbstkontrolle, die die von unerbetener Telefonwerbung ausgehenden Belästigungen beschränken sollen.

**Belgien:** Selbstdisziplinäre Beschränkungen und Verhaltensregeln für aktives Telefonmarketing ergeben sich aus dem *Kode telemarketing* der *Association Belge du Marketing Direct/Belgisch Direct Marketing Verbond.*[64]

**Frankreich:** Nach den Empfehlungen des *Bureau de Vérification des Publicités (BVP),* einer die Werbung überwachenden Vereinigung, soll Telefonwerbung nur gegenüber Verbrauchern betrieben werden, die entweder bereits Kunden des werbenden Unternehmens sind oder durch die Antwort auf eine Anzeige ihr Interesse an der Kontaktaufnahme gezeigt haben.[65] Diese Empfehlungen regeln auch die Zeiten, in denen Telefonwerbung durchgeführt werden darf. Der Angerufene soll den Zweck des Anrufs sofort erkennen können. Kinder dürfen nicht angesprochen werden.[66] Die *France Télécom* führt außerdem eine Liste, in die sich alle Personen, die keine Werbeanrufe wünschen, eintragen können (*Liste Orange*).[67] Zudem führt die *Union Francaise du Marketing Direct* eine *Liste Robinson*[68] und hat den *Code de Deontologie des Professionnels du Marketing Direct vis a vis de la Protection des Données a Caractère Personnel* erarbeitet, welcher vom *Syndicat du Marketing Telephonique* überwacht wird.[69]

**Großbritannien:** Im Zusammenhang mit Telefonmarketing hat die britische *Direct Marketing Association (DMA)* den für alle DMA-Mitgliedsunternehmen verbindlichen *Direct Marketing Code of Practice* herausgegeben hat.[70] Zudem wurde vom *Office of Telecommunications (OFTEL)* zusammen mit anderen Verbänden der *Telephone Preference Service (TPS),* vergleichbar mit der deut-

---

64 Vgl. auch DirektMarketing, 11/1995, S. 40, 41; www.bdma.be.

65 *Schotthöfer/Ranke*, S. 245, 287, Rdnr. 127.

66 Recommandation TELEPHONE-TEL v. September 1989; vgl. *Schricker/Dreier, v.Lewinski,* Frankreich, S. 66, Rdnr. 128 m.w.N.

67 *Baines*, S. 84.

68 www.fevad.com/informer/detail.asp?idart=283.

69 Information der *Union Francaise du Marketing Direct* v. 29.03.1996; vgl. auch www.fevad.com/informer/detail.asp?idart=367.

70 Der *DMA Code of Practice* wurde im März 1993 herausgegeben und ist für alle Mitglieder der DMA (UK) verbindlich. Dort werden alle Bereiche des Direktmarketing erfasst, die Überwachung erfolgt durch die DMA (UK). Vgl. *Lowe/Woodroffe*, p. 165 et seq.; Direct Response Magazine, S. 20 ; *Paschke*, S. 83 f.

schen Telestop-Liste, eingerichtet.[71] Der *Direct Marketing Code of Practice* sieht die verpflichtende Teilnahme am *Telephone Preference Service* vor und enthält *„rules of good conduct"* für die Durchführung von Telemarketing. Danach wird von den Anrufern u. a. gefordert, *„to be courteous, honest and efficient"*. Weiterhin wird den Kunden ein Rücktrittsrecht von Verträgen, die über das Telefon geschlossen worden sind, eingeräumt.[72]

**Irland:** Die *Irish Direct Marketing Association* hat in dem *Telemarketing Code of Practice* für Telefonanrufe, die nicht ausdrücklich vom Empfänger angefordert wurden, Regelungen getroffen, die von einer Tageszeitbegrenzung für *unsolicited calls* über *disclosure requirements* hinsichtlich Name, Anschrift und Firma des Anrufers bis hin zum Verbot von *high pressure tactics* und zur Regelung von *prerecorded calls* reichen.[73]

**Italien:** Im Rahmen der freiwilligen Werbeselbstkontrolle[74] kann zum einen auf den *Codice di Autodisciplina Publicitaria (C.A.P.)* und dort auf Art. 1 C.A.P. verwiesen werden, wonach Werbung anständig, wahr und korrekt sein sowie alles vermieden werden muss, was sie in Misskredit bringen kann.[75] Außerdem wurden für die Durchführung aktiver Telefonwerbung Verhaltensregeln verschiedener Direktmarketing-Verbände geschaffen, so z. B. diejenigen der *Associazione Italiane per il Direct Marketing.*[76] Es ist danach vorgesehen, dass Telefonmarketing im Kontakt mit dem Verbraucher von Anfang an klar und deutlich als solches erkennbar gemacht und die Verwechslung mit „Marktforschung" vermieden sowie die Anrufe zu akzeptablen Uhrzeiten erfolgen müssen; dem Angerufenen das Recht zugestanden werden muss, das Gespräch je-

---

[71] Gegründet Januar 1995. Vgl. Direct Response Magazine, S. 20; DirektMarketing 8/ 1995, S. 10, 11; *Boyle*, WRP 1990, 159, 162; zu den Eintragungen in die britische Telestop-Liste (März 2003: 1.400.000): www.fedma.org/code/ (Government Affairs/TPS/summary).

[72] *Boyle,* WRP 1990, 159, 162.

[73] Mitgeteilt von der *Irish Direct Marketing Association*, The Powerhouse, Pigeon House Harbour, Dublin 4, Ireland; vgl. www.idma.ie/ unter *„Legal/Regulatory"*.

[74] *Paschke,* S. 87 f.

[75] *Paschke,* S. 88.

[76] Entnommen aus Kommissionsvorschlag KOM(92) 11 endg. SYN 411 zur Fernabsatzrichtlinie v. 09.06.1992, S. 55; *Schotthöfer/Hofer, Lösch, Torricelli*, Italien, S. 389, 415, Rdnr. 78.

derzeit abzubrechen und dem Wunsch des Angerufenen, aus der Adressen- und Kontaktliste gestrichen zu werden, Folge geleistet werden muss.[77]

**Niederlande:** Die Telefonmarketing-Aktivitäten werden in den Niederlanden durch den *Code Telemarketing*[78] erfasst und mittels der Einrichtung *„Antwoordnummer 666"*, einer Telemarketing-Liste zur Abwehr unerwünschter Telefonwerbung, gesteuert.[79]

Nach den Bestimmungen des *Code Telemarketing* darf die Telefonwerbung keinen falschen Eindruck von Zweck und Anlass des Gesprächs vermitteln, nicht in unnötiger Weise in die Privatsphäre des Angerufenen eindringen und nicht außerhalb der festgelegten Zeiten[80] erfolgen. Es ist eine Verpflichtung zur Identifikation des Anrufers und zur sofortigen Beendigung des Telefonats auf Wunsch des Angerufenen sowie ein Rücktrittsrecht des Verbrauchers von telefonisch geschlossenen Verträgen vorgesehen.[81]

**Spanien:** Es existiert der *código deontologico* als Verhaltensregelung für das Telefonmarketing, der von der *Asociación de Empresas de Marketing Telefónico* aufgestellt worden ist.[82]

## V. Produkt- oder personenbezogene Beschränkungen

Neben den vorstehenden Regelungen finden sich in verschiedenen Staaten produktbezogene Beschränkungen für Telefonwerbung, vergleichbar mit dem in

---

77 *Schotthöfer/Hofer, Lösch, Torricelli*, Italien, S. 389, 420, Rdnr. 96; ähnliche Regelungen existieren von anderen Verbänden, wie der Associazione Nazionale Vendita a Distanza (ANVED), vgl. www.anved.it/; *Paschke*, S. 88 f.

78 Erhältlich in der Fassung von 1995 bei DMSA, Nederlandse Associatie Voor Direct Marketing, Distance Selling en Sales Promotion, Weerdestein 96, NL 1083 GG Amsterdam.

79 *Baines*, S. 131; *Schricker/Henning-Bodewig, Verkade, Quaedvlieg*, Niederlande, S. 98, Rdnr. 312 m.w.N.; vgl. dazu inzwischen: Stichting Zelfregulering DM unter www.szdm.nl/ und *Paschke*, S. 91; zu den Eintragungen in die niederländische Telestop-Liste (März 2003: 284.907): www.fedma.org/code/ (Government Affairs/TPS/summary).

80 An Werktagen sind Telefonanrufe zwischen 9.00 und 21.00 Uhr erlaubt, an Samstagen zwischen 10.00 und 16.00 Uhr und an Sonn- sowie Feiertagen verboten.

81 *Paschke*, S. 91.

82 Vgl. auch *Paschke*, S. 97.

§ 17 FernUSG[83] geregelten Verbot von Vertreterbesuchen zur Werbung für Fernunterrichtsverträge.[84]

So ist in **Schweden** das Direktmarketing für *alkoholische Getränke* untersagt.[85] Zudem regeln verschiedene nationale Vorschriften die grenzüberschreitende Werbung für *Finanzdienstleistungen.* Die niederländische Verbotsregelung, die der EuGH-Entscheidung *Alpine Investments*[86] zugrunde lag, ist dafür ein Beispiel. In **Großbritannien** ist nach Sec. 56 des *Financial Services Act* der Abschluss von *Investitionsverträgen* bei bzw. aufgrund von unaufgeforderten Telefonanrufen verboten.[87]

## VI. Zusammenfassung

Der für aktive Telefonwerbung in Deutschland geltende Verbotsstandard findet im europäischen Vergleich, mit Ausnahme von Dänemark, Österreich und – im Hinblick auf automatisierte Telefonwerbung – auch von Griechenland, keine Entsprechung. Der Schutz der Verbraucherprivatsphäre vor Beeinträchtigungen durch unerbetene Werbeanrufe wird zumeist den Regelungen der Werbeselbstdisziplin überlassen.

Eine Korrektur unerwünschter Folgen von unerbetener Telefonwerbung erfolgt vorrangig über vertragsrechtliche Sanktionen, insbesondere durch Umsetzung der *Fernabsatzrichtlinie.* Nach diesem Konzept wird nicht der Werbeanruf für sich genommen als für den Verbraucher belästigend angesehen, sondern die daraus – möglicherweise – entstehenden Folgen, insbesondere eine daraus resultierende Vertragsbindung.

Dem Verbraucher wird dadurch die Konfrontation mit telefonischer Werbung grundsätzlich zugemutet. Ein durch staatliche Maßnahmen erzeugter *Schutzwall zur Abwehr unerbetener Telefonwerbung* wird – zumindest für den Normalfall aktiver Telefonwerbung – nicht als erforderlich angesehen. Vielmehr ist der Verbraucher in seiner Eigenständigkeit und Eigeninitiative zur Abwehr unerwünschter Werbeanrufe gefordert. Damit bleibt für die Werbenden die telefoni-

---

[83] Gesetz zum Schutz der Teilnehmer am Fernunterricht (FernUSG) v. 24.08.1976, BGBl. I, S. 2525 ff.

[84] Ebenso für Frankreich: Vgl. EuGH v. 16.05.1989, Slg. 1989, 1235 ff. – Buet.

[85] Grünbuch, KOM(96) 192 endg., S. 34.

[86] EuGH, NJW 1995, 2541 ff. – Alpine Investments.

[87] *Boyle,* WRP 1990, 159, 162 m.w.N.

sche Kontaktaufnahme zu Werbezwecken möglich und für die Verbraucher eine weitere Quelle für Werbeinformationen erhalten.

Die in den vorhergehenden Kapiteln für § 1 UWG vorgeschlagene Liberalisierung aktiver Telefonwerbung durch Ausweitung der Rechtfertigungssystematik und Einführung von Verhaltens- und Abwehrmodalitäten fügt sich insoweit in das europäische Regelungsspektrum ein: Zwar verbleibt es bei einem grundsätzlichen Präventivverbot aktiver Telefonwerbung, welches jedoch nur für die Fälle besonderer Belästigungssituationen absolut eingreift, und ansonsten durch die Möglichkeit des mutmaßlichen Einverständnisses faktisch und rechtlich erheblich eingeschränkt wird. Dem Verbraucher werden durch die vorgeschlagenen *Opt out*-Regelungen Reaktionsmöglichkeiten an die Hand gegeben, mit denen er unerwünschter Telefonwerbung effektiv begegnen kann. Des Weiteren sind Durchführungsmodaltiäten vorgesehen, wie ein *Window of opportunity* oder Verhaltensregeln für den Telefonkontakt (vergleichbar mit den Regelungen in Frankreich, Irland und den Niederlanden).

Aus dem Überblick ergibt sich jedoch auch, dass bei der Beurteilung aktiver Telefonwerbung im europäischen Vergleich Unterschiede feststellbar sind, die einer Verwirklichung des Binnenmarktes grundsätzlich entgegenstehen. Daraus folgt die Frage nach einer Vereinheitlichung der unterschiedlichen Regelungskonzepte durch die europäische Gesetzgebung und/oder Rechtsprechung.

## C. Harmonisierung der nationalen Regelungen durch europäische Gesetzgebung

Auf europäischer Ebene finden sich Ausführungen und Regelungen zur aktiven Telefonwerbung inzwischen in einem *Grünbuch der Europäischen Kommission,* in der *Richtlinie 97/7/EG des Europäischen Parlaments und des Rates vom 17.02.1997 über den Verbraucherschutz bei Vertragsabschlüssen im Fernabsatz*[88], in der *Richtlinie 97/66/EG des Europäischen Parlaments und des Rates*

[88] ABlEG Nr. L 144 v. 04.06.1997, S. 19 ff. = EuZW 1997, 596 ff. = NJW 1998, 212 ff.; Vorschlag der Kommission KOM (92) 11 v. 20.05.1992 - SYN 411, ABlEG Nr. C 156 v. 23.06.1992, S. 14 ff.; geänderter Vorschlag KOM (93) 396 v. 07.10.1993, ABlEG Nr. C 308 v. 15.11.1993, S. 18 ff.; Gemeinsamer Standpunkt v. 29.06.1995, ABlEG Nr. C 288 v. 30.10.1995, S. 1 ff.; Beschluß des Europäischen Parlaments zum Gemeinsamen Standpunkt v. 13.12.1995, ABlEG Nr. C 17 v. 22.01.1996, S. 51 ff.

*über die Verarbeitung personenbezogener Daten und den Schutz der Privatsphäre im Bereich der Telekommunikation*[89] und in dem (geänderten) Vorschlag vom 23.07.1999 zu einer *Richtlinie des Europäischen Parlaments und des Rates über den Fernabsatz von Finanzdienstleistungen an Verbraucher und zur Änderung der Richtlinien 97/7/EG und 98/27/EG*[90].

Ein ausdrücklicher Bezug zum Direktmarketing findet sich auch in der *Richtlinie des Europäischen Parlaments und des Rates der Europäischen Union vom 24.10.1995 zum Schutz natürlicher Personen bei der Verarbeitung personenbezogener Daten und zum freien Datenverkehr.*[91]

## I. Grünbuch der Europäischen Kommission *„Kommerzielle Kommunikation im Binnenmarkt"*

Die Europäische Kommission hatte anläßlich einer Anhörung des Europäischen Parlaments zum Thema *„Verbraucherwerbung und Binnenmarkt"* im November 1992 angekündigt, eine Analyse über Funktion und Bedeutung der Werbung im Binnenmarkt vorzulegen.[92] Daraufhin wurde im Mai 1996 das Grünbuch *„Kommerzielle Kommunikation im Binnenmarkt"*[93] veröffentlicht, welches sich mit sämtlichen Formen der Kommunikation befasst, die der Absatz- bzw. Imageförderung eines Unternehmens oder einer Organisation gegenüber den Endverbrauchern und/oder Vertriebsunternehmen dienen. Davon sind alle Formen der Werbung, des Direktmarketing – und somit auch das Telefonmarketing – sowie des Sponsoring, der Verkaufsförderung und der Öffentlichkeitsarbeit erfasst.

Ziel des Grünbuchs ist es, die grenzüberschreitende kommerzielle Kommunikation innerhalb des Binnenmarkts zu fördern sowie die Entwicklung grenz-

[89] ABlEG Nr. L 024 v. 30.01.1998, S. 1 ff.; Vorschlag der Kommission KOM (90)314 v. 27.07.1990 - SYN 288, ABlEG Nr. C 277 v. 05.11.1990, S. 12 ff.; geänderter Vorschlag KOM (94) 128 v. 23.06.1994, ABlEG Nr. C 200 v. 22.07.1994, S. 4 ff.; Gemeinsamer Standpunkt des Rates v. 12.09.1996, ABlEG Nr. C 315 v. 24.10.1996, S. 30; Entscheidung des Europäischen Parlaments v. 16.01.1997, ABlEG Nr. C 33 v. 03.02.1997, S. 78; Vorschlag des Vermittlungsausschusses v. 06.11.1997, PE-CONS 3626/97.

[90] KOM (1999) 385, ABl. Nr. C 177 vom 27.06.2000, S. 27 ff.

[91] ABlEG Nr. L 281 vom 23.11.1995, S. 31 ff.

[92] Vgl. ZAW, Werbung in Deutschland 1997, S. 85.

[93] Grünbuch, KOM(96) 192 endg.; vgl. ZAW, Werbung in Deutschland 1997, S. 84 ff.

überschreitender Marketingstrategien zu ermöglichen.[94] Die Kommission stellt dazu fest, dass

- abweichende nationale Regelungen zu Behinderungen der grenzüberschreitenden kommerziellen Kommunikation führen können,
- zunehmend Unterschiede in der Entwicklung nationaler Rahmengesetze zur kommerziellen Kommunikation zu befürchten sind,
- dieser Prozess durch die Entwicklung neuer Medien verstärkt wird, und
- die Verfügbarkeit von einschlägigen Informationen über rechtliche Maßnahmen und Marktentwicklungen auf nationaler und Gemeinschaftsebene immer bedeutsamer wird.[95]

Auf der Grundlage dieser Erkenntnisse und nach einer Konsultation von insgesamt 433 interessierten Parteien legte die Kommission im Jahr 1998 in dem *„Folgedokument zum Grünbuch über kommerzielle Kommunikation im Binnenmarkt"* das nachfolgend zusammengefasste Maßnahmenpaket vor:[96]

- *Anwendung einer transparenten Bewertungsmethodik* zur Prüfung der Vereinbarkeit von nationalen Beschränkungen grenzüberschreitender kommerzieller Kommunikation mit den Grundsätzen des Binnenmarktes. Dadurch sollen die Verhältnismäßigkeitsprüfung im Einzelfall beschleunigt und effizienter ausgestaltet sowie größere Transparenz und Rechtssicherheit im Bereich kommerzieller Kommunikation geschaffen werden.
- *Bildung einer Expertengruppe für kommerzielle Kommunikation* zum Zwecke einer transparenten und effizienten Zusammenarbeit zwischen der Kommission und den Mitgliedstaaten sowie zur Begründung eines Dialogs mit interessierten Parteien.
- *Einrichtung einer Kontaktstelle und eines Informationsnetzes für kommerzielle Kommunikationen* bei der Generaldirektion für Binnenmarkt und Finanzdienste (GDXV) und enge Zusammenarbeit aller mit der Kommunikationspolitik befassten Generaldirektionen.
- *Einrichtung einer Datenbank für kommerzielle Kommunikationen* zur Erfassung nationaler und gemeinschaftlicher Rechtsvorschriften und der Kodizes freiwilliger Selbstkontrolle.

---

[94] Folgedokument zum Grünbuch, KOM(98) 121 endg., S. 7.

[95] Grünbuch, KOM(96) 192 endg., S. 1b f.

[96] Folgedokument zum Grünbuch, KOM(98) 121 endg.; vgl. MMR aktuell 1998, XV.

- *Beschleunigte Beschwerdebearbeitung* unter Anwendung der vorgenannten Methodik.
- *Aufbau eines Netzes wissenschaftlicher Sachverständiger* zur Unterstützung der Kommissionsarbeit.
- Zudem: *Förderung der nationalen Zusammenarbeit* sowie *Klärung von Fragen des elektronischen Geschäftsverkehrs* und *Unterrichtung des Parlaments.*[97]

Im Hinblick auf die nationalen Regelungsunterschiede und die von einem Mitgliedstaat im Anhörungsverfahren ausdrücklich aufgestellte Forderung nach einer Harmonisierung der zum *Cold Calling* bestehenden Regelungen ist auf der Grundlage des vorstehenden Maßnahmenpaketes eine entsprechende Prüfung auch der geltenden deutschen Regelungen erforderlich. Inwieweit sich dabei Probleme für den bestehenden deutschen Regelungsstandard sowie für das erarbeitete Liberalisierungskonzept im Hinblick auf die Vereinbarkeit mit den Art. 28, 49 EGV ergeben können, wird in diesem Kapitel untersucht.

## II. „*Vertragsrechtlicher Flankenschutz*" durch die Richtlinie 97/7/EG über den Verbraucherschutz bei Vertragsabschlüssen im Fernabsatz (*Fernabsatzrichtlinie)* und deren Umsetzung in deutsches Recht

Die *Fernabsatzrichtlinie* war das Ergebnis langwieriger Beratungen und jahrelanger Diskussionen sowie umfangreicher Änderungen.[98] Grundlage des Richtlinienvorhabens war das Bestreben, dem europäischen Verbraucher die Freiheit zu geben, Waren und Dienstleistungen überall dort kaufen zu können, wo diese angeboten werden.[99] Nach Ansicht des europäischen Gesetzgebers haben sich im Regelungsbereich der *Fernabsatzrichtlinie* abweichende Verbraucherschutzbestimmungen in den einzelnen Mitgliedstaaten zudem negativ auf den Wettbewerb zwischen den Unternehmen im Binnenmarkt ausgewirkt.[100] Ge-

---

97 Folgedokument zum Grünbuch, KOM(98) 121 endg., S. i und ii.

98 Stellungnahme des Wirtschafts- und Sozialausschusses zu dem Vorschlag für eine Richtlinie des Rates über den Verbraucherschutz bei Vertragsabschlüssen im Fernabsatz, ABlEG Nr. C 19 v. 25.01.1993, S. 111 ff. und der Kommission in ABlEG Nr. C 17 v. 22.01.1996, S. 51 ff.; dazu: *Reich*, EuZW 1997, 581, 582 m.w.N.

99 Vgl. Erwägungsgrund (3).

100 So im Erwägungsgrund (4).

genstand der Richtlinie ist daher die Angleichung der Rechts- und Verwaltungsvorschriften der Mitgliedstaaten, die Vertragsabschlüsse im Fernabsatz regeln (Art. 1[101]).

Im Hinblick auf die Zielsetzung der Arbeit werden nachfolgend nur diejenigen Regelungen besprochen, die einen Bezug zum aktiven Telefonmarketing aufweisen. Die inzwischen in das deutsche Recht erfolgte Umsetzung[102] ist ebenfalls Gegenstand der nachfolgenden Ausführungen.

## 1. Anwendungsbereich der Richtlinie (Art. 2 und 3)

Die *Fernabsatzrichtlinie* regelt das aktive Telefonmarketing nicht generell, so dass es insoweit nur eine mittelbare wettbewerbsrechtliche Komponente enthält.

### a) Sachlicher Anwendungsbereich

Nach Art. 2 Nr. 1 wird von der Richtlinie jeder Vertrag erfasst, der im Rahmen eines für den Fernabsatz organisierten Vertriebs- oder Dienstleistungssystems zwischen einem Lieferer und einem Verbraucher unter Einsatz einer oder mehrerer Fernkommunikationstechniken zum Verkauf von Waren und/oder Dienstleistungen geschlossen wird.[103] Das Telefon ist nach dem *Richtlinien-Anhang I* eine von der *Fernabsatzrichtlinie* ausdrücklich erfasste Fernkommunikationstechnik. Dies gilt sowohl für die persönliche telefonische Kommunikation, als auch für diejenige mit Automaten *(Voice-Mail-Systeme).* Insoweit erfolgte eine Umsetzung in § 312b Abs. 1 und 2 BGB.

Die *Fernabsatzrichtlinie* regelt jedoch nur Fernkommunikationskontakte mit dem Zweck eines *„Vertragsabschlusses unter abwesenden Vertragspartnern“* (Art. 2 Nr. 1 und 4). Aufgrund dessen ist zu überlegen, inwieweit Werbekontak-

---

101 Artikel ohne Gesetzesbezeichnung sind nachfolgend solche der *Fernabsatzrichtlinie.*

102 Vormals Fernabsatzgesetz, in Kraft seit dem 30.06.2000, aufgehoben durch Art. 6 SchuModG vom 26.11.2001 mit Wirkung vom 01.01.2002; nunmehr §§ 312b bis 312d BGB. Nachfolgend wird ausschließlich auf die nunmehr maßgebliche Umsetzung im BGB eingegangen.

103 Die Forderung nach einem organisierten Vertriebs- bzw. Dienstleistungssystem schließt die Anwendbarkeit der Richtlinie bei Gelegenheitskäufen aus, und zwar auch dann, wenn die Initiative vom Lieferer ausgeht. Vgl. *Reich,* EuZW 1997, 581, 583.

te zur bloßen Information des Verbrauchers oder zur Vorbereitung eines Vertragsgespräches vom Regelungsbereich der Richtlinie überhaupt erfasst werden. *Reich*[104] vertritt dazu die Auffassung, dass ein Kontakt i. S. von Art. 2 Nr. 1 und 4 mindestens in Form der *invitatio ad offerendum* erfolgen muss.

Zur Vermeidung von Abgrenzungsschwierigkeiten wird man darauf abstellen müssen, inwieweit der kommerzielle Telefonkontakt auf den Abschluss eines Vertrages ausgerichtet und aufgrund des telefonischen Kontaktes in direkter Kausalität ein Vertrag zustande gekommen ist. Art. 2 Abs. 1 Nr. 1 regelt insoweit, dass *„für den Vertrag bis zu dessen Abschluss einschließlich des Vertragsabschlusses selbst ausschließlich eine oder mehrere Fernkommunikationstechniken verwendet"* worden sein müssen. § 312b Abs. 2 BGB konkretisiert diese Regelung dahingehend, als dort von Fernkommunikationsmitteln gesprochen wird, die *„zur Anbahnung oder zum Abschluss eines Vertrages zwischen dem Verbraucher und einem Unternehmer"* benutzt werden.

Eine Vertragsanbahnung ist sicherlich dann gegeben, wenn sich der Verbraucher während des Telefongespräches zur Annahme des telefonisch unterbreiteten Angebots entschließt oder das Angebot mittels eines Rückrufs annimmt. Sobald der telefonische Kontakt jedoch lediglich zu reinen Informationszwecken oder zur Vorbereitung einer weiteren Werbemaßnahme, z. B. eines Mailings oder eines Vertreterbesuches, dient, kann ein späterer Vertragsabschluss, der nach einem weiteren Kontakt erfolgt ist, allenfalls der *Richtlinie 85/577/ EWG*[105] und somit nunmehr den §§ 312 und 312a BGB (vormals: §§ 1 ff. HWiG) unterfallen. Ausschlaggebend ist dabei, inwieweit der Verbraucher während der Vorverhandlungen über alle für den Vertragschluss wesentlichen Umstände informiert wird und ob der Vertragsabschluss in einem unmittelbaren zeitlichen Zusammenhang mit dem persönlichen Kontakt zustande kommt.[106]

### b) Persönlicher Anwendungsbereich

Während nach der *Fernabsatzrichtlinie* als *Lieferer* jede natürliche oder juristische Person in Betracht kommt,[107] die bei Abschluss von Verträgen im Fernab-

---

104 *Reich,* EuZW 1997, 581, 583.

105 Richtlinie des Rates betreffend den Verbraucherschutz im Falle von außerhalb von Geschäftsräumen geschlossenen Verträgen (85/577/EWG) v. 20.12.1985, ABlEG Nr. L 372/31 v. 31.12.1985; abgedruckt in *Fischer/Machunsky,* S. 341 ff.

106 *Brisch* in Henssler/Graf von Westphalen (Hrsg.), § 312b, Rdnr. 25 ff., 28.

107 Vgl. § 14 BGB zum Unternehmerbegriff.

satz im Rahmen ihrer gewerblichen oder beruflichen Tätigkeit handelt (Art. 2 Nr. 3), ist unter *Verbraucher* i. S. dieser Richtlinie nur eine natürliche Person zu verstehen, die beim Abschluss von Verträgen im Fernabsatz nicht gewerblich oder beruflich tätig wird (Art. 2 Nr. 2)[108]. *Vertragsabschlüsse mit Gewerbetreibenden* werden damit vom Anwendungsbereich der Richtlinie nicht erfasst.[109]

### c) Ausnahmen vom Geltungsbereich

In Art. 3 finden sich *Ausnahmen vom sachlichen Geltungsbereich* für die im *Richtlinienanhang II* aufgezählten Finanzdienstleistungen, insbesondere Wertpapier-, Versicherungs- und Bankdienstleistungen sowie Termin- oder Optionsgeschäfte. Zwar handelt sich dabei um Finanzdienstleistungen, für die teilweise gemeinschaftsrechtliche Sonderregelungen bestehen, welche jedoch die spezifischen Schutzprobleme des Fernabsatzes nicht erfassen.[110] Da gerade der Vertrieb von Versicherungsverträgen und von Waren-, Finanz- und Devisentermingeschäften in erheblichem Umfang über die telefonische Kontaktaufnahme erfolgt, waren diese Ausnahmen heftig umstritten und sind im Ergebnis auch nicht nachvollziehbar.[111] Dies gilt insbesondere bei Berücksichtigung der Entscheidung *Alpine Investments*[112], in der sich der EuGH mit der besonderen Komplexität und den Schwierigkeiten im Umgang mit Angeboten aus dem Finanzdienstleistungssektor auseinandersetzen musste. Allerdings wird für die Zukunft die eingangs erwähnte Finanzdienstleistungsrichtlinie zu berücksichtigen sein, die in ihrem Art. 10 den Bereich des Telefonmarketing anspricht.[113]

Aufgrund der sofortigen Erfüllbarkeit der Vertragshandlung wurden zudem Verträge, die unter Verwendung von Warenautomaten oder in automatisierten Geschäftsräumen geschlossen werden, vom Geltungsbereich der Richtlinie ausgenommen. Für Verträge zum Bau und für den Verkauf von Immobilien gilt wegen bestehender Formvorschriften ebenso eine Ausnahme wie für Verträge, die bei Versteigerungen geschlossen werden (Art. 3 Abs. 1).

Verträge über Lieferungen von Lebensmitteln, Getränken oder sonstigen Haushaltsgegenständen des täglichen Bedarfs sowie über die zeitlich fixierte

---

108 Vgl. § 13 BGB zum Verbraucherbegriff.
109 Ebenso im deutschen Recht: § 312b Abs. 1 BGB.
110 *Reich,* EuZW 1997, 581, 583.
111 *Micklitz,* Background Paper, S. 2.
112 EuGH v. 10.05.1995, NJW 1995, 2541 – Alpine Investments.
113 Vgl. dazu ausführlich *Scherer,* WRP 2001, S. 1255, 1257 ff.

Erbringung von Dienstleistungen in den Bereichen Unterbringung, Beförderung, Lieferung von Speisen und Getränken und zur Freizeitgestaltung unterliegen nach Art. 3 Abs. 2 nur bestimmten Regelungen.

Diese Ausnahmen wurden in § 312b Abs. 3 BGB auch für das deutsche Recht umgesetzt.

## 2. Informationspflichten vor und nach Vertragsabschluss

Die *Fernabsatzrichtlinie* geht in Art. 4 und Art. 5 von verschiedenen Informationsstufen mit unterschiedlichen Informationsinhalten aus:[114]

*1. Stufe:* Für die telefonische Kontaktaufnahme mit Verbrauchern sind nach Art. 4 Abs. 3 *zu Beginn des Gespräches* zwingend die Identität des Lieferers und der kommerzielle Gesprächszweck ausdrücklich offenzulegen. Diese Regelung entspricht den in Frankreich, Italien und den Niederlanden geltenden selbstdisziplinären Maßnahmen und wurde nunmehr für Deutschland in § 312c Abs. 1 S. 1 und 2 BGB i. V. mit § 1 BGB-InfoV ausdrücklich umgesetzt.

Der Forderung nach hinreichender Verbraucherinformation über den Werbezweck eines Telefonkontaktes liegt die in Erwägungsgrund (12) der *Fernabsatzrichtlinie* niedergelegte Überlegung zugrunde, dem Verbraucher bereits zu Gesprächsbeginn die Entscheidung über die Annahme oder die Ablehnung eines Werbeanrufes zu ermöglichen. Damit wird nicht nur die Gefahr der Überrumpelung, sondern auch die von unerbetenen Werbeanrufen ausgehende Belästigung auf einen lediglich kurzzeitigen Werbekontakt und damit auf einen hinnehmbaren Belästigungsgrad reduziert.

Im Sinne einer einheitlichen und der Rechtssicherheit entsprechenden Richtlinienumsetzung ist eine Übernahme dieses Erfordernisses für alle kommerziellen Telefonkontakte angemessen, also auch für diejenigen, die nicht zum Zwecke des Vertragsabschlusses, sondern ausschließlich zu Werbezwecken geführt werden.

*2. Stufe:* Nach Art. 4 Abs. 1 muss der Verbraucher rechtzeitig *vor Abschluss des Fernabsatzvertrages* über die Identität des Lieferers, die wesentlichen Eigenschaften und den Preis der Ware oder Dienstleistung, die Liefer- und Zahlungsmodalitäten sowie über das Bestehen des Widerrufsrechts klar und ver-

[114] *Reich,* EuZW 1997, 581, 584 m.w.N.

ständlich informiert werden. Die Umsetzung erfolgte für Deutschland insoweit ebenfalls in § 312c Abs. 1 S. 1 BGB i. V. mit § 1 BGB-InfoV.

*3. Stufe:* Die vorgenannte Regelung sowie die in Art. 5 festgelegten und *nach Vertragsschluss* zu erfüllenden Voraussetzungen einer schriftlichen Bestätigung der in Art. 4 festgelegten Informationen, sowie eines Hinweises auf das in Art. 6 geregelte Widerrufsrecht, betreffen den vertragsrechtlichen Schutz der telefonisch angesprochenen Verbraucher vor den Konsequenzen eines Telefonverkaufes. Eine Belästigungsreduktion im wettbewerbsrechtlichen Sinne ist damit nicht zwingend verbunden.

### 3. Widerrufsrecht nach Vertragsabschluss

Vertragsrechtliches Kernstück der *Fernabsatzrichtlinie* ist das in Art. 6 geregelte Recht des Verbrauchers, jeden im Fernabsatz vorgenommenen Vertragsabschluss[115] innerhalb von mindestens sieben Werktagen, im Falle des fehlenden schriftlichen Hinweises i. S. von Art. 5 innerhalb von drei Monaten, ohne Angabe von Gründen und ohne Strafzahlung widerrufen und die Ware zurücksenden zu können.[116] Als Folge des Widerrufs hat der Lieferer eventuell vom Verbraucher geleistete Zahlungen baldmöglichst, spätestens innerhalb von 30 Tagen, kostenlos zu erstatten (Art. 6 Abs. 2).

Das Widerrufsrecht soll dem Umstand Rechnung tragen, dass der Verbraucher in der Praxis des Fernabsatzes keine Möglichkeit hat, vor Abschluss des Vertrages das Erzeugnis zu sehen oder die Eigenschaften der Dienstleistung im Einzelnen zu prüfen.[117] Des Weiteren soll dem Verbraucher durch das Widerrufsrecht die Möglichkeit gegeben werden, seine Entscheidung zu überdenken und eine möglicherweise übereilte Willenserklärung rückgängig machen zu können. Durch die nachträgliche Überlegungsfrist soll zudem eine, aufgrund der Verhandlungssituation möglicherweise gegebene Beeinträchtigung der Entscheidungsfreiheit ausgeglichen werden. Sinn und Zweck dieses Widerrufsrechts entsprechen somit denjenigen des HWiG.[118]

---

[115] Vgl. *Reich,* EuZW 1997, 581, 585 zu der Frage, inwieweit auch bloße Willenserklärungen des Verbrauchers nach Art. 6 Abs. 1 widerrufsfähig sind.

[116] Die Widerrufsfrist beginnt bei Waren mit dem Tag ihres Eingangs beim Verbraucher und bei Dienstleistungen mit dem Tag des Vertragsabschlusses oder dem Tag, an dem die Verpflichtungen i.S. des Art. 5 erfüllt sind (Art. 6 Abs. 1).

[117] Vgl. Erwägungsgrund (14).

[118] Vgl. *Werner/Machunsky*, Einführung, Rdnr. 13.

Dieses Widerrufsrecht ist für das deutsche Recht nunmehr in § 312d i.V. mit §§ 355, 356 BGB geregelt.

### 4. Beschränkung der Verwendung bestimmter Fernkommunikationstechniken

Die *Fernabsatzrichtlinie* enthält neben den angesprochenen vertragsspezifischen Regelungen auch solche des Lauterkeitsrechts, zu deren Begründung in Erwägungsgrund (17) unter Rückgriff auf die Art. 8 und 10 der Europäischen Konvention zum Schutze der Menschenrechte und Grundfreiheiten vom 04.11.1950 ausgeführt wird:

> *„Es ist daher angezeigt, dem Verbraucher ein Recht auf Schutz des Privatlebens, insbesondere vor Belästigungen durch gewisse besonders aufdringliche Kommunikationstechniken zuzuerkennen und mithin die spezifischen Grenzen der Nutzung solcher Techniken genau zu bestimmen. Die Mitgliedstaaten sollten die geeigneten Maßnahmen ergreifen, um die Verbraucher, die keine Kontaktaufnahme durch bestimmte Kommunikationsmittel wünschen, auf wirksame Weise vor derartigen Kontakten zu schützen. . .“*

Auf dieser Grundlage regelt der im Gesetzgebungsverfahren besonders umstrittene und zahlreichen Änderungen unterworfene Art. 10[119] die Verwendung bestimmter Fernkommunikationstechniken zum Zwecke des Verkaufes im Fernabsatz.[120]

Die ursprüngliche Fassung von Art. 10 forderte von den Mitgliedstaaten im Zusammenhang mit aktiver Telefonwerbung lediglich pauschale Maßnahmen zur *„Rücksichtnahme auf die Privatsphäre des Verbrauchers“*.[121] Aufgrund der Stellungnahme des Wirtschafts- und Sozialausschusses vom 24.11.1992[122] und nach der ersten Lesung im Europäischen Parlament vom 25.05.1993 wurde das Erfordernis der *vorherigen Zustimmung (Opt in-*Lösung*)* für die Verwendung

---

119 In den ersten Richtlinienentwürfen: Art. 4.

120 Vgl. zum Gesetzgebungsverfahren: *Reich,* EuZW 1997, 581, 586.

121 Vorschlag für eine Richtlinie des Rates über den Verbraucherschutz bei Vertragsabschlüssen im Fernabsatz v. 21.05.1992, ABlEG Nr. C 156 v. 23.06.1992, S. 14 ff.

122 Stellungnahme zu dem Vorschlag für eine Richtlinie des Rates über den Verbraucherschutz bei Vertragsabschlüssen im Fernabsatz, ABlEG Nr. C 19 v. 25.01.1993, S. 111 ff.

von Telefax, eMail, Telefon und Voice-Mail-Systemen vorgesehen.[123] Weiterhin sollte den Mitgliedstaaten die Pflicht auferlegt werden, geeignete Schutzmaßnahmen zur Verhinderung unerbetener telekommunikativer Kontaktaufnahmen zu ergreifen.

Diese Verschärfung löste heftige Diskussionen in der Direktmarketing- und Werbebranche aus,[124] die mit Nachdruck die Auffassung vertrat, dass ein hinreichender Verbraucherschutz auch durch die Festlegung eines *Opt out*-Systems (Verbot telekommunikativer Kontaktaufnahme erst nach ausdrücklicher Ablehnung durch den Verbraucher) erreicht werden könne.

Unter diesem Druck erfolgte zwei Jahre später die *Kehrtwende* durch den gemeinsamen Standpunkt des Rates vom 29.06.1995[125] mit einem neuen Art. 10 und einem eingeschränkten *Opt out*-System folgenden Inhaltes:[126]

*(1) Die Verwendung folgender Techniken durch den Lieferer bedarf der vorherigen Zustimmung des Verbrauchers:*

- *Kommunikation mit Automaten als Gesprächspartner (Voice-Mail-System)*
- *Fernkopie (Telefax).*

*(2) Die Mitgliedstaaten tragen dafür Sorge, dass Fernkommuniations-techniken, die eine individuelle Kommunikation erlauben, mit Ausnahme der im Absatz 1 genannten Techniken, nur dann verwendet werden dürfen, wenn der Verbraucher ihre Verwendung nicht offenkundig abgelehnt hat.*

Damit war die Diskussion um den Inhalt der Regelungen zum aktiven Telefonmarketing jedoch noch nicht beendet. Vielmehr wurde Art. 10 Abs. 1 durch das Europäische Parlament in der zweiten Lesung des Richtlinienvorschlages am 13.12.1995 wie folgt ergänzt:

[123] Geänderter Vorschlag für eine Richtlinie des Rates über den Verbraucherschutz bei Vertragsabschlüssen im Fernabsatz v. 07.10.1993, ABlEG Nr. C 308, S. 18 ff.

[124] Vgl. DDV-Report 10/1993, S. 15 f.; ZAW-service Nr. 179/180, 11/1993, S. 35.

[125] Gemeinsamer Standpunkt des Rates v. 29.06.1995, ABlEG Nr. C 288 v. 30.10.1995, S. 1 ff.

[126] Beschluß des Europäischen Parlaments v. 13.12.1995, ABlEG Nr. C 17 v. 22.01.1996, S. 51, 56.

- *Telefon; in diesem Fall bedeutet „vorherige Zustimmung" die Mitteilung der Identität und der Absicht des Verkäufers zu Beginn eines Telefongesprächs mit dem Verbraucher.*

Diese Ergänzung wurde in die Endfassung der Richtlinie aufgrund systematischer Überlegung nicht in Art. 10, sondern – abgeändert – in Art. 4 Abs. 3 aufgenommen.

Der Gemeinschaftsgesetzgeber hat sich somit für einen Kompromiss zwischen einer liberalen *Opt out*-Lösung für die Fälle der aktiven Telefonwerbung durch *live*-Kontakt, und einem strikten Verbot mit Erlaubnisvorbehalt (*Opt in*-Lösung) für die Fälle der werbemäßigen Verwendung von *Voice-Mail*-Systemen und Telefax-Geräten entschieden. Aus dem systematischen Zusammenhang der Norm wird deutlich, dass es sich bei den genannten zustimmungsbedürftigen Kommunikationstechniken um eine abschließende Aufzählung handelt.[127] Diese Fernkommunikationsmittel werden gemeinschaftsrechtlich als *„besonders aufdringliche Kommunikationstechniken"* im Sinne des Erwägungsgrundes (12) angesehen, während eine besondere Belästigung durch den kommerziellen Einsatz des Telefons offenbar nicht angenommen und aktive Telefonwerbung, sofern mittels *live-operator* betrieben, auf Richtlinienebene faktisch legalisiert worden ist.[128]

Auf europäischer Ebene wird die Eingriffsintensität bei Durchführung aktiver Telefonwerbung somit grundsätzlich geringer eingeschätzt, als dies nach bestehender Rechtslage für Deutschland gilt: Nur wenn der europäische Verbraucher die Ansprache über diese Telemarketing-Methode *offenkundig* abgelehnt hat (Art. 10 Abs. 2), ist aktive Telefonwerbung unzulässig. Die *Fernabsatzrichtlinie* läßt dabei die Voraussetzungen einer *offenkundigen* Ablehnung i. S. von Art. 10 Abs. 2 ungeregelt. Bei einer Auslegung dem Wortlaut nach liegt *Offenkundigkeit* in den Fällen ausdrücklich erklärter Ablehnung von Werbeanrufen gegenüber dem Telefonwerber, sowie in den Fällen vorheriger Eintragungen in allgemeine oder firmeninterne *Telestop-Listen* oder – unter Nutzung des *asterisk-Systems* – in Telefonverzeichnissen vor.

Problematisch wird die Frage der Offenkundigkeit dann, wenn die verbraucherseitige Ablehnung durch konkludentes Handeln, beispielsweise durch die Nichtangabe einer Telefonnummer auf einer Rückantwortkarte oder bei Durchstreichen des für die Telefonnummer vorgesehenen Feldes, zum Ausdruck ge-

---

127 *Busche/Kraft,* WRP 1998, 1142, 1149.

128 Ebenso: *Micklitz,* Background Paper, S. 2.

bracht wird. Während im letztgenannten Fall das Verhalten des Verbrauchers noch als offenkundig ablehnend angesehen werden kann, wird die bloße Vermutung des Fehlens einer Verbraucherzustimmung für eine *offenkundige* Ablehnung i. S. von Art. 10 Abs. 2 nicht ausreichen.[129]

Zu demselben Ergebnis gelangt man auch, wenn man diese Regelung nach Sinn und Zweck auslegt. Sinn und Zweck der Regelung ist die Verankerung des *Opt out*-Systems für telefonische Werbung als gemeinschaftsweiten Mindeststandard. Damit wurde dem Verbraucheranspruch auf Werbeinformationen unter Nutzung des Telefons ein höherer Stellenwert zuerkannt, als dem Verbraucherschutz vor unerbetener telefonischer Kontaktaufnahme. Konsequenterweise wird dem Verbraucher zugemutet, zur Abwehr unerwünschter Telefonwerbung aktiv zu werden und eine mögliche Ablehnung so zu erklären, dass diese *offensichtlich,* also vom Werbenden unmissverständlich als solche wahrgenommen werden kann.

Wann, in welcher Zeit und in welcher Form die Ablehnung des Verbrauchers geltend gemacht werden muss, läßt Art. 10 Abs. 2 ungeregelt und eröffnet damit einen weiten Umsetzungsspielraum für die nationalen Gesetzgeber.

## 5. Schaffung von Verhaltenskodizes und Unterrichtung der Verbraucher

Im Erwägungsgrund (18) wird besonders hervorgehoben, dass die verbindlichen Grundregeln dieser Richtlinie im Einklang mit der *Empfehlung 92/295/EWG der Kommission vom 7.4.1992 über Verhaltenskodizes zum Verbraucherschutz* bei Vertragsabschlüssen im Fernabsatz gegebenenfalls durch freiwillige Bestimmungen der betreffenden Berufszweige ergänzt werden sollen. Dementsprechend sind in Art. 11 Abs. 4 *Codes of Practice* und sonstige Selbstregelungsinstrumente zur freiwilligen Kontrolle und zur Streitschlichtung angesprochen.

Durch Art. 11 Abs. 4 erfährt die Werbeselbstkontrolle eine grundsätzliche Stärkung, die für Deutschland eine deutliche Signalwirkung haben sollte. Dies gilt insbesondere auch für die Berücksichtigung der Einhaltung selbstdisziplinärer Verhaltensregeln im Rahmen einer gerichtlichen Lauterkeitsprüfung.[130]

---

[129] a.A. *Reich,* EuZW 1997, 581, 586 f.

[130] Vgl. dazu BGH GRUR 1991, 462 f.

Die Möglichkeit der Kontrolle durch Selbstregulierung entbindet die Mitgliedstaaten jedoch nicht von der in Art. 11 Abs. 1 niedergelegten Verpflichtung, im Interesse der Verbraucher für geeignete und wirksame Mittel zur Einhaltung der *Fernabsatzrichtlinie* zu sorgen.[131] Art. 11 Abs. 2 regelt in diesem Zusammenhang die Klagebefugnis von Verbraucherverbänden, Berufsverbänden und anderen öffentlichen Einrichtungen. Insoweit enthält die Richtlinie für das deutsche Recht kaum Neuerungen, da das Verbandsklagerecht nach UWG bereits besteht.[132]

Schließlich ist in Erwägungsgrund (19) als bedeutsam hervorgehoben, dass der Verbraucher nach Umsetzung der Richtlinie in ausreichendem Umfang über die einschlägigen gesetzlichen Bestimmungen und über die entsprechenden Verhaltenskodizes unterrichtet werden muss. Diese Erwägung wurde in Art. 16 als obligatorisch zu beachtende Bestimmung umgesetzt. Es wird insoweit auf die im *7. Kapitel* aufgezeigten Vorschläge zu Informationsmöglichkeiten verwiesen.[133]

An dieser Regelung wird deutlich, dass der Richtliniengesetzgeber von der Einbeziehung des Konsumenten in das Kontrollsystem der *Fernabsatzrichtlinie* ausgeht. Der Verbraucher wird durch eine entsprechende Informationspolitik (Stichwort: *information first)* in die Lage versetzt, seine Rechte und Interessen im Rechtsverkehr zu wahren und mittels der Einführung eines *Opt out*-Systems selbst zu entscheiden, ob und in welchem Umfang er Werbung zu erhalten wünscht.[134]

### 6. Auswirkungen der *Fernabsatzrichtlinie* auf die deutsche Rechtslage

Nach Art. 15 Abs. 1 hatten die Mitgliedstaaten drei Jahre Zeit, die Richtlinie durch den Erlaß der erforderlichen Rechts- und Verwaltungsvorschriften umzusetzen.[135] Für Deutschland erfolgte die Umsetzung zunächst in dem bereits angesprochenen *Fernabsatzgesetz*, und nunmehr in den §§ 312b ff. BGB.

---

[131] *Reich,* EuZW 1997, 581, 588 m.w.N.

[132] *Reich,* EuZW 1997, 581, 588 m.w.N.

[133] Vgl. die Ausführungen im *7. Kapitel*, S. 311 ff.

[134] Vgl. dazu insb. die Vorgaben zu den Informationspflichten in der Pauschalreise-Richtlinie, ABlEG 1990 L 158/59, in deutsches Recht transformiert über die Verordnung über die Informationspflichten von Reiseveranstaltern v. 14.11.1994, BGBl. I S. 3436.

[135] Die Umsetzung musste bis zum 04.06.2000 erfolgen.

### a) Richtlinienumsetzung im vertragsrechtlichen Bereich

Wenn auch die Einzelprobleme der Richtlinienumsetzung nicht Gegenstand dieser Arbeit sein können, so kann zusammenfassend festgestellt werden, dass die Umsetzung der *vertragsrechtlichen* Richtlinienvorgaben, vormals über das Fernabsatzgesetz, nunmehr in §§ 312b ff. BGB hinreichend erfolgt ist.[136]

Die Einführung eines Widerrufsrechts für telefonisch geschlossene Verträge hat die insoweit im deutschen Verbraucherschutz vormals vorhandene Lücke geschlossen.

Mit den §§ 312b ff. BGB hat der Gesetzgeber zudem die Telefonwerbung als zivilrechtskonformes Absatzinstrument anerkannt[137], ohne dass damit eine Entscheidung über die wettbewerbsrechtliche Zulässigkeit dieser Werbemethode *per se* getroffen worden ist.[138] Dennoch muss sich die grundsätzliche vertragsrechtliche Zulässigkeit der aktiven Telefonwerbung auf die lauterkeitsrechtliche Beurteilung dieser Werbemethode auswirken, zumal der vorgeschlagenen lauterkeitsrechtlichen Liberalisierung aktiver Telefonwerbung dadurch ein vertragsrechtlicher Schutzmechanismus zur Seite gestellt worden ist.

### b) Richtlinienumsetzung im lauterkeitsrechtlichen Bereich

Der deutsche Gesetzgeber hat von einer Umsetzung der lauterkeitsrechtlichen Regelungen der Fernabsatzrichtlinie abgesehen und dies damit begründet, dass keine Notwendigkeit zu einer Änderung der Rechtslage beim *„Cold Calling"* gegeben sei.[139]

Inwieweit eine Umsetzung der wettbewerbsrechtlichen Richtlinienvorgaben durch Verweis auf die Generalklausel des § 1 UWG möglich, oder die Neuschaffung gesetzlicher Regelungen erforderlich ist,[140] ist anhand der Voraussetzungen des Art. 249 Abs. 3 EGV zu bestimmen. Während die Mitgliedstaaten hinsichtlich des Richtlinienziels gebunden sind, sind sie nach Art. 249 Abs. 3 EGV in der *„Wahl der Form und der Mittel"* frei.

---

136 Vgl. dazu: *Burckhardt,* WRP 1996, 659, 664; *Ulrich,* WRP 1996, 1011, 1017; *Reich,* EuZW 1997, 581, 589; *Martinek,* NJW 1998, 207, 208; *Köhler,* NJW 1998, 185, 190.

137 Vgl. ausführlich: *Paschke*, S. 32 ff.

138 Vgl. Begründung zum RegE des Fernabsatzgesetzes, BT-Drucks. 14/2658, S. 38.

139 BT-Drucksache 14/2658, S. 24 ff.; dazu kritisch: *Scherer*, WRP 2001, S. 1255.

140 So offensichtlich LG Traunstein, NJW-CoR 1997, 109, 110 m.w.N.

Der EuGH hat dazu in seiner Entscheidung *Kommission/Deutschland*[141] festgestellt, dass die Umsetzung einer Richtlinie nicht notwendigerweise ein Tätigwerden des Gesetzgebers verlangt. Vielmehr kann ein allgemeiner rechtlicher Rahmen genügen, wenn er tatsächlich die vollständige Anwendung der Richtlinie in hinreichend bestimmter und klarer Weise gewährleistet, damit die Begünstigten in der Lage sind, von allen ihren Rechten Kenntnis zu erlangen und diese gegebenenfalls vor den nationalen Gerichten geltend zu machen.[142] In *Dillenkofer*[143] hat der EuGH diese Rechtsprechung nochmals bekräftigt und ausdrücklich klargestellt, dass die Vorschriften einer Richtlinie in *„unzweifelhaft verbindlicher, konkreter, bestimmter, klarer und dem Erfordernis der Rechtssicherheit genügender Weise"* umgesetzt werden müssen. Die Betroffenen müssen sich vor Gericht auf die nationale Regelung als zwingende Vorschrift berufen können.

Aufgrund dieser Rechtsprechung hat der EuGH eine Verwaltungspraxis zur Richtlinienumsetzung nicht genügen lassen, da *„bloße Verwaltungspraktiken, die die Verwaltung naturgemäß beliebig ändern kann und die nur unzureichend bekannt sind, nicht als eine wirksame Erfüllung der Verpflichtungen aus dem Vertrag angesehen werden"* können.[144] Diese Erwägungen müssen auch gegenüber einer entsprechenden gerichtlichen Entscheidungspraxis, die auf der Grundlage einer Generalklausel besteht, gelten. So hat der EuGH in *Kommission/Griechenland*[145] festgestellt, dass eine Rechtsprechung des griechischen Staatsrats nicht geeignet sei, die bei Richtlinienumsetzung notwendigen Rechtssicherheitserfordernisse zu erfüllen. Der Rechtsprechung fehle – ebenso wie der Verwaltungspraxis – die Sperrwirkung des normativen Umsetzungsaktes.[146]

Die für Deutschland geltende Beurteilung zu aktiver Telefonwerbung erfolgt durch die Rechtsprechung zu § 1 UWG. Wie die Darstellung der bisher einschlägigen BGH-Rechtsprechung im *2. Kapitel* zeigt, ist die Frage der Zulässigkeit aktiver Telefonwerbung auch nach den zahlreichen höchstrichterlichen Entscheidungen abschließend noch nicht geklärt.[147] Diese Unsicherheiten spre-

---

141 EuGH, Slg. 1985, 1661, 1673 (23) – Kommission/Deutschland.

142 Vgl. auch EuGH, Slg. 1987, 1733, 1742 (7) – Kommission/Italien; EuGH, EuZW 1997, 348, 350 (35) – Kommission/Deutschland.

143 EuGH, EuZW 1996, 654, 657 (48) – Dillenkofer.

144 Vgl. EuGH, EuZW 1991, 440 – Kommission/Deutschland; EuGH, Slg. 1996, I-2433, I-2438 (7) – Kommission/Griechenland.

145 EuGH, Slg. 1996, I-4459, I-4471 (13, 14) – Kommission/Griechenland.

146 Ebenso: *Dreher,* EuZW 1997, 522, 523 f. m.w.N.

147 Vgl. die Ausführungen im *2. Kapitel,* S. 18 ff.

chen für sich genommen bereits für eine Umsetzung der lauterkeitsrechtlichen Richtlinienregelungen des Art. 10 durch den Gesetzgeber.[148]

Dafür spricht im Übrigen auch der Wortlaut des Art. 15 Abs. 1, wonach die Mitgliedstaaten die *„erforderlichen Rechts- und Verwaltungsvorschriften in Kraft"* zu setzen haben, um der Richtlinie nach ihrem Inkrafttreten nachzukommen.

Die Notwendigkeit einer legislativen Umsetzung erstreckt sich jedoch nur auf die in Art. 10 enthaltenen Mindestregelungen, also auf die nach bisheriger deutscher Rechtslage nicht behandelte, nach Art. 10 Abs. 1 jedoch verbotene automatisierte Telefonwerbung sowie auf das in Art. 10 Abs. 2 vorgesehene *Opt out.*

### c) Mindestklausel

Art. 14 gibt den Mitgliedstaaten die Möglichkeit, mit dem EGV in Einklang stehende strengere Bestimmungen zu erlassen oder aufrechtzuerhalten, um ein höheres Schutzniveau für die Verbraucher sicherzustellen. Nach S. 2 kann durch nationale Bestimmungen zudem der Vertrieb im Fernabsatz für *bestimmte* Waren und Dienstleistungen im Interesse der Allgemeinheit gänzlich verboten werden. Dieses Verbot steht nach Erwägungsgrund (24) jedoch unter dem Vorbehalt der Einhaltung der Rechtsvorschriften der Gemeinschaft.

Der deutsche Gesetzgeber hat bisher aufgrund dieser Klausel von einer lauterkeitsrechtlichen Umsetzung der *Fernabsatzrichtlinie* abgesehen und damit den Prognosen der deutschen Direkmarketing-Branche entsprochen, die von einer Beibehaltung der restriktiven deutschen Rechtsprechung zu aktiver Telefonwerbung ausgegangen war.[149] Es ist nach der EuGH-Entscheidung *Katsikas*[150] grundsätzlich auch möglich, dass strengere nationale Regeln durch die Gerichte eines Mitgliedstaates entwickelt werden können.[151]

---

148 *Reich,* EuZW 1997, 581, 589.

149 DDV-Report 05/1996, S. 13, 14; DDV-Report 01/1996, S. 12; vgl. auch LG Traunstein, NJW-CoR 109, 110; ebenso: *Hoeren,* WRP 1997, 993, 995; a.A. *Busche/Kraft*, WRP 1998, 1142, 1149; vgl. jedoch nun § 4 Ziff. 3 des BMJ-Referentenentwurfs zur Neufassung des UWG vom 23.01.2003, abrufbar unter www.bmj-bund.de/images/11548.pdf.

150 EuGH, Slg. 1992, I-6577, I-6610 (38 – 40) – Katsikas u.a.

151 Vgl. dazu *Grundmann,* JZ 1996, 274, 278 m.w.N. mit Hinweis auf BGH DB 1993, 825, 828 f.: *„Unter 'Gesetzen' sind die Rechtsvorschriften des nationalen Rechts in dem Sinne*

Allerdings gestattet Art. 14 S. 2 ein vollständiges Verbot des Vertriebes im Fernabsatz nur für *bestimmte* Waren und Dienstleistungen, insbesondere für Arzneimittel, unter Beachtung des EGV. Damit wird der Ausnahmecharakter der Erlaubnis eines generellen Verbotes des Vertriebes im Fernabsatz deutlich, welches aufgrund des explizit benannten Beispiels der *„Arzneimittel"* offensichtlich nur für Waren und Dienstleistungen gelten soll, die aufgrund ihrer besonderen Gefährlichkeit oder Komplexität für den Fernabsatz nicht geeignet sind.[152]

Daraus kann, auch unter Berücksichtigung des Art. 10, weiterhin geschlossen werden, dass der Gemeinschaftsgesetzgeber den Normalfall der Telefonnutzung zu Verkaufszwecken gerade *nicht* als besonders belästigend ansieht. Der Vergleich der endgültigen Fassung der *Fernabsatzrichtlinie* mit dem geänderten Vorschlag der Kommission vom 07.10.1993[153] und der Stellungnahme des Wirtschafts- und Sozialausschusses vom 24.11.1992[154] bestätigt diese Annahme. Art. 4 des geänderten Vorschlages der Kommission erfasste neben dem Telefax und den *Voice-Mail*-Systemen auch das Telefon in der Gruppe der zustimmungsbedürftigen Kommunikationsmedien. Die Tatsache, dass das Telefon in der geltenden Fassung diesem Bereich nicht mehr zugeordnet ist, verdeutlicht nicht nur, dass sich Parlament und Rat diesem Problem dezidiert gewidmet haben, sondern dass die Umsetzung eines restriktiven und hinsichtlich der beworbenen Waren uneingeschränkten Verbotes des Telefonverkaufs im Widerspruch zu einer richtlinienkonformen Behandlung der aktiven Telefonwerbung als grundsätzlich erlaubte Werbemethode stünde.[155]

Soweit Art. 14 dennoch regelt, dass strengere Bestimmungen national zulässig sind, müssen diese aufgrund der vorstehenden Überlegungen unterhalb einer absoluten Verbotsebene liegen und im Einklang mit dem EGV stehen sowie ein höheres Schutzniveau für die Verbraucher sicherstellen.[156] Diese Festlegung bedeutet, dass die Mitgliedstaaten jede strengere Bestimmung im Hinblick auf die Regelungen des EGV, und insbesondere unter Berücksichtigung des Verhältnismäßigkeitsgrundsatzes daraufhin überprüfen müssen, ob nicht weniger

---

*zu verstehen, in dem sie von den Gerichten des jeweiligen Mitgliedstaats ausgelegt werden."*

152 a.A. *Spindler/Schmittmann*, MMR Beil. 8/2001, S. 10, 14 f.

153 Geänderter Vorschlag für eine Richtlinie des Rates über den Verbraucherschutz bei Vertragsabschlüssen im Fernabsatz v. 07.10.1993, ABlEG Nr. C 308, S. 18 ff.

154 Stellungnahme zu dem Vorschlag für eine Richtlinie des Rates über den Verbraucherschutz bei Vertragsabschlüssen im Fernabsatz, ABlEG Nr. C 19 v. 25.01.1993, S. 111 ff.

155 Ebenso für den Bereich der eMail-Werbung: *Busche/Kraft*, WRP 1998, 1142, 1150.

156 *Paschke*, S. 30 f.

einschneidende Maßnahmen zur Verwirklichung des Verbraucherschutzes ausreichen.

Damit schlägt sich der Bogen zu der vorgeschlagenen Liberalisierung des Einsatzes aktiver Telefonwerbung und den vorgeschlagenen Maßnahmen zur Sicherung eines Mindestschutzes für den Verbraucher, die gegenüber einer restriktiven Verbotsrechtsprechung mit dem Vorbehalt eines erklärten Einverständnisses ein milderes Mittel darstellen.

## 7. Stellungnahme

Im Hinblick auf die Regelungen der *Fernabsatzrichtlinie* und unter Berücksichtigung der Regelungsstandards in den anderen EU-Mitgliedstaaten gerät die Beibehaltung der restriktiven deutschen Verbotsrechtsprechung unter zunehmenden Legitimations- und Deregulierungsdruck.[157] Es wird weder für deutsche Anbieter im Telemarketing, noch für ausländische Werbetreibende oder für multinational tätige Unternehmen nachvollziehbar sein, dass deutsche Verbraucher eines weitergehenden Schutzes bedürfen, als dies bei den Verbrauchern der anderen europäischen Staaten der Fall ist.

Dabei wird eine Unterscheidung zwischen unerbetenen Werbeanrufen zum Zweck eines Vertragsabschlusses und solchen, die nur auf die Übermittlung von Werbeinformationen zielen und daher vom Anwendungsbereich der *Fernabsatzrichtlinie* nicht erfasst sind, faktisch keine Relevanz erlangen. Vielmehr wird die durch die *Fernabsatzrichtlinie* erkennbar liberale Bewertung der grenzüberschreitenden aktiven Telefonwerbung auch auf diejenigen Werbeanrufe durchgreifen, die lediglich der Verbraucherinformation dienen. Die Richtlinie trifft mit dem dortigen Art. 10 eine Wertentscheidung zugunsten einer generellen Zulässigkeit aktiver Telefonwerbung (*Opt out*-Modell).[158]

Hinzu kommt die Problematik der Durchsetzbarkeit von (zulässigem) strengeren nationalen Recht gegenüber den Wettbewerbern aus dem EG-Ausland, sowie diejenige der Inländerdiskriminierung im Falle der Beibehaltung des deutschen Regelungsstandards.[159] In jedem Fall ist eine, gegenüber den lauterkeitsrechtlichen Richtlinienregelungen weitergehende deutsche Verbotsrecht-

[157] *Reich,* EuZW 1997, 581, 586; *Schmidt-Jortzig,* S. 17; *Paschke,* S. 31 f.
[158] Ebenso: *Paschke,* S. 28.
[159] *Grundmann,* JZ 1996, 274, 279.

sprechung auf ihre Vereinbarkeit mit den Vorschriften des EGV, und dort mit den Art. 28, 49 EGV, zu überprüfen.

### III. Vorschlag für eine Richtlinie des Europäischen Parlaments und des Rates über den Fernabsatz von Finanzdienstleistungen an Verbraucher und zur Änderung der Richtlinien 97/7/EG und 98/27/EG

Nachdem in Art. 3 *Fernabsatzrichtlinie* die Finanzdienstleistungen von den Richtlinienregelungen ausgenommen sind, liegt nunmehr ein geänderter Kommissionsvorschlag für eine *Richtlinie über den Fernabsatz von Finanzdienstleistungen an Verbraucher (Finanzdienstleistungsrichtlinie)* vom 23.07.1999 vor.[160]

In diesem Vorschlag betreffen zwei Vorschriften das *Cold Calling*: Zum einen gibt Art. 4 Abs. 2 dieser Richtlinie ein Widerrufsrecht für Verträge über Finanzdienstleistungen und bestimmt, dass ein Vertrag, zu dessen Abschluss der Verbraucher auf unlautere Weise vom Anbieter verleitet worden ist, mit allen Rechtsfolgen nach dem auf den Vertrag anzuwendenden Recht und unbeschadet des Rechts auf Entschädigung nach dem einzelstaatlichen Recht gelöst werden kann.

Zudem regelt Art. 10 der *Finanzdienstleistungsrichtlinie* in dessen Abs. 1, dass die Verwendung von telefonischer Kommunikation mit einem Anrufautomaten (*Voice-Mail*-System) oder mittels Telefax der vorherigen Einwilligung des Verbrauchers bedarf. In Art. 10 Abs. 2 ist dann bestimmt, dass andere Fernkommunikationstechniken als die in Abs. 1 genannten, die eine individuelle Kommunikation erlauben, a) nur dann zulässig sind, wenn der Verbraucher ihre Verwendung nicht offenkundig abgelehnt hat, oder b) nur dann benutzt werden dürfen, wenn dagegen vom Verbraucher keine deutlichen Einwände erhoben werden.

Während in Art. 10 Abs. 1 eindeutig eine *Opt in*-Lösung für die dort genannten Techniken festgelegt ist, ist für den Einsatz aller anderen Kommunikationstechniken zum Zwecke der individuellen Kommunikation eine *Opt out*-Lösung vorgesehen. Da individuell durchgeführte *Cold Callings* unter Art. 10 Abs. 2 *Finanzdienstleistungsrichtlinie* zu fassen sind, wäre bei deren Inkrafttreten die von der deutschen Rechtsprechung nach wie vor proklamierte Unlauterkeit dieser Werbemethode nicht richtlinienkonform.

---

160 KOM(1999)385 endg.

Der Vorschlag für die *Finanzdienstleistungsrichtlinie* enthält – im Gegensatz zu Art. 14 *Fernabsatzrichtlinie* – keine Mindestklausel. Eine Einschränkung des derzeit vorgeschlagenen *Opt out*-Modells könnte sich allenfalls aus Art. 4 Abs. 2 *Finanzdienstleistungsrichtlinie* ergeben. Danach besteht ein Widerrufsrecht für Verträge über Finanzdienstleistungen, wenn ein Verbraucher zu dessen Abschluss auf unlautere Weise verleitet worden ist.

Allerdings würde es sich um einen Zirkelschluss handeln, wenn einerseits nach Art. 10 Abs. 2 *Finanzdienstleistungsrichtlinie* das *Cold Calling* grundsätzlich als wettbewerbsrechtlich zulässige Werbemethode anzusehen ist, deren Wettbewerbswidrigkeit sich nur bei der Missachtung des *Opt out* eines Verbrauchers ergibt, andererseits jedoch aktive Telefonwerbung als nach deutschen Recht unlautere Werbemethode zur Vertragsauflösung führen könnte. Die Unlauterkeit des *Cold Calling* nach deutschem Recht legt gerade die von der *Finanzdienstleistungsrichtlinie* dafür nicht vorgesehene *Opt in*-Lösung zugrunde[161] und wäre dann – wie bereits erwähnt – aus diesem Grund europarechtswidrig.

Im Ergebnis ist der Vorschlag der *Finanzdienstleistungsrichtlinie* hinsichtlich der Zulässigkeit aktiver Telefonwerbung weiter gehend, als die Regelungen der Fernabsatzrichtlinie.

## IV. Richtlinie 97/66/EG des Europäischen Parlaments und des Rates über die Verarbeitung personenbezogenen Daten und zum Schutz der Privatsphäre im Bereich der Telekommunikation

In Erkenntnis der zunehmenden Bedeutung öffentlicher digitaler Telekommunikationsnetze (ISDN) und digitaler Mobilfunknetze forderten sowohl der Europäische Rat[162] als auch das Europäische Parlament Maßnahmen zum Schutz personenbezogener Daten und der Privatsphäre der Verbraucher.

Da mehrere Mitgliedstaaten für diesen Bereich bereits abweichende rechtliche, ordnungspolitische und technische Vorschriften erlassen haben, legte die Kommission im September 1990 neben einer allgemeinen *Richtlinie 95/46/EG des Europäischen Parlaments und des Rates vom 24.10.1995 zum Schutz natürlicher Personen bei der Verarbeitung personenbezogener Daten und zum*

---

[161] Vgl. neuerdings: Referentenentwurf des BMJ zur Änderung des UWG vom 23.01.2003, § 4 Ziff. 3 lit. a).

[162] ABlEG Nr. C 257 v. 04.10.1988, S. 1 ff.; ABlEG Nr. C 196 v. 01.08.1989, S. 4 ff.

*freien Datenverkehr (Datenschutzrichtlinie)*[163] eine bereichsspezifische *Richtlinie zum Schutz personenbezogener Daten und der Privatsphäre in öffentlich digitalen Telekommunikationsnetzen (ISDN) und in öffentlich digitalen Mobilfunknetzen*[164] vor. Nach Berücksichtigung von Änderungsvorschlägen des Wirtschafts- und Sozialausschusses[165] und des Europäischen Parlaments[166] einigte man sich im Juni 1994 auf einen Richtlinienvorschlag.[167] Der gemeinsame Standpunkt des Rates vom 12.09.1996[168] und die Stellungnahme des Vermittlungsausschusses vom 06.11.1997[169] führten zu der nunmehr verkündeten und am 30.01.1998 veröffentlichten *Richtlinie 97/66/EG des Europäischen Parlaments und des Rates vom 15. Dezember 1997 über die Verarbeitung personenbezogener Daten und den Schutz der Privatsphäre im Bereich der Telekommuniation (ISDN-Richtlinie).*[170]

### 1. Geltungsbereich und Zweck der Richtlinie

Die Richtlinie dient zur Harmonisierung der Vorschriften der Mitgliedstaaten in Bezug auf die Verarbeitung personenbezogener Daten im Bereich der Telekommunikation und zum Schutz der Grundrechte und Grundfreiheiten, insbesondere des Rechts auf Privatsphäre, sowie zur Gewährleistung des freien Datenverkehrs und des freien Verkehrs von Telekommunikationsgeräten und –diensten in der Gemeinschaft (Art.[171] 1 Abs. 1).[172]

Von der Richtlinie werden – im Gegensatz zur *Fernabsatzrichtlinie* – nicht nur private Verbraucher, sondern – als *Teilnehmer* – alle natürlichen oder ju-

[163] Richtlinie 95/46/EC des Rates und des Europäischen Parlaments zur Angleichung bestimmter Rechts- und Verwaltungsvorschriften der Mitgliedstaaten für den Schutz bei der Verarbeitung personenbezogener Daten v. 24.10.1995, ABlEG Nr. L 281 v. 23.11.1995, S. 31 ff.

[164] ABlEG Nr. C 277 v. 05.11.1990, S. 12 ff.

[165] ABlEG Nr. C 159 v. 17.06.1991, S. 38 ff.

[166] ABlEG Nr. C 94 v. 13.04.1992, S. 198 ff.

[167] Geänderter Kommissionsvorschlag v. 14.06.1994, ABlEG Nr. C 200 v. 22.07.1994, S. 4 ff.

[168] ABlEG Nr. C 315 v. 24.10.1996.

[169] Joint text approved by the Concilation Committee dated 06.11.1997.

[170] ABlEG Nr. L 24 v. 30.01.1998, S. 1 ff.

[171] Artikel ohne Gesetzesbezeichnung sind nachfolgend solche der *ISDN-Richtlinie*.

[172] Vgl. auch Erwägungsgrund (13).

ristischen Personen erfasst, die einen Telekommunikationsdienst nutzen (Art. Art. 1 Abs. 2 S. 2, Art. 2 lit. a).[173]

Der Anwendungsbereich der Richtlinie erstreckt sich gemäß Art. 3 Abs. 1 auf alle öffentlich zugänglichen Telekommunikationsdienste, insbesondere auf das diensteintegrierende digitale Telekommunikationsnetz (ISDN) und die öffentlichen digitalen Mobilfunknetze.

## 2. Maßgebliche Regelungen für kommerzielle aktive Telefonwerbung

In der Richtlinie finden sich folgende Regelungen zur Zulässigkeit oder mit Auswirkungen auf die Durchführung unerbetener Werbeanrufe:

### a) Unerbetene Anrufe zum Zweck des Direktmarketing (Art. 12)

In Erwägungsgrund (22) wird allgemein auf die Verpflichtung der Mitgliedstaaten hingewiesen, Vorkehrungen zum Schutz der Teilnehmer gegen das Eindringen in die Privatsphäre durch unerbetene Anrufe oder unerbetene Fernkopieübermittlung zu schaffen. In Art. 12 ist auf dieser Grundlage die Zulässigkeit *„unerbetener Anrufe zum Zweck des Direktmarketings"* näher geregelt.

#### (1) *Opt in*-Regelung für *Voice-Mail*-Systeme und Telefax

Art. 12 Abs. 1 sieht ein präventives Verbot der Verwendung von *„Kommunikation mit Automaten als Gesprächspartner (Voice-Mail-System) oder Fernkopien (Telefax) für die Zwecke des Direktmarketings vor"*,[174] welches nur vom betroffenen Teilnehmer selbst durch Erteilung einer vorherigen Einwilligung durchbrochen werden kann (*Opt in*-Lösung). Damit findet sich in Art. 12 Abs. 1 eine dem Art. 10 Abs. 1 *Fernabsatzrichtlinie* entsprechende Regelung. Diese Regelung steht zudem im Einklang mit den für Deutschland unterbreiteten Vorschlägen zum wettbewerbsrechtlichen Verbot automatisierter Telefonwerbung.

---

[173] Vgl. auch Erwägungsgrund (13).
[174] Vgl. hierzu Erwägungsgrund (20).

### (2) Wahlmöglichkeit zwischen *Opt in* und *Opt out* bei sonstigen unerbetenen Werbeanrufen

Art. 12 Abs. 2 des Kommissionsvorschlages regelte darüber hinaus den Einsatz von sonstigen „*unerbetenen Anrufen zum Zweck des Direktmarketings*“, welche unter Nutzung der digitalen Telekommunikation durchgeführt werden.

In Abweichung zu der im geänderten Kommissionsvorschlag enthaltenen *Opt out*-Lösung steht nunmehr den Mitgliedstaaten nach Art. 12 Abs. 2 die Wahl zwischen der Einführung einer *Opt in*- oder einer *Opt out*-Lösung zur Verwirklichung des Verbraucherschutzes gegenüber unerbetenen Werbeanrufen zur Verfügung. Art. 12 Abs. 2 lautet insoweit wie folgt:

> „*Die Mitgliedstaaten ergreifen geeignete Maßnahmen, um gebührenfrei sicherzustellen, dass mit Ausnahme der in Absatz 1 genannten Anrufe unerbetene Anrufe zum Zweck des Direktmarketings, die entweder ohne die Einwilligung der betreffenden Teilnehmer erfolgen oder an Teilnehmer gerichtet sind, die keine solchen Anrufe erhalten möchten, nicht gestattet sind; welche dieser Optionen gewählt wird, ist im innerstaatlichen Recht zu regeln.*“

Im Vergleich zu den entsprechenden Regelungen der *Fernabsatzrichtlinie* eröffnet die vorstehende Regelung unmittelbar die Möglichkeit, im nationalen Recht *Opt in*-Regelungen zur Verhinderung unerbetener digitaler Werbeanrufe vorzusehen. Dennoch liegt eine Kollision zwischen der *Fernabsatzrichtlin*ie und der *ISDN-Richtlinie* nicht vor, da die Mindestklausel des Art. 14 *Fernabsatzrichtlinie* eine einheitliche Umsetzung auch für den Fall ermöglicht, dass ein Mitgliedstaat nach Art. 12 Abs. 2 *ISDN-Richtlinie* den Weg des *Opt in* wählt.

### b) Teilnehmerverzeichnisse (Art. 11)

In Erwägungsgrund (21) der *ISDN-Richtlinie* wird die Möglichkeit des *Opt out* für den Bereich der Veröffentlichung von Teilnehmerdaten nochmals explizit aufgegriffen. Darauf stützend schreibt Art. 11 Abs. 1 S. 1 eine Beschränkung der in gedruckten oder elektronischen *Teilnehmerverzeichnissen* enthaltenen Daten auf das für eine Identifizierung unbedingt notwendige Maß vor, sofern der jeweilige Teilnehmer der Veröffentlichung weitergehender personenbezogenener Daten nicht zweifelsfrei zugestimmt hat.

Nach Art. 11 Abs. 1 S. 2 muss es zudem für die Teilnehmer möglich sein, für öffentlich zugängliche oder durch Auskunftsdienste erhältliche Teilnehmerverzeichnisse den Antrag auf

- Streichung aus diesen Teilnehmerverzeichnissen,
- auf Aufnahme eines Sperrvermerkes hinsichtlich der Verwendung seiner Daten zum Zwecke des Direktmarketing, sowie
- auf teilweise Streichung seiner Anschrift sowie seines Geschlechts zu stellen.

Für die Durchsetzung der vorstehenden Teilnehmerrechte darf nach Art. 11 Abs. 2 allenfalls die Zahlung einer angemessenen und nur die tatsächlichen Kosten deckenden Gebühr verlangt werden.

Damit findet sich in Art. 11 eine Regelung, die hinsichtlich der Streichung aus den Teilnehmerverzeichnissen der bereits möglichen Handhabung im Bereich der deutschen Telefondienste, und hinsichtlich der Sperrvermerke den unterbreiteten Vorschlägen[175] zur Abwehr unerbetener Telefonwerbung entspricht.

#### c) Anzeige der Rufnummer des Anrufers und des Angerufenen und deren Unterdrückung (Art. 8)

Im Hinblick auf die Tatsache, dass die ISDN-Technik eine *Calling Line Identification* durch Anzeige der wechselseitigen Rufnummern von Anrufer und Angerufenem ermöglicht,[176] sieht Art. 8 folgende Beschränkungen vor:

- Der Anrufer muss die Möglichkeit haben, die Rufnummernanzeige für jeden Anruf einzeln sowie auf Dauer gebührenfrei zu unterdrücken (Art. 8 Abs. 1).
- Der angerufene Teilnehmer muss die Möglichkeit haben, die Rufnummernanzeige eingehender Anrufe gebührenfrei zu unterdrücken (Art. 8 Abs. 2).
- Im Falle der Unterdrückung der Rufnummernanzeige durch den Anrufer muss der angerufene Teilnehmer die Möglichkeit haben, die jeweiligen Anrufe gebührenfrei abzuweisen (Art. 8 Abs. 3).

---

[175] Vgl. die Ausführungen im *3. Kapitel*, S. 132 ff.
[176] *Pordesch*, CR 1993, 313, 314.

- Der angerufene Teilnehmer muss im Falle der Rufnummernanzeige die Möglichkeit haben, die Anzeige seiner Rufnummer beim anrufenden Benutzer gebührenfrei zu unterdrücken (Art. 8 Abs. 4).

Die damit geregelte Möglichkeit der Rufnummernunterdrückung bestärkt die Einschätzung, dass im Zusammenhang mit aktiver Telefonwerbung eine maßgebliche Belästigungsreduktion durch die ISDN-Technik nicht zu erwarten ist. Eine effektive, jedoch nur technisch zu verwirklichende Belästigungsreduktion kann hingegen nach Art. 8 Abs. 3 erfolgen. Diese Regelung zielt auf die Schaffung von technischen Unterbrechungsmechanismen, die einen unerwünschten Telefonkontakt von vornherein verhindern und eine Verbraucherbelästigung damit ausschließen.

### 3. Auswirkungen auf die deutsche Rechtslage

Nach Art. 15 Abs. 1 waren die Mitgliedstaaten verpflichtet, die Richtlinienumsetzung bis zum 24. Oktober 1998 vorzunehmen.[177]

Ohne auch hier auf die Probleme der Richtlinienumsetzung näher eingehen zu können, war für Deutschland grundsätzlich von einem Umsetzungsbedarf auszugehen.[178] Dabei war für den Bereich der unerbetenen Telefonwerbung insbesondere der Regelungsinhalt von Art. 8 hinsichtlich der Unterdrückung der Rufnummernanzeige umsetzungsrelevant. Insoweit erfolgte eine Umsetzung inzwischen in § 11 TDSV.

Außerdem war Art. 11 umsetzungsbedürftig, um dem Verbraucher einen durchsetzbaren Anspruch auf Entfernung seiner Daten aus den Fernsprechverzeichnissen zu geben. Diese Möglichkeit ist nun in § 13 TDSV geregelt.

Schließlich sollte im Zuge einer notwendigen Richtlinienumsetzung neben dem Verbot von Telefax-Werbung auch das Verbot automatisierter Telefonwerbung (Art. 12 Abs. 1) geregelt werden. Dies gilt auch im Hinblick auf die vor-

---

177 Für die Umsetzung der *ISDN-Richtlinie* ist das BMI, für diejenige der *Fernabsatzrichtlinie* das BMJ zuständig.

178 a.A. offenbar der DDV in einem Bericht über Gespräche mit BMI und BMJ, DDV-Report 06/1998, S. 28: *„In dem Gespräch konnte den Vertretern beider Ministerien verdeutlicht werden, dass ein gesetzgeberischer Handlungsbedarf im Bereich der durch die Rechtsprechung hinreichend behandelten unerlaubten Anrufe nicht besteht. Sehr erfreulich ist, dass das Prinzip 'Selbstregulierung vor gesetzlicher Regulierung' auch von beiden Ministerien anerkannt wird."*

geschlagene Liberalisierung zu aktiver Telefonwerbung. Eine Umsetzung hat jedoch nicht stattgefunden; es wird insoweit auf die Ausführungen zur *Fernabsatzrichtlinie* verwiesen[179].

In Art. 12 Abs. 2 eröffnet die Richtlinie Regelungsalternativen, welche auch das vorgeschlagene Präventivverbot mit dem Vorbehalt eines mutmaßlichen Einverständnisses und den *Opt out*-Regelungen zulassen. Auf diese Öffnungsklausel stützt sich der deutsche Gesetzgeber und lehnt insoweit einen Umsetzungsbedarf ebenfalls ab.[180]

### V. Fazit

Die europäische Richtliniengesetzgebung bringt hinsichtlich der Zulässigkeit aktiver Telefonwerbung eine übereinstimmende Grundwertung zum Ausdruck: Die individuelle telefonische Kommunikation von Unternehmen mit Verbrauchern bedarf keiner Präventivregelung durch das Erfordernis einer vorherigen Zustimmung des Verbrauchers, sondern lässt das *Opt out*-Modell für deren Zulässigkeit ausreichen.[181]

Die strikte und nunmehr auch im *Referentenentwurf zur Änderung des UWG* in § 4 Abs. Ziff. 3 lit. a) explizit vorgesehene *Opt in*-Lösung[182] steht deutlich im Kontrast zu der Wertung des europäischen Richtlinienrechts. Abhängig davon, wie die Endfassung der *Finanzdienstleistungsrichtlinie* ausgestaltet sein wird, kann sich daraus sogar ein Widerspruch zum europäischen Richtlinienrecht ergeben.

## D. Harmonisierung der nationalen Regelungen durch den EGV

Da der Anwendungsbereich der *Fernabsatzrichtlinie* auf Telefonkontakte im Fernabsatz und auf solche zu Privatpersonen begrenzt ist, und sich der Anwendungsbereich der *ISDN-Richtlinie* auf digitale Telekommunikationsnetze beschränkt, sowie nach der Mindestklausel des Art. 14 *Fernabsatzrichtlinie* stren-

179 Vgl. in diesem Kapitel S. 227 ff.

180 BT-Drucksache 14/2658, S. 25.

181 Vgl. dazu auch *Paschke,* S. 27 f.

182 Referentenentwurf des BMJ zur Änderung des UWG vom 23.01.2003.

gere nationale Bestimmungen möglich sind, die wiederum am Europarecht zu messen sind, fehlt es für die übrigen Einsatzbereiche aktiver Telefonwerbung, insbesondere für den Bereich der informatorischen Telefonwerbung, an einer *lex specialis* im Gemeinschaftsrecht.

Es bleiben insoweit die Vorschriften der Art. 28, 30 EGV für grenzüberschreitende telefonische Produktwerbung, sowie der Art. 49, 50 EGV für den Bereich der Dienstleistungen[183] anwendbar.

Nachfolgend sollen die Liberalisierungsvorschläge zu aktiver Telefonwerbung in Abgrenzung zu der *de lege lata* geltenden restriktiven Verbotsrechtsprechung auf die Vereinbarkeit mit den Art. 28[184], 30 und 49, 50 EGV untersucht werden.

## I. Geltende und liberalisierte Verbotsregelungen zu aktiver Telefonwerbung als Verstoß gegen Art. 28 EGV

Art. 28 EGV schützt die Freiheit des Warenverkehrs und verbieten zu diesem Zweck mengenmäßige Einfuhrbeschränkungen sowie alle Maßnahmen gleicher Wirkung.

### 1. Regelungen zum aktiven Telefonmarketing als *„Maßnahmen gleicher Wirkung“*

Unter *„mengenmäßigen Einfuhrbeschränkungen“* sind staatliche Maßnahmen zu verstehen, welche die Einfuhr einer Ware verbieten bzw. nach Wert, Menge

[183] Für die Abgrenzung zwischen Ware und Dienstleistung ist der Schwerpunkt der wirtschaftlichen Betätigung maßgeblich. Steht die persönliche Leistung im Vordergrund, ist der freie Dienstleistungsverkehr einschlägig. Betrifft das Geschäft vor allem ein gegenständliches Produkt, sind die Art. 28 ff. EGV als Regelungen der Warenverkehrsfreiheit anzuwenden. Die Körperlichkeit des Leistungssubstrats dient dabei lediglich als Anhaltspunkt. Vgl. zur Abgrenzung von Dienstleistungs- und Warenverkehrsfreiheit: EuGH, Slg. 1994, I-1039, I-1088 f. (21 ff.) – Schindler.

[184] Im Folgenden wird alleine das Verbot aus Art. 28 EGV und nicht dasjenige aus Art. 29 EGV untersucht, da sich Werbebeschränkungen erst beim Warenvertrieb im Gebiet des jeweiligen Marktes auswirken und daher nur die Wareneinfuhr behindern. Warenaus- und Warendurchfuhr sind von produktspezifischen Werberegelungen nicht betroffen.

oder Zeitraum begrenzen.[185] Da Werbebeschränkungen die Einfuhr von Waren nicht direkt kontingentieren, kommt für sie nur das Verbot der *„Maßnahmen gleicher Wirkung"* in Betracht.

Davon sind nach der Grundsatzentscheidung des EuGH in der Rechtssache *Dassonville* diejenigen Regelungen erfasst, *„die geeignet sind, den innergemeinschaftlichen Handel unmittelbar oder mittelbar, tatsächlich oder potentiell zu behindern"*.[186] Der Wortlaut der *Dassonville*-Formel erfasst nicht nur diskriminierende, sondern auch unterschiedslos anwendbare staatliche Maßnahmen, die eine Einfuhr von Waren aus anderen EU-Mitgliedstaaten – unabhängig vom Vorhandensein einer Diskriminierung – behindern.[187] Art. 28 EGV geht demnach über ein bloßes Diskriminierungsverbot hinaus und zielt auf eine vollständige Liberalisierung des Warenverkehrs.

Vor diesem Hintergrund stellt sich die Frage, ob die für aktive Telefonwerbung geltende und die dazu liberalisierte Verbotsrechtsprechung[188] geeignet ist, den innergemeinschaftlichen Handel i. S. der *Dassonville*-Formel zu behindern.

*„Unmittelbare Behinderungen"* des Warenverkehrs ergeben sich aus dem wettbewerbsrechtlichen Verbot grenzüberschreitender Telefonwerbung nicht. Der EuGH hat jedoch in der Rechtssache *Oosthoek*[189] für ein niederländisches Zugabeverbot, in *GB-INNO*[190] hinsichtlich einer luxemburgischen Verbotsvorschrift für Preisangaben sowie in *Yves Rocher*[191] zum Verbot von Preisgegenüberstellungen nach § 6e UWG a. F. nationale Wettbewerbsregeln und Werbeverbote dann als *„Maßnahmen gleicher Wirkung"* angesehen, wenn grenzüberschreitende Werbung an die strengeren Vorschriften des Importstaates ange-

---

185 *Groeben/Müller-Graff*, Art. 30, Rdnr. 6; *Geiger*, Art. 30 a.F., Rdnr. 6 m.w.N.

186 EuGH, Slg. 1974, 837, 852 (5) – Dassonville; *Groeben/Müller-Graff*, Art. 30 a.F., Rdnr. 22 ff. m.w.N.

187 Vgl. dazu: *Sack*, WRP 1998, 103 f. m.w.N.

188 Nach *Grabitz/Hilf*, Art. 30 a.F., Rdnr. 5, sollen Gerichtsurteile als solche keine staatliche Maßnahmen i. S. des Art. 30 (nunmehr Art. 28) EGV sein, da sie nur Einzelfälle entscheiden. Allerdings sei der Gesetzgeber des Mitgliedstaates zum Eingreifen verpflichtet, wenn dessen ständige Rechtsprechung gegen Art. 30 (nunmehr Art. 28) EGV verstößt. a.A.: *Lenz/Lux*, Art. 30 a.F., Rdnr. 16 m.w.N.; *Geiger*, Art. 30 a.F., Rdnr. 9; *Groeben/ Müller-Graff*, Art. 30 a.F., Rdnr. 119, 122 m.w.N.; *Meyer*, WRP 1996, 697, 699 m.w.N.; *v. Gierke*, Anwalts-Handbuch, S. 512 Rdnr. 10 mit dem Hinweis auf EuGH GRUR Int. 1985, 110, 111 – r+r und EuGH GRUR Int. 1987, 585, 586 – Berlin Butter II.

189 EuGH, Slg. 1982, 4575, 4587 (15) – Oosthoek.

190 EuGH, Slg. 1990, 667, 686 (7) – GB-INNO-BM.

191 EuGH, WRP 1993, 615, 616 (10) – Yves Rocher.

passt oder wegen der nationalen Vorschriften sogar aufgegeben werden musste.[192]

Wie zu Beginn dieses Kapitels dargestellt, ist grenzüberschreitendes Telefonmarketing, vom Ausland nach Deutschland betrieben, ebenso nach § 1 UWG zu beurteilen, wie ausschließlich inländisches Telefonmarketing. Die zu aktiver Telefonwerbung bestehende deutsche Rechtslage zwingt somit den ausländischen Werbetreibenden, seine Telefonwerbeaktion mit den Vorgaben der deutschen Wettbewerbsrechtsprechung in Einklang zu bringen und seine Werbestrategie auf den deutschen Markt abzustimmen, sofern diese aktive Telefonwerbung einschließt.[193]

Dies gilt grundsätzlich auch dann, wenn den Liberalisierungsvorschlägen *de lege ferenda* durch Anerkennung eines mutmaßlichen Einverständnisses für aktive Telefonwerbung im Privatbereich entsprochen wird. Denn auch für diesen Fall besteht die Möglichkeit eines Verbots grenzüberschreitender Telefonwerbung, sobald ein erklärtes oder mutmaßliches Einverständnis des telefonisch angesprochenen Verbrauchers nicht festgestellt werden kann.

Daraus kann sich für den Einsatz grenzüberschreitender Telefonwerbung vom Ausland nach Deutschland insbesondere dann, wenn der Werbende in einem Mitgliedstaat ansässig ist, in dem aktive Telefonwerbung keinen oder vergleichsweise geringen Einschränkungen unterliegt, eine *mittelbare Behinderung* i. S. der *Dassonville*-Formel ergeben.[194]

### 2. Beurteilung der Regelungen zu aktiver Telefonwerbung unter Berücksichtigung der *Keck*-Entscheidung

Mittlerweile ist zur Beantwortung der Frage, ob ein Verbot grenzüberschreitender Telefonwerbung dem Anwendungsbereich von Art. 28 EGV unterfällt, zudem die Rechtsprechung des EuGH in Sachen *Keck* und *Mithouard* (nachf.

[192] Vgl. auch EuGH Slg. 1974, 409, 428 f. (8) – Sacchi; EuGH, Slg. 1980, 2299, 2314 (11) – Kommission/ Frankreich.

[193] Vgl. auch *Meyer,* GRUR Int. 1996, 697, 699.

[194] Ebenso für allgemeine Werbeverbote und Werbebeschränkungen: *Meyer*, GRUR Int. 1996, 697, 700; vgl. zur Einschränkbarkeit von § 1 UWG durch Art. 30, 36 (nunmehr Art. 28, 30) EGV: OLG München, EuZW 1990, 358, 359.

*Keck*-Entscheidung) heranzuziehen. Wenn die Voraussetzungen der *Keck*-Entscheidung[195] vorliegen, scheidet die Anwendung von Art. 28 EGV aus.

### a) Sachverhalt und Entscheidungsgründe

In den Strafverfahren gegen die Einzelhändler *Bernard Keck* und *Daniel Mithouard* war die Frage zu klären, ob und inwieweit das französische Verbot des Weiterverkaufs zum Verlustpreis mit den Grundsätzen des EGV vereinbar ist.[196]

Nach den Kernaussagen des Richterspruchs ist *„entgegen der bisherigen Rechtsprechung die Anwendung nationaler Bestimmungen, die bestimmte Verkaufsmodalitäten beschränken oder verbieten . . . nicht geeignet"*, den Handel zwischen den Mitgliedstaaten im Sinne von *Dassonville* zu behindern,

- *sofern* diese Bestimmungen für alle betroffenen Wirtschaftsteilnehmer gelten, die ihre Tätigkeit im Inland ausüben *und*
- *sofern* sie den Absatz der inländischen Erzeugnisse und der Erzeugnisse aus anderen Mitgliedstaaten rechtlich wie tatsächlich in der gleichen Weise berühren.[197]

Daraus folgt, dass zwar der Zugang von Produkten zum Markt des Einfuhrstaates nicht mehr als nötig gehemmt werden soll, die eingeführten Produkte jedoch nach dem Marktzugang den im Empfängerstaat geltenden *„Vermarktungsvorschriften"* unterworfen werden können.[198]

---

[195] EuGH, NJW 1994, 121 = EuZW 1993, 770 f. = WRP 1994, 99 = GRUR 1994, 296 ff. m. Anm. Bornkamp = ZIP 1993, 1813 ff. m. Anm. *Reich* – Keck/Mithouard; Interpretation der Entscheidung als *Kurskorrektur: Dauses*, EuZW 1995, 425, 427. *Meyer*, GRUR Int. 1996, 98, 99; *Schroeder/Federle*, ZIP 1994, 1428, 1429 ff. m.w.N.; *Basedow*, EuZW 1994, 225; *Fezer,* JZ 1994, 317, 318; *Baumbach/Hefermehl*, Einl. UWG, Rdnr. 627 ff.; Interpretation der Entscheidung als *Kehrtwende: Kotthoff,* WRP 1996, 79, 80; *Möschel,* NJW 1994, 429, 430; *Everling,* ZLR 1994, 221, 229 ff.; *Petschke*, EuZW 1994, 107, 110; *Ress* EuZW 1993, 745; kritisch: *Sack,* WRP 1998, 103, 114 ff.

[196] *Lenz,* NJW 1994, 1633.

[197] EuGH, NJW 1994, 121 (16) – Keck/Mithouard; kritisch dazu: *Sack,* WRP 1998, 103, 105.

[198] EuGH, NJW 1994, 121 (16) – Keck/Mithouard; zur Begründung für die Unterscheidung vgl. die Schlußanträge des Generalanwalts van Gerven zu EuGH, Slg. 1994, I-2199, I-2214 f. (20) – t'Heukske/Boermans; *Joliet,* GRUR Int. 1994, 979, 983 f.

### b) *Verkaufsmodalitäten* nach den Grundsätzen der *Keck*-Entscheidung

Der EuGH hat in *Keck* den Begriff der *Verkaufsmodalitäten* nicht näher bestimmt.[199] Aus der Entscheidung ergibt sich lediglich, dass *produktbezogene* Regelungen zu Bezeichnung, Form, Abmessung, Gewicht, Zusammensetzung, Aufmachung, Etikettierung sowie zur Verpackung eines Erzeugnisses als Regelungen von *Warenmodalitäten* weiterhin Art. 28 EGV unterworfen bleiben.[200] Von dem Begriff Warenmodalitäten werden danach innere und äußere Merkmale erfasst, die der Ware selbst anhaften.[201]

Bei den Regelungen von *Verkaufsmodalitäten* handelt es sich hingegen um Ordnungsvorschriften, die sich erst nach Grenzüberschreitung der Ware und damit nur indirekt auf die Warenströme auswirken. Im Hinblick darauf hat der EuGH den Begriff der *Verkaufsmodalitäten* in den *Keck*-Folgeentscheidungen auf Beschränkungen konkretisiert, die entweder die *„Art und Weise der Vermarktung"* oder das *„Wie des Verkaufs"* betreffen und nicht körperlich mit der angepriesenen Ware verbunden sind.[202]

So wurden in *Hünermund*[203] das *standesrechtliche Verbot von Apothekenwerbung* für Randsortimente und in *Punto Casa*[204] das italienische *Verbot der Ladenöffnung an Sonntagen* als Verkaufsmodalitäten i. S. der *Keck*-Entscheidung angesehen. In *t'Heuk-ske/Boermans*[205] wurden niederländische *Ladenschlußvorschriften für Tankstellenbetreiber* nur als zeitliche und räumliche Voraussetzungen des Warenverkaufs und daher als Verkaufsmodalitäten im vorstehenden Sinne qualifiziert. Schließlich entschied der Gerichtshof in *Leclerc-Siple*[206] zu einem französischen *Verbot der Fernsehwerbung* für den Vertrieb von Kraftstoff, dass nur eine bestimmte Form der Förderung (Fernsehwerbung)

---

199 Vgl. die Kritik bei *Steindorff*, ZHR 158 (1994), 149, 152.

200 EuGH, NJW 1994, 121 (15) – Keck/Mithouard.

201 *Sack*, EWS 1994, 37, 42; vgl. auch EuGH, Slg. 1994, I-317, I-337 (19) = WRP 1994, 380, 382 – Clinique und EuGH, WRP 1995, 677, 678 (13) – Mars.

202 *Beyerle*, Anwalts-Handbuch, S. 411, 432, Rdnr. 38; *Sack*, WRP 1998, 103, 105 m.w.N.; *ders.*, EWS 1994, 37, 42; *Joliet*, GRUR Int. 1994, 979, 983 ff.; *Becker*, EuR 1994, 162, 169.

203 EuGH, GRUR Int. 1994, 170, 171 f. (21 ff.) – Hünermund.

204 EuGH, Slg. 1994, I-2355, I-2368 (12 ff.) = EuZW 1994, 434, 435 – Punto Casa.

205 EuGH, Slg. 1994, I-2199, I-2233 f. (12 f.) = EuZW 1994, 435, 436 – t'Heukske/ Boermans.

206 EuGH, EuZW 1995, 250, 252 (21-24) – Leclerc-Siplec.

einer bestimmten Methode des Absatzes (Vertrieb) betroffen und daher Verkaufsmodalitäten anzunehmen seien.

Inwieweit die *Keck*-Doktrin nationale Beschränkungen *grenzüberschreitender Werbung* erfasst, ist umstritten. Die Befürworter berufen sich auf die körperliche Trennung von Werbung und beworbenem Produkt und sehen damit die Voraussetzungen für die Annahme von *Verkaufsmodalitäten* i. S. der *Keck*-Doktrin als erfüllt an;[207] nach der Gegenansicht fallen alle staatlichen Beschränkungen grenzüberschreitender Werbung nach wie vor unter das Verbot des Art. 28 EGV[208].

### c) Anwendbarkeit der *Keck*-Rechtsprechung auf Regelungen zum aktiven Telefonmarketing

Vor diesem Hintergrund stellt sich die Frage, ob die *Keck*-Rechtsprechung für die Beurteilung des (1) geltenden und (2) liberalisierten wettbewerbsrechtlichen Verbots von aktiver Telefonwerbung einschlägig ist.

Da das auf § 1 UWG beruhende Verbot aktiver Telefonwerbung für alle betroffenen Wirtschaftsteilnehmer gilt, die ihre Tätigkeit im Inland ausüben, ist die erste Voraussetzung der *Keck*-Formel erfüllt.

Es stellt sich jedoch die Frage, ob das Verbot aktiver Telefonwerbung den Absatz der inländischen Erzeugnisse und der Erzeugnisse aus anderen Mitgliedstaaten rechtlich wie tatsächlich in der gleichen Weise berührt, und als *Verkaufsmodalität* nur die *„Art und Weise der Vermarktung“* oder das *„Wie des Verkaufs“* regelt.[209]

---

207 *Sack*, WRP 1998, 103, 106 ff.; *Meyer*, GRUR 1996, 697, 700 f.; *Everling*, ZLR 1994, 221, 227, 229.

208 *Ackermann*, RIW 1994, 189, 193 f.; *Basedow*, EuZW 1994, 225; *Dauses*, EuZW 1995, 425, 426 ff.; *Ebenroth*, Festschrift für Piper, S. 133, 162 ff.; *Fezer*, JZ 1994, 317, 321 ff.; *Lenz*, NJW 1994, 1633 f.; *Reese*, S. 61 ff., 118; *Schroeder/Federle*, ZIP 1994, 1428, 1429, 1432; *Steindorff*, ZHR 158 (1994), 149, 163 f.

209 So bejahend für die Beurteilung unerbetener telefonischer Anrufe nach § 1 öUWG: OGH ÖBl 1996, 80 – Computerkurse II.

### (1) Verbotsregelungen zu aktiver Telefonwerbung als *Verkaufsmodalitäten*

*Für* die Qualifikation der Regelungen zu aktiver Telefonwerbung als solche von *Verkaufsmodalitäten* spricht einmal das Argument, dass die Telefonwerbung mit dem Produkt körperlich nicht verbunden ist. Insoweit ist ein Vergleich mit dem in *Hünermund* maßgeblichen *standesrechtlichen Verbot von Apothekenwerbung,* oder mit dem in *Punto Casa* behandelten *Verbot der Ladenöffnung an Sonntagen* möglich.

*Für* die Annahme einer *Verkaufsmodalität* spricht auch die Vergleichbarkeit des Einsatzes von aktiver Telefonwerbung mit dem Sachverhalt von *Leclerc-Siplec*[210]. Dort betraf die zur Prüfung stehende Regelung ein Verbot von Fernsehwerbung für den Vertriebssektor in Anwendung der Gemeinschaftsrichtlinie 89/552/ EWG (*„Fernsehen ohne Grenzen"*)[211], wobei der Rückgriff auf das Primärrecht deshalb geboten war, weil die Fernsehveranstalter nach der Richtlinie abweichenden nationalen Bestimmungen unterworfen werden konnten. Der EuGH hat ausgeführt, dass die streitige Regelung *Verkaufsmodalitäten* insoweit betrifft, *„als sie eine bestimmte Form der Förderung (Fernsehwerbung) einer bestimmten Methode des Absatzes (Vertrieb) von Erzeugnissen verbietet."*

Wenn man die grenzüberschreitende Fernsehwerbung aus *Leclerc-Siplec* mit grenzüberschreitender Telefonwerbung vergleicht, so dienen beide Werbemethoden der Verbraucherinformation *vor Wareneinfuhr* und bestehen – faktisch – losgelöst von dem eigentlichen Warenkörper.

Dabei bleibt jedoch unberücksichtigt, dass Ware, Werbung und Vertriebsmethoden einen Komplex unternehmerischer Leistungen und damit eine Produkteinheit bilden, wobei das Telefonmarketing nach der betriebswirtschaftlichen Lehre Teil eines *Marketing-Mix* ist, welches die Marketinginstrumente Produktpolitik, Distributionspolitik, Preispolitik und Kommunikationspolitik umfasst.[212] Der Zwang eines Herstellers, seine im Herkunftsland zulässige Werbestrategie im Hinblick auf das deutsche Verbot aktiver Telefonwerbung abändern zu müssen, greift in diese Produkteinheit ein und ist daher als Produktänderung im weitesten Sinne zu verstehen.

---

[210] EuGH, EuZW 1995, 250, 252 (21-24) – Leclerc-Siplec; vgl. dazu *Baumbach/Hefermehl,* Einl. UWG, Rdnr. 627b.

[211] ABlEG 1989, L 298, S. 23 ff.

[212] Vgl. *Ebenroth*, Festschrift für Piper, S. 133, 161 f. m.w.N.

Dies gilt umso mehr, wenn man den erhöhten Kostenaufwand berücksichtigt, der mit einem Einsatz von Werbung in mehreren Mitgliedstaaten verbunden ist. In diesem Zusammenhang ist auf die Ausführungen des EuGH in der *Keck*-Folgeentscheidung *Mars*[213] zu verweisen: Der EuGH hat in dieser Entscheidung das auf §§ 1, 3 UWG gestützte Verbot der Verwendung des Aufdrucks *„+ 10 %"* als geeignet angesehen, den innergemeinschaftlichen Handel zu behindern, da es den Importeur zwinge, *„die Ausstattung seiner Erzeugnisse je nach dem Ort des Inverkehrbringens unterschiedlich zu gestalten und demgemäß die zusätzlichen Verpackungs- und Werbungskosten zu tragen"*.

Dieser Aussage lässt sich zum einen entnehmen, dass der EuGH den vorstehend angesprochenen engen Zusammenhang zwischen Verpackung, Aufmachung und Werbung grundsätzlich anerkennt. Zum anderen wird akzeptiert, dass höhere Werbekosten einen Wettbewerbsnachteil für die eingeführten Erzeugnisse bewirken können, sofern sie für eine Veränderung einer europaweit konzipierten Werbekampagne zur Anpassung an einschränkende Vorschriften eines Bestimmungslandes entstehen.[214]

Als Gegenargument findet sich hierzu häufig der Hinweis auf die Zumutbarkeit des Einsatzes von *„durchaus wirkungsvollen Werbemaßnahmen"*, die in allen Mitgliedstaaten zulässig sind.[215] Wer sich die Kostenvorteile grenzüberschreitender Werbemaßnahmen sichern wolle, so *Sack*, dem sei der Rückgriff auf in allen Mitgliedstaaten zulässige Werbemaßnahmen zumutbar, statt sich Werbevorteile gegenüber Mitbewerbern zu verschaffen, die nur auf dem Inlandsmarkt tätig sind.

*Sack* übersieht bei dieser Argumentation jedoch zum einen die Zulässigkeit der sog. Inländerdiskriminierung[216], nach der ausländische Anbieter aufgrund der Regelungen des EGV gegenüber inländischen Unternehmen, die einem strengeren nationalen Recht unterliegen, durchaus bevorzugt sein können. Zum anderen wurde dem Verweis auf alternative Werbemethoden bereits im Rahmen der Verhältnismäßigkeitsprüfung zu § 1 UWG eine Absage erteilt, da die unter-

213 EuGH, WRP 1995, 677, 678 (13) – Mars.

214 Ähnlich Generalanwalt *Tesauro* in der Rs. C-292/92 Hünermund, Slg. 1993, I-1, I-17 (25), wonach eine Handelsregelung unter anderem dann nicht aus dem Anwendungsbereich des Art. 30 (nunmehr Art. 28) EGV herauszunehmen ist, soweit sie so beschaffen ist, dass sie den Zugang zum Markt für die betroffenen Wirtschaftsteilnehmer weniger rentabel macht und damit mittelbar den Zugang für die betroffenen Waren erschwert.

215 *Sack*, WRP 1998, 103, 107.

216 Vgl. *Baumbach/Hefermehl*, Einl. UWG, Rdnr. 629 m.w.N.; *v. Gierke*, Anwalts-Handbuch, S. 509, 512 ff., Rdnr. 12 ff.

nehmerische Handlungsfreiheit eine staatlich veranlasste Beschränkung auf bestimmte Werbemedien verbietet. Die Frage einer Marktzugangsbeschränkung durch eine konkrete Regelung oder Maßnahme ist zudem unabhängig von möglichen Alternativen und in ausschließlicher Konzentration auf die zur Beurteilung stehende Regelung oder Maßnahme zu klären.

In diesem Zusammenhang ist zudem das Verbraucherrecht auf freie Produktwahl bedeutsam, die eine adäquate und umfassende Information über die zur Verfügung stehenden Erzeugnisse voraussetzt. Der Verbraucher soll seine Kaufentscheidung in voller Kenntnis aller Umstände und Faktoren treffen können.[217] Die Möglichkeit einer umfassend informierten Produktentscheidung wird dem Verbraucher bei dem Verbot grenzüberschreitender Telefonwerbung jedoch abgeschnitten.[218] Da die Telefonwerbung der Einfuhr eines Produktes typischerweise zeitlich vorangeht, wird der Verbraucher in der Freiheit der Produktauswahl insoweit beeinträchtigt, als er über diejenigen Produktinformationen, die nur durch Telefonwerbung übermittelt werden, nicht verfügt.[219]

Ein Präventivverbot telefonischer Werbung wirkt damit nicht erst – wie z. B. in den Fällen der Ladenschlussvorschriften oder des Verbots zum Weiterkauf zum Verlustpreis – nach bereits erfolgter Produkteinfuhr in den Empfängerstaat, sondern nimmt dem Verbraucher von vornherein die Möglichkeit eines Produktkontaktes und damit die Möglichkeit einer freien Kaufentscheidung mit dem Ergebnis, dass das telefonisch beworbene Produkt vom Verbraucher nicht abgefordert wird und daher überhaupt nicht in den Warenverkehr gelangt.

In der Konsequenz wird der Marktzugang des mittels Telefonwerbung beworbenen Produkts durch das Präventivverbot aktiver Telefonwerbung dann behindert, wenn der Werbeanruf weder durch ein erklärtes, noch durch ein mutmaßliches Einverständnis gerechtfertigt ist. Die zu aktiver Telefonwerbung geltende deutsche Verbotsrechtsprechung wirkt damit – zumindest auch – produktbezogen. Dadurch werden Hemmnisse für den innergemeinschaftlichen Warenaustausch aufgebaut, die nicht anders behandelt werden können, als unmittelbar produktbezogene Regelungen. Das grundsätzliche Verbot aktiver Telefonwerbung, und zwar sowohl in der geltenden, als auch in der liberalisierten Form, ist somit nicht nur als eine Regelung von *Verkaufsmodalitäten* i. S. der

---

[217] Vgl. EuGH, EuZW 1993, 420, 421 – Yves Rocher; *Dauses,* EuZW 1995, 425, 426 m.w.N.

[218] Ebenso: *Meyer,* GRUR Int. 1996, 697, 700.

[219] Vgl. *Zöller,* GRUR 1992, 297, 300; *Schricker,* GRUR Int. 1994, 586, 589; a.A. *Paefgen,* WRP 1994, 73, 81.

*Keck*-Rechtsprechung, sondern als ein Handelshemmnis i. S. von Art. 28 EGV anzusehen.[220]

Dies gilt jedoch nur dann, wenn grenzüberschreitende Telefonwerbung tatsächlich vorliegt. Wenn hingegen ein deutscher Anbieter telefonisch über im Ausland ansässige Handelsvertreter nach Deutschland für Produkte wirbt, die sich aufgrund inländischer Herstellung oder vorherigem Import bereits im Inland befinden, fehlt es an dem Element der Grenzüberschreitung i. S. des EGV, so dass die deutsche Verbotsrechtsprechung in vollem Umfang eingreift.[221]

Soweit man zudem die vorgeschlagenen Durchführungs-, Abwehr- und *Opt out*-Regelungen gesondert betrachtet, ergibt sich eine andere Beurteilung. In diesen Fällen sind nach den Grundsätzen der *Keck*-Rechtsprechung bloße Regelungen von *Verkaufsmodalitäten* anzunehmen, die in *„keinem Zusammenhang mit der Einfuhr einer Ware"* stehen, lediglich die *„Modalitäten des Absatzes"* betreffen und ansonsten die Durchführung von aktiver Telefonwerbung nicht verhindern.

### (2) Ungleichbehandlung ausländischer Wirtschaftsteilnehmer durch inländische Regelungen zu aktiver Telefonwerbung

Selbst wenn man der vorstehenden Zuordnung von Verbotsregelungen, die den Einsatz aktiver Telefonwerbung betreffen, als solche von *Warenmodalitäten* nicht folgen will, und diese als *Verkaufsmodalitäten* ansieht, scheiden diese nicht ohne weiteres aus dem Anwendungsbereich des Art. 28 EGV aus. Vielmehr ist dann zu prüfen, ob diese Regelungen dem Diskriminierungsverbot unterfallen.

---

220 Ebenso zum Euro-Marketing allgemein: *Dauses,* EuZW 1995, 425, 428 m.w.N.; *Ebenroth,* Festschrift für Piper, S. 133, 162 f.; *Meyer,* GRUR Int. 1996, 98, 100; *Ackermann,* RIW 1994, 189, 193; *Fezer,* JZ 1994, 317, 323 f.; *Schroeder/Federle*, ZIP 1994, 1428, 1429, 1433 f.; *Reich,* ZIP 1993, 1815, 1817 f.; a.A. zur grenzüberschreitenden Telefax-Werbung: LG Berlin, NJWE-WettbR 1997, 86, bestätigt durch KG Berlin, Urt. v. 29.05.1997 – 25 U 9273/96 – (n.v.); *Paschke,* S. 100; *Spindler/Schmittmann,* MMR Beil. 8/2001, S. 10, 15; *Kotthoff,* S. 108 f.; *ders.* WRP 1996, 79, 83; *Paefgen,* CR 1995, 462, 465 m.w.N.; *Raeschke-Kessler/Schroeder*, Festschrift für Piper, S. 399, 418; *Siegert*, S. 38; *Sack,* WRP 1998, 103, 107 m.w.N.

221 So ist wohl auch die Anmerkung von *Flatten* in WiB 1997, 488 zu der Entscheidung des LG Berlin, NJWE-WettbR 1997, 86 zu verstehen.

Eine nach der *Keck*-Rechtsprechung relevante Ungleichbehandlung kann dann gegeben sein, wenn die maßgebliche Regelung EU-ausländische Wirtschaftsteilnehmer gegenüber Inländern beschwert. Für EU-ausländische und inländische Wirtschaftsteilnehmer bzw. Produkte darf der Zugang zum Inlandsmarkt weder rechtlich noch faktisch unterschiedlich ausgestaltet sein.[222] Dabei reicht es aus, wenn sich die betreffende Regelung auf ausländische Unternehmer oder Waren in tatsächlicher Hinsicht negativ auswirkt.[223]

Wie eingangs bereits festgestellt worden ist, unterscheidet die wettbewerbsrechtliche Regelung des § 1 UWG zur Beurteilung der Rechtmäßigkeit aktiver Telefonwerbung nicht zwischen der Telefonwerbung von deutschen und von ausländischen Unternehmen. Ebensowenig geht der Regelungszweck des § 1 UWG dahin, den Vertrieb inländischer Waren spezifisch zu fördern. Eine rechtliche Diskriminierung ist somit nicht anzunehmen.

Dennoch genießen die einheimischen Unternehmen insoweit einen Wettbewerbsvorteil, als sie ihre Werbestrategien hinsichtlich des Einsatzes aktiver Telefonwerbung von vornherein auf die deutschen Bedürfnisse abstimmen und dem deutschen Wettbewerbsrecht anpassen können.[224] Demgegenüber entwickeln Unternehmen, die in einem EU-Mitgliedstaat ansässig sind, in dem entweder keine oder hinter dem deutschen Verbotsstandard zurückbleibende Regelungen zur aktiven Telefonwerbung gelten, ihre Vermarktungs- und Werbekonzepte zunächst auf der Grundlage des eigenen nationalen Rechts. Wenn die konkrete Telefonwerbemaßnahme in Deutschland unzulässig ist, bleibt dem ausländischen Unternehmen für Deutschland grundsätzlich eine Werbemöglichkeit verschlossen.

Dabei ist zu berücksichtigen, dass der EuGH die bloße Möglichkeit einer Beschränkung des Warenabsatzes durch das Verbot einer Absatzförderungsmethode nicht als hinreichende Benachteiligung eines ausländischen Anbieters angesehen hat.[225] Wenn aber das nationale Verbot den ausländischen Unternehmer dazu zwingt, entweder von einer Werbung vollkommen abzusehen, oder unter Kosten- und Zeitaufwand eine eigene Kampagne für den deutschen Markt zu

---

222 EuGH, NJW 1994, 121 (16) – Keck/Mithouard; vgl. *Meyer,* GRUR Int. 1996, 697, 701m.w.N.; *Joliet,* GRUR 1994, 979, 984; *Schricker,* GRUR Int. 1994, 586, 590.

223 Vgl. *van Gerven,* Schlußantrag in der Rechtssache t'Heukske: EuGH Slg. 1994, I-2199, I-2216 f. (23 ff.)

224 Vgl. diesbezüglich die Argumentation bei *Meyer,* GRUR Int. 1996, 697, 701 m.w.N.; ebenso: *Paschke,* S. 100.

225 EuGH, NJW 1994, 121 (13) – Keck/Mithouard; *Meyer,* GRUR Int. 1996, 697, 701 m.w.N.

entwerfen, wird der ausländische Anbieter tatsächlich, und nicht nur möglicherweise, schlechter gestellt.[226] *Meyer* weist in diesem Zusammenhang mit Recht darauf hin, dass es für den Unternehmer keinen substantiellen Unterschied macht, ob seine Marketingkosten durch vermehrten Werbeaufwand erhöht werden, oder durch Verpackungskosten bzw. durch die Änderung des Produktnamens.[227] Für den Unternehmer zählt nur die im Ergebnis tatsächlich vorhandene Kostenerhöhung aufgrund im Einfuhrland bestehender *Vermarktungsbeschränkungen,* die insoweit eine Benachteiligung gegenüber inländischen Wettbewerbern darstellt.

Nach alledem findet das *„Verbot von Maßnahmen gleicher Wirkung wie mengenmäßige Beschränkungen"* auf die Regelungen der aktiven Telefonwerbung zudem aufgrund einer faktischen Ungleichbehandlung ausländischer Unternehmen Anwendung.[228]

### d) Ergebnis

Die auf § 1 UWG gestützte Verbotsrechtsprechung zu aktiver Telefonwerbung stellt grundsätzlich ein Handelshemmnis i. S. von Art. 28 EGV dar und wird von der *Keck*-Doktrin nicht erfasst.

## 3. Immanente Schranken des Art. 30 EGV durch die *Cassis de Dijon*-Rechtsprechung

Soweit das Präventivverbot grenzüberschreitender aktiver Telefonwerbung vom Regelungsbereich des Art. 28 EGV erfasst ist, ist weiter zu prüfen, ob die damit verbundene Beschränkung des innergemeinschaftlichen Handels auf der Grundlage der *Cassis de Dijon*-Doktrin hinzunehmen ist.

---

226 Vgl. EuGH, WRP 1994, 380, 381 (19) – Clinique; EuGH, WRP 1995, 677, 678 (13) – Mars; *Becker,* EuR 1994, 162, 174; *Fezer,* JZ 1994, 317, 323; *Meyer,* GRUR Int. 1996, 98, 100; *Meyer,* GRUR Int. 1996, 697, 701; *Reich,* ZIP 1993, 1815, 1817; *Steindorff,* ZHR 158 (1994), 149, 163 f.; a.A. *Kotthoff,* WRP 1996, 79, 83.

227 Vgl. zu den Beschränkungen bei Verpackungsgestaltung: EuGH, WRP 1995, 677 – Mars; und zu den Vorschriften über den Produktnamen: EuGH, WRP 1994, 380 – Clinique.

228 Ebenso: *Paschke,* S. 100 f.

Nach der Entscheidung *Rewe ./. Bundesmonopolverwaltung für Branntwein (Cassis de Dijon)*[229] ist es Sache der Mitgliedstaaten, Handelsregelungen in gemeinschaftsrechtlich nicht geregelten Bereichen zu erlassen, die notwendig[230] sind, um zwingenden Erfordernissen,[231] wie einer wirksamen steuerlichen Kontrolle, der Lauterkeit des Handelsverkehrs und des Verbraucherschutzes, gerecht zu werden. Die sich daraus ergebenden Handelshemmnisse müssen unterschiedslos für eingeführte und inländische Waren gelten[232].

### a) Diskriminierungsverbot

Die Einschränkung der *Dassonville*-Formel durch die *Cassis*-Rechtsprechung gilt nur für Behinderungen aufgrund unterschiedslos anwendbarer Regelungen. Eine Regelung ist unterschiedslos anwendbar, wenn ihr Geltungsbereich nicht zwischen inländischen und eingeführten Waren unterscheidet.[233]

Während im Rahmen von *Keck* bereits die faktische Benachteiligung des ausländischen Unternehmens genügt, um § 1 UWG als diskriminierend zu qualifizieren, bedarf es im Rahmen von *Cassis de Dijon* einer bereits aus der Formulierung der Bestimmung ersichtlichen oder doch zumindest dem objektiven Regelungszweck entnehmbaren Schlechterstellung des ausländischen Konkurrenten.[234] Die Feststellung, dass eine Bestimmung zu Verkaufsmodalitäten diskriminierend ist, impliziert also nicht zwingend, dass dieselbe Regelung nicht

---

229 EuGH, Slg. 1979, 649 = NJW 1979, 1766 – Cassis de Dijon.

230 EuGH, Slg. 1982, 3961, 3972 (12) – Rau; EuGH, Slg. 1989, 2237, 2269 (21) – Schräder; vgl. *Meyer,* WRP 1993, 215, 220 m.w.N.

231 EuGH, NJW 1979, 1766, 1767 (8) – Cassis de Dijon.
Die Einordnung der *Cassis*-Rechtsprechung in die Systematik des EGV ist streitig. Der EuGH geht davon aus, dass die genannten *zwingenden Erfordernisse* immanente Schranken des Art. 28 EGV und somit ein negatives Tatbestandsmerkmal sind. Ein Teil der Literatur sieht dagegen die *zwingenden Erfordernisse* als eine Erweiterung der Rechtfertigungsgründe nach Art. 30 EGV an. Vgl. dazu insgesamt: *Groeben/Müller-Graff,* Art. 30 a.F., Rdnr. 77; *Schweitzer/Hummer*, S. 345, Rdnr. 1134 ff.; *Meyer,* GRUR Int. 1996, 697, 702 m.w.N.; *Joliet,* GRUR Int. 1994, 979, 980; *Heermann,* WRP 1993, 578, 580 m.w.N.

232 EuGH, GRUR Int. 1985, 110, 111 – r+r.

233 Vgl. hierzu EuGH, Slg. 1981, 1625, 1639 (11) - Kommission/Irland; *Groeben/Müller-Graff,* Art. 30 a.F., Rdnr. 83.

234 *Groeben/Müller-Graff,* Art. 30 a.F., Rdnr. 83 m.w.N.

durch zwingende Erfordernisse i. S. der *Cassis*-Rechtsprechung gerechtfertigt werden kann.[235]

Soweit das Kriterium der *„unterschiedslosen Geltung"* auf § 1 UWG anzuwenden ist, ist zu berücksichtigen, dass nach den bereits erörterten kollisionsrechtlichen Grundsätzen jeder im Inland ausgeführte unerbetene Telefonanruf unterschiedslos nach § 1 UWG zu beurteilen ist. Auch geht der Regelungszweck des § 1 UWG nicht dahin, den Vertrieb inländischer Waren spezifisch zu fördern. Eine Diskriminierung i. S. der *Cassis*-Rechtsprechung kann daher bei Anwendung des § 1 UWG nicht angenommen werden.

### b) Zwingendes Erfordernis: *Lauterkeit des Handelsverkehrs*

Die Verbotsrechtsprechung nach § 1 UWG zur Regelung aktiver Telefonwerbung könnte zunächst zum Schutz des lauteren Handelsverkehrs geboten sein. Damit ist der Schutz der Mitbewerber vor unlauteren Wettbewerbshandlungen gemeint, wobei zur Konkretisierung des Rechtsbegriffs *„Lauterkeit des Handelsverkehrs"* die Grundsätze des EGV ebenso heranzuziehen sind,[236] wie rechtsvergleichende Betrachtungen der Lauterkeitsmaßstäbe[237] und die jeweilige Praxis[238] in den Mitgliedstaaten. Soweit das nationale Wettbewerbsrecht auf die Interessen der Verbraucher oder der Allgemeinheit abstellt, werden diese nicht über das Rechtsgut des lauteren Handelsverkehrs, sondern über den Verbraucherschutz, sonstige zwingende Erfordernisse oder durch die Rechtfertigungsgründe nach Art. 30 S. 1 EGV berücksichtigt.[239]

Mit dem Schutzgut der *„Lauterkeit des Handelsverkehrs"* wird jedoch nicht jede Ausprägung des nationalen Lauterkeitsschutzes erfasst, es muss sich vielmehr um eine *„wesentliche Garantie eines lauteren Handelsverkehrs handeln"*.[240] Damit wird bedeutsam, dass aktive Telefonwerbung in den meisten Mitgliedstaaten als Werbeform akzeptiert ist und entweder keinen oder nur die Modalitäten der Werbedurchführung betreffenden Restriktionen unterliegt.[241]

---

235 *Meyer*, GRUR Int. 1996, 697, 702 m.w.N.

236 EuGH, Slg. 1981, 181, 195 (15 ff.) – Imerco.

237 *Reese*, S. 192.

238 EuGH, Slg. 1984, 1299, 1328 (27) – Prantl (Bocksbeutel).

239 *Groeben/Müller-Graff*, Art. 30 a.F., Rdnr. 89; *Meyer*, GRUR Int. 1996, 697, 703; *Joliet*, GRUR Int. 1994, 1, 11.

240 EuGH, NJW 1979, 1766, 1767 (13) – Cassis de Dijon.

241 Vgl. in diesem Kapitel, S. 214 ff.

Bei gemeinschaftsorientierter Betrachtung kann der geltende deutsche Verbotsstandard daher nicht als zwingend erforderlich zur Sicherstellung der *„Lauterkeit des Handelsverkehrs“* angesehen werden.[242] Vielmehr wird der freie Warenverkehr für Produkte aus Mitgliedstaaten mit vergleichweise liberaler Rechtslage zum Einsatz aktiver Telefonwerbung empfindlich gestört, solange die restriktiven deutschen Auslegungskriterien eigene Werbestrategien für den deutschen Markt erfordern.[243]

Die Verbotsrechtsprechung zur aktiven Telefonwerbung unter Zugrundelegung von § 1 UWG ist daher durch Erfordernisse eines lauteren Handelsverkehrs nicht gerechtfertigt.

### c) Zwingendes Erfordernis: *Verbraucherschutz*

Dem Verbraucherschutz kommt bei Anwendung des Gemeinschaftsrechts inzwischen eine erhebliche Bedeutung zu (Art. 3 Abs. 1 lit. t), 95 Abs. 3, 153 EGV). Maßstab ist dabei das Schutzbedürfnis des *europäischen* Verbrauchers,[244] welches bereits in dem *Ersten Programm für eine Politik zum Schutz und zur Unterrichtung der Verbraucher* und darauf folgend in den weiteren *Schutzprogrammen* der Gemeinschaft und die dort festgeschriebenen Verbrauchergrundrechte seinen Niederschlag findet.[245]

Der Verbraucher wird dort als mündiger Bürger gesehen, der seine Rechte kennt, keine Bevormundung benötigt, umfassend zu informieren[246] und lediglich vor *besonderen* Angriffen aus dem Wirtschaftsleben zu schützen ist.[247]

---

242 a.A. *Raeschke-Kessler/Schroeder*, Festschrift für Piper, S. 399, 418.

243 *Meyer,* GRUR Int. 1996, 697, 703.

244 *Kort,* JZ 1996, 132, 138; *Meyer,* WRP 1993, 215, 221; *Keßler*, WRP 1993, 571, 574; *Leisner,* EuZW 1991, 498, 501.

245 Entschließung des Rates v. 14.04.1975 *„Erstes Programm für eine Politik zum Schutz und zur Unterrichtung der Verbraucher“*, ABlEG C 92 v. 25.04.1975, S. 1-16 und *„Zweites Programm der Europäischen Wirtschaftsgemeinschaft für eine Politik zum Schutz und zur Unterrichtung der Verbraucher“* v. 19.05.1981, ABlEG Nr. C 133, S. 1 (1981) sowie Entschließung des Rates v. 23.06.1986 betreffend die Ausrichtung der Politik der Gemeinschaft zum Schutz und zur Förderung der Interessen der Verbraucher, ABlEG Nr. C 167, S. 1; fortgesetzt durch *„Dreijähriger verbraucherpolitischer Aktionsplan für die EWG“* (1990-1992), Dokument KOM (90) 98 eng. v. 03.05.1990; *„Zweiter dreijähriger Aktionsplan (1993-1995) zur Verbraucherpolitik“*, Dokument KOM (93) 378 endg. v. 28.07.1993, abgedruckt in: INFO-C, Sonderausgabe August 1993.

246 *Dauses,* EuZW 1995, 425, 430.

Dem entspricht das Verbraucherverständnis zahlreicher Mitgliedstaaten: So ist beispielsweise in *Großbritannien* das Verbraucherleitbild bestimmt von dem Verständnis des *„ordinary man"*[248] und des *„reasonable consumer"*[249], der Kaufentscheidungen nicht übereilt, Werbeangaben kritisch beurteilt und gewöhnliche Intelligenz besitzt.[250] In *Frankreich*[251] und in *Belgien*[252] wird auf das Verständnis des Durchschnittsverbrauchers, des *„bon père de famille"*, abgestellt. Dasselbe gilt nach dem *niederländischen* Burgerlijk Wetboek, dessen Begründung zu Art. 6:194 ff. BW von der Intelligenz und dem Vorstellungsvermögen des *„durchschnittlichen Publikums"* ausgeht.[253] Schließlich legen auch *schwedische* und *finnische* Gerichte das Verständnis eines *„Durchschnittsverbrauchers mit normaler Auffassungsgabe"* ohne Spezialkenntnisse oder besondere Erfahrungen zugrunde.[254] Für *Italien*[255] gilt das Leitbild eines *„gewitzten, aufgeklärten und skeptischen Konsumenten"*, der gegenüber den Versprechen der Werbung weitgehend immun ist. In *Spanien* wird der deutsche Verbraucher als besonders leichtgläubig angesehen,[256] entsprechend dem nach der deutschen Wettbewerbsrechtsprechung geltenden Leitbild eines *„unkritischen, leichtgläubigen und flüchtigen Durchschnittsverbrauchers"*[257].

---

[247] Vgl. dazu die Entschließungen des Europarates zum Verbraucherschutz: *Erstes Programm zum Schutz und zur Unterrichtung der Verbraucher* v. 14.04.1975, ABlEG Nr. C 92, S. 1 (1975) und *Zweites Programm der Europäischen Wirtschaftsgemeinschaft für eine Politik zum Schutz und zur Unterrichtung der Verbraucher* v. 19.05.1981, ABlEG Nr. C 133, S. 1 (1981) sowie Entschließung des Rates v. 23.06.1986 betreffend die Ausrichtung der Politik der Gemeinschaft zum Schutz und zur Förderung der Interessen der Verbraucher, ABlEG Nr. C 167, S. 1.

[248] *Streinz,* ZLR 1991, 242, 258 m.w.N.

[249] *Lawson,* S. 207 f.

[250] *Münker,* WRP 1996, 990, 995.

[251] *Streinz,* ZLR 1991, 242, 259 m.w.N.

[252] *Schricker/Henning-Bodewig*, Belgien, S. 55 f., Rdnr. 116 ff. m.w.N.

[253] *Schricker/Henning-Bodewig, Verkade, Quaedvlieg,* Niederlande, S. 41, Rdnr. 93.

[254] *Schricker/Kur*, Schweden, S. 36, Rdnr. 76 m.w.N.

[255] *Streinz,* ZLR 1991, 242, 260 m.w.N.; *Ackermann,* WRP 1996, 502, 511; kritisch: *Kisseler,* WRP 1994, 1, 6.

[256] *Streinz,* ZLR 1991, 242, 261 f. m.w.N.: In der spanischen Literatur wird das hohe deutsche Schutzniveau damit begründet, dass der Durchschnittsdeutsche, bedingt durch Charakter, Klima und Erziehung, den Großteil der in einer Werbeaussage enthaltenen Angaben für *„bare Münze"* nehme und aufgrund dieser Leichtgläubigkeit eines besonderen Schutzes bedürfe.

[257] Vgl. dazu: EuGH, GRUR Int. 1984, 291, 293 (FN 91) – Prantl (Bocksbeutel); OLG München, EuZW 1990, 259 – Maissaatgut; *Steindorff,* WRP 1993, 139, 144; *Leisner,* EuZW 1991, 498, 502 ff.; *Köhler,* JuS 1993, 447, 449; *Keßler,* WRP 1993, 571, 576 f.; *Streinz,*

Der EuGH sieht im *Euro-Verbraucher* ein *„umsichtiges, kritisch prüfendes, verständiges und selbständig handelndes Rechtssubjekt“*,[258] welches in der Lage ist, auf der Grundlage vorhandener oder zu beschaffender Informationen[259] eigenverantwortlich am Marktgeschehen teilzunehmen und selbstbestimmte Wirtschaftsentscheidungen zu treffen.[260]

Dagegen zeichnete Generalanwalt *Giuseppe Tesauro* in *Buet* zu einem französischen Verbot von Haustürwerbung für Fernunterrichtsverträge,[261] ein anderes, dem deutschen Juristen eher vertrautes Bild, und begründet die Notwendigkeit eines weitgehenden Verbraucherschutzes mit den *besonderen Gefahren* des Haustürverkaufes für *„alte Personen, Hausfrauen oder Gastarbeiter“*, die *„aus Schüchternheit“* Verpflichtungen eingehen, ohne deren wirkliche Tragweite erkennen zu können.[262] In der noch zu besprechenden Entscheidung *Alpine Investments*[263] erklärte der EuGH das niederländische Verbot des *Cold Calling* zum Schutz der Kapitalanleger vor aggressiven Methoden der Kundenwerbung, und somit ebenfalls aus Verbraucherschutzgründen, für gerechtfertigt.

Sowohl *Buet* als auch *Alpine Investments* betreffen jedoch besondere, sich aus den Eigenarten der angebotenen Produkte ergebende Gefahrenpotentiale und stellen in der Beurteilung der Fähigkeiten des europäischen Verbrauchers die Ausnahme dar. Allerdings zeigen diese Entscheidungen, dass das vorge-

---

ZLR 1991, 242, 262; *Everling,* ZLR 1994, 221, 233; *Ackermann,* WRP 1996, 502, 508 ff., 521 m.w.N; den Maßstab des *„flüchtigen Verbrauchers“* befürwortend: *Kisseler,* WRP 1994, 1, 5; *Doepner,* WRP 1997, 999, 1000 ff. m.w.N.; kritisch: *Hommelhoff,* S. 5 ff.

258 EuGH, Slg 1982, 3961, 3973 (17) – Rau; EuGH, WRP 1995, 677, 678 f. (24) – Mars; vgl. *Meyer,* GRUR Int. 1996, 98, 101 f. sowie die umfangreichen Ausführungen bei *Doepner,* WRP 1997, 999, 1007 ff.; *Fezer,* WRP 1995, 671, 672.; *Everling,* ZLR 1994, 221, 234; *Meyer,* WRP 1993, 215, 221 ff.; *Leisner,* EuZW 1991, 498, 502.

259 EuGH, Slg 1990, I-4827, I-4849 (21) – Pall/Dahlhausen: Informationslast hinsichtlich der Feststellung eines Markenschutzes liegt beim Verbraucher. Auf der gleichen Linie und ausdrücklich bezugnehmend auf Pall/Dahlhausen: EuGH, WRP 1994, 380, 381 (13, 19) – Clinique; EuGH, Slg 1990, I-667, I-687 ff. (14 ff.) – GB-INNO-BM: Verbot von Preisgegenüberstellungen ist eine Verkürzung der Verbraucherinformation und damit eine Beschränkung des Verbraucherschutzes; ebenso: EuGH, WRP 1993, 615, 616, (17 f.) – Yves Rocher; EuGH, WRP 1995, 677, 678 f. (24) – Mars; EuGH RIW 2000, S. 376, 377 – Lifting; vgl. dazu *Heermann,* WRP 1993, 578, 583 ff.; *Leisner,* EuZW 1991, 498; *Dauses* RIW 1998, S. 750, 752.

260 EuGH RIW 2000, S. 376, 377 – Lifting; *Doepner,* WRP 1997, 999.

261 Vgl. im deutschen Recht: § 17 Abs. 1 FernUSG.

262 Schlußanträge des Generalanwalts v. 15.02.1989, Slg. 1989, 1235, 1240 ff. – Buet.

263 EuGH, NJW 1995, 2541 – Alpine Investments.

schlagene Totalverbot aktiver Telefonwerbung für die Fälle außerordentlicher Verbraucherbelästigung, wie z. B. die Fälle der automatisierten Telefonwerbung, der Werbung für besonders komplexe bzw. schwer verständliche Sachverhalte oder der Werbung gegenüber besonders sensiblen Personengruppen, unter Anlegung europäischer Verbraucherschutzmaßstäbe mit den Grundsätzen der *Cassis*-Doktrin vereinbar ist und somit kein Handelshemmnis nach Art. 28 EGV darstellt.

Hinsichtlich des Normalfalles aktiver Telefonwerbung stellt sich hingegen die Frage, ob das durch Rechtfertigungsvorbehalte eingeschränkte Präventivverbot nach § 1 UWG grundsätzlich notwendig ist, um zwingenden Verbraucherschutzgründen gerecht zu werden.

Unter Zugrundelegung des europäischen Verbraucherverständnisses ist davon auszugehen, dass ein aufgeklärter und selbstverantwortlicher europäischer Verbraucher grundsätzlich in der Lage sein wird, sich gegen unerbetene Werbeanrufe mit Eigeninitiative und durch Nutzung von *Opt out*-Mechanismen zur Wehr zu setzen.

Allerdings ist zu berücksichtigen, dass vom deutschen Verbraucher eine Selbstverantwortung in diesem Umfange bisher nicht gefordert worden ist. Zwar ist es dem deutschen Verbraucher im Hinblick auf das übergeordnete Ziel eines gemeinsamen Marktes zuzumuten, sich an bestimmte, europaweit geltende Standards anzupassen, so dass insoweit kein höherer Schutzbedarf als für die übrigen EU-Verbraucher angenommen werden kann.[264] Dazu ist es jedoch notwendig, dass die Voraussetzungen für ein selbstbestimmtes und eigenverantwortliches Handeln gegeben sind. Dem deutschen Verbraucher müssen die entsprechenden Mechanismen ebenso zur Verfügung stehen, wie ausreichende Informationen über die Rechtslage und über die Möglichkeiten der Abwehr und des vorherigen *Opt out*. Nur dadurch wird es dem Verbraucher möglich sein, sich vor unerwünschten Belästigungen durch Telefonwerbung zu schützen und damit seinem Verbraucherpersönlichkeitsrecht im erforderlichen Umfang Geltung zu verschaffen.

Im Gegensatz zur geltenden deutschen Werbepraxis, die weder die Strukturen für einen wirkungsvollen Einsatz von Handlungsmodalitäten, noch die zur Abwehr unerbetener Telefonwerbung notwendigen *Opt out*-Mechanismen zur Verfügung stellt, finden sich entsprechende Regelungen in zahlreichen Mitgliedstaaten. Insoweit unterscheidet sich die Situation der deutschen Verbraucher

[264] Vgl. dazu *Gloy/Jacobs/Schulte-Beckhausen*, § 26, S. 275, Rdnr. 16.

derzeit von derjenigen, wie sie von den Verbrauchern in anderen Mitgliedstaaten vorgefunden wird.

Solange dem deutschen Verbraucher hinreichende Informations- und Abwehrmöglichkeiten zur Vermeidung unerwünschter Werbeanrufe nicht zur Verfügung stehen, sind Eingriffe in die Verbraucherprivatsphäre durch unerbetene Werbeanrufe verbraucherseitig nicht ausreichend abwehrbar. Um dem vorhandenen Verbraucherbedürfnis auf Schutz gegen unerwünschte Telefonwerbung unter Berücksichtigung der bestehenden Gegebenheiten gerecht zu werden, ist daher bis auf weiteres eine Fortführung des staatlichen Schutzes gegen aktive Telefonwerbung durch die Aufrechterhaltung der wettbewerbsrechtlichen Verbotsrechtsprechung zum Schutz der Verbraucher als *zwingend erforderlich* anzusehen.[265]

Diese Beurteilung muss dann einer erneuten Überprüfung unterzogen werden, wenn ausreichende Möglichkeiten für eine effektive Verbraucherabwehr geschaffen worden sind. Sobald der deutsche Verbraucher, ebenso wie die Verbraucher in anderen Mitgliedstaaten, auf entsprechende *Opt out*-Mechanismen und sonstige Handlungs- und Abwehrmöglichkeiten zurückgreifen kann, wird sich die Frage nach einer Rechtfertigung der wettbewerbsrechtlichen Verbotsrechtsprechung aufgrund zwingender Gründe des Verbraucherschutzes erneut stellen.

### d) Verhältnismäßigkeit

Die zum Schutz der deutschen Verbraucher als *zwingend erforderlich* angesehene Beibehaltung der wettbewerbsrechtlichen Verbotsrechtsprechung muss nach der *Cassis*-Rechtsprechung zudem *notwendig,* also i. S. einer Verhältnismäßigkeitsprüfung (1) geeignet und (2) erforderlich sein, sowie (3) in einem angemessenen Verhältnis zu dem verfolgten Ziel stehen.[266]

Während eine auf § 1 UWG basierende Verbotsrechtsprechung grundsätzlich *geeignet* ist, die Verbraucher vor unerbetenen Werbeanrufen zu schützen,[267] ist die Frage nach der *Erforderlichkeit* einer näheren Betrachtung zu unterziehen. Dabei ist die geltende Verbotsrechtsprechung, die eine Rechtfertigung lediglich

---

265 Ebenso im Ergebnis: *Scherer,* WRP 2001, S. 1255, 1260.

266 Vgl. *Geiger,* Art. 30 Rdnr. 19; *Kort,* JZ 1996, 132, 140; *Fezer,* JZ 1994, 317, 320; *Joliet,* GRUR Int. 1994, 979, 980; *Streinz,* ZLR 1991, 242, 252 f. m.w.N.;

267 Vgl. *Reese,* S. 54 m.w.N.

durch ein erklärtes Einverständnis zulässt, gegenüber dem Vorschlag einer um die Anerkennung eines mutmaßlichen Einverständnisses liberalisierten Verbotsregelung abzuwägen.

Der *de lege lata* geltende deutsche Verbotsstandard, welcher eine Rechtfertigung nur durch ein erklärtes Einverständnis zulässt, kommt aufgrund der restriktiven Auslegung des § 1 UWG faktisch einem Totalverbot aktiver Telefonwerbung gleich. Im Hinblick auf die inzwischen eingetretenen Veränderungen im Verbraucher- und Kommunikationsverhalten sowie unter Zugrundelegung europäischer Maßstäbe zum Verbraucherschutz, nach denen der Verbraucherselbstverantwortung und der Verbraucherselbstbestimmung der Vorrang einzuräumen ist, sowie unter Berücksichtigung der vorgestellten Richtlinienregelungen, kann ein restriktives Telefonwerbeverbot zur Verwirklichung eines effektiven Verbraucherschutzes i. S. der *Cassis*-Formel nicht als erforderlich angesehen werden.

Vielmehr stellt sich die Frage nach einem milderen Mittel, welches gerade mit der vorgeschlagenen Liberalisierung der bestehenden wettbewerbsrechtlichen Verbotsrechtsprechung zur Verfügung steht. Mit der Anerkennung einer Rechtfertigung aufgrund eines mutmaßlichen Einverständnisses erfolgt eine weitgehende Öffnung der Einsatzmöglichkeiten aktiver Telefonwerbung auch für den grenzüberschreitend tätigen Telefonwerber, der dann grundsätzlich die Möglichkeit haben wird, den deutschen Verbraucher auch mittels Telefon werbemäßig anzusprechen.

Die verbleibenden Einschränkungen, insbesondere die Prüfung des mutmaßlichen Einverständnisses des mittels Telefonwerbung anzusprechenden Verbrauchers, sowie das fortbestehende Verbot für Telefonwerbung ohne Zielgruppenbezug oder für Werbeanrufe ohne jeglichen vorherigen Verbraucherkontakt, sind im Hinblick auf die noch fehlenden Abwehr- und *Opt out*-Möglichkeiten zur Verwirklichung des notwendigen Verbraucherschutzes erforderlich.

Das liberalisierte wettbewerbsrechtliche Verbot aktiver Telefonwerbung steht auch in einem angemessenen Verhältnis zu dem verfolgten Ziel des Verbraucherschutzes. Da die aktive Telefonwerbung aufgrund der Besonderheiten dieser Werbemethode ungehindert in den Privatbereich des Verbrauchers eindringen kann, ist Ziel die Aufrechterhaltung eines Mindestschutzes zur Abwehr unerbetener Werbeanrufe. Aufgrund der vorhandenen Gegebenheiten ermöglicht es gleichzeitig für die Zukunft eine Öffnung der Zulässigkeitsgrenzen nach Einführung entsprechender Abwehr- und *Opt out*-Mechanismen.

Durch die liberalisierte Form des Präventivverbots aktiver Telefonwerbung wird zudem ein vernünftiges Gleichgewicht zwischen den Belangen der Verbraucher und denjenigen der Werbenden hergestellt, welches insbesondere den faktischen Veränderungen auf beiden Seiten Rechnung trägt. Damit wird berücksichtigt, dass die Verbraucher berufliche und konsumorientierte Tätigkeiten mehr und mehr von Privatbereich aus vornehmen werden und die Werbenden daher gezwungen sind, die Verbraucher auch im Privatbereich anzusprechen. Andererseits benötigen die Verbraucher auch in dieser Situation einen Mindestschutz vor übermäßigen und unkontrollierten Eingriffen in ihre Privatsphäre, welcher durch die Verbotsregelungen gewährleistet ist.

Alles in allem kann bei Einsatz des Verbots aktiver Telefonwerbung unter Anerkennung eines mutmaßlichen Einverständnisses von einer Angemessenheit des eingesetzten Mittels zum erstrebten Ziel und somit von einer Verhältnismäßigkeit im engeren Sinne ausgegangen werden.

### e) Zusammenfassung

Beschränkungen grenzüberschreitender telefonischer Produktwerbung stellen grundsätzlich *„Maßnahmen gleicher Wirkung"* i. S. von Art. 28 EGV dar.

Während die vorgeschlagenen Modalitäten zum *Opt out* und zur Abwehr aktiver Telefonwerbung nur das *Wie* des Einsatzes dieser Werbemethode regeln und daher nach der *Keck*-Doktrin als bloße *Verkaufsmodalitäten* von Art. 28 EGV nicht erfasst werden, ist zwischen einem grundsätzlich geltenden Präventivverbot telefonischer Werbung und dem beworbenen Produkt eine hinreichend enge Verknüpfung vorhanden, um eine Regelung zu Warenmodalitäten annehmen zu können, die als Handelshemmnis gegen Art. 28 EGV verstösst.

Eine Rechtfertigung kommt unter Anwendung der *Cassis*-Rechtsprechung zur Verwirklichung eines notwendigen Verbraucherschutzes in Betracht. Das vorgeschlagene und durch ein mutmaßliches Einverständnis liberalisierte Präventivverbot aktiver Telefonwerbung ist im Hinblick auf die Besonderheiten der deutschen Rechtssituation auch erforderlich und steht in einem angemessenen Verhältnis zum angestrebten Ziel des Verbraucherschutzes.

Diese Beurteilung bedarf jedoch dann einer Überprüfung, wenn sich die Situation für den deutschen Verbraucher hinsichtlich der Einführung von *Opt out*-Möglichkeiten und von Durchführungsmodalitäten nachhaltig verändert.

## 4. Rechtfertigung von Regelungen zu aktiver Telefonwerbung nach Art. 30 EGV

Nachdem das wettbewerbsrechtliche Präventivverbot aktiver Telefonwerbung in der vorgeschlagenen liberalisierten Form unter Anerkennung eines mutmaßlichen Einverständnisses aus zwingenden Gründen des Verbraucherschutzes erforderlich ist, kommt es grundsätzlich auf die Frage einer Rechtfertigung nach Art. 30 EGV nicht mehr an.

Im Hinblick auf die vorgeschlagene Einführung von *Opt out*-Modalitäten und Abwehrmöglichkeiten, die das zwingende Erfordernis des Verbraucherschutzes zur Aufrechterhaltung des Verbots aktiver Telefonwerbung entfallen lassen können, soll nachfolgend jedoch der Vollständigkeit halber geprüft werden, ob dann eine Rechtfertigung des wettbewerbsrechtlichen Verbots aktiver Telefonwerbung nach Art. 30 EGV in Betracht kommt.

Art. 30 EGV nennt folgende Gründe zur Rechtfertigung nationaler Maßnahmen, die gegen Art. 28 EGV verstoßen: Öffentliche Sicherheit, Ordnung und Sittlichkeit sowie der Schutz von Leben und Gesundheit, des nationalen Kulturguts und des gewerblichen und kommerziellen Eigentums. Nach der Rechtsprechung des EuGH handelt es sich bei diesen Rechtfertigungsgründen um eine abschließende Aufzählung nichtwirtschaftlicher Ziele, die als Ausnahmetatbestände von Art. 28 EGV eng auszulegen sind.[268]

Zur Rechtfertigung eines Präventivverbotes aktiver grenzüberschreitender Telefonwerbung kommen aus dem genannten Katalog der Rechtfertigungsgründe allenfalls die Aspekte der *„öffentlichen Ordnung und Sicherheit“* und der *„öffentlichen Sittlichkeit“* in Betracht. Während unter dem Begriff der *„öffentlichen Sittlichkeit“* die Moralvorstellungen einer bestimmten Gesellschaft zu einer bestimmten Zeit verstanden werden, umfasst der Begriff der *„öffentlichen Ordnung und Sicherheit“* hoheitlich festgelegte Grundregeln, die wesentliche Interessen des Staates berühren.[269] Maßnahmen zur Bekämpfung des unlauteren Wettbewerbs oder die Belange des Verbraucherschutzes gehören nicht zu diesen Bereichen und daher auch nicht zu den Schutzgütern des Art. 30 EGV. Sie können somit ein Präventivverbot aktiver Telefonwerbung nicht rechtfertigen.[270]

---

268 EuGH, Slg. 1982, 2187, 2204 (27) – Kommission/Italien.

269 *Schweitzer/Hummer*, S. 343 f., Rdnr. 1129 m.w.N.

270 EuGH, Slg. 1981, 1625, 1638 (8) – Kommission/Irland; EuGH, GRUR Int. 1985, 110, 111 (19) – r+r; *Baumbach/Hefermehl,* UWG Einl., Rdnr. 624 m.w.N.

## II. Verbot aktiver Telefonwerbung als Beschränkung des freien Dienstleistungsverkehrs

Neben der Warenwerbung beschränkt das auf § 1 UWG beruhende Verbot aktiver Telefonwerbung auch die Dienstleistungswerbung. Aus europarechtlicher Sicht kommt hier anstelle des Verbots von Art. 28 EGV das Beschränkungsverbot nach Art. 49 Abs. 1 EGV in Betracht. Der bisher einzige, vom EuGH entschiedene Fall zu *Euro-Telefonmarketing* betraf die telefonische Werbung für *Warentermingeschäfte*, also für Dienstleistungen[271].

### 1. Freier Dienstleistungsverkehr nach Art. 49, 50 EGV

Die Freiheit des Dienstleistungsverkehrs nach Art. 49, 50 EGV beinhaltet im Wesentlichen das Recht, in einem anderen Mitgliedstaat eine selbständige erwerbswirtschaftliche Tätigkeit vorübergehend auszuüben. Sie gebietet die Beseitigung aller Diskriminierungen des Leistungserbringers, die auf seiner Staatsangehörigkeit oder auf dem Umstand beruhen, dass er in einem anderen Mitgliedstaat als demjenigen der Leistungserbringung ansässig ist.

#### a) Sachlicher Anwendungsbereich

Von Art. 49, 50 EGV werden sowohl Regelungen erfasst, die die Erbringung der Leistung in einem anderen Mitgliedstaat (*aktive Dienstleistungsfreiheit* und Regelfall nach Art. 50 S. 3 EGV)[272] oder die Entgegennahme von Dienstleistungen aus einem anderen Mitgliedstaat *(passive Dienstleistungsfreiheit)*[273] betreffen, als auch die grenzüberschreitende Übermittlung der Dienstleistung als solche, ohne dass Leistender und Empfänger eine Ortsveränderung vornehmen *(personenunabhängige Dienstleistungsfreiheit)*[274].

---

271 Zum Begriff der Dienstleistung vgl. *Roth* in *Dauses*, E. I, Rdnr. 96 ff. m.w.N.

272 *Geiger,* Art. 60 a.F. Rdnr. 6; *Schweitzer/Hummer*, S. 362 f., Rdnr. 1186 ff.

273 *Geiger,* Art. 60 a.F. Rdnr. 7; *Schweitzer/Hummer*, S. 363 f., Rdnr. 1189 m.w.N.

274 EuGH, NJW 1995, 2541, 2542 (20-22) – Alpine Investments; *Schweitzer/Hummer*, S. 363 f.; Rdnr. 1189 m.w.N.; *Kort,* JZ 1996, 132, 134; *Reich,* ZHR 153 (1989), 571, 572.

Auch werden als *Annexrechte* des freien Dienstleistungsverkehrs die kommerzielle Kommunikation (Brief-, Telefon-, Telefax- und Online-Verkehr) sowie sonstige werbliche Betätigungen des Dienstleistungsgewerbes erfasst.[275]

Sowohl bei der Telefonwerbung *als* Dienstleistung, wie sie durch Telefonmarketing-Agenturen erbracht werden kann, als auch bei der Telefonwerbung *für* Dienstleistungen, wie in *Alpine Investments*[276] behandelt, überschreitet lediglich die Dienstleistung als solche, nämlich der Werbeanruf, die Grenze, so dass ein Fall der *personenunabhängigen Dienstleistungsfreiheit* gegeben ist. Nachfolgend wird ausschließlich die grenzüberschreitende Telefonwerbung *für* Dienstleistungen betrachtet, da die wettbewerbs- und gemeinschaftsrechtliche Beurteilung der Telefonwerbung *als* Dienstleistung nicht Gegenstand dieser Arbeit ist.

### b) Inhalt der Dienstleistungsfreiheit

Da die Freiheit des Dienstleistungsverkehrs durch das *Diskriminierungsverbot* gekennzeichnet ist, erfüllen offene oder versteckte Maßnahmen, die auf die Staatsangehörigkeit bzw. den Aufenthalt abstellen, unmittelbar den Tatbestand von Art. 49 EGV. Sie sind nur dann mit dem Gemeinschaftsrecht vereinbar, wenn sie von den Ausnahmen der Art. 55 EGV i. V. mit Art. 46 Abs. 1 EGV (öffentliche Ordnung, Sicherheit oder Gesundheit) gedeckt sind und dem Grundsatz der Verhältnismäßigkeit entsprechen.[277] Für die aktive Dienstleistungsfreiheit gebietet Art. 50 S. 3 EGV ausdrücklich die Gleichstellung von EU-Ausländern mit Inländern.

Darüber hinaus hat der EuGH der Dienstleistungsfreiheit die Bedeutung eines *„allgemeinen Freiheitsrechts"* zugemessen. Danach können auch unterschiedslos geltende nationale Maßnahmen einen Eingriff in die Dienstleistungsfreiheit i. S. von Art. 49 EGV darstellen, wenn sie *„geeignet sind, die Tätigkeit eines Dienstleistenden, der in einem anderen Mitgliedstaat ansässig ist und*

---

275 Grünbuch KOM (96) 192, S. 11; *Roth* in *Dauses*, E. I, Rdnr. 107 m.w.N.; *Bleckmann*, S. 483, Rdnr. 1166; *Schricker/Schricker*, Einführung, S. 104, Rdnr. 195; Kort, JZ 1996, 132, 134; *Grosskopf*, WRP 1995, 805, 806; *Reich*, ZHR 153 (1989), 571, 579 m.w.N; *Beyerle*, S. 411, 439 f., Rdnr. 49 m.w.N.

276 EuGH, EuZW 1995, 404 = WRP 1995, 801 = NJW 1995, 2541 = JZ 1996, 144 – Alpine Investments

277 *Geiger*, Art. 60 a.F., Rdnr. 12 m.w.N.; *Roth* in Dauses, E. I, Rdnr. 118, 125.

*dort rechtmäßig seine Dienstleistungen erbringt, zu unterbinden oder zu behindern".*[278]

Eine Beschränkung der Dienstleistungsfreiheit durch nichtdiskriminierende Regelungen kann durch *„zwingende Gründe des Allgemeininteresses"* gerechtfertigt sein, die zur Erreichung ihres Zwecks geeignet, erforderlich[279] sowie verhältnismäßig sind[280], und denen nicht durch andere Rechtsvorschriften Rechnung getragen ist[281]. Neben den zu Art. 28, 30 EGV genannten Rechtfertigungsgründen sind als zwingende Gründe des Allgemeininteresses der Ver--braucherschutz[282], Gründe kulturpolitischer Art[283], der Schutz des geistigen Eigentums sowie soziale[284] oder steuerliche Belange anerkannt.[285]

### 2. Regelungen zu aktiver Telefonwerbung als Verstoß gegen Art. 49, 50 EGV unter Berücksichtigung von *Alpine Investments*

Nachfolgend soll unter Berücksichtigung der Entscheidungsgründe von *Alpine Investments* geprüft werden, ob und inwieweit das geltende und liberalisierte Verbot aktiver Telefonwerbung gegen die Art. 49, 50 EGV verstoßen kann, wenn mittels Telefon für Dienstleistungen[286] geworben wird.

---

278 EuGH, Slg. 1991, I-4221, I-4243 (12) – Säger/Dennemeyer; EuGH Slg. 1994, I-1039, 1093 (43) – Schindler; vgl. *Meyer,* GRUR Int. 1996, 697, 706 m.w.N.

279 *Geiger*, Art. 60 a.F., Rdnr. 12 m.w.N.

280 EuGH, Slg. 1994, I-1039, I-1095 f. (54 ff.) – Schindler; *Randelzhofer* in Grabitz/Hilf, Art. 60 a.F., Rdnr. 22, 25; *Schricker/Schricker*, Einführung, S. 106, Rdnr. 200.

281 EuGH, Slg. 1991, I-4221, I-4244 (15) – Säger/Dennemeyer.

282 EuGH, Slg. 1994, I-1039, I-1096 (58) – Schindler.

283 EuGH, Slg. 1991, I-659, I-686 (16 f.) – Fremdenführer/Frankreich.

284 EuGH, Slg. 1994, I-1039, I-1096 (58) m.w.N. – Schindler.

285 *Roth* in Dauses, E. I, Rdnr. 121 m.w.N.

286 Nach Art. 50 S. 1 EGV sind unter Dienstleistungen zunächst solche Leistungen zu verstehen, die in der Regel gegen Entgelt erbracht werden. Aus Art. 50 S. 2, 3 EGV ergibt sich weiterhin, dass es sich um selbständige Tätigkeiten handeln muss, die vorübergehend in einem anderen Mitgliedstaat erbracht werden. Als selbständige Tätigkeiten führt der EGV beispielhaft gewerbliche, kaufmännische, handwerkliche sowie freiberufliche Tätigkeiten auf.

### a) Sachverhalt zu *Alpine Investments*

Das niederländische Unternehmen *Alpine Investments* war auf Warentermingeschäfte spezialisiert und bot als Dienstleistungen die Wertpapierverwaltung, die Anlagenberatung und die Weitergabe von Kundenaufträgen an Kommissionäre an. Diese Tätigkeit stand im Widerspruch zu dem niederländischen Gesetz über den Wertpapierhandel (*Wet effectenhandel, WEH*) vom 30.10.1985, nach dem es grundsätzlich verboten war, ohne Genehmigung bei Wertpapiertransaktionen als Vermittler tätig zu werden.[287]

*Alpine Investments* wurde zwar eine Befreiung von diesem Verbot erteilt, die sich jedoch wegen zahlreicher Beschwerden über telefonisch vermittelte Warenterminverträge nicht auf telefonische Werbung ohne vorherige Zustimmung der Kunden erstreckte.

Da *Alpine Investments* auch Kunden in Belgien, Frankreich und dem Vereinigten Königreich ansprach, betraf das vom Herkunftsstaat ausgesprochene Verbot auch die grenzüberschreitende Telefonwerbung. Das *College van Beroep* wandte sich aufgrund dessen an den EuGH, um im Wege des Vorabentscheidungsverfahrens (Art. 234 EGV) verschiedene Fragen zur Auslegung des Art. 49 EGV klären zu lassen.[288]

### b) Dienstleistung i. S. von Art. 49, 50 EGV

Der Gerichtshof stützte seine Entscheidung alleine auf die Vorschriften zur Dienstleistungsfreiheit, da die *Richtlinie 93/22/EWG des Rates vom 10.05. 1993 über Wertpapierdienstleistungen* erst später erlassen wurde und die *Richtlinie 85/577/ EWG des Rates vom 20.12.1985 betreffend den Verbraucherschutz im Falle von außerhalb von Geschäftsräumen geschlossenen Verträgen* für telefonisch geschlossene Verträge nicht anwendbar war.[289]

Der EuGH wertete das grenzüberschreitende telefonische Angebot von Dienstleistungen, ohne dass damit ein Ortswechsel des Leistungserbringers verbunden ist, ausdrücklich als einen Fall der Art. 49, 50 EGV, wenn die Dienst-

---

[287] EuGH, NJW 1995, 2541, 2542 – Alpine Investments.
[288] EuGH, NJW 1995, 2541 – Alpine Investments.
[289] EuGH, NJW 1995, 2541 (14) – Alpine Investments.

leistungsangebote an Empfänger gerichtet sind, die in einem anderen Mitgliedstaat ansässig sind.[290]

In dem niederländischen Verbot des *Cold Calling* sah der EuGH eine Beschränkung der Dienstleistungsfreiheit nach Art. 49 EGV und begründete dies damit, dass den betroffenen Wirtschaftsteilnehmern durch ein solches Verbot *„ein schnelles und direktes Mittel der Werbung und der Kontaktaufnahme mit potentiellen Kunden in anderen Mitgliedstaaten"* genommen werde.[291] Dabei ist es nach der Auffassung des EuGH unerheblich, dass das Verbot vom Staat des Leistungserbringers ausgesprochen worden war, da Art. 49 EGV ein allgemeines Verbot von Beschränkungen des freien Dienstleistungsverkehrs enthalte.[292]

Mit *Alpine Investments* wird somit das *Cold Calling* zur grenzüberschreitenden Vermarktung von Dienstleistungen grundsätzlich den Art. 49 ff. EGV unterstellt.

### c) Anwendbarkeit der *Keck*-Rechtsprechung

Der EuGH lehnte in den weiteren Entscheidungsgründen die von den Regierungen der Niederlande und des Vereinigten Königreiches vorgeschlagene Anwendung der in *Keck/Mithouard* entwickelten Grundsätze im Prüfungsbereich des Art. 49, 50 EGV mit der Begründung ab, dass im Gegensatz zu nationalen Regelungen, die nur im Gebiet des Einfuhrstaates bestimmte Verkaufsmodalitäten beschränken oder verbieten, das streitgegenständliche Verbot von dem Mitgliedstaat des Leistungserbringers ausging und nicht nur Angebote an in diesem Mitgliedstaat ansässige Leistungsempfänger betraf, sondern auch Angebote an Leistungsempfänger in anderen Mitgliedstaaten. Aufgrund dessen bewertete der EuGH ohne weitere Ausführungen zu der Frage von Verkaufsmodalitäten i. S. der *Keck*-Rechtsprechung das niederländische Verbot als Behinderung des innergemeinschaftlichen Dienstleistungsverkehrs.[293]

Mit dieser Argumentation bleibt auch nach *Alpine Investments* die Frage ungeklärt, ob Art. 49 Abs. 1 EGV für Werbebeschränkungen, die als Verkaufsmo-

---

[290] EuGH, NJW 1995, 2541, 2542 (21) – Alpine Investments.

[291] EuGH, NJW 1995, 2541, 2542 (28) – Alpine Investments.

[292] EuGH, NJW 1995, 2541, 2542 (29 bis 31) – Alpine Investments; zustimmend *Reich*, EuZW 1995, 407, 408.

[293] EuGH, NJW 1995, 2541, 2542 (36 bis 38); vgl. dazu ausführlich *Kort*, JZ 1996, 132, 136 ff.; kritisch dazu: *Reich*, EuZW 1995, 407, 408; *Sack*, WRP 1998, 103, 112 f. m.w.N.

dalitäten hinsichtlich der angebotenen Dienstleistungen wirken und die durch das Land des Dienstleistungsempfängers ausgesprochen werden, Anwendung findet. Im Hinblick auf die zwischen Waren- und Dienstleistungsverkehr vorhandenen Gemeinsamkeiten sowie unter Berücksichtigung der subsidiären Stellung der Dienstleistungsfreiheit im Verhältnis zur Warenverkehrsfreiheit ist *Meyer*[294] in der Auffassung zuzustimmen, dass die *Keck*-Formel grundsätzlich auch zur Prüfung von nationalen Regelungen grenzüberschreitender Dienstleistungen hergezogen werden muss. Damit wird zudem Rechtssicherheit in der Auslegung von Art. 28 ff. EGV einerseits und von Art. 49 ff. EGV andererseits geschaffen.[295]

Dies bedeutet für dienstleistungsspezifische Werberegelungen, die ausschließlich die Art und Weise des Vertriebs von Dienstleistungen betreffen, eine Bewertung als bloße *Verkaufsmodalitäten*, so dass ein Verstoß gegen Art. 49, 50 EGV nicht in Betracht kommt. Allerdings bleibt die Argumentation zur grenzüberschreitenden Telefonwerbung für Waren auch für den Bereich der Dienstleistungen anwendbar: Es ist also zu berücksichtigen, dass das grenzüberschreitende *Cold Calling* zur Werbung für Dienstleistungen diesem zeitlich vorangeht und in erster Linie der Information des Verbrauchers dient. Mit dem Verbot grenzüberschreitender Telefonwerbung für Dienstleistungen wird dem Verbraucher somit ein – mit den Worten des EuGH – *„schnelles und direktes Mittel der Werbung und der Kontaktaufnahme"* genommen, wodurch eine freie und selbstbestimmte Verbraucherentscheidung unter Nutzung aller verfügbaren Informationsquellen ausgeschlossen wird.

Im Übrigen gilt auch für den Bereich der Werbung für Dienstleistungen, dass Leistungssubstrat, Werbung und Vertriebsmethode ein *Marketing-Mix* bilden. Gewährt das Werberecht des Heimatstaates des ausländischen Anbieters größere Freiheiten, als dies nach § 1 UWG der Fall ist, kann der Anbieter grenzüberschreitender Dienstleistungen gezwungen sein, auf eine bestimmte Methode der Absatzförderung zu verzichten. Dadurch entstehen konkrete Benachteiligungen der ausländischen im Verhältnis zu den inländischen Wirtschaftsteilnehmern mit der Folge, dass eine tatsächliche Behinderung vorliegt, die – wie bereits dargestellt – auch im Bereich der *Verkaufsmodalitäten* inakzeptabel ist.

Da im Zusammenhang mit der *Keck*-Formel die tatsächliche Benachteiligung des ausländischen Unternehmers genügt, bewirkt ein Verbotsgefälle hinsichtlich der Beurteilung des *Cold Calling*, dass inländische im Vergleich zu auslän-

---

[294] *Meyer,* GRUR Int. 1996, 697, 706.

[295] Ebenso: *Sack,* WRP 1998, 103, 116; vgl. auch *Beyerle,* S. 411, 440, Rdnr. 50 m.w.N.

dischen Dienstleistenden tatsächlich besser gestellt sein können. Auch darin ist ein Verstoß gegen die Dienstleistungsfreiheit i. S. der Art. 49, 50 EGV zu sehen.[296]

### d) Rechtfertigung aus Gründen der *öffentlichen Ordnung* oder des *Allgemeinwohls*

Als Beeinträchtigung des freien Dienstleistungsverkehrs kann die nationale Verbotspraxis zum *Cold Calling* aus Gründen der *öffentlichen Ordnung* (Art. 55 i.V. mit 46 Abs. 1 EGV) oder aus sonstigen zwingenden Gründen des *Allgemeinwohls* gerechtfertigt sein. Letztere fanden in *Alpine Investments* zur Rechtfertigung des niederländischen Verbots des *Cold Calling* zum Schutz der niederländischen Finanzmärkte Anwendung.

Der Rechtfertigungsgrund der *öffentlichen Ordnung* umfasst grundlegende Einrichtungen des Mitgliedstaates oder wesentliche Individualrechtsgüter, wie Leben oder körperliche Unversehrtheit.[297] Um die Dienstleistungsfreiheit rechtmäßig einzuschränken, muss diesen Schutzgütern eine tatsächliche und hinreichend schwere Gefährdung drohen. Mangels eines Bezuges zu derart lebenswichtigen Kollektiv- oder Individualinteressen zählen verbraucherschutz- oder lauterkeitsrechtliche Bestimmungen nicht zum Bereich der öffentlichen Ordnung i. S. der Art. 55, 46 Abs. 1 EGV.[298]

Nicht von vornherein ausgeschlossen ist hingegen die Rechtfertigung des deutschen Verbots aktiver Telefonwerbung aus *„zwingenden Gründen des Allgemeinwohls"*. Der EuGH hat diesen Rechtfertigungsgrund für den Bereich der Dienstleistungsfreiheit in Anlehnung an die *Cassis*-Rechtsprechung geschaffen.[299] Wie bei der Warenverkehrsfreiheit fallen hierunter auch der Verbraucherschutz und die Lauterkeit im Wirtschaftsverkehr.[300]

Voraussetzung dieses Rechtfertigungsgrundes ist der nichtdiskriminierende Charakter der fraglichen nationalen Regelung oder Maßnahme.[301] Die Dis-

---

[296] Ebenso mit dieser Argumentation: *Meyer*, GRUR Int. 1996, 697, 707 m.w.N.

[297] *Groeben/Troberg*, Art. 56 a.F., Rdnr. 10 m.w.N.

[298] *Meyer*, GRUR Int. 1996, 697, 707.

[299] *Meyer*, GRUR Int. 1996, 697, 707 m.w.N.

[300] EuGH, Slg. 1986, 3755, 3803 f. (30) – Kommission/Deutschland; *Kort*, JZ 1996, 132, 135.

[301] EuGH, Slg. 1994, I-1039, I-1095 (53 f.) – Schindler; *Geiger*, Art. 60 a.F., Rdnr. 12; *Meyer*, GRUR Int. 1996, 697, 707 f. m.w.N.

kriminierung muss sich entweder vom Wortlaut oder vom Zweck der staatlichen Regelung her ergeben, damit eine Rechtfertigung der nationalen Maßnahme aus *„zwingenden Gründen des Allgemeinwohls"* ausscheidet. Die erwähnte tatsächliche Schlechterstellung von ausländischen Wirtschaftsteilnehmern aufgrund der notwendigen Anpassung von Werbekampagnen an die strengeren Regelungen des Empfängerstaates genügt somit nicht, um zwingende Allgemeinwohlgründe als Rechtfertigungsmöglichkeit auszuschließen.[302] Vielmehr ist auch hier festzuhalten, dass sich weder aus dem Wortlaut, noch aus dem Zweck von § 1 UWG eine Diskriminierung für ausländische Unternehmen ergibt, die mit grenzüberschreitender Telefonwerbung in Deutschland werben.

Unter dem Aspekt des Verbraucherschutzes stellte der Gerichtshof in *Alpine Investments* fest, dass angesichts der spekulativen Natur und Komplexität der Warenterminverträge ein besonderes Vertrauen in die Sachkunde und Zuverlässigkeit der Finanzvermittler erforderlich sei. Die Aufrechterhaltung des guten Rufes des nationalen Finanzsektors könne daher einen zwingenden Grund des Allgemeinwohls darstellen, der die Beschränkung des freien Verkehrs von Finanzdienstleistungen rechtfertige.[303]

Das Gericht hat damit eine Einzelfallprüfung vorgenommen und lediglich für den Bereich der Warentermingeschäfte, bezogen auf den niederländischen Markt, entschieden. Eine generelle Regelung zu grenzüberschreitender Telefonwerbung für Dienstleistungen ist den Entscheidungsgründen von *Alpine Investments* hingegen nicht zu entnehmen.

Vielmehr gelten auch für die Rechtfertigung eines Verbots grenzüberschreitender Telefonwerbung für Dienstleistungen die Ausführungen, wie sie zur Rechtfertigung der aktiven Telefonwerbung aus Gründen des Verbraucherschutzes im Rahmen der *Cassis*-Prüfung erfolgt sind. Aus *Alpine Investments* wird zudem deutlich, dass der mündige und kritische europäische Verbraucher vom EuGH auch hinsichtlich grenzüberschreitender Telefonwerbung nur in besonders gelagerten Einzelfällen als schutzbedürftig angesehen wird.

Solche Einzelfälle können einmal mit den Besonderheiten der angebotenen Dienstleistung oder aber mit den Besonderheiten des nationalen Marktes zusammenhängen. Letzteres kann im Hinblick auf die geltende deutsche Rechtslage bis auf weiteres und mit den Argumenten, wie sie zur Beschränkung des Art. 28 EGV bereits vorgebracht worden sind, auch im Bereich der grenzüber-

---

302 *Meyer,* GRUR Int. 1996, 697, 708.

303 EuGH, NJW 1995, 2541, 2543 (44) – Alpine Investments.

schreitenden Telefonwerbung für Dienstleistungen zu einer Rechtfertigung aus zwingenden Gründen des Allgemeinwohls führen.

### e) Verhältnismäßigkeit

Beschränkungen des Dienstleistungsverkehrs sind nach dem Gemeinschaftsrecht nur dann gerechtfertigt, wenn sie im Hinblick auf die verfolgten Ziele verhältnismäßig sind. Der EuGH hat dazu in *Alpine Investments* festgestellt: *„Hinsichtlich der Verhältnismäßigkeit der in Rede stehenden Beschränkung ist daran zu erinnern, dass die Anforderungen an Dienstleistungserbringer nach ständiger Rechtsprechung geeignet sein müssen, die Verwirklichung des mit ihnen angestrebten Ziels zu gewährleisten, und dass sie nicht über das zur Erreichung dieses Ziels Erforderliche hinausgehen dürfen.“*[304]

Die Verhältnismäßigkeit beurteilt der EuGH in *Alpine Investments* aus der Sicht der potentiell gefährdeten Verbraucher, die durch das *Cold Calling* überrascht würden und nicht in der Lage seien, sich über die Risiken der vorgeschlagenen Transaktionen zu informieren. Die Verbraucher seien daher und aufgrund des spekulativen und schwer durchschaubaren Charakters des Warenterminhandels schutzbedürftig.[305] Außerdem lasse die in Rede stehende Regelung andere Methoden der Kontaktaufnahme weiterhin zu. Schließlich sei das Verbot auf den Markt beschränkt, auf dem konkrete Missbräuche festgestellt worden seien.[306]

Da sich für die Prüfung der Verhältnismäßigkeit von wettbewerbsrechtlichen Regelungen zu aktiver Telefonwerbung, die eine – wenn auch gerechtfertigte – Beeinträchtigung der Dienstleistungsfreiheit darstellen, grundsätzlich keine anderen Argumente ergeben, als sie im Rahmen der Verhältnismäßigkeitsprüfung zu Art. 28 EGV vorgebracht worden sind, kann zunächst auf die dortigen Ausführungen verwiesen werden. Die in *Alpine Investments* zudem vorgebrachten Argumente für die Verhältnismäßigkeit des Verbots aktiver Telefonwerbung sind im Übrigen einzelfallbezogen und im Hinblick auf die Besonderheiten des Warenterminhandels zu sehen. *Alpine Investments* verdeutlich damit nochmals, dass das vorgeschlagene Totalverbot aktiver Telefonwerbung für besonders komplexe Angebote oder im Zusammenhang mit anderen spezifischen Belästi-

---

[304] EuGH, NJW 1995, 2541, 2543 (45) – Alpine Investments.
[305] EuGH, NJW 1995, 2541, 2543 (46) – Alpine Investments.
[306] EuGH, NJW 1995, 2541, 2543 (54) – Alpine Investments.

gungsmomenten durchaus unter Verbraucherschutzgesichtspunkten verhältnismäßig sein kann.

### 3. Zusammenfassung

Nach alledem ist davon auszugehen, dass das grundsätzlich geltende deutsche Präventivverbot des Einsatzes aktiver Telefonwerbung für Dienstleistungen gegen die Art. 49, 50 EGV verstösst und nur aus zwingenden Gründen des Allgemeinwohls, insbesondere des Verbraucherschutzes, gerechtfertigt sein kann. Hinsichtlich der Verhältnismäßigkeit der vorgeschlagenen liberalisierten Regelungen kann wiederum auf die zu Art. 28 EGV gefundenen Argumente zurückgegriffen werden, nach denen kurz- und mittelfristig ein liberalisiertes Verbot aktiver Telefonwerbung für den deutschen Markt als erforderlich und verhältnismäßig anzusehen ist.[307]

## E. Harmonisierung durch *self-regulation*

Schließlich stellt sich die Frage, inwieweit eine Harmonisierung der Zulässigkeit aktiver grenzüberschreitender Telefonwerbung durch Maßnahmen und Regelungen der Werbeselbstdisziplin erfolgen kann.

Die Werbeselbstdisziplin wird im internationalen Bereich durch die *International Chamber of Commerce (ICC)*[308] und im europäischen Raum durch die *European Advertising Standards Alliance (EASA)*[309], sowie speziell für den Bereich des Direkt- und Telefonmarketing, durch die *Federation of European Direct Marketing (FEDMA)*[310] vertreten.

---

307 Im Ergebnis a.A.: *Paschke,* S. 103 ff.

308 International Chamber of Commerce, 38, Cours Albert 1er, F-75008 Paris; Homepage abrufbar unter www.iccwbo.org.

309 European Advertising Standard Allicance (EASA), 10a rue de la Pépinière, B-1000 Brüssel; Homepage abrufbar unter www.easa-alliance.org/; vgl. ZAW, Werbung in Deutschland 1996, S. 102 ff.; *Schotthöfer,* EuZW 1992, 760, 764; *Beckmann,* MA 1993, 296 ff.; *ders.,* WRP 1991, 702, 706.

310 Federation of European Direct Marketing, Tervurenlaan 439 Avenue de Tervuren, B-1150 Brüssel; Homepage abrufbar unter www.fedma.org.

## I. ICC: *International Code of Direct Marketing*

Tätigkeitsziel der *International Chamber of Commerce (ICC)* ist die weltweite Förderung von Handel und Investitionen sowie die Öffnung der Märkte für den freien Waren-, Dienstleistungs- und Kapitalverkehr.[311] Neben der Harmonisierung von Handelspraktiken entwickelt die *ICC* Verhaltenskodizies zur Festlegung ethischer Standards für den Geschäftsverkehr.

So wurde von der *Commission on Marketing, Advertising and Distribution* der *ICC International Code of Direct Marketing*[312] erarbeitet und erstmals im Jahre 1992 veröffentlicht. Inzwischen liegt der *Revised ICC International Code of Direct Marketing* (nachfolgend *ICC* Code) vor, der im Juni 2001 veröffentlicht worden ist.[313] Nach den Grundsätzen des letztgenannten Regelwerkes sind alle Direktmarketing-Operationen unter Berücksichtigung des *fair trade* und den rechtlichen Gegebenheiten sowie der *consumer privacy* zu gestalten.

Ziel des *ICC-Code* ist es, allen Unternehmen und Organisationen, die mit Direktmarketing arbeiten, ein *„basic set of rules"* sowie *„standards of ethical conduct"* zur Verfügung zu stellen, die sowohl nationale als auch internationale Akzeptanz gefunden haben. Der *ICC-Code* soll zudem als Modell für die nationale Gesetzgebung und als Maßstab für die Rechtsprechung dienen und zur internationalen Harmonisierung der Regelungen zum Direktmarketing beitragen, ohne insoweit eine zwingende Wirkung entfalten zu können. Nach Art. 29 bis 34 des *ICC-Code* ist die telefonische Kontaktaufnahme zu Verbrauchern oder Gewerbetreibenden (*Outbound Calls*) grundsätzlich erlaubt, wenn folgende Punkte beachtet werden:

(1) Identifikation des Anrufers und Information über den Zweck des Anrufs zu Beginn sowie Rückversicherung des Verständnisses über die Konsequenzen des Anrufs am Ende des Telefongesprächs (Art. 29 Abs. 1, 3);

(2) Begrenzung der Anrufzeiten auf *reasonable hours* (Art. 30);

(3) *Opt out*-Modell und Verpflichtung der Telemarketer, das Telefonat bei Widerspruch des Verbrauchers sofort zu unterbrechen (Art. 29 Abs. 1);

(4) kein Kontakt mit Inhabern von *unlisted or unpublished telephone numbers* (Art. 33);

---

[311] ICC-Codes, S. 4.

[312] ICC Publication No. 506, veröffentlicht im Juli 1992.

[313] Abrufbar unter www.iccwbo.org/home/statements_rules/rules/2001/code_of_direct_marketing.asp.

(5) Offenlegung aller Verkaufsmodalitäten und schriftliche Bestätigung der Vertragsbedingungen (Art. 29 Abs. 1, 3; Art. 31);

(6) im Fall des *Monitoring* des Telefongesprächs: Information an den Verbraucher (Art. 32);

(7) Einsatz von *automatic dialling equipment* unter der Voraussetzung einer sofortigen Leitungsunterbrechung bei *predictive diallers*, wenn das Telefonat nicht entgegen genommen wird, sowie bei anderem *automatic dialling equipment* Einführung durch einen *tele-operator* und sofortige Unterbrechung, wenn der Verbraucher das Gespräch unterbricht (Art. 34 Abs. 1 bis 3).

Die Parallelen zu den Regelungen des US-amerikanischen *Telephone Consumer Protection Act* und zu Regelungsteilen der europäischen Richtliniengesetzgebung sowie zu den für Deutschland unterbreiteten Liberalisierungsvorschlägen sind signifikant.

## II. *European Advertising Standards Alliance (EASA)*

Aufgrund der Zunahme grenzüberschreitender Werbung gründeten im Jahr 1992 die selbstdisziplinären Einrichtungen der Werbewirtschaft aus neun EG-Staaten sowie aus Österreich und der Schweiz, die *EASA*[314] mit dem Ziel, die Einrichtungen der Werbeselbstkontrolle in den europäischen Staaten zu verbinden, zu stärken und eine ständige Ansprachemöglichkeit über alle Fragen der Werbewirtschaft zu schaffen.[315] Die *EASA* übt eine beratende und unterstützende Funktion gegenüber den Mitgliedstaaten und gegenüber der Kommission aus.

Darüber hinaus wurde das *EASA*-Beschwerdeverfahren[316] eingerichtet, um die Zusammenarbeit aller *EASA*-Mitglieder zu koordinieren und festzulegen,

---

314 Vgl. ZAW, Werbung in Deutschland 1996, S. 103; www.easa-alliance.org (About EASA): Der EASA gehören mittlerweile 28 Werbeselbstkontrolleinrichtungen an, von denen 24 aus Europa (Mitgliedstaaten der EU sowie Schweiz, Tschechien, Ungarn, Rußland, Slowakei, Slowenien, Türkei) und 4 aus nichteuropäischen Ländern (Kanada, Neuseeland, Südafrika und USA) kommen.

315 *Boddewyn,* Appendix 12, S. 223 ff.; *Beckmann,* WRP 1991, 702, 706 f.; *Kisseler,* Festschrift für Piper, S. 283, 297; ZAW, Positionspapier, S. 12 f.

316 Vgl. *Beckmann,* MA 1993, 296 f.; zum Verfahren: Jahrbuch Deutscher Werberat 1993, S. 56 ff. und unter www.easa-alliance.org (Complaints/Ad-Alerts).

welche werbeselbstdisziplinäre Einrichtung eine Beschwerde federführend zu behandeln hat. Die *EASA* stellt die Einhaltung des Verfahrens sicher, ohne selbst Entscheidungen zu treffen.[317] Ein Gremium zur Entwicklung europäischer Maßstäbe für die Beurteilung einer Werbemaßnahme existiert nicht. Einheitliche *EASA*-Regelungen oder Informationsmaterial über die Zulässigkeit von aktiver Telefonwerbung stehen – soweit ersichtlich – nicht zur Verfügung.[318]

## III. *Federation of European Direct Marketing (FEDMA)*

Im Jahre 1997 wurde die in Brüssel agierende *FEDMA* ins Leben gerufen, ein Zusammenschluss der bis dahin bestehenden europäischen Direktmarketing-Verbände *FED!M (Federation of European Direct Marketing)* und *EDMA (European Direct Marketing Association*).[319] Die Hauptaufgabe der *FEDMA* liegt im *Lobbying* auf europäischer Ebene. Daneben sollen die Wirtschaftsinteressen *der FEDMA*-Mitglieder, also der nationalen Direktmarketing-Verbände, gefördert und deren Kompetenzen durch *Networking* gesteigert werden.[320]

Inzwischen hat die *FEDMA* eigene *Principles for Telemarketing* entwickelt[321] und fordert die Mitgliedsorganisation ausdrücklich auf, die in verschiedenen Ländern existierenden *Telephone Preference Lists* zu beachten[322]. In letzteren können die Verbraucher ihren Widerspruch gegen das *Cold Calling* eintragen lassen.

In den *Principles for Telemarketing* finden sich u. a. Informationspflichten für Unternehmen, die *Outbound Calls* nutzen sowie der Hinweis, dass das Ge-

---

[317] Von 1992 bis 1994 wurden insgesamt nur 14 Beschwerdefälle zu grenzüberschreitender Direktwerbung (nicht nur Telefonwerbung) von der EASA behandelt; vgl. Jahrbuch Deutscher Werberat 1995, S. 46. In der aktuellen Beschwerdestatistik der EASA für das Jahr 2002 ist das Telefonmarketing als eigenständiger Beschwerdebereich nicht erwähnt; vgl. www.easa-alliance.org (Complaints/Ad-Alerts/Statistics).

[318] Vgl. ZAW, Werbung in Deutschland 1996, S. 102 ff.

[319] Vgl. dazu: DDV-Report 07/1997, S. 2 ff. und DDV, Who`s who 1998, S. 12 f.

[320] DDV-Report 12/1997, S. 9.

[321] www.fedma.org. (Government Affairs/Codes of Conduct/Principles for Telemarketing) oder direkt unter www.fedma.org/img/db/Telemarketing_principles.pdf.

[322] www.fedma.org. (Government Affairs/Codes of Conduct): Telephone Preference Lists sind insbesondere in Großbritannien, den Niederlanden, Belgien, Finnland, Schweden, Portugal und Norwegen eingerichtet.

spräch bei Widerspruch des Verbrauchers sofort beendet werden muss. Weiterhin wird geregelt, dass die *Outbound Calls* nur zu *reasonable hours* durchgeführt werden sollen. Es finden sich zudem Regelungen zu *automatic calling units* und *predicitive dialling*, zur Beachtung von *Telephone Preference Services* und zu *Do Not Call Lists* als *documentation system*, welches bei den Unternehmen zu führen ist und in welches sich die Verbraucher eintragen lassen können, wenn sie keine weiteren Anrufe wünschen.

### IV. Zusammenfassung

Durch die internationale und europäische Werbeselbstkontrolle wurden inzwischen einige Regeln für die Zulässigkeit und die Ausgestaltung des aktiven Telefonmarketing aufgestellt. Diese Regelungen gehen von der Zulässigkeit des *Cold Calling* aus und regeln im Wesentlichen die Rahmenbedingungen, unter denen solche Werbeanrufe den Anforderungen der Werbeselbstkontrolle genügen. Damit versuchen auch die internationalen Branchenverbände, dem Telefonmarketing einen Rahmen zu geben, in dem es für die Verbraucher akzeptabel und für die Unternehmen durchführbar ist.

Insgesamt spielt die Werbeselbstkontrolle bei der Diskussion um die Zulässigkeit von *Euro*- oder *Multistate*-Telefonwerbung bislang jedoch nur eine untergeordnete Rolle, wenn auch die Lobbyarbeit der werbetreibenden Wirtschaft auf europäischer Ebene im Gesetzgebungsverfahren zur *Fernabsatzrichtlinie* erheblich gewesen sein soll.[323]

## F. Schlussbemerkung

Auf europäischer Ebene zeichnet sich eine deutliche Tendenz zur Zulässigkeit des Normalfalles aktiver Telefonwerbung ab, welche nur für die Fälle besonderer Komplexität des beworbenen Produktes oder anderweitiger besonderer Belästigungssituationen durchbrochen wird.

---

323 *Reader,* U. Pa. J. Int'l Bus. L. 181 et seq.; zum Einfluß der europäischen Werbeselbstkontrolle allgemein vgl. Jahrbuch Deutscher Werberat 1995, S. 41 ff. mit den Ausführungen der Kommissarin *Scrivener*.

Dem europäischen Verbraucher wird damit letztendlich zugemutet, sich mit aktiver Telefonwerbung auseinanderzusetzen und – für den Fall der Ablehnung – geeignete Abwehrmaßnahmen in Eigeninitiative zu ergreifen. Ein präventiver Verbraucherschutz entspricht nicht den europäischen Regelungsvorstellungen.

Die Vorschläge zur Öffnung der Rechtfertigungssystematik für aktive Telefonwerbung in Deutschland fügen sich insoweit sowohl in das europaweit geltende und vorwiegend auch auf nationaler Ebene bestehende liberale Regelungsspektrum ein, als auch in dasjenige der europäischen Richtliniengesetzgebung.

Im Hinblick auf die Beurteilung der geltenden deutschen Verbotsrechtsprechung nach den Grundsätzen der Art. 28, 30 sowie 49, 50 EGV ist eine Liberalisierung sogar erforderlich, um einen Verstoß gegen primäres Gemeinschaftsrecht zu vermeiden.

Schließlich finden die unterbreiteten Liberalisierungsvorschläge eine Entsprechung in den selbstdisziplinären Regelungen der ICC und der angesprochenen Branchenverbände EASA und FEDMA.

# 6. Kapitel – Zusammenfassung der Hauptthesen

Auf der Grundlage der in den Vorkapiteln dargestellten Fakten und der bestehenden Rechtslage sowie der erarbeiteten Regelungsalternativen werden die Ergebnisse nachfolgend zusammengefasst:

**These I: Wirtschaftliche Bedeutung aktiver Telefonwerbung.**

Der Einsatz von aktiver Telefonwerbung wird aufgrund von Veränderungen in den Kommunikationsstrukturen und im Verbraucherverhalten sowie im Hinblick auf die Effektivität und Kostengünstigkeit dieser Werbemethode sowohl auf nationaler als auch auf internationaler Ebene weiterhin an Bedeutung gewinnen. Dazu werden insbesondere die Änderungen im Bereich der Telekommunikation und deren Bedeutung für den Verbraucheralltag beitragen.

**These II: Geltendes Präventivverbot mit Erlaubnisvorbehalt nicht mehr zeitgemäß.**

Die in Deutschland geltende Rechtslage des restriktiven wettbewerbsrechtlichen Verbots aktiver Telefonwerbung, welches den Einsatz dieser Werbemethode lediglich bei Vorliegen eines ausdrücklichen oder konkludent erklärten Einverständnisses zulässt, wird diesen Entwicklungen nicht mehr gerecht.

**These III: Keine Entsprechung in den Regelungen anderer (europäischer) Staaten.**

Ein Blick über die nationalen Grenzen zeigt zudem, dass der deutsche Regelungsstandard zur aktiven Telefonwerbung in anderen Staaten, insbesondere in den benachbarten Mitgliedstaaten der Europäischen Union, keine Entsprechung findet.

**These IV: Gefahr der zukünftigen Ausweitung der bestehenden Rechtskonflikte.**

Aufgrund der dadurch entstehenden Gegensätze zwischen der (werbe-)wirtschaftlichen Realität und den (richter-)rechtlichen Vorgaben ist für die Zukunft eine Ausweitung der bereits bestehenden Rechtskonflikte zu erwarten. Diese werden durch den Einsatz globaler Marketingstrategien an Brisanz gewinnen.

**These V: Vernachlässigung der Interessen der Werbenden.**

Vor dem Hintergrund der gesellschaftspolitischen und kommunikationstechnischen Veränderungen werden die durch Art. 12 Abs. 1, Art. 5 Abs. 1 und Art. 2 Abs. 1 GG geschützten Interessen der Werbenden durch das geltende Präventivverbot aktiver Telefonwerbung in verfassungsmäßig relevantem Umfang beeinträchtigt, ohne dafür einen hinreichenden Ausgleich zur Verfügung zu stellen.

**These VI: Notwendigkeit des Schutzes der Verbraucherprivatsphäre.**

Andererseits kommt eine uneingeschränkte Freigabe unerbetener Telefonwerbung nicht in Betracht, da diese Werbemethode aufgrund der fehlenden vorherigen Erkennbarkeit ihres kommerziellen Charakters direkt und unmittelbar in den privaten Bereich des Verbrauchers eindringen und dadurch den Verbraucher in seinem durch Art. 2 Abs. 1 GG geschützten Recht zur Selbstbestimmung, in seiner freien Willensentschließung sowie in seinem Recht auf negative Informationsfreiheit aus Art. 5 Abs. 1 GG verletzen kann. Gegen eine uneingeschränkte Freigabe der aktiven Telefonwerbung spricht auch, dass dem Verbraucher bei einem telefonischen Werbekontakt lediglich die reaktive und damit schwächere Position zukommt.

**These VII: Wettbewerbsrecht als Korrektiv.**

In diesem Zusammenhang ist das Korrektiv des Wettbewerbsrechts zur Verwirklichung des nötigen Verbraucherschutzes von maßgeblicher Bedeutung, da durch individuelle Unterlassungs- und Schadensersatzansprüche unerwünschte Telefonwerbung allenfalls im Einzelfall unterbunden werden kann, ohne eine präventiv und allgemein wirkende Einschränkung möglicher Belästigungen zu bewirken.

**These VIII: Vermittelnder Lösungsansatz.**

Dem Konflikt zwischen den Schutzinteressen der Verbraucher einerseits und den Interessen der Anbieter am Einsatz telefonischer Werbung andererseits kann durch die bloße Bevorzugung der einen, und durch die damit einhergehende Vernachlässigung der anderen Position wirksam nicht begegnet werden. Vielmehr sind Regelungsalternativen und mildere Eingriffsmittel zur bestmöglichen Verwirklichung des Verbraucherschutzes unter weitestgehender Berücksichtigung der Anwenderinteressen erforderlich.

### These IX: Liberalisierung durch Neubewertung der Rechtfertigungssystematik.

Da eine uneingeschränkte Freigabe aktiver Telefonwerbung aus Verbraucherschutzgründen nicht in Betracht kommt, muss eine den Anwenderinteressen entsprechende Liberalisierung der rechtlichen Beurteilung dieser Werbemethode im Wege der Neubewertung der geltenden Rechtfertigungssystematik erfolgen.

Eine Ausweitung der Rechtfertigungsgründe kann im Rahmen des konkludenten Einverständnisses durch eine einzelfallbezogene Korrektur der Beurteilungsmaßstäbe erfolgen. Dabei ist *de lege ferenda* ein konkludentes Einverständnis grundsätzlich auch für die telefonische Kontaktaufnahme im Rahmen laufender Vertrags- oder Geschäftsbeziehungen, einschließlich des Kündigungszeitraumes, zum Zwecke von Vertragserweiterungen oder Vertragsänderungen zu fordern.

Zusätzlich ist für Telefonwerbung im Privatbereich die Alternative des mutmaßlichen Einverständnisses anzuerkennen. Die Rechtfertigung durch ein mutmaßliches Einverständnis setzt beim umworbenen Verbraucher ein konkret feststellbares sachliches Interesse an der jeweiligen Telefonwerbung voraus. Ein solches scheidet insbesondere dann aus, wenn der angerufene Verbraucher nicht zur Zielgruppe des beworbenen Produkts gehört, oder wenn er der Telefonwerbung in erkennbarer Form widersprochen hat. Aufgrund dieser Kriterien bleibt der telefonische Erstkontakt zum Verbraucher auch bei Anerkennung eines mutmaßlichen Einverständnisses grundsätzlich ausgeschlossen.

### These X: Schutz der Verbraucherinteressen durch Einführung von Verhaltensregeln.

Zur Wahrung der Verbraucherinteressen am Schutz der Privatsphäre ist im Zusammenhang mit der vorgeschlagenen Liberalisierung der Rechtfertigungssystematik die Einführung eines durch Werbeselbstdisziplin und durch die Rechtsprechung zu bestimmenden Handlungsrahmens für erlaubte Telefonwerbemaßnahmen zu verbinden.

Ein solcher Handlungsrahmen muss den Verbrauchern insbesondere das *Opt out* durch die Eintragung von Sperrvermerken in Telefonbüchern, Telefonverzeichnissen und in Telestop-Listen ermöglichen sowie eine zeitliche Begrenzung erlaubter Telefonwerbung (*Window of Opportunity*) und Widerspruchsmöglichkeiten vorsehen. Außerdem sind auch wettbewerbsrechtlich die im BGB nunmehr enthaltenen Verhaltensregeln für Telefonwerber zu berücksichtigen, wie insbesondere die Pflicht der Mitteilung von Zweck und Inhalt des Werbeanrufes und der Identität des Anrufers als Einleitungssatz eines Werbe- oder Verkaufstelefonats sowie die Verpflichtung zum sofortigen Abbruch des Gesprächs nach Aufforderung durch den Angerufenen. Die Initiative zur Abwehr unerwünschter Werbung obliegt insoweit dem Verbraucher.

**These XI: Verpflichtung zur uneingeschränkten Beachtung eines Verbraucherwiderspruchs.**

Ein Widerspruch gegen Werbemaßnahmen, die in den häuslichen Bereich des Widersprechenden eindringen, ist von den Werbenden bedingungslos zu beachten. Im Falle des erklärten Widerspruchs ist eine erneute Kontaktaufnahme durch aktive Telefonwerbung grundsätzlich zu verbieten.

**These XII: Verbraucherinformation als notwendige Voraussetzung einer Liberalisierung.**

Die Umsetzung der Liberalisierungsvorschläge setzt eine umfassende Verbraucherinformation und Verbraucheraufklärung über den Erlaubnisumfang des Einsatzes aktiver Telefonwerbung sowie über die Abwehr- und *Opt out*-Möglichkeiten voraus.

**These XIII: Staatliche Intervention bei Vorliegen besonderer Belästigungssituationen.**

Aktive Telefonwerbung, welche zu besonderen Belästigungssituationen für den angesprochenen Verbraucher führt, muss uneingeschränkt verboten bleiben. Davon ist insbesondere der Einsatz von Sprachdialogsystemen oder die telefonische Ansprache bestimmter Verbrauchergruppen erfasst. Zudem können sich besondere Belästigungssituationen aufgrund des Inhalts einer bestimmten Telefonwerbung oder im Hinblick auf die telefonisch angesprochene Zielgruppe ergeben.

**These XIV: Keine Wettbewerbswidrigkeit aufgrund von Nachahmungsgefahr.**

Mit der vorgeschlagenen Liberalisierung der Zulässigkeit aktiver Telefonwerbung wird eine Zunahme des Einsatzes dieser Werbemethode einhergehen. Diese Tatsache und die damit verbundene Gefahr der Nachahmung durch Wettbewerber kann für sich genommen die Wettbewerbswidrigkeit des aktiven Telefonmarketing nicht begründen.

**These XV: Konsequenzen des vorgeschlagenen Liberalisierungskonzeptes.**

Durch das vorgeschlagene Liberalisierungskonzept der Einsatzmöglichkeiten von aktiver Telefonwerbung im Privatbereich wird den faktischen Veränderungen im Kommunikationsbereich entsprochen und eine wirtschaftlich vernünftige Fortentwicklung seriöser Formen des aktiven Telefonmarketing ermöglicht. Die Spannungen zwischen den Interessen der Werbenden am Einsatz dieser Werbemethode und den Schutzinteressen der Verbraucher werden aufgelöst. Die Rechtsprechung wird in den Fällen tatsächlich missbräuchlicher und unlauterer Telefonwerbung auf größere Umsetzungsbereitschaft und Akzeptanz bei den Werbenden stoßen.

**These XVI: Vereinheitlichung der wettbewerbsrechtlichen Beurteilung aktiver Telefonwerbung und vergleichbarer Direktmarketingmethoden.**

Die Vorschläge zur Liberalisierung aktiver Telefonwerbung und die damit einhergehenden Veränderungen in der Anwendung und in der wettbewerbsrechtlichen Beurteilung dieser Werbemethode fügen sich in das Beurteilungsgefüge zu vergleichbaren Direktmarketingmethoden ein. Noch bestehende Differenzierungen, wie sie bei der Beurteilung von Straßenwerbung und Telefax-Werbung einerseits gegenüber liberalisierter aktiver Telefonwerbung andererseits bestehen, sind sachlich nachvollziehbar und daher auch gegenüber der Werbepraxis begründbar. Insbesondere die traditionelle Differenzierung von telefonischer Werbung und Werbung durch Vertreterbesuche hat an Stichhaltigkeit verloren. Vielmehr ist in diesem Zusammenhang eine Modifikation der wettbewerbsrechtlichen Beurteilung unerbetener Vertreterbesuche zu fordern.

**These XVII: Rechtssicherheit durch einheitliche Beurteilung aktiver Telefonwerbung *Business-to-Business* und *Business-to-Consumer*.**

Die geltende Rechtslage zu aktiver Telefonwerbung im Bereich *Business-to-Business* ist – von geringfügigen Korrekturen im Bereich der Verhaltensregeln abgesehen – zeitgemäß und daher unverändert beizubehalten. Mit dem Anerkenntnis einer Rechtfertigung durch Einverständnisvermutung für den Privatbereich decken sich die *de lege lata* bestehenden Zulässigkeitskriterien für Telefonwerbung *Business-to-Business* mit denjenigen, wie sie für Telefonwerbung im Privatbereich *de lege ferenda* entwickelt worden sind. Auch insoweit tragen die zur Telefonwerbung im privaten Bereich unterbreiteten Vorschläge zu einer Rechtsvereinheitlichung in der Gesamtbeurteilung aktiver Telefonwerbung und dadurch zu mehr Rechtssicherheit für Anwender und Adressaten bei.

**These XVIII: Nationale Wettbewerbs- und Werbegesetze als Hemmnisse für grenzüberschreitendes Telefonmarketing.**

Telefonmarketing wird zunehmend grenzüberschreitend eingesetzt. Dabei stehen unterschiedliche nationale Wettbewerbs- und Werbegesetze, und insbesondere der für Deutschland geltende Regelungsstandard zu aktiver Telefonwerbung, dem Einsatz einheitlicher internationaler Werbekonzepte entgegen.

**These XIX: Abgleich der Liberalisierungsvorschläge mit dem europäischen Regelungsspektrum.**

Die im Rahmen von § 1 UWG vorgeschlagene Liberalisierung aktiver Telefonwerbung durch Ausweitung der Rechtfertigungssystematik und Einführung von Verhaltens- und Abwehrmodalitäten fügt sich in das europäische Regelungsspektrum ein.

**These XX: Vereinbarkeit des modifizierten Präventivverbots aktiver Telefonwerbung mit den Vorschriften des EGV.**

Die vorgeschlagene Regelungsalternative zur wettbewerbsrechtlichen Beurteilung aktiver Telefonwerbung stellt eine Regelung zu Warenmodalitäten i. S. der *Keck*-Rechtsprechung dar und verstößt grundsätzlich als Maßnahme gleicher Wirkung gegen Art. 28 EGV. Es kommt jedoch eine Rechtfertigung unter Anwendung der *Cassis*-Rechtsprechung zur Verwirklichung eines notwendigen Verbraucherschutzes in Betracht. Das liberalisierte Präventivverbot aktiver Telefonwerbung ist im Hinblick auf die Besonderheiten der deutschen Rechtssituation auch erforderlich und verhältnismäßig.

Im Bereich der aktiven Telefonwerbung für Dienstleistungen liegt durch die vorgeschlagene Regelungsalternative ein Verstoß gegen die Art. 49, 50 EGV vor, der jedoch aus zwingenden Gründen des Allgemeinwohls, insbesondere des Verbraucherschutzes, gerechtfertigt sein kann.

# 7. Kapitel – Formalrechtliche Umsetzung und prozessuale Maßnahmen

Nachdem in den Vorkapiteln der materiell-rechtliche Rahmen zur Liberalisierung der wettbewerbsrechtlichen Beurteilung aktiver Telefonwerbung erarbeitet worden ist, stellt sich abschließend die Frage nach der formal-rechtlichen Umsetzung und der prozessualen Durchsetzbarkeit.

## I. Regulierung durch Maßnahmen des Gesetzgebers

Im Hinblick auf den bereits näher dargestellten Umsetzungsbedarf der einschlägigen EU-Richtlinien[1] kommt zunächst die formal-rechtliche Umsetzung durch Schaffung einer gesetzlichen Regelung zur aktiven Telefonwerbung, möglicherweise dem Beispiel des Art. 3 lit. h) schUWG[2] folgend durch einen Sondertatbestand im UWG, in Betracht.[3]

Für das Tätigwerden des Gesetzgebers spricht die damit verbundene Möglichkeit, das Telefonmarketing umfassend zu regeln, wodurch dem Rechtsanwender, der Werbepraxis und dem Verbraucher ein schneller Zugriff zu den geltenden Ge- und Verboten bei Einsatz aktiver Telefonwerbung eröffnet werden kann. Der Forderung nach Rechtssicherheit und Rechtsklarheit könnte damit weitestgehend entsprochen werden.

Andererseits besteht das Problem einer in Einzeltatbeständen nicht regelbaren Fülle möglicher Einsatz- sowie der verschiedenen *Opt out*- und Abwehralternativen[4] und die daraus folgende Notwendigkeit einer flexiblen Regelungsgrundlage. Eine solche findet sich jedoch bereits in § 1 UWG, so dass eine Fortentwicklung der wettbewerbsrechtlichen Beurteilung aktiver Telefonwerbung grund-

---

1 Vgl. *5. Kapitel*, S. 227 ff.

2 Nach Art. 3 lit. h schUWG handelt derjenige unlauter, der *„den Kunden durch besonders aggressive Verkaufsmethoden in seiner Entscheidungsfreiheit beeinträchtigt"*.

3 Vgl. zur Gesetzeskontrolle von Haustürgeschäften: *Gilles*, Recht des Direktmarketing, S. 87 f., Rdnr. 117 m.w.N.

4 Vgl. zu Vertreterbesuchen: BVerfG NJW 1972, 573 – Grabsteinwerbung.

sätzlich durch eine entsprechend Anwendung der Generalklausel des § 1 UWG möglich ist.

Im Hinblick auf die bisher bestehenden Differenzen zwischen den Forderungen der Werbepraxis und den durch die Rechtsprechung gesetzten Grenzen ist im Übrigen anzunehmen, dass die Werbepraxis eine weitergehende restriktive Regulierung dieses Bereiches ablehnen wird.[5]

Hinzu kommt die Überlegung, dass jede weitere staatliche Intervention durch Schaffung neuer Gesetzesregelungen gegenüber der – insbesondere gemeinschaftsrechtlich erhobenen – Forderung nach einem Mehr an Verbraucherselbstbestimmung und Verbraucherverantwortung kontraproduktiv wirken muss.

Dem steht auch die weiterhin im Lauterkeitsbereich erforderliche Umsetzung der angesprochenen, die aktive Telefonwerbung betreffenden EU-Richtlinien nicht entgegen: Nach den Regelungen der *Fernabsatzrichtlinie* und der *ISDN-Richtlinie* ist lediglich der dort enthaltene Mindeststandard zu regeln, nämlich das Verbot des Einsatzes von Sprachcomputern als *„Gesprächspartner"* und das Verbot des telefonischen Werbekontaktes nach vorliegendem Widerspruch des Verbrauchers (*Opt out*-Regelungen). Insoweit ist eine lauterkeitsrechtliche Regelung zur Klarstellung der Rechtslage notwendig und zu befürworten.

Weitergehende Einschränkungen des Einsatzes aktiver Telefonwerbung bedürfen hingegen keiner Richtlinienumsetzung durch gesetzliche Neuregelung, so dass eine umfassende wettbewerbsrechtliche Regulierung des Einsatzes aktiver Telefonwerbung durch Schaffung einer gesetzlichen Sonderregelung nicht sinnvoll und daher abzulehnen ist.[6]

---

[5] Vgl. dazu die Entwicklung der §§ 6d, e UWG, die mit der Begründung einer Überregulierung aufgehoben worden sind; dazu *Baumbach/Hefermehl*, §§ 6d, e UWG *(aufgehoben)* m.w.N.

[6] Der Referentenentwurf zur Änderung des UWG vom 23.01.2003 (abrufbar unter www.bmj. bund.de/images/11548.pdf) sieht in dem dortigen § 4 Ziff. 3 a) und b) jedoch als Beispielsregelung für unlauteren Wettbewerb vor: *„Unlauter im Sinne von § 3 handelt insbesondere, wer . . . 3. einen Marktteilnehmer in unzumutbarer Weise belästigt, insbesondere durch a) Telefonwerbung, die an Verbraucher adressiert ist, ohne dass ein ausdrückliches oder stillschweigendes Einverständnis der Adressaten vorliegt; b) die Verwendung von automatischen Anrufmaschinen, Faxgeräten oder elektronischer Post für Zwecke der Werbung, ohne dass ein ausdrückliches oder stillschweigendes Einverständnis des Adressaten vorliegt; . . ."*

## II. Rechtsfortbildung durch Anwendung der Generalklausel des § 1 UWG

Im Hinblick darauf verbleibt es grundsätzlich für die wettbewerbsrechtliche Beurteilung dieser Werbemethode bei der Anwendung von § 1 UWG.

### 1. Vorteile einer Regulierung aktiver Telefonwerbung über § 1 UWG

Der Rückgriff auf § 1 UWG zur Beurteilung der wettbewerbsrechtlichen Zulässigkeit aktiver Telefonwerbung ist aus folgenden Gründen sinnvoll:

a) Die Anwendung von § 1 UWG ermöglicht eine flexible Berücksichtigung der unterbreiteten Liberalisierungsvorschläge sowie weitergehender Veränderungen, insbesondere durch Einführung von neuen *Opt out*- und Abwehrmöglichkeiten.

b) Die Einhaltung selbstdisziplinärer Wettbewerbsrichtlinien der Privatwirtschaft können im Rahmen der Prüfung nach § 1 UWG als Indiz für ein lauteres Wettbewerbsverhalten Berücksichtigung finden und damit die Bereitschaft der Werbepraxis fördern, die vorhandenen Regelungen zu befolgen.[7]

c) Durch eine gemeinschaftskonforme Auslegung der Generalklausel können die Vorgaben der Gemeinschaftspolitik und des Gemeinschaftsrechts angemessen berücksichtigt werden.

d) Die im Rahmen von § 1 UWG vorzunehmenden Einzelfallbeurteilungen erlangen faktisch eine Allgemeinbedeutung, da Telefonwerbeaktionen für eine Vielzahl von gleich gelagerten Fällen konzipiert werden und dabei unterstellt werden kann, dass gleichartig angesprochene Verbraucher vergleichbar reagieren.

e) Die wettbewerbsrechtliche Grundsystematik findet auch weiterhin für den Bereich der aktiven Telefonwerbung Anwendung und ermöglicht damit einen Abgleich zu der rechtlichen Beurteilung der sonstigen Direktmarketing-Methoden.

---

[7] Vgl. BGH GRUR 1991, 462, 463 m.w.N.

### 2. Forderungen an die wettbewerbsrechtliche Beurteilung aktiver Telefonwerbung *de lege ferenda*

Die bisherige Rechtsprechung zur wettbewerbsrechtlichen Zulässigkeit aktiver Telefonwerbung hat den Erfordernissen der Werbepraxis und denjenigen eines angemessenen Verbraucherschutzes jedoch nicht Rechnung getragen. Insbesondere wurden faktische Veränderungen im Verbraucher- und Kommunikationsverhalten nicht hinreichend berücksichtigt.

Die daraus resultierenden Konflikte zwischen den Vorgaben der Rechtsprechung und der Werbepraxis sind vermeidbar, wenn die Wettbewerbsrechtsprechung die Möglichkeiten des § 1 UWG zur maßvollen Steuerung des erlaubten Einsatzes der aktiven Telefonwerbung ausschöpft.

Dies kann einmal durch die vorgeschlagene Liberalisierung des bestehenden Verbotsrahmens erfolgen. Zudem können besondere Belästigungsfaktoren einzelfallbezogen berücksichtigt werden, insbesondere bei Einsatz automatisierter Telefonwerbung sowie bei Missachtung eines verbraucherseitigen Widerspruchs oder einer besonderen Schutzbedürftigkeit der angesprochenen Verbraucher.

Schließlich ist eine Liberalisierung der Wettbewerbsrechtsprechung zu aktiver Telefonwerbung auch aufgrund der gemeinschaftsrechtlichen Beurteilung des geltenden deutschen Verbotsstandards erforderlich.[8] Im Hinblick auf die Vorgaben der einschlägigen EU-Richtlinien ist zu erwarten, dass die deutsche Wettbewerbsrechtsprechung zu aktiver Telefonwerbung unter Deregulierungsdruck geraten wird. Hinzu kommt, dass nicht nur der Gemeinschaftsgesetzgeber von einem geringeren Regulierungsstandard zu aktiver Telefonwerbung ausgeht, sondern auch die überwiegende Zahl der EU-Mitgliedstaaten. Außerdem erfolgte eine grundsätzliche Anerkennung der aktiven Telefonwerbung als eine mögliche Werbemethode in *Alpine Investments*.

## III. Prozessuale Begleitmaßnahmen zur Durchsetzung des notwendigen Verbraucherschutzes

In Ergänzung zu der Liberalisierung der wettbewerbrechtlichen Beurteilung aktiver Telefonwerbung stellt sich die Frage nach begleitenden prozessualen Maßnahmen.

---

[8] Vgl. die Ausführungen im *5. Kapitel*, S. 227 ff.

## 1. Wettbewerbsrechtliche Klagebefugnis der Verbraucher

Dem durch einen unerbetenen Werbeanruf direkt betroffenen Verbraucher steht *de lege lata* ein wettbewerbsrechtlicher Unterlassungs- und/oder Schadensersatzanspruch nicht zu.[9]

Die im UWG fehlende Aktivlegitimation der Verbraucher wird insbesondere von *Sack*[10] kritisiert: Er hält eine Beschränkung der Anwendbarkeit von § 1 UWG auf Ansprüche der Mitbewerber[11] oder auf Unterlassungsansprüche der in § 13 Abs. 2 UWG genannten Organisationen im Hinblick auf die verbraucherschützende Funktion des UWG nicht mehr für gerechtfertigt. Hinzu komme, dass eine nach § 13 Abs. 2 Nr. 3 UWG zulässige Verbraucherverbandsklage ausschließlich einen kollektiven und keinen individuellen Verbraucherschutz biete. Sie könne die Verbraucherschädigung durch unlauteren Wettbewerb nur präventiv verhindern, nicht aber den bereits geschädigten Verbrauchern zum Ersatz des entstandenen Schadens oder zu konkreten Unterlassungsansprüchen verhelfen.

Diesen Überlegungen steht jedoch der klare Wille des Gesetzgebers entgegen: Sowohl der Gesetzgeber des UWG von 1909, als auch der Gesetzgeber der beiden UWG-Novellen von 1965 und 1986 verweigerte dem Verbraucher einen direkten Klageanspruch aus UWG.[12] Insbesondere die Geschichte der UWG-Novelle von 1986 zeigt, dass ursprünglich ein Schadensersatzanspruch für den einzelnen Verbraucher vorgesehen,[13] letztendlich jedoch mit der Begründung abgelehnt worden war, dass das mit § 13a UWG eingeführte Rücktrittsrecht ausreichend sei, um die Interessen der Verbraucher zu berücksichtigen.[14] Der Gesetzgeber hat also die Möglichkeit einer Verbraucherindividualklage gesehen, diese jedoch im Ergebnis – auch vor dem Hintergrund des bereits zugunsten des Verbraucherschutzes vollzogenen Funktionswandels des UWG – abgelehnt.[15]

---

9 *Baumbach/Hefermehl*, Einl. UWG, Rdnr. 322; *Sack*, WRP 1982, 615, 622 m.w.N.; *Alt*, Briefkastenwerbung, S. 112 f.

10 *Sack*, Beil. BB 2/1987, 1, 23 f.; *ders.*, WRP 1982, 615, 622 ff. m.w.N.

11 Unmittelbar verletzte Mitbewerber können Schadensersatz- und Unterlassungsansprüche nach den §§ 1, 3, 13 Abs. 6 UWG geltend machen. Nicht geschädigten oder branchenfremden Mitbewerbern steht hingegen lediglich ein Unterlassungsanspruch nach § 13 Abs. 2 Nr. 1 UWG zu.

12 *Baumbach/Hefermehl*, § 1 UWG, Rdnr. 912 m.w.N.

13 Regierungsentwurf, WRP 1978, 277 ff.

14 BT-Drucksache 10/5771, S. 22 (zu § 13a UWG).

15 *Sack*, NJW 1975, 1303, 1304 m.w.N.; *Alt*, Briefkastenwerbung, S. 112, 113.

Im Übrigen hat die Vergangenheit gezeigt, dass es in der Regel an einer breiten Solidarisierung der Verbraucher zur Verhinderung unlauteren Wettbewerbsverhaltens fehlt.[16] Eine *„Rebellion der Verbraucher“* gegenüber bestimmten Werbeformen scheitert an den bereits angesprochenen Problemen der notwendigen Eigeninitiative und an den mit einer Individualklage verbundenen Prozess- und Kostenrisiken. Damit lässt sich die geringe Zahl der Verbraucherdirektklagen[17] zur Abwehr unerwünschter Telefon- und sonstiger Direktwerbung als Verletzung des Persönlichkeitsrechts i. S. von § 823 Abs.1 BGB erklären.

Schließlich wird der Verbraucher durch den Kollektivschutz aufgrund des in § 13 Abs. 2 Nr. 3 UWG geregelten Klagerechts der Verbraucherverbände gerade nicht vollständig ohne wettbewerbsrechtlichen Schutz gelassen. Zwar kann der einzelne Verbraucher damit keinen Ersatz des ihm entstandenen Schadens geltend machen. Im Falle des Obsiegens eines Verbraucherverbandes wirkt die Entscheidung jedoch gegen alle vergleichbaren zukünftigen Handlungen des Unterlassungsschuldners und verwirklicht damit den geforderten Schutz der Privatsphäre vor unerbetenen Werbeanrufen.[18]

### 2. Prozessualer Verbraucherschutz durch eine sach- und interessensgerechte Verteilung der Darlegungs- und Beweislast

Grundsätzlich gilt bei Wettbewerbsstreitigkeiten das für bürgerlich-rechtliche Streitigkeiten (§ 13 GVG[19]) maßgebliche Gleichordnungsverhältnis, und zwar auch dann, wenn die Klage durch einen nach § 13 Abs. 2 UWG klagebefugten Verband zum Schutz der Verbraucher gegen unlautere Wettbewerbshandlungen geführt wird.[20]

In diesem Zusammenhang stellt sich die Frage, ob in Klageverfahren zur wettbewerbsrechtlichen Zulässigkeit aktiver Telefonwerbung durch eine sach- und interessensgerechte Verteilung der prozessualen Darlegungs- und Beweislast eine

---

[16] Der Referentenentwurf zur Änderung des UWG vom 23.01.2003, S. 42 (abrufbar unter www.bmj.bund.de/images/11548.pdf) geht im Gegensatz dazu von der konkreten Gefahr einer Vielzahl von Verbraucherklagen aus und lehnt mit dieser Begründung die Aufnahme einer Klagemöglichkeit für die Verbraucher in die Neufassung des UWG ab.

[17] So festgestellt im Gesetzgebungsverfahren zur Novellierung des UWG 1965: Bl. f. PMZ 1965, 291; vgl. auch *Schricker*, GRUR 1975, 111, 117 f.; *Sack*, Beil. BB 2/1987, 1, 22 f.

[18] *Ulrich*, Festschrift für Vieregge, S. 901, 903.

[19] *Teplitzky*, 45. Kap., S. 463, Rdnr. 1 m.w.N.

[20] *Kemper*, S. 3.

Stärkung des Verbraucherschutzes erreicht, den Verbraucherverbänden die Ahndung von Verstößen erleichtert und die Werbepraxis zu einem regelungskonformen Verhalten angehalten werden kann.

### a) Allgemeine Grundsätze zur Darlegungs- und Beweislast

Die Grundsätze der Beweislastverteilung dienen zur Entscheidung der Frage, welche Partei die Folgen eines *non liquet,* also die Last einer unentschiedenen Prozesssituation zu tragen hat, bei der das Gericht trotz Ausschöpfung aller prozessual zulässigen Beweismittel eine gesicherte Überzeugung hinsichtlich der geltend gemachten Tatsachenbehauptungen nicht erlangen konnte.[21]

Dabei ist zwischen der *subjektiven Beweislast*, auch Beweisführungslast oder formelle Beweislast genannt, und der *objektiven Beweislast*, auch Feststellungslast oder materielle Beweislast genannt, zu unterscheiden.

Die *subjektive Beweislast* bedeutet die Obliegenheit einer Partei, durch das Stellen von Beweisanträgen und die Benennung konkreter Beweismittel den Beweis einer streitigen Tatsache zu führen.[22] Da die Parteien bereits zu Beginn eines Prozesses wissen müssen, welche Tatsachen sie zu beweisen haben, folgt die *subjektive Beweislast* zwingend den Regeln der *objektiven Beweislast.*[23]

Die Verteilung der *objektiven Beweislast* kann durch gesonderte *gesetzliche Beweislastregeln* festgelegt sein.[24] Soweit keine besonderen Beweislastnormen vorhanden sind, ist von der *allgemeinen Grundregel der Beweislastverteilung* auszugehen: *Der Kläger trägt die Beweislast für die rechtsbegründenen Tatbestandsmerkmale, der Beklagte für die rechtshindernden, rechtsvernichtenden und rechtshemmenden Merkmale.*[25] Dieser Grundsatz gilt auch dann, wen dem Kläger der Nachweis im Einzelfall nur schwer oder überhaupt nicht möglich ist.[26]

---

21 *Prütting* in MüKom/ZPO, § 286, Rdnr. 91 ff. m.w.N.; *Borck*, GRUR 1982, 657.

22 *Prütting* in MüKom/ZPO, § 286, Rdnr. 96; *Rosenberg/Schwab/Gottwald*, § 117 I. 3, S. 670.

23 *Prütting* in MüKom/ZPO, § 286, Rdnr. 98 m.w.N.; *Rosenberg/Schwab/Gottwald*, § 117 I. 2, S. 670.

24 Vgl. §§ 179 Abs. 1, 282, 358, 636 Abs. 2, 2336 Abs. 3 BGB; § 1 Abs. 4 ProdHaftG; dazu *Prütting* in MüKom/ZPO, § 286, Rdnr. 106; *Thomas-Putzo*, Vorb. § 284, Rdnr. 22.

25 Vgl. *Prütting* in MüKom/ZPO, § 286, Rdnr. 108 f.; *Rosenberg/Schwab/Gottwald*, § 117 II. 1, S. 671; *Hartmann* in Baumbach/Lauterbach/Albers/Hartmann, Anh. § 286, Rdnr. 3 m.w.N.; *Thomas-Putzo*, Vorb. § 284, Rdnr. 23 m.w.N.

26 *Baumbach/Hefermehl*, Einl. UWG, Rdnr. 472.

Die praktisch wichtigste Hilfe bei der Ermittlung der Beweislastverteilung bietet der Wortlaut der maßgeblichen materiell-rechtlichen Normen. Darüber hinausgehend bedarf es zur Feststellung zweifelhafter Beweislastfragen einer sinngerechten Auslegung der in diesen Rechtsnormen enthaltenen Wertungen und der für die Beweislastverteilung maßgeblichen sachlichen Gründe. Solche sind z. B. in einer besonderen Beweisnähe, in dem Vorliegen eines Grundrechtsschutzes, in der Berücksichtigung sozialer Schutzgedanken oder des Angreiferprinzips zu sehen.

Abstrakt-generelle Beweislastregelungen können zudem im Wege richterlicher Rechtsfortbildung geschaffen werden.[27] Die Rechtsprechung verteilt aus praktischen Gründen der Billigkeit und eines gerechten Interessenausgleichs die Beweislast zunehmend nach *Gefahrenbereichen* oder *Sphären*.[28] Ausschlaggebend ist dabei die Verteilung von Verantwortlichkeiten mit der Folge, dass die Nachteile einer Nichtaufklärung bestimmter Umstände von der verantwortlichen Partei zu tragen sind.[29]

Im Bereich des § 3 UWG hat der BGH in den Entscheidungen *Bärenfang*[30] und *Kreditvermittlung*[31] eine *Beweislastverteilung nach* dem Gebot von *Treu und Glauben* vorgenommen und dem Beklagten die Darlegungs- und Beweislast für die Richtigkeit seiner Alleinstellungsbehauptung auferlegt.[32] Der BGH verfolgte dabei nicht nur den Gedanken des § 242 BGB, sondern stützte die *Beweislastumkehr* weiter auf das Argument, dass diese dem Schutzzweck des § 3 UWG entspreche.[33]

In der Literatur wird dazu vertreten, dass die in den vorgenannten Entscheidungen zugunsten des Klägers entwickelte Beweiserleichterung auch für andere Fälle der fehlenden Sachnähe einer Partei anzuwenden sind.[34]

Gleichzeitig dürfen jedoch die Probleme einer richterlich bestimmten *Beweislastumkehr* nicht verkannt werden: Diese liegen insbesondere in der fehlen-

---

27 So *Kur*, GRUR 1982, 663, 665 zur Beweislastumkehr.

28 Vgl. BGH GRUR 1958, 485, 486 – Odol; BGH GRUR 1965, 368, 372 – Kaffee C; BGH GRUR 1978, 249, 250 f. – Kreditvermittlung; BGH GRUR 1985, 140, 142 – Größtes Teppichhaus der Welt.

29 *Fritze*, GRUR 1975, 61, 62.

30 BGH GRUR 1963, 270 – Bärenfang.

31 BGH GRUR 1978, 249 – Kreditvermittlung.

32 *Baumbach/Hefermehl*, Einl. UWG, Rdnr. 472 m.w.N.; vgl. dazu auch die Diskussion bei *Kemper*, S. 228 ff.

33 BGH GRUR 1978, 249, 250 - Kreditvermittlung.

34 *Ulrich*, WRP 1986, 584, 587; *Kemper*, S. 239.

den Vorhersehbarkeit der Beweislastverteilung, womit eine Beeinträchtigung von Rechtssicherheit selbst dann einhergeht,[35] wenn das Verbot der fallbezogenen Beweislastverteilung aus Billigkeitsgründen eingehalten wird.[36]

Die Beweislage kann für den Kläger zudem durch die Annahme eines *Anscheinsbeweises* erleichtert werden, welcher nicht eine Abweichung von den Prinzipien der Beweislastverteilung, sondern eine Frage der Beweiswürdigung darstellt. Dieser setzt voraus, dass bei einem typischen Geschehensablauf von der Ursache auf einen bestimmten Erfolg geschlossen werden kann.[37] Der Beklagte hat dann die Tatsachen nachzuweisen, die den auf die Erfahrung beruhenden *prima facie*-Schluss entkräften.

Von der Beweislast zu trennen und ihr sachlich vorgeschaltet ist die *Behauptungs- oder Darlegungslast.* Durch die Darlegungslast wird die Frage geregelt, welche konkreten Tatsachenbehauptungen eine Partei aufstellen muss, um die abstrakten Tatbestandsvoraussetzungen einer begehrten Rechtsfolge zu erhalten.[38] Die Darlegungslast folgt in allen wesentlichen Fragen der Beweislast. Die Beweislastnormen sind daher immer zugleich auch als Normen der Darlegungslast anzusehen.

### b) Bestimmung der Beweislastverteilung auf der Grundlage von § 1 UWG

Da es im UWG an einer konkreten Beweislastnorm fehlt, müssen zur Bestimmung der für einen konkreten Wettbewerbsprozess maßgeblichen Beweislastverteilung die materiell-rechtlichen Normen herangezogen werden. Dem Normtext des für die wettbewerbsrechtliche Beurteilung maßgeblichen § 1 UWG lassen sich jedoch Kriterien für eine Beweislastverteilung nicht entnehmen. Dazu fehlt es an ausreichenden inhaltlichen Angaben zu den tatsächlichen Normvoraussetzungen des Tatbestandsmerkmales der *„guten Sitten"*.[39]

---

35 Vgl. *Kemper*, 240 ff. m.w.N.

36 Inzwischen BGH MDR 1997, 495 f.; *Prütting* in MüKom/ZPO, § 286, Rdnr. 121 ff.; *Kur*, GRUR 1982, 663, 665.

37 Vgl. die Einzelheiten zum Anscheinsbeweis bei *Hartmann* in Baumbach/Lauterbach/Albers/Hartmann, Anh. § 286, Rdnr. 15 ff.; ebenso: *Baumbach/Hefermehl*, Einl. UWG, Rdnr. 473.

38 *Prütting* in MüKom/ZPO, § 286, Rdnr. 131 f.

39 Vgl. dazu *Kemper,* S. 73 ff. m.w.N.

Für die Feststellung der Tatbestandsmerkmale und der Beweislastverteilung ist somit eine Normkonkretisierung durch die Einzelfallrechtsprechung erforderlich.[40] Zur Beurteilung der Lauterkeit von unerbetener Telefonwerbung wird der Tatbestand des § 1 UWG durch folgende Merkmale konkretisiert:

(1) Telefonischer Kontakt zwischen werbenden Unternehmen und Verbraucher

  (a) zu Werbezwecken *und*

  (b) (in Abgrenzung zur passiven Telefonwerbung) auf Initiative des werbenden Unternehmens;

(2) Anhaltspunkte für die Annahme einer besonderen Verbraucherbelästigung durch Art und Weise der Durchführung des Telefonkontaktes, aufgrund besonderer Merkmale der angesprochenen Verbraucher oder des beworbenen Produkts, oder durch Missachtung eines der Telefonwerbung entgegenstehenden Verbraucherwillens;

(3) wenn zu (2) keine Anhaltspunkte: Einordnung als generelle Belästigung der Verbraucherprivatsphäre durch den Normalfall telefonischer Werbung;

mit der *Rechtsfolge* eines grundsätzlichen Präventivverbots aktiver Telefonwerbung, welches

(4) durch

- ein ausdrückliches Einverständnis des Verbrauchers,
- ein konkludentes Einverständnis des Verbrauchers, *oder*
- (im Fall der Anwendung Liberalisierungsvorschläge) der – berechtigten – Annahme eines mutmaßlichen Verbrauchereinverständnisses

gerechtfertigt sein kann. Gedanklich kann der Normtext von § 1 UWG zur Berücksichtigung des Erlaubnisvorbehalts durch Hinzufügung eines mit den Worten *„es sei denn"* eingeleiteten Halbsatzes erweitert werden.

Prozesstechnisch handelt es sich bei der Einwendung eines verbraucherseitigen Einverständnisses um eine – rechtshindernde – Einrede[41], die grundsätzlich durch das beklagte Unternehmen als Prozessverteidigung vorzubringen ist.

---

40 *Kemper*, S. 173.

41 Zu den Einzelheiten einer möglichen Prozessverteidigung: *Hartmann* in Baumbach/Lauterbach/Albers/Hartmann, Übers. § 253, Rdnr. 7 ff.; *Thomas-Putzo*, Vorb. § 253, Rdnr. 48, 49.

### c) Verteilung der Darlegungs- und Beweislast im Falle einer wettbewerbsrechtlichen Unterlassungsklage gegen unerbetene Telefonwerbung

Die Anwendung der vorstehenden Grundsätze auf die Fälle aktiver Telefonwerbung führt dazu, dass die verbotsbegründenden Tatsachen – (1) bis (3) – grundsätzlich vom Kläger/Anspruchsteller und die erlaubnisbegründenden Tatsachen – (4) – grundsätzlich vom Beklagten/Anspruchsgegner darzulegen und nachzuweisen sind.

Im Hinblick auf den inzwischen allgemein anerkannten Zweck des § 1 UWG, auch die Verbraucher vor unlauteren Wettbewerbshandlungen zu schützen, sowie unter Berücksichtigung von Aspekten gegebener Sachnähe zu einzelnen Tatbestandsvoraussetzungen ist diese Beweislastverteilung nachfolgend einer Prüfung zu unterziehen.

#### (1) Darlegungs- und Beweislast für die Werbehandlung als solche

Aus den allgemeinen Grundsätzen der Beweislastverteilung folgt, dass zunächst der Kläger, z. B. der klagende Verbraucherschutzverband, die Werbehandlung als solche, also die Tatsache von aktiver Telefonwerbung bei einem oder mehreren Verbrauchern, darzulegen und zu beweisen hat.

Diese Beweislastverteilung ist im Hinblick auf die Grundvoraussetzungen einer ordnungsgemäßen Klageerhebung, bei der der Kläger die anspruchsbegründenden Tatsachen vorzutragen und unter Beweis zu stellen hat, sachgerecht. Dabei ist die Sachnähe des Klägers zu den Einzelheiten der streitgegenständlichen Werbeanrufe ebenso bedeutsam, wie die Tatsache, dass der erforderliche Beweisantritt durch die Benennung der telefonisch kontaktierten Verbraucher oder durch eingesetzte Testpersonen[42] erfolgen kann.

Die *DDV-Verbraucherinformationen*[43] sehen dazu entsprechende Handlungshinweise für die Verbraucher zum Zwecke der Beweissicherung vor. Eine weitergehende Verbraucherunterstützung durch vorgefertigte Checklisten findet sich in den *Consumer Facts* der *FCC* unter *Unwanted Telephone Marketing Calls*.[44]

---

[42] Vgl. zu der Problematik der Testpersonen als Zeugen: *Teplitzky*, 47. Kap., S. 510 f., Rdnr. 29.

[43] Vgl. die Tipps unter: www.direktmarketing-info.de/telefon/index.html

[44] Nachzulesen unter: www.fcc.gov/cgb/consumerfacts/tcpa.html.

Wie im materiell-rechtlichen Bearbeitungsteil festgestellt worden ist, begründet die fehlende vorherige Erkennbarkeit des werbemäßigen Charakters eines *Cold Calling* grundsätzlich einen belästigenden Eingriff in die Verbraucherprivatsphäre. Aufgrund einer möglichen Typisierung der Normalfälle aktiver Telefonwerbung kann das Gericht von der feststellbaren Aktion (= Kaltanruf) auf einen bestimmten Erfolg (= Belästigung des Verbrauchers) schließen und daraus *prima facie* die Sittenwidrigkeit der durchgeführten aktiven Telefonwerbung ableiten.[45]

Dadurch wird die Beweislage für den Kläger erleichtert, da er zunächst keine weiteren Einzelheiten des Telefonkontaktes hinsichtlich einer besonderen Belästigung darlegen und beweisen muss, sondern den Klageanspruch mit den wenigen, vorgenannten Angaben schlüssig begründen kann.

Die Darlegungs- und Beweislast wechselt nun zum Beklagten, der diejenigen Tatsachen vortragen und nachweisen muss, die den *prima facie*-Schluss der unlauteren Verbraucherbelästigung entkräften.

### (2) Darlegungs- und Beweislast für den erlaubnisbegründenden Tatbestand

Der Werbende kann den *prima facie*-Schluss der Unlauterkeit der streitrelevanten Telefonkontaktes nunmehr dadurch entkräften, dass er Anhaltspunkte für

(a) ein ausdrückliches Einverständnis des Verbrauchers, oder

(b) ein konkludentes Einverständnis des Verbrauchers, oder

(c) die – berechtigte – Annahme eines mutmaßlichen Verbrauchereinverständnisses beim Werbenden

darlegt und unter Beweis stellt.

(a) *Ausdrückliches Einverständnis:* Die Darlegung und der Nachweis eines ausdrücklichen Einverständnisses des Verbrauchers wird regelmäßig ohne weitgehende Probleme zu führen sein. So kann es ausreichen, einen mit dem Verbraucher abgeschlossenen und noch laufenden Vertrag vorzulegen, der eine verbraucherseitig unterzeichnete Erklärung der im *3. Kapitel* vorgestellten Art enthält.[46] Des Weiteren kann die Vorlage einer vom Verbraucher

---

[45] Vgl. *Lehmann*, BB 1981, 1717, 1725.

[46] Vgl. die Ausführungen im *3. Kapitel*, S. 137 ff.

ausgefüllten Antwortkarte, welche ein ausdrückliches Einverständnis zu telefonischer Werbung enthält, genügen. Das Beurteilungs- und Irrtumsrisiko liegt jedoch beim Beklagten für den Fall, dass das Gericht die vorgelegte Verbrauchererklärung nicht als ausdrückliches Einverständnis wertet.

(b) *Konkludentes Einverständnis:* Der Beklagte kann zum Nachweis eines konkludenten Verbrauchereinverständnisses die Unterlagen vorlegen, in denen der Verbraucher geschäfts- oder vertragsbezogen seine Telefonnummer angegeben hat. Soweit sich der Beklagte auf ein konkludentes Einverständnis aufgrund einer laufenden Vertrags- und/oder Geschäftsbeziehung stützen will, ist ein entsprechender Tatsachenvortrag zu den Einzelheiten der Geschäftsbeziehung erforderlich.

(c) *Mutmaßliches Einverständnis:* Den weitestgehenden Darlegungs- und Beweisaufwand erfordert die Einwendung eines mutmaßlichen Einverständnisses. Dazu ist nachzuweisen, dass der Werbeanruf sachbezogen war, der Verbraucher also zumindest der produktbezogenen Zielgruppe angehört. Dies kann für den Fall, dass die Zielgruppenzugehörigkeit vom Gericht nicht aus eigener Sachkunde feststellbar ist, die Vorlage eines Sachverständigengutachtens erfordern.

Des Weiteren muss der Beklagte konkrete Umstände für die Vermutung darlegen und beweisen, dass seitens des Verbrauchers ein sachliches Interesse an dem konkreten Werbeanruf bestanden hat. Insoweit wird auf die im *3. Kapitel* aufgeführten Beispielsfälle verwiesen.[47]

Der Beklagte trägt für die gerichtliche Feststellung der Rechtmäßigkeit einer zum Zeitpunkt des aktiven Werbeanrufes angenommenen Einverständnisvermutung das Prozessrisiko. Diese Risikoverteilung ist sach- und interessensgerecht, da für den Werbenden durch die Zulassung des Rechtfertigungsgrundes eines mutmaßlichen Einverständnisses weitergehende Möglichkeiten zum Einsatz aktiver Telefonwerbung geschaffen werden.

Der vorstehenden Ergebnisse entsprechen im Übrigen den Regelungen von Art. 11 Abs. 3 lit. a) der *Fernabsatzrichtlinie*. Dort heißt es in den relevanten Textstellen:

*„Die Mitgliedstaaten können bestimmen, dass der Nachweis, dass . . . die Zustimmung des Verbrauchers erteilt wurde, dem Lieferer obliegen kann.“*

---

[47] Vgl. die Ausführungen im *3. Kapitel*, S. 151 ff.

Die Regelung von Art. 11 Abs. 3 lit a) wird in Erwägungsgrund (22) damit begründet, dass sich die technischen Einzelheiten neuer Kommunikationstechnologien dem Einfluss des Verbrauchers entziehen. Daraus resultiert der Gedanke einer *Beweislastverteilung nach Sphären*: Die jeweils näher am relevanten Sachverhalt befindliche Partei ist gehalten, die entsprechenden Beweise anzutreten.[48] Da der Lieferer/Werbende häufig alleinig die Möglichkeit hat, die ein Verbrauchereinverständnis begründenden Tatsachen vorzutragen und die Nachweise vorzulegen, ist es auch sachgerecht, ihm insoweit die Darlegungs- und Beweislast aufzuerlegen.

Im Übrigen entspricht diese Beweislastverteilung auch dem verbraucherschützenden Zweck der *Fernabsatzrichtlinie,* und bei entsprechender Berücksichtigung durch die deutsche Wettbewerbsrechtsprechung demjenigen des § 1 UWG.

Gerade die Obliegenheit, das Vorliegen eines verbraucherseitigen Einverständnisses in einem möglichen späteren Wettbewerbsprozess nachweisen zu müssen, kann bereits zum Zeitpunkt der Durchführung der Telefonwerbeaktion zu einer sorgfältigen Prüfung der Einverständnisvoraussetzungen und zu der Einrichtung entsprechender verbraucherschützender Maßnahmen beim Werbenden führen.

Damit wird den Interessen beider Parteien entsprochen: Dem Interesse des Verbrauchers, vor unkontrolliert eingesetzten Werbeanrufen geschützt zu werden, und dem Interesse der Werbenden, bei sorgfältiger Handhabung aktive Telefonwerbung weitgehender als bisher einsetzen zu können.[49]

### (3) Darlegungs- und Beweislast für das Vorliegen einer besonderen Belästigungssituation

Wenn der Beklagte hinreichende Tatsachen oder Anhaltspunkte für die Annahme eines rechtfertigenden Einverständnisses vorgetragen hat, entfällt zunächst die Unlauterkeit der Werbehandlung. Der Kläger kann dem jedoch Tatsachen entgegenhalten, aus denen sich eine besondere Belästigung durch die klagerelevante Telefonwerbeaktion ergibt. An dieser Stelle wechselt die Darlegungs- und Beweislast erneut zum Kläger.

---

[48] Ebenso: *Reich*, EuZW 1997, 581, 588.

[49] Vgl. zur notwendigen Interessensabwägung bei Beweislastumkehr: *Borck,* GRUR 1982, 657.

Soweit der Kläger ein *Opt out* durch Eintragungen in verbandsgeführte oder ansonsten öffentlich zugängliche *Telestop*-Listen oder in Telefonbücher behauptet, wird der Nachweis ohne weiteres zu führen sein. Dasselbe gilt für die Darlegung und den Beweis einer besonderen Schutzbedürftigkeit aufgrund bestimmter Verbraucher- oder Produktmerkmale.

Problematisch wird für den Kläger hingegen der Beweis einer Eintragung in unternehmensinterne *Telestop*-Listen oder des Einsatzes eines Sprachcomputers, der Missachtung eines *Window of Opportunity* oder des Weglassens des belästigungsreduzierenden und nunmehr vertragsrechtlich in § 312c Abs. 1 S. 2 BGB vorgesehenen einleitenden Informationssatzes.

Im Hinblick auf die Tatsache, dass der Verbraucher von den unerwünschten Werbeanrufen überrascht wird und ihm dadurch eine weitergehende Beweissicherung erschwert ist, sind für diese Prozesssituation weiterführende Überlegungen zur Beweislastverteilung anzustellen.

## (4) Beweislastumkehr im Falle der Darlegung einer besonderen Belästigung

Wenn der Kläger substantiiert und ggfs. unter Beweisantritt durch Zeugenvernahme des betroffenen Verbrauchers darlegt, dieser habe eine Eintragung in die unternehmensbezogene *Telestop*-Liste veranlasst oder dem Werbenden weitere Werbekontakte während vorangegangener Telefonate untersagt, ist dem Beklagten die Pflicht aufzuerlegen, den Vortrag des Klägers qualifiziert, z. B. durch die Vorlage unternehmensinterner *Telestop*-Listen oder Telefonprotokolle, durch den Nachweis regelmäßiger Anweisungen und Schulungen der Telefonverkäufer oder durch den Nachweis der grundsätzlichen Befolgung von verbraucherseitig ausgesprochenen Verboten, zu bestreiten.

Insoweit kann auf die Ausführungen des BGH zu *Handzettel-Wurfsendungen*[50] zurückgegriffen werden, wonach der Werbende gehalten ist, *„alle ihm möglichen rechtlichen und wirtschaftlichen Maßnahmen zu ergreifen, die eine Beeinträchtigung des Betroffenen zu verhindern geeignet sind“.* Die Darlegungs- und Beweislast für die Schritte, die der Werbende in dieser Richtung unternommen hat, trifft – so ausdrücklich der BGH – den Werbenden.[51]

---

[50] BGH GRUR 1989, 225 – Handzettel-Wurfsendung.
[51] BGH GRUR 1989, 225, 226 – Handzettel-Wurfsendung.

Wenn der Beklagte hingegen zur Überzeugung des Gerichts darlegt und nachweist, dass verbraucherseitiges *Opt out* durch geeignete Maßnahmen regelmäßig beachtet wird, so kann bei einem einmaligen Verstoß die Vermutung eines einzelfallbezogenen *Ausreißers* zugunsten des beklagten Unternehmens in Betracht kommen. Insoweit kann ebenfalls eine Parallele zu der Rechtsprechung des BGH zur *Briefkastenwerbung*[52] gezogen werden. Dort hat der BGH ein sittenwidriges Wettbewerbsverhalten dann abgelehnt, *„wenn die individuelle Beeinträchtigung als gering einzustufen, das Verhalten des Werbenden darauf ausgerichtet ist, die Interessen des einzelnen in zumutbarer Weise zu beachten, und Auswüchse in der Werbung und eine Verwilderung der Wettbewerbssitten nicht zu befürchten sind"*.[53]

Diese Rechtsprechung kann auf die Fälle der aktiven Telefonwerbung übertragen werden. Wenn der Beklagte nachweisen kann, dass er alle erforderlichen Maßnahmen zum Schutz der Verbraucher für die Fälle des *Opt out* unternommen hat und dennoch, im Verhältnis zu der Vielzahl der Werbeanrufe, vereinzelte Ausreißer zu einer unerlaubten telefonischen Kontaktaufnahme geführt haben, so stellt dies eine vom Verbraucher hinzunehmende Belästigung dar.

### d) Zusammenfassung

Die Verteilung der Darlegungs- und Beweislast nach den vorstehend unterbreiteten Vorschlägen führt zu einer interessengerechten Verteilung der Prozessrisiken. Dem Beklagten/Werbenden obliegt insbesondere der Nachweis des Vorliegens eines verbraucherseitig erklärten Einverständnisses oder der Voraussetzungen eines mutmaßlichen Einverständnisses, dem Kläger hingegen grundsätzlich der Nachweis einer besonderen Belästigungssituation.

Eine strikte Einhaltung dieser Beweislastverteilung kann den verbraucherschützenden Effekt erzielen, dass der Werbende bereits zum Zeitpunkt von Planung und Durchführung der Telefonwerbeaktion die Voraussetzungen eines verbraucherseitigen Einverständnisses sorgfältig prüft.

Ein weiterer Effekt zugunsten des Verbrauchers kann für die Fälle einer besonderen Belästigung durch aktive Telefonwerbung erreicht werden. In diesen Fällen muss es grundsätzlich ausreichen, wenn der Verbraucher die Tatsachen

---

[52] BGH NJW 1992, 1958 – Briefkastenwerbung.

[53] BGH NJW 1992, 1958, 1959 – Briefkastenwerbung.

vorträgt, aus denen sich eine besondere Verbraucherbelästigung ergibt. Es ist dann Sache des Werbenden, die von ihm zur Vermeidung der Belästigung ergriffenen Maßnahmen darzulegen und zu beweisen.

### 3. Förderung der Werbeselbstkontrolle durch Berücksichtigung der Einhaltung von Verhaltenskodizes bei der Lauterkeitsbeurteilung einer Telefonwerbeaktion

Einen maßgeblichen Beitrag zum Abbau unseriöser Geschäftspraktiken bei Direktwerbung und Direktvertrieb kann die Unternehmerseite durch freiwillige Selbstkontrolle leisten.[54]

Diesen Weg hat der DDV bereits beschritten, indem er Verhaltenskodizes auch für das Telefonmarketing aufgestellt hat. Diese Verhaltenskodizes entfalten jedoch nur für die Verbandsmitglieder Verbindlichkeit.

Die Gerichte könnten der Werbeselbstdisziplin jedoch zu einer weitergehenden Geltung verhelfen, wenn die Regelungen der Werbeselbstdisziplin im Rahmen von Wettbewerbsstreitigkeiten regelmäßig als Maßstab für ein wettbewerbskonformes Verhalten herangezogen werden.[55]

Dabei ist zu berücksichtigen, dass eine Stärkung der Werbeselbstdisziplin in der Konsequenz zu einem verstärkten Verbraucherschutz führt. Dies gilt insbesondere bei Berücksichtigung der Vorteile eines selbstdisziplinären Regelungskonzepts: Zum einen beruhen selbstdisziplinäre Regeln auf einer freiwilligen Entscheidung der Werbebranche und nicht auf der staatlichen Intervention durch gesetzlichen oder richterrechtlichen Zwang. Die selbstdisziplinären Regelungen finden daher größere Beachtung. Hinzu kommt die größere fachliche Nähe, die eine sinnvolle Reaktion auf gesellschaftliche Entwicklungen ermöglicht. Auch ist das Mittel einer öffentlichen Rüge, die zeitnah zu der Werbeaktion öffentlich ausgesprochen wird, häufig effektiver, als staatliche Sanktionen im Rahmen eines Gerichtsverfahrens, welches von der Öffentlichkeit weitgehend unbeachtet bleiben wird.

---

54 *Gilles*, Recht des Direktmarketing, S. 86, Rdnr. 115.

55 Vgl. KG Berlin, AfP 1992, 298 m. Anm. *Beckmann*; *Baumbach/Hefermehl*, § 1 UWG, Rdnr. 678.

## IV. „*Information first*“: Verbraucherschutz durch Verbraucherinformation

Der Verbraucheraufklärung und Verbraucherinformation kommt im Hinblick auf die Optimierung des Verbraucherschutzes eine maßgebliche Bedeutung zu. Selbst wenn man davon ausgeht, dass nicht nur die unwissenden oder uninformierten Verbraucher auf Werbestrategien reagieren, kann generell vorausgesetzt werden, dass sich ein aufgeklärter Verbraucher gegen die Risiken telefonischer Werbung besser schützen kann, als der uninformierte und damit von unerbetenen Werbeanrufen besonders überraschte Verbraucher.

### 1. Verbraucherrecht auf Information

Im Falle der Zulässigkeit telefonischer Werbung durch die Akzeptanz eines mutmaßlichen Einverständnisses besteht für den Verbraucher grundsätzlich die Möglichkeit einer selbstbestimmten Entscheidung für oder gegen den Empfang telefonischer Werbeinformationen.

Dafür sprechen insbesondere auch die Ergebnisse der zu unerbetener Telefonwerbung vorliegenden empirischen Untersuchungen, wonach lediglich 1/3 der befragten Personen die Werbung mittels unerbetener Telefonanrufe als unerwünschte Belästigung ansehen,[56] und nur 6 % der im Jahre 1994 befragten Personen der Auffassung waren, dass Werbeanrufe vollständig verboten werden müssten.[57] Daraus ergibt sich, dass der überwiegende Teil der befragten Verbraucher offenbar grundsätzlich bereit ist, sich mit telefonischer Werbung auseinanderzusetzen. Gerade diese Verbrauchergruppe benötigt ausreichende Informationen über die *Opt out*- und Abwehrmöglichkeiten, um eine eigenverantwortliche Entscheidung für oder gegen den Empfang aktiver Telefonwerbung treffen zu können.

Wenn man zudem das Verbraucherrecht an einem möglichst ungehinderten und zeitnahen Zugang zu allen verfügbaren Werbe- und Produktinformationen annimmt, so erhält die Forderung nach ausreichender Verbraucherinformation zusätzliche Relevanz.

Diese Informationen können beispielsweise über regelmäßige Hinweise in den Telefonbüchern oder in Beilagen zu den Telefonrechnungen sowie durch das

---

[56] KG Berlin, WRP 1978, 373, 375; KG Berlin, WRP 1995, 107, 112 f.

[57] Ebenso: *Schricker,* ZHR 139 (1975), 208, 225.

Einheften von heraustrennbaren vorgedruckten Antragsformularen in Telefonbüchern oder durch deren Beifügung zu den Telefonrechnungen zum Zwecke der kostenlosen Eintragung in die *Telestop-Liste* erfolgen. Weiterhin sind Informationen unter Nutzung der sonstigen Medien, insbesondere des Internet,[58] sowie durch öffentliche Informationsbroschüren der Verbraucherschutzverbände und der für den Verbraucherschutz zuständigen Behörden denkbar. Die Möglichkeit des *Opt out* kann zudem bereits auf den Formularen für die Beantragung oder Änderung eines Telefonanschlusses ebenso vorgesehen sein, wie *Online* über entsprechende Formulare, die im Internet abrufbar oder ausfüllbar sind[59].

Abgesehen von den Informationsdiensten der Verbraucherschutzverbände und der öffentlichen Stellen, die für Verbraucherinformation und Verbraucherschutz zuständig sind, stellt sich hinsichtlich sonstiger Informationsmaßnahmen die Frage der Kostentragung. Im Hinblick auf die Vorteile, die durch eine grundsätzliche Freigabe aktiver Telefonwerbung für die Werbewirtschaft und die werbetreibenden Unternehmen erwachsen, ist eine Kostentragung durch die Privatwirtschaft sachgerecht und im Hinblick auf das Verursacherprinzip auch erforderlich. Dies gilt für die Führung unternehmenseigener *Telestop*-Listen sowie für die erforderliche Umgestaltung von Formularverträgen und sonstigen Drucksachen zur Aufnahme der ausdrücklichen Einverständniserklärung mit der telefonischen Kontaktaufnahme zu Werbezwecken. Dies gilt jedoch weiterhin auch für Informationsmaßnahmen, die über die Verbände der Werbewirtschaft organisiert werden, wie z.B. die angesprochenen Informationen in Telefonbüchern, als Beilagen zu den Telefonrechnungen oder über das Internet.

Gleichzeitig ist von den Selbstkontrollorganen der Werbewirtschaft zu fordern, ihre *Guidelines* oder *Ehrenkodizies* entsprechend bekannt zu machen sowie deren Befolgung mit Nachdruck zu kontrollieren.

Schließlich muss der Selbstdisziplin der Werbewirtschaft eine weitergehende Geltung verschafft werden. Dies kann dadurch geschehen, dass die Gerichte in Wettbewerbsstreitigkeiten die Regelungen der Selbstdisziplin als Maßstab für ein wettbewerbskonformes Verhalten heranziehen.[60]

---

[58] Vgl. dazu inzwischen die Internet-Informationsseiten des DDV unter: www.direktmarketing-info.de/.

[59] Vgl. dazu: www.telerobinson.de/.

[60] Vgl. KG Berlin, AfP 1992, 298 m. zust. Anm. von *Beckmann*; *Baumbach/Hefermehl*, § 1 UWG, Rdnr. 678.

## 2. Eigenverantwortung des Verbrauchers zur Abwehr unerbetener Telefonwerbung

Das nach bisheriger Rechtslage geltende Konzept des staatlich verordneten Schutzes gegen unerbetene Werbeanrufe entspricht dem im deutschen Wettbewerbsrecht vorherrschenden Bild des *flüchtigen, unbefangenen* und *unkritischen* Verbrauchers.[61] Der Verbraucher wird nach diesem Leitbild als passiver Konsument gesehen, dem eigenständige wirtschaftliche Entscheidungen grundsätzlich nicht zugemutet werden können.[62]

Mit diesem Verbraucherleitbild wird zwar ein weitgehender Verbraucherschutz erreicht, aber auch die Verbraucherunmündigkeit gefördert. Das vom *LG Dortmund*[63] gebildete Beispiel der älteren gehbehinderten Dame, die sich wegen unerbetener Telefonwerbung so oft zum Telefon hat bemühen müssen, dass es ihr nicht mehr wünschenswert erscheint, überhaupt noch telefonisch erreichbar zu sein, und deshalb der nächstgelegenen Telefonzelle gegenüber der Beibehaltung eines privaten Telefonanschlusses den Vorrang gibt, ist nicht mehr zeitgemäß.

Die Telefonkunden sind auf dem Weg zur multimedialen Kommunikationsgesellschaft inzwischen an die Handhabung des Telefons gewöhnt, so dass auch der deutsche Durchschnittsverbraucher befähigt ist, mit dem Normalfall unerbetener und unerwarteter Telefonanrufe umzugehen.[64]

Im Übrigen sollte Kreativität des einzelnen Verbrauchers zur Abwehr unerbetener Werbeanrufe nicht unterschätzt werden. Als „*Anregung*“ kann die Internet-Veröffentlichung der US-amerikanischen Vereinigung *Private Citizen Inc.* ebenso dienen, wie die nachfolgend in Auszügen wiedergegebene – Verbraucherempfehlung „*Having a Little Fun*“:[65]

---

[61] BGH GRUR 1959, 365, 366 – English Lavendel; GRUR 1969, 415, 416 – Kaffeerösterei; GRUR 1970, 425, 426 – Melitta; *Baumbach/Hefermehl*, § 3 UWG, Rdnr. 33; *Kisseler*, WRP 1994, 1, 5 ff.; kritisch dazu: *Krüger* in Festschrift für Piper, S. 341, 347 f. m.w.N.; *Fezer*, WRP 1995, 671 ff.; *Meyer*, WRP 1993, 215, 224; *Leible*, WRP 1993, 547, 549; *Schricker*, ZHR 139 (1975), 208, 225; *Streinz*, ZLR 242, 274 f.

[62] Vgl. *Baumbach/Hefermehl*, § 3 UWG, Rdnr. 27 f., 32 f. m.w.N.; *Keßler*, WRP 1993, 571, 575 f.

[63] LG Dortmund, BB 1968, 970, 971.

[64] a.A. *Paefgen*, GRUR Int. 1993, 208, 211.

[65] Vormals veröffentlicht unter: www.plaztic.com/privacy/

*Had enough & you can't take it anymore? Don't get mad. Instead try some of these higly therapeutic techniques for interjecting a little levity into this serious problem of telephone privacy.*

*My ALL-TIME favorite thing to do is: Wait for the solicitor to ask „how are you today?" This is what you tell them – „I'm actually doing very poorly, you see my dog was just run over by a truck & I've been crying for hours; I have an agonizing migraine and I think I am about to blackout; . . . my left hand is stuck in a pickle jar; the basement of my house is backed up with raw sewage . . ." You get the idea. Keep on going until the caller tries to get rid of YOU.*

*Ask the caller to please hold for a minute. Now go make yourself a sandwich or do your laundry or write a chapter of your memoirs. A small test of THEIR staying power!*

*This come from Jerry Seinfeld: Ask the caller if you can have their home phone number because you'r busy right now but will give them a call later at home. Let's see what they say now!*

# Literaturverzeichnis


*Ackermann, Brunhilde,* Die deutsche Umweltrechtsprechung auf dem Weg zum Leitbild des verständigen Verbrauchers?, WRP 1996, S. 502

*Ackermann, Thomas,* Warenverkehrsfreiheit und „Verkaufsmodalitäten", RIW 1994, S. 189

*Ahlert, Dieter/Schröder, Hendrik,* Rechtliche Grundlagen des Marketing, Stuttgart 1989

*Aigner, Dietmar/Hofmann, Dietrich,* Virtuelle Kaufhäuser – Auswirkungen des Fernabsatzgesetzes, MMR Beilage 8/2001, S. 30

*Albert, James A.,* The Constitutionality of Requiring Telephone Companies to Protect Their Subscribers from Telemarketing Calls, 33 Santa Clara Law Review 51 (1993) (zit.: Albert, 33 Santa Clara Law Rev.)

*Alexandridou, Elisa,* Die gesetzgeberische Entwicklung des Verbraucherschutz- und Wettbewerbsrechts in Griechenland, GRUR Int. 1992, S. 120

*Alexi, Holger J.,* Telefonmarketing im Direktvertrieb eines Kleinunternehmens, in: *Greff, Günter/ Töpfer, Armin* (Hrsg.), Direktmarketing mit neuen Medien, 3. Auflage, Landsberg/Lech 1993, S. 465 (zit.: Alexi in Greff/Töpfer)

*Alt, Wilfried,* Recht und Praxis der Briefkastenwerbung, Frankfurt/Main 1987 (zit.: Alt, Briefkastenwerbung)

*Arcadi, Ann Marie,* What About The Lucky Leprechuan?: An Argument Against „The Telephone Consumer Protection Act of 1991", 1991 Columbia Business Law Review 417 (1991) (zit.: Arcadi, 1991 Colum. Bus. L. Rev.)

*Aßum, Andreas/Piske, Klaus,* Cross-Border Direct Marketing, in: *Dallmer, Heinz* (Hrsg.), Handbuch Direct Marketing, 7. Auflage, Wiesbaden 1997, S. 507 (zit.: Aßum, Piske/Dallmer, Handbuch 1997)

*Ayad Patrick/Schafft, Thomas,* Einwilligung ins Direktmarketing – formularmäßig wirksam?, BB 2002, S. 1711

*Baines, Adam,* The Handbook of International Direct Marketing, 2nd Edition, London 1995

*Basedow, Jürgen,* Keck on the facts, EuZW 1994, S. 225

*Baudenbacher, Carl,* Die wettbewerbsrechtliche Beurteilung grenzüberschreitender Werbe- und Absatztätigkeit nach schweizerischem Recht, GRUR Int. 1988, S. 310

*Baumann, Denise,* Haustürgeschäfte in Frankreich, GRUR Int. 1977, S. 268

*Baumbach, Adolf/Hefermehl, Wolfgang,* Wettbewerbsrecht, Kommentar, 22. Auflage, München 2001 (zit.: Baumbach/Hefermehl)

*Baumbach, Adolf/Lauterbach, Wolfgang/Albers, Jan/Hartmann, Peter,* Zivilprozessordnung, Kommentar, 60. Auflage, München 2002 (zit.: Bearbeiter in Baumbach/Lauterbach/Albers/Hartmann)

*Becker, Ulrich,* Von „Dassonville" über „Cassis" zu „Keck" – Der Begriff der Maßnahmen gleicher Wirkung in Art. 30 EGV, EuR 1994, S. 162

*Beckmann, Christoph,* Werbung mit Auslandsberührungen, WRP 1993, S. 651

*Beckmann, Christoph,* Grenzüberschreitende Werbeselbstdisziplin, MA 1993, S. 296

*Beckmann, Christoph,* Werbeselbstdisziplin in Deutschland und Europa, WRP 1991, S. 702

*Benatzky, Dieter,* Telefonmarketing im Pharmagroßhandel: Von der Projektierung bis zur Einführung, in: *Greff, Günter/Töpfer, Armin* (Hrsg.), Direktmarketing mit neuen Medien, 3. Auflage, Landsberg/Lech 1993, S. 499 (zit.: Benatzky in Greff/Töpfer)

*Bender, Gunnar/Sommer, Christian,* E-Commerce-Richtlinie: Auswirkungen auf den elektronischen Geschäftsverkehr in Deutschland, RIW 2000, S. 260

*Berkenblit, Howard E.,* Can Those Telemarketing Machines Keep Calling Me? – The Telephone Consumer Protection Act of 1991 After Moser v. FCC, 36 Boston College Law Review 85 (1994) (zit: Berkenblit, 36 B.C.L. Rev.)

*Bernhard, Peter,* Cassis de Dijon und Kollisionsrecht – am Beispiel des unlauteren Wettbewerbs, EuZW 1992, S. 437

*Beyerle, Beatrix,* Grenzüberschreitende Werbung, in: Anwalts-Handbuch Wettbewerbspraxis, Köln 1998, S. 411 (zit.: Beyerle, Anwalts-Handbuch)

*Bleckmann, Albert,* Europarecht, 5. Auflage, Köln/Berlin/Bonn/München 1990 (zit.: Bleckmann)

*Boddewyn, Jean,* Global Perspectives on Advertising Self-Regulation – Principles and Practices in Thirtyeight Countries, Westport/USA 1992

*Böhm, Steffen,* Unerlaubte Telefonwerbung im geschäftlichen Bereich, MMR 1999, S. 643

*Bohle, Wolfgang,* Grundlagen, Anwendungsaspekte und Umfang des Direktvertriebs, in: *Dallmer, Heinz* (Hrsg.), Handbuch Direct Marketing, 6. Auflage, Wiesbaden 1991, S. 365 (zit.: Bohle/Dallmer, Handbuch)

*Borck, Hans Günther,* Vorsprung und Doppler-Effekt im Wettbewerbsrecht, WRP 1989, S. 145

*Borck, Hans-Günther,* Irreführende Werbung und Umkehr der Beweislast, GRUR 1982, S. 657

*Borck, Hans Günther,* Wertreklame in der Weinwerbung, WRP 1980, S. 184

*Boyle, Martin,* Das Recht des unlauteren Wettbewerbs in Großbritannien, WRP 1990, S. 159

*Bräutigam, Peter,* Multimediagesetz und Mediendienste-Staatsvertrag, WiB 1997, S. 855

*Braun, Kurt,* Werbung und Meinungsfreiheit nach Art. 5 Abs. 1 Satz 1 Grundgesetz (GG), WRP 1982, S. 510

*Braun, Stefan,* Rechtlicher Rahmen bei der Abwerbung von Arbeitnehmern, DB 2002, S. 2326

*Bülow, Peter,* Neue Rechtsprechung zur Telefonwerbung, WRP 1978, S. 774

*Bülow, Peter,* Zur Telefonwerbung im gewerblichen Bereich, GRUR 1976, S. 180

*Bülow, Peter,* Der psychologische Kaufzwang, GRUR 1974, S. 254

*Bülow, Peter,* Sittenwidrigkeit der Telefonwerbung und psychologischer Kaufzwang, WRP 1970, S. 413

*Burckhardt, Peter,* Telefonwerbung und Haustürwiderrufsgesetz, WRP 1996, S. 659

*Busch, Ralf/Dendorfer, Renate,* Abwerbung von Mitarbeitern, BB 2002, S. 301

*Busche, Jan/Kraft, Hartmut,* Werbung per electronic mail: Eine neue Herausforderung für das Wettbewerbsrecht, WRP 1998, 1142

*Cain, Rita Marie,* Call Up Someone and Just Say 'Buy' – Telemarketing and the Regulatory Environment, 31 American Business Law Journal 641 (1994) (zit: Cain, 31 Am. Bus. L. J.)

*Conrads-Hassel, Elmar,* Das Wettbewerbsrecht in der Republik Irland, WRP 1990, S. 223

*Crook, Robert Asa,* Sorry, Wrong Number, The Effect of Telephone Technology on Privacy Rights, 26 Wake Forest Law Review 669 (1991) (zit: Crook, 26 Wake Forest L. Rev.)

*Dahlen, Hans Josef,* Scheibenwischer als „Briefkasten" – harmlose Beeinträchtigung oder unzulässige Werbung, MDR 1991, S. 1130

*Dallmer, Heinz,* System des Direct Marketing – Entwicklung und Zukunftsperspektiven, in: *Dallmer, Heinz* (Hrsg.), Handbuch Direct Marketing, 6. Auflage, Wiesbaden 1991, S. 3 (zit.: Dallmer/Dallmer, Handbuch) und 7. Auflage, Wiesbaden 1997, S. 3 (zit.: Dallmer/Dallmer, Handbuch 1997)

*Dallmer, Heinz,* „In ten years all marketing will be direct marketing" (Bob Stone), DirektMarketing, 07/1993, S. 31

*Darmstadter, Henry C. III,* Notes, Regulation of Unsolicited Telephone Calls: An Argument for a Liability Rule, 3 Computer/Law Journal 393 (1985) (zit: Darmstadter, 3 Computer/L. J.)

*Dauses, Manfred,* Information der Verbraucher in der Rechtsprechung des EuGH, RIW 1998, S. 750

*Dauses, Manfred,* Handbuch des EG-Wirtschaftsrechts, Loseblattsammlung, Stand Januar 1996 (zit: Verfasser in Dauses)

*Dauses, Manfred,* Die Rechtsprechung des EuGH zum Verbraucherschutz und zur Werbefreiheit im Binnenmarkt, EuZW 1995, S. 425

*DDV-Report,* eMail – das bessere Werbe-Medium?, Oktober 2000, S. 27 (zit.: DDV-Report, 10/2000)

*DDV-Report,* Organisation des Councils vorangetrieben – Sitzung des Councils TeleMedien- und CallCenter-Services, Juni 1998, S. 18 (zit.: DDV-Report, 06/1998)

*DDV-Report,* Umsetzung der Fernabsatz- und ISDN-Richtlinie – DDV im Gespräch mit BMI und BMJ, Juni 1998, S. 28 (zit.: DDV-Report 06/1998)

*DDV-Report,* FEDMA-Präsident bittet die europäische Kommission um Unterstützung des Telefonmarketing, Dezember 1997, S. 9 (zit.: DDV-Report 12/1997)

*DDV-Report,* Neuer IHK-Lehrgang Fachkraft für Telefonmarketing, August 1997, S. 13 (zit.: DDV-Report 08/1997)

*DDV-Report,* FEDMA – viel bleibt zu tun, Juli 1997, S. 2 (zit.: DDV-Report 07/1997)

*DDV-Report,* EU-Richtlinie Fernabsatz im Vermittlungsausschuss, Mai 1996, S. 13 (zit.: DDV-Report, 05/1996)

*DDV-Report,* Keine Cold Calls in Deutschland, Januar 1996, S. 12 (zit.: DDV-Report, 01/1996)

*DDV-Report,* Die Überraschung von Dallas – 78. Jahreskonferenz der amerikanischen Direktmarketer, Oktober 1995, S. 5 (zit.: DDV-Report, 10/1995)

*DDV-Report,* EG-Richtlinie Distance-Selling, Oktober 1993, S. 15 (zit.: DDV-Report, 10/1993)

*Degenhart Christoph,* Die allgemeine Handlungsfreiheit des Art. 2 I GG, JuS 1990, S. 161

*Deutsche Bundespost,* Direktwerbung – Akzeptanz beim Verbraucher. Eine Untersuchung der Deutschen Bundespost, 1987 (zit.: Deutsche Bundespost, Studie Direktwerbung)

*Deutsche Post AG,* Direktmarketing 1995 – Trends und Perspektiven bei Anwendern, 1995 (zit.: Studie Postdienst)

*Deutscher Direktmarketing Verband e.V. (DDV),* Positionspapier Telefonmarketing, Wiesbaden (zit.: DDV-Positionspapier)

*Deutscher Direktmarketing Verband e.V. (DDV),* Auf direktem Weg – Verbraucherinformationen zur Funktionsweise des Direktmarketing, Wiesbaden 1995 (zit.: DDV-Verbraucherinformation)

*Deutscher Direktmarketing Verband e.V./Deutsche Post AG,* Wirtschaftsfaktor Direktmarketing 1995, Wiesbaden/Bonn 1995 (zit.: Studie Wirtschaftsfaktor DM 1995)

*Deutscher Direktmarketing Verband e.V. (DDV),* Das Telefon als Marketing-Instrument, Jahrbuch 94/95 der DDV-Fachgruppe TeleMedien Services, Wiesbaden 1994 (zit.: DDV Jahrbuch 94/95)

*Deutscher Direktmarketing Verband e.V. (DDV),* Telemarketing intern 1/1991 (zit.: DDV Telemarketing intern 1/1991)

*Deutscher Direktmarketing Verband e.V. (DDV),* Telefonmarketing – Der Stand der Rechtsprechung/Die Position des DDV, Wiesbaden 1991 (zit.: DDV-Positionspapier Telefonmarketing 1991)

*Deutscher Direktmarketing Verband e.V./Deutsche Bundespost Postdienst,* Wirtschaftsfaktor Direktmarketing in der Bundesrepublik Deutschland und Berlin (West) 1989/1990, Gemeinschaftsstudie, Wiesbaden 1990 (zit.: Gemeinschaftsstudie 1989/1990)

*Deutscher Direktmarketing Verband e.V. (DDV),* Who's who im Direktmarketing (zit.: DDV, Who`s who – Jahr –)

*Doepner, Ulf,* Verbraucherleitbilder zur Auslegung des wettbewerbsrechtlichen Irreführungsverbotes – Anmerkungen zum Diskussionsstand, WRP 1997, S. 999

*Dreher, Meinrad,* Richtlinienumsetzung durch Exekutive und Judikative? – Der Fall des vergaberechtlichen Rechtsschutzes de lege ferenda, EuZW 1997, S. 522

*Droste,* Anmerkung zum Urteil des BGH vom 19. Juni 1970 – Telefonwerbung I, GRUR 1970, S. 524

*Duhre, Alexander,* Konzeption einer Telefon-Marketing-Aktion, in: *Dallmer, Heinz* (Hrsg.), Handbuch Direct Marketing, 6. Auflage, Wiesbaden 1991 (zit.: Duhre/Dallmer, Handbuch)

*Ebenroth, Carsten Thomas,* Neue Ansätze zur Warenverkehrsfreiheit im Binnenmarkt der Europäischen Union, in: *Erdmann, Willi/Gloy, Wolfgang/Herber, Rolf* (Hrsg.), Festschrift für Henning Piper, München 1996, S. 133 (zit.: Ebenroth, Festschrift für Piper)

*Ehlers, Wolfram,* Der persönlichkeitsrechtliche Schutz des Verbrauchers vor Werbung, WRP 1983, S. 187

*Eichmann, Helmut,* Die Beurteilung neuer Werbemethoden durch die Rechtsprechung, in: Mitarbeiterfestschrift für Eugen Ulmer: Gewerblicher Rechtsschutz, Urheberrecht, Wirtschaftsrecht, Köln 1973, S. 287 (zit.: Eichmann, Mitarbeiterfestschrift für Ulmer)

*Eisenhardt, Andrea,* Werbung gegenüber Kindern, WRP 1997, S. 283

*Emering, Paul,* Dokumentation der „Besonderheiten" des Wettbewerbsrechts in Europa – Luxemburg, WRP 1991, S. 72

*Emmerich, Volker,* Das Recht des unlauteren Wettbewerbs, 4. Auflage, München 1995 (zit.: Emmerich)

*Ernd, Wolfgang,* Integration des persönlichen Verkaufs in das Direct-Marketing-Mix, in: *Dallmer, Heinz* (Hrsg.), Handbuch Direct Marketing, 6. Auflage, Wiesbaden 1991, S. 247 (zit.: Ernd/Dallmer, Handbuch)

*Ernst, Stefan*, Wirtschaftsrecht im Internet, BB 1997, S. 1057

*Everling, Ulrich,* Der Einfluss des EG-Rechts auf das nationale Wettbewerbsrecht im Bereich des Täuschungsschutzes, ZLR 1994, S. 221

*Falckenstein, v., Roland,* Schäden der Verbraucher durch unlauteren Wettbewerb, Köln 1979 (zit.: v. Falckenstein)

*Fernández-Nóvoa, Carlos,* Die belästigende Werbung, GRUR Int. 1973, S. 436

*Fezer, Karl Heinz,* Das wettbewerbsrechtliche Irreführungsverbot als ein normatives Modell des verständigen Verbrauchers im Europäischen Unionsrecht – Zugleich eine Besprechung der Entscheidung *„Mars"* des EuGH vom 6. Juli 1995 – Rechtssache C 470/93 –, WRP 1995, S. 671

*Fezer, Karl Heinz,* Europäisierung des Wettbewerbsrechts, JZ 1994, S. 317

*Fikentscher, Wolfgang/Möllers, Thomas M.J.,* Die (negative) Informationsfreiheit als Grenze von Werbung und Kunstdarbietung, NJW 1998, S. 1337

*Fischer, Ansgar./Machunsky, Jürgen,* Kommentar zum Haustürwiderrufsgesetz, 2. Auflage, Neuwied/Kriftel/Berlin 1995 (zit.: Werner/Machunsky)

*Fischer, Heinz,* Ausbildungsmöglichkeiten und Nachwuchsförderung im Direct Marketing, in: *Dallmer, Heinz* (Hrsg.), Handbuch Direct Marketing, 7. Auflage, Wiesbaden 1997, S. 135 (zit.: Fischer/Dallmer, Handbuch 1997)

*Fischer, Heinz/Hölscher, Ulrich,* Entscheidungsprozess bei der Anmietung von Adressen im Business-Bereich, in: *Dallmer, Heinz* (Hrsg.), Handbuch Direct Marketing, 7. Auflage, Wiesbaden 1997, S. 495 (zit.: Fischer, Hölscher/Dallmer, Handbuch 1997)

*Fraenkel, Reinhard,* Zivilrechtliche Aspekte des Direct Marketing, in: *Dallmer, Heinz* (Hrsg.), Handbuch Direct Marketing, 6. Auflage, Wiesbaden 1991, S. 89 (zit.: Fraenkel/Dallmer, Handbuch)

*Freund, Stefan,* Der persönlichkeitsrechtliche Schutz des Werbeadressaten, BB 1986, S. 409

*Freund, Stefan,* Das Persönlichkeitsrecht des Umworbenen, München 1983 (zit.: Freund, Persönlichkeitsrecht)

*Fritze, Ulrich,* Die Umkehr der Beweislast, GRUR 1975, S. 61

*Funke, Rainer,* „Das deutsche Wettbewerbsrecht im europäischen Binnenmarkt", WRP 1991, S. 550

*Gale, Edwin J.,* Comment, Assault Upon Solitude - A Remedy?, 11 Santa Clara Lawyer 109 (1970)

*Gamm v., Otto Friedrich,* Gesetz gegen den unlauteren Wettbewerb, Kommentar, 3. Auflage, Köln, Berlin, Bonn, München 1993 (zit.: v. Gamm, UWG-Kom.)

*Gamm v., Otto-Friedrich,* Wettbewerbsrecht- und Wettbewerbsverfahrensrecht, Erster Halbband, 5. Auflage, Köln, Berlin, Bonn, München 1987 (zit.: v. Gamm, Kap., Rdnr.)

*Geiger, Rudolf,* EG Vertrag: Kommentar zu dem Vertrag zur Gründung der Europäischen Gemeinschaft, 2. Auflage, München 1995 (zit.: Geiger)

*Gierke v., Cornelie,* Inländerdiskriminierung, in: Anwalts-Handbuch Wettbewerbspraxis, Köln 1998, S. 508 (zit.: v. Gierke, Anwalts-Handbuch)

*Gilles, Peter,* Anmerkung zum Urteil des BGH vom 08. Dezember 1994 – Telefonwerbung V, BGH EWIR § 1 UWG 9/95, S. 503

*Gilles, Peter,* Anmerkung zum Urteil des KG Berlin vom 13. Oktober 1994 – Telefonwerbung von Privaten nach Anforderung von Informationsmaterial, KG EWiR § 1 UWG 5/95, S. 197

*Gilles, Peter,* Anmerkung zum Urteil des OLG Koblenz vom 20. Dezember 1990 – Telefonische Nachbearbeitung gekündigter Zeitschriftenabonnements, OLG Koblenz EWiR § 1 UWG 14/91, S. 621

*Gilles, Peter,* Anmerkung zum Urteil des LG Berlin vom 20. Mai 1990 – Telefonwerbung im Privatbereich, LG Berlin EWiR § 1 UWG 19/90, S. 1123

*Gilles, Peter,* Anmerkung zum Urteil des OLG Hamburg vom 20. April 1989 – Telefonwerbung im geschäftlichen Bereich, OLG Hamburg EWiR § 1 UWG 8/89, S. 923

*Gilles, Peter,* Anmerkung zum Urteil des OLG Stuttgart vom 11. März 1988 – Telefonwerbung im politischen Bereich, OLG Stuttgart EWiR § 823 BGB 5/88, S. 579

*Gilles, Peter,* Recht und Praxis des Telemarketing, NJW 1988, S. 2424

*Gilles, Peter,* Anmerkung zum Urteil des OLG Stuttgart vom 06. Februar 1987 – Telefonwerbung im Bekanntenkreis, OLG Stuttgart EWiR § 1 UWG 8/87, S. 817

*Gilles, Peter,* Anmerkung zum Urteil des OLG Hamburg vom 03. Juli 1986 – Telefonwerbung im gewerblichen Bereich, OLG Hamburg EWiR § 1 UWG 1/87, S. 289

*Gilles, Peter,* Das Recht des Direktmarketing, Heidelberg 1982 (zit.: Gilles, Recht des Direktmarketing)

*Gloy, Wolfgang,* Handbuch des Wettbewerbsrechts, 2. Auflage, München 1997, (zit.: Gloy/Bearbeiter)

*Götzfried, Eva,* Das Recht, nicht zuhören zu müssen, NJW 1963, S. 1961

*Gonzenbach, Rainer,* Vertragsrechtlicher Flankenschutz für das schweizerische UWG im Direktwerbebereich, WRP 1992, S. 87

*Grabitz, Eberhard/Hilf, Meinhard,* Kommentar zur Europäischen Union, Loseblattsammlung, Stand 1994, München (zit.: Verfasser in Grabitz/Hilf)

*Greff, Günter,* Möglichkeiten und Grenzen des Telefon-Marketing, in: *Dallmer, Heinz* (Hrsg.), Handbuch Direct Marketing, 7. Auflage, Wiesbaden 1997, S. 229 (zit.: Greff/Dallmer, Handbuch 1997)

*Greff, Günter,* Möglichkeiten und Grenzen des Telefon-Marketing, in: *Dallmer, Heinz* (Hrsg.), Handbuch Direct Marketing, 6. Auflage, Wiesbaden 1991, S. 289 (zit.: Greff/Dallmer, Handbuch)

*Grimes, Warren,* Telefonwerbung in den USA, GRUR Int. 1971, S. 392

*Groeben, von der, Hans/Thiesing, Jochen/Ehlermann, Claus-Dieter,* Kommentar zum EWG-Vertrag, Band I zu Artikel 1 – 84, 4. Auflage, Baden-Baden 1991 (zit.: Groeben/Bearbeiter)

*Grosskopf, Lambert,* Anmerkung zum EuGH-Urteil vom 10. Mai 1995 – *Alpine Investments B.V.,* WRP 1995, S. 805

*Grüne, Andreas,* Direktmarketing bei Finanzdienstleistern, Direkt Marketing, September 1994, S. 33 (zit.: Grüne, Direkt Marketing 9/1994)

*Grundmann, Stefan,* EG-Richtlinie und nationales Privatrecht – Umsetzung und Bedeutung der umgesetzten Richtlinie im nationalen Privatrecht, JZ 1996, S. 274

*Gutsche, Alfried H.,* Werbemittel und Anspracheformen: Direct-Mail, in: *Dallmer, Heinz* (Hrsg.), Handbuch Direct Marketing, 6. Auflage, Wiesbaden 1991, S. 189 (zit.: Gutsche/Dallmer, Handbuch)

*Haiman, Franklyn S.,* Speech v. Privacy: Is There A Right Not To Be Spoken To?, 67 Northwestern University Law Review, 153 (1972) (zit: Haiman, 67 Nw. U. L. Rev.)

*Happel, Heinrich,* Werbesichere Briefkästen?, Direkt Marketing, Januar 1993, S. 27 (zit.: Happel, Direkt Marketing 1/1993)

*Hartmann, Bettina,* Mal Stoßdämpfer, mal lebender Anrufbeantworter – Call Center Agenturen müssen unerkannt in wechselnde Rollen schlüpfen, FAZ vom 15.08.1998, S. 47 (zit.: Hartmann, FAZ v. 15.08.1998)

*Hartwig, Henning,* Verfassungsrechtliche Anforderungen an die Fallgruppenbildung nach § 1 UWG, NJW 2002, S. 38

*Heermann, Peter W.,* Auswirkungen der Europäischen Rechtsentwicklung auf das deutsche Wettbewerbsrecht oder: Wohin steuert das deutsche Werberecht nach der Entscheidung des EuGH vom 07.03.1990 in Sachen „GB-INNO-BM ./. Confédération du commerce Luxembourgeois"?, WRP 1993, S. 578

*Hefermehl, Wolfgang,* Schutz der Privatsphäre vor belästigender Werbung, GRUR 1980, S. 622

*Hefermehl, Wolfgang,* Entwicklungen im Recht gegen unlauteren Wettbewerb, in: *Marcus Lutter, Walter Stimpel, Herbert Wiedemann,* Festschrift für Robert Fischer, Berlin 1979, S. 197 (zit.: Hefermehl in Festschrift für Fischer)

*Henning-Bodewig, Frauke,* Das Wettbewerbsrecht in Luxemburg, GRUR Int. 1994, S. 809

*Henning-Bodewig, Frauke,* Die Regelung der Werbung im belgischen Handelspraktikengesetz vom 14. Juli 1991, GRUR Int. 1994, S. 455

*Henssler, Martin/Graf von Westphalen, Friedrich (Hrsg.),* Praxis der Schuldrechtsreform, Recklinghausen 2001 (zit.: Verf. in Henssler/Graf von Westphalen (Hrsg.)

*Herbst, Hasso,* Der Deutsche Direktmarketing Verband e.V. – Seine Aufgaben und Zielsetzungen, in: *Dallmer, Heinz* (Hrsg.), Handbuch Direct Marketing, 7. Auflage, Wiesbaden 1997, S. 109 (zit.: Herbst/Dallmer, Handbuch 1997)

*Hertzberg, Martin,* Zulässigkeit des telefonischen „Headhuntings", FA – Fachanwalt Arbeitsrecht 2001, S. 328

*Hippel v., Eike,* Verbraucherschutz, RabelsZ 40 (1976), S. 513

*Hirtz, Bernd,* Der Rechtsbegriff „Gute Sitten" in § 1 UWG, GRUR 1986, S. 110

*Hoeren, Thomas,* Die Ahnung unlauterer Faxwerbung durch die Regulierungsbehörde für Telekommunikation und Post, NJW 2002, S. 1521

*Hoeren, Thomas,* Traumjob als Fotomodell? – Wie man sich gegen Faxwerbung für 0190-Abrufdienste zur Wehr setzen kann, NJW 2001, S. 2525

*Hoeren, Thomas,* Rechtsfragen des Internet, Köln 1998 (zit.: Hoeren)

*Hoeren, Thomas,* Cybermanners und Wettbewerbsrecht – Einige Überlegungen zum Lauterkeitsrecht im Internet, WRP 1997, S. 993

*Hofmann, Horst-Herbert,* Telefonwerbung: nicht nur lästig, sondern unlauter, WRP 1970, S. 8

*Hohensee, Matthias,* ISDN – Kosten, Fakten, Anwendungsbeispiele, Direkt-Marketing, April 1994, S. 9 (zit.: Hohensee, DirektMarketing 04/1994)

*Holland, Heinrich,* Direktmarketing, München 1992

*Holland, Heinrich,* Direktmarketing, CR 1995, S. 184

*Hommelhoff, Peter,* Verbraucherschutz im System des deutschen und europäischen Privatrechts, Heidelberg 1996

*International Chamber of Commerce,* ICC International Codes of Marketing and Advertising Practice, Paris, 1995 (zit.: ICC-Codes)

*Imping, Andreas,* Zur Anwendbarkeit des AGBG auf vorformulierte rechtsgeschäftliche Erklärung und zur Wirksamkeit eines formularmäßigen Einverständnisses mit einer Telefonwerbung, MDR 1999, S. 857

*Jacob, Harald,* Direktmarketing mit Audiotex, Direkt Marketing, Februar 1995, S. 20 (zit.: Jacob, Direkt-Marketing, 2/1995)

*Jacob, Harald,* Sprechen Sie bitte deutlich ..., DirektMarketing, Juli 1995, S. 44 (zit.: Jacob, Direkt-Marketing, 7/1995)

*Jahn, Ralf/Gonzales, Margarita,* Wettbewerbsvorteil und Gewinnerzielungsinteresse contra personales Selbstbestimmungsrecht – Briefkastenwerbung durch Wurfsendungen vor Gericht, WRP 1991, S. 1

*Joliet, René,* Der freie Warenverkehr: Das Urteil Keck und Mithouard und die Neuorientierung der Rechtsprechung, GRUR Int. 1994, S. 979

*Kemper, Jutta,* Beweisprobleme im Wettbewerbsrecht, Köln 1992 (zit.: Kemper)

*Kertz, Consuelo Lauda/Boardman-Burnette, Lisa,* Telemarketing Tug-of-War: Balancing Telephone Information Technology and The First Amendment with Consumer Protection and Privacy, Part II, 5 Loyola Consumer Law Reporter 104 (1993) (zit.: Kertz/Boardman-Burnette - Part II, 5 Loy. Consumer L. Rep.)

*Keßler, Jürgen,* Wettbewerbsrechtliches Irreführungsverbot und Verbraucherinformation – erste Anmerkungen zur „Yves Rocher"-Entscheidung des EuGH, WRP 1993, S. 571

*Kewening, Wilhelm A.*, Telefonische Nachbearbeitung von Abonnementverträgen und Verfassungsrecht, in: *Badura, Peter/Scholz, Rupert*, Wege und Verfahren des Verfassungslebens, Festschrift für Peter Lerche zum 65. Geburtstag, München 1993, S. 625 (zit.: Kewening, Festschrift für Lerche)

*Kirchner, Gerhard/Sobeck, Stefan,* Lexikon des Direktmarketing, 2. Auflage, Landsberg/Lech 1990 (zit.: Kirchner/Sobeck)

*Kisseler, Marcel,* Die Werbeselbstkontrolle in Deutschland, in: *Erdmann, Willi/Gloy, Wolfgang/Herber, Rolf* (Hrsg.), Festschrift für Henning Piper, München 1996, S. 283 (zit.: Kisseler, Festschrift für Piper)

*Kisseler, Marcel,* Das deutsche Wettbewerbsrecht im Binnenmarkt, WRP 1994, S. 1

*Klawitter, Christian,* Telefonakquisition im gewerblichen Bereich verboten?, NJW 1993, S. 1620

*Klawitter, Christian,* Anmerkung zum Urteil des BGH vom 24. Januar 1991 – Telefonwerbung IV, GRUR 1991, S. 766

*Klingsporn, Burkhard,* Anmerkung zum Urteil des BGH vom 16. Dezember 1993 – Lexikothek, WuB V B. § 1 UWG 3.94, S. 721

*Köhler, Helmut,* Zur wettbewerbsrechtlichen Zulässigkeit der telefonischen Ansprache von Beschäftigten am Arbeitsplatz zum Zwecke der Abwerbung, WRP 2002, S. 1

*Köhler, Helmut,* Die Rechte des Verbrauchers beim Teleshopping (TV-Shopping, Internet-Shopping), NJW 1998, S. 185

*Köhler, Helmut/Piper, Henning,* Gesetz gegen den unlauteren Wettbewerb, Kommentar, 3. Auflage, München 2002 (zit.: Köhler/Piper)

*Köhler, Helmut/Piper, Henning,* Gesetz gegen den unlauteren Wettbewerb, Kommentar, 1. Auflage, München 1995 (zit.: Köhler/Piper 1995)

*Köhler, Helmut,* Anmerkung zum Urteil des BGH vom 16.12.1993 – Lexikothek, LM H.6/1994 Nr. 643 zu § 1 UWG, Bl. 1060 (Rs)

*Köhler, Helmut,* EG-Recht, nationales Wettbewerbsrecht und Verbraucherschutz, JuS 1993, S. 447

*Kommission der Europäischen Gemeinschaften,* Grünbuch „Kommerzielle Kommunikation im Binnenmarkt“, Kommissionsdokument KOM(96) 192 endg. (zit.: Grünbuch, KOM(96) 192).

*Kommission der Europäischen Gemeinschaften,* Folgedokument zum Grünbuch „Kommerzielle Kommunikation im Binnenmarkt“, Kommissionsdokument KOM(98) 121 (zit.: Folgedokument zum Grünbuch, KOM (98) 121)

*Kort, Michael,* Schranken der Dienstleistungsfreiheit im europäischen Recht, JZ 1996, S. 132

*Kotthoff, Jost,* Der Schutz des Euro-Marketings über Art. 30 EGV, WRP 1996, S. 79

*Kotthoff, Jost,* Werbung ausländischer Unternehmen im Inland: Die Beurteilung grenzüberschreitender Werbung nach dem internationalen Privatrecht, dem Wettbewerbsrecht und dem Recht der Europäischen Union, UFITA-Schriftenreihe Bd. 133, Baden-Baden 1995 (zit.: Kotthoff)

*Kracke, Bernd,* Auf allen Wegen zum Kunden, W+V 1999, S. 94 (zit.: Kracke, W+V 1999)

*Krajewski, Markus F.,* Werbung über das Handy – Zur Zulässigkeit kommerzieller SMS-Nachrichten, MMR 2001, S. 86

*Kresse, Hermann,* Wirtschaftswerbung und Art. 5 Grundgesetz (GG), WRP 1985, S. 536

*Kreutzer, Ralf T.,* Database-Marketing - Erfolgsstrategie für die neunziger Jahre, in: *Dallmer, Heinz* (Hrsg.), Handbuch Direct Marketing, 6. Auflage, Wiesbaden 1991, S. 623 (zit.: Kreutzer/Dallmer, Handbuch)

*Kroeber-Riel, Werner,* Strategie und Technik der Werbung, Stuttgart 1988 (zit.: Kroeber-Riel)

*Kroeber-Riel, Werner,* Informationsüberlastung durch Massenmedien und Werbung in Deutschland, DBW 47 (1987), S. 257

*Krüger-Nieland, Gerda,* Schwerpunkte der wettbewerbsrechtlichen Rechtsprechung des Bundesgerichtshofes, WRP 1979, S. 1

*Krüger-Nieland, Gerda,* Persönlichkeitsschutz im Wettbewerbsrecht, GRUR 1974, S. 561

*Kur, Annette,* Irreführende Werbung und Umkehr der Beweislast, GRUR 1982, 663

*Lange, Knut Werner,* Neue Marketingstrategien im Internet – ökonomische und rechtliche Analyse, BB 2002, S. 561

*Lange, Knut Werner,* Werbefinanzierte Kommunikationsdienstleistungen, WRP 2002, S. 786

*Lawson, R.G.,* Advertising Law, Southampton 1978

*Lehmann, Michael,* Die UWG-Novelle sollte nicht sterben – Zur wirtschaftsrechtlichen Bedeutung der Bereitstellung von ökonomisch relevanten Sanktionen, BB 1981, S. 1717

*Lehmann, Michael,* Ist der unbestellte Vertreterbesuch gemäß § 1 UWG sittenwidrig?, GRUR 1974, S. 133

*Lehr, Gottlieb,* Versandhandel und Direct Marketing, in: *Dallmer, Heinz* (Hrsg.), Handbuch Direct Marketing, 6. Auflage, Wiesbaden 1991, S. 387 (zit.: Lehr/Dallmer, Handbuch)

*Leisner, Walter,* Der mündige Verbraucher in der Rechtsprechung des EuGH, EuZW 1991, S. 498

*Lenz, Carl Otto (Hrsg.),* Kommentar zu dem Vertrag zur Gründung der Europäischen Gemeinschaften, 1. Auflage, Köln 1994 (zit.: Lenz/Bearbeiter)

*Lenz, Carl Otto,* Ein undeutlicher Ton, Kommentar zu Keck und Mithouard, NJW 1994, S. 1633

*Lerche, Peter,* Werbung und Verfassung, München, Berlin 1967 (zit.: Lerche)

*Lettl, Tobias,* Rechtsfragen des Direktmarketings per Telefon und e-mail, GRUR 2000, S. 977

*Leupold, Andreas,* Die massenweise Versendung von Werbe-eMails: Innovatives Direktmarketing oder unzumutbare Belästigung des Empfängers?, WRP 1998, S. 270

*Levitt, Theodore,* The globalization of markets, Harvard Business Review, May-June 1983, p. 92

*Lindacher, Walter F.,* Zum Internationalen Privatrecht des unlauteren Wettbewerbs, WRP 1996, S. 645

*Lindacher, Walter F.,* Anmerkung zum Urteil des KG Berlin vom 18. September 1992 – Telefonwerbung bei bestehendem Versicherungsvertrag, KG EWiR § 1 UWG 3/93, S. 87

*Litke, Bernd,* Chancen im Bildschirmtext, in: *Greff Günter/Töpfer Armin* (Hrsg.), Direktmarketing mit neuen Medien, 3. Auflage, Landsberg/ Lech 1993, S 235 (zit.: Litke in Greff/Töpfer)

*Löffler, Severin,* Werbung im Cyberspace – Eine kollisionsrechtliche Betrachtung, WRP 2001, S. 379

*Löwe, Walter,* Schutz gegen Überrumpelung beim Vertragsabschluss – Zum Gesetz über den Widerruf von Haustürgeschäften und ähnlichen Geschäften, BB 1986, S. 821

*Lowe, Robert/Woodroffe, Geoffrey,* Consumer Law and Practice, 3rd Edition, London 1991

*Luten, Susan Burnett,* Give Me A Home Where No Salesmen Phone: Telephone Solicitation and The First Amendment, 7 Hastings Constitutional Law Quarterly 129 (1979) (zit: Luten, 7 Hastings Const. L. Q.)

*Martinek, Michael,* Verbraucherschutz im Fernabsatz – Lesehilfe mit Merkpunkten zur neuen EU-Richtlinie, NJW 1998, S. 207

*Maunz, Theodor/Dürig, Günter/Herzog, Roman/Scholz, Rupert/Lerche, Peter/Papier, Hans-Jürgen/ Randelzhofer, Albrecht/Schmidt-Aßmann, Eberhard,* Grundgesetz, Kommentar, Band I und II, Lieferungen 1 bis 31, München 1994 (zit.: Maunz/Dürig)

*McMahan Morris, Trude,* Unsolicited Commercial Telephone Calls and the First Amendment: A Constitutional Hangup, 11 Pacific Law Journal 143 (1979) (zit: McMahan Morris, 11 Pac. L. J.)

*Meadows, James E.,* The Telephone Consumer Protection Act of 1991: Consumer Salvation or Unconstitutional Restraint?, 9 Computer Lawyer 13 (1992) (zit: Meadows, 9 Computer Law. 13)

*Meyer, Alfred Hagen,* Bemerkungen zur „Mars"-Entscheidung des EuGH, GRUR Int. 1996, S. 98

*Meyer, Alfred Hagen,* Das Verbraucherleitbild des Europäischen Gerichtshofs – Abkehr vom „flüchtigen Verbraucher", WRP 1993, S. 215

*Meyer, Andreas,* Europäischer Binnenmarkt und produktspezifisches Werberecht, GRUR Int. 1996, S. 697

*Meyer-Cording, Ulrich,* Gute Sitten und ethischer Gehalt des Wettbewerbsrechts, JZ 1964, S. 273

*Michela, Patrick E.*, Comment "You May Have Already Won . . .": Telemarketing Fraud and The Need For A Federal Legislative Solution, 21 Pepperdine Law Review 553 (1994) (zit.: Michela, 21 Pepp. L. Rev.)

*Micklitz, Hans-W.*, From Doorstep-Selling to Distance-Selling – on the Way to European Rules on the Conclusion of Contracts, Background Paper, Tagung der Europäischen Rechtsakademie Trier vom 30. und 31. Oktober 1997 in Trier zu dem Thema „Die neue Fernabsatzrichtlinie 97/7 der EG und ihre Bedeutung für den Distanz- und Direktvertrieb in den Mitgliedstaaten", Bericht über diese Tagung in NJW 1998, S. 210 (zit.: Micklitz, Background Paper)

*Miller, Michael W.*, When the „Junker" Calls, This Man Is Ready for Revenge, in: The Wall Street Journal v. 24.06.1991

*Möllering, Jürgen*, Dokumentation der „Besonderheiten" des Wettbewerbsrechts in Europa – Portugal, WRP 1991, S. 634

*Möllering, Jürgen*, Das Recht des unlauteren Wettbewerbs in Europa: Eine neue Dimension, WRP 1990, S. 1

*Möllers, Thomas*, Der Bundesgerichtshof hat über die Telefonwerbung von Banken entschieden. Sind damit die Grenzen zulässiger telefonischer Werbung eindeutig geklärt?, FAZ v. 23.09.2000, S. 22 (zit.: Möllers, FAZ v. 23.09.2000)

*Möschel, Wernhard*, Kehrtwende in der Rechtsprechung des EuGH zur Warenverkehrsfreiheit, NJW 1994, S. 429

*Müller, Peter*, Canale grande – ISDN: wie es arbeitet – was es bringt – was es kostet, NJW-CoR 1995, S. 25

*Münch v., Ingo/Kunig, Philip*, Grundgesetz-Kommentar, Band 1, München 1992 (zit.: v. Münch/Bearbeiter)

*Münchner Kommentar*, Zivilprozessordnung, Kommentar, herausgegeben von *Gerhard Lüke* und *Alfred Walchshöfer*, Band 1, 2. Auflage, München 2000, (zit.: Bearbeiter in MüKom/ZPO)

*Münchner Kommentar*, Bürgerliches Gesetzbuch, Kommentar, herausgegeben von *Kurt Rebmann* und *Franz Jürgen Säcker*, Band 1, 3. Auflage, München 1993 (zit.: MüKom-Bearbeiter)

*Münker, Reiner*, Harmonisierung des Rechtsschutzes gegen unlauteren Wettbewerb in der Europäischen Union, WRP 1996, S. 990

*Nadel, Mark S.*, Rings of Privacy: Unsolicited Telephone Calls and The Right of Privacy, 4 Yale Journal on Regulation 99 (1986) (zit.: Nadel, 4 Yale J. on Reg.)

*Nedelman, Alec Gregg,* Comments, Smile and Dial: Regulating Telephone Sales, 32 Federal Communications Law Journal 371 (1980) (zit.: Nedelman, 32 Fed. Comm. L.J.)

*Nickel, Volker,* Thema Werbung, Edition ZAW, Bonn 1989 (zit.: Nickel, Thema Werbung)

*Nipperdey, H.C.*, Rechtswidrigkeit, Sozialadäquanz, Fahrlässigkeit, Schuld im Zivilrecht, NJW 1957, S. 1777

*Nordemann, Wilhelm,* Wettbewerbsrecht, 7. Auflage, Baden-Baden 1994 (zit.: Nordemann, Wettbewerbsrecht)

*Nordemann, Wilhlem,* Telefonwerbung – bald ganz verboten?, AfP 1991, S. 484

*Nordemann, Wilhelm,* Der verständige Durchschnittsgewerbetreibende, GRUR 1975, S. 625

*Nordemann, Wilhelm,* Telefon- und Telexwerbung, WRP 1969, S. 16

*o.V.,* Unerwünschte E-Mails kosten Milliarden, FAZ vom 03.02.2001 (zit.: FAZ v. 03.02.2001)

*o.V.,* Direktmarketing boomt weiter, Handelsblatt vom 10.11.1999 (zit.: Handelsblatt v. 10.11.1999)

*o.V.,* Wichtige Werbemedien heute und in drei Jahren, Frankfurter Allgemeine Zeitung (FAZ) vom 10.08.1998, S. 20 (zit.: FAZ v. 10.08.1998)

*o.V.,* Telefonieren mit Werbepausen in mehreren Städten möglich, Rhein-Ruhr-Nachrichten Nr. 281 vom 28.11.1997, S. MT6A (zit.: Rhein-Ruhr-Nachrichten v. 28.11.1997)

*o.V.,* So viele Freiheiten, Wirtschaftswoche Nr. 46/1997 vom 06.11.1997, S. 120 (zit.: Wirtschaftswoche v. 06.11.1997)

*o.V.,* Legally, signed sealed and delivered, Direct Response Magazine - An Introduction to Direct Marketing, DMA (UK), 1996 (zit.: Direct Response Magazine)

*o.V.,* Aufbruch in das Internet – Marketing im Netz der Netze, Direkt Marketing, April 1996, S. 38 (zit.: Direkt Marketing 4/1996) *o. V.*, Direktmarketing weiter auf Vormarsch, Direkt Marketing, Dezember 1995, S. 32 (zit.: Direkt Marketing 12/1995)

*o. V.*, 1,1 Billionen US $ Umsatz – „It's a great time" – Das Ergebnis einer aktuellen Studie über Direktmarketingaktivitäten in den USA jongliert mit großen Zahlen, Direkt Marketing, Dezember 1995, S. 42 (zit.: Direkt Marketing 12/1995)

*o. V.*, Direktmarketing in Dänemark: Adresslisten – Austausch? Unmöglich! Dafür: Rosige (elektronische) Zeiten, Direkt Marketing, November 1995, S. 42 (zit.: Direkt Marketing 11/1995)

*o. V.*, Klein aber oho, Belgien – ein Testmarkt für europäische Direktmarketing-Aktivitäten, Direkt Marketing, November 1995, S. 40 (zit.: Direkt Marketing 11/1995)

*o. V.*, Direktmarketing in England – Gibt es eine „Insel-Lösung"?, Direkt Marketing, August 1995, S. 10 (zit.: Direkt Marketing 8/1995)

*o. V.*, Das Internet als Direktmarketinginstrument, Direkt Marketing, April 1995, S. 30 (zit.: Direkt Marketing 4/1995)

*o. V.*, Direktmarketing nach der Jahrtausendwende, Direkt Marketing, Dezember 1994, S. 37 (zit.: Direkt Marketing 12/1994)

*o. V.*, Terror am Telefon, FOCUS Nr. 48 vom 29.11.1993, S. 207 (zit.: FOCUS v. 29.11.1993)

*o. V.*, Telefonmarketing bringt den Dialog auf Touren, W & V vom 05.11.1993, S. 112 (zit.: W & V v. 05.11.1993)

*o. V.*, Werbung per Post ist der drittgrößte Werbeträger – Direktmarketing: 20 Milliarden DM Umsatz 1992, Direkt Marketing, Juli 1993, S. 30 (zit.: Direkt Marketing, 7/1993)

*o. V.*, Der messbare Erfolg macht Direktmarketing so spannend – auch wenn Kreative es belächeln, in: Handelsblatt Sonderbeilage Karriere vom 26./27.03.1993, S. K1-K2 (zit.: Handelsblatt v. 26./27.03.1993)

*o. V.*, Das Direktmarketing hat in Deutschland zweistellige Zuwachsraten, Frankfurter Allgemeine Zeitung (FAZ) vom 16.02.1993, S. 14 (zit.: FAZ v. 16.02.1993)

*o. V.*, Direktwerbung findet immer mehr Anhänger, Frankfurter Allgemeine Zeitung (FAZ) vom 14.11.1991 (zit.: FAZ v. 14.11.1991) *o.V.*, Tele-Stop-Liste, absatzwirtschaft, April 1991, S. 6 (zit.: absatzwirtschaft 04/1991)

*o.V.*, Werbung – Faxen dicke, Der Spiegel vom 30.10.1989, S. 111 (zit.: Der Spiegel v. 30.10.1989)

*Paefgen, Thomas Christian,* Anmerkung zum Urteil des BGH vom 8. Dezember 1994 – Telefonwerbung V, CR 1995, S. 462

*Paefgen, Thomas Christian,* Anmerkung zum Urteil des BGH vom 16. Dezember 1993 – Lexikothek, BGH EWiR § 1 UWG 8/94, S. 389

*Paefgen, Thomas Christian,* Ist die Telefonwerbung noch zu retten? Agonie eines Direktmarketinginstruments, WRP 1994, S. 73

*Paefgen, Thomas Christian,* Neues zur Telefonwerbung in den USA, GRUR Int. 1993, S. 208

*Paefgen, Thomas Christian,* Über die Schwierigkeiten unseres Rechts mit dem Direktmarketing, MDR 1992, S. 112

*Paefgen, Thomas Christian,* Grenzüberschreitendes Telemarketing im europäischen Binnenmarkt, CR 1992, S. 385

*Paefgen, Thomas Christian,* Anmerkung zum Urteil des OLG Hamm vom 02. Juni 1992 – Telefonwerbung bei Anwaltskanzlei, OLG Hamm EWiR § 1 UWG 16/92, S. 919

*Paefgen, Thomas Christian,* Globales und Euro-Marketing: Eine juristische Querschnittsanalyse grenzüberschreitender Werbung, MA 1989, S. 87

*Paefgen, Thomas Christian,* Anmerkung zum Urteil des BGH vom 08 Juni 1989 – Telefonwerbung II, ZIP 1989, S. 1285

*Palandt, Otto,* Bürgerliches Gesetzbuch, Kommentar, 61. Auflage, München 2002 (zit.: Palandt-Bearbeiter)

*Paschke, Marian,* Neuordnung der privatrechtlichen Grundlagen des Telefonmarketing, Münster/Hamburg/London 2003

*Paschke, Marian,* Zur Liberalisierung des Rechts des Telefonmarketing, WRP 2002, S. 1219

*Paulus, Joachim,* Wirtschaftswerbung und Meinungsfreiheit – Inhalt und Schranken von Art. 5 Abs. 1 S. 1 Grundgesetz (GG), WRP 1990, S. 22

*Petschke, Matthias,* Die Warenverkehrsfreiheit in der neuesten Rechtsprechung des EuGH, EuZW 1994, S. 107

*Pordesch, Ulrich,* ISDN-Anlagen, CR 1993, S. 313

*Quiring, Andreas,* Gedanken zur Mitarbeiteranwerbung per Telefon – Zugleich Anmerkungen zu OLG Stuttgart, WRP 2000, 318 ff. und Trube, WRP 2001, S. 97 ff., WRP 2001, S. 470

*Raczinski, Bernd/Bernhardt, Achim,* Rechtsfragen der Telefonakquise, VersR 1992, S. 405

*Radner, Jennifer L.,* Comment, Phone, Fax, and Frustration: Electronic Commercial Speech and Nuisance Law, 42 Emory Law Journal 359 (1993) (zit.: Radner, 42 Emory L.J.)

*Raeschke-Kessler, Hilmar/Schroeder, Dirk,* 25 Jahre Rechtsprechung zur Telefonwerbung – und kein Ende?, in: *Erdmann, Willi/Gloy, Wolfgang/ Herber, Rolf* (Hrsg.), Festschrift für Henning Piper, München 1996, S. 399 (zit.: Raeschke-Kessler/Schroeder, Festschrift für Piper)

*Raeschke-Kessler, Hilmar,* Anmerkung zum Urteil des BGH vom 24. Januar 1991 – Telefonwerbung IV, BGH EWiR § 1 UWG 11/91, S. 615

*Raffee, Hans/Fritz, Wolfgang,* Marketing und Wettbewerbsordnung, WuW 1986, S. 269

*Reader, Thomas W.,* Is Self-Regulation the Best Option for the Advertising Industry in the European Union? An Argument for the Harmonization of Advertising Laws through the Continued Use of Directives, 16 University of Pennsylvania Journal of International Business Law 181 (1995) (zit.: Reader, 16 U. Pa. J. Int'l Bus. L.)

*Reese, Ulrich,* Grenzüberschreitende Werbung in der Europäischen Gemeinschaft – unter besonderer Berücksichtigung der Auswirkungen des Gemeinschaftsrechts auf das deutsche Recht des unlauteren Wettbewerbs, München 1994

*Reich, Norbert,* Die neue Richtlinie 97/7/EG über den Verbraucherschutz bei Vertragsabschlüssen im Fernabsatz, EuZW 1997, S. 581

*Reich, Norbert,* Anmerkung zum EuGH-Urteil vom 10. Mai 1995 – Alpine Investments B.V., EuZW 1995, S. 407

*Reich, Norbert,* Anmerkung zum EuGH-Urteil Keck/Mithouard, ZIP 1993, S. 1815

*Reich, Norbert,* Die Freiheit des Dienstleistungsverkehrs als Grundfreiheit, ZHR 153 (1989), S. 571

*Reichelsdorfer, Jörg,* § 1 UWG – ein Verbotsgesctz im Sinne von § 134 BGB?, WRP 1998, S. 142

*Reichelsdorfer, Jörg,* „eMails" zu Werbezwecken – ein Wettbewerbsverstoß?, GRUR 1997, S. 191

*Reinel, Stefan,* Dokumentation der „Besonderheiten" des Wettbewerbsrechts in Europa – Dänemark, WRP 1990, S. 92

*Reinhardt, Michael,* Die Umkehr der Beweislast aus verfassungsrechtlicher Sicht, NJW 1994, 93

*Ress, Georg,* Abschied von Cassis de Dijon und Dassonville?, EuZW 1993, S. 745

*Reufels, Martin J.,* Neue Fragen der wettbewerbsrechtlichen Beurteilung von „Headhunting", GRUR 2001, S. 214

*Roberts, Mary Lou/Berger, Paul D.,* Direct Marketing Management, USA-New Jersey 1989 (zit.: Roberts/Berger)

*Röhrenbach, Peter/Meister, Andreas,* Wettbewerbsrecht in Spanien, WRP 1990, S. 307

*Rohleder, Peter J./Gratzer, Walter,* EURO-Marketing – Strategien für den EG-Binnenmarkt, MA 1990, S. 473

*Rosenberg, Leo/Schwab, Karl Heinz/Gottwald, Peter,* Zivilprozessrecht, 15. Auflage, München 1993 (zit.: Rosenberg/Schwab/Gottwald)

*Ruth, Annette,* Anmerkung zum Urteil des BGH vom 08. Juni 1989 - Telefonwerbung II, BGH EWiR § 1 UWG 9/89, S. 1031

*Sack, Rolf,* Staatliche Werbebeschränkungen und die Art. 30 und 59 EG-Vertrag, WRP 1998, S. 103

*Sack, Rolf,* Staatliche Regelungen sogenannter „Verkaufsmodalitäten" und Art. 30 EG-Vertrag, EWS 1994, S. 37

*Sack, Rolf,* Art. 30, 36 EG-Vertrag und das internationale Wettbewerbsrecht, WRP 1994, S. 281

*Sack, Rolf,* Die kollisions- und wettbewerbsrechtliche Beurteilung grenzüberschreitender Werbe- und Absatztätigkeit nach deutschem Recht, GRUR Int. 1988, S. 320

*Sack, Rolf,* Das Rücktrittsrecht gem. § 13a UWG, Beilage 2/1987 zu BB Heft 5/1987, (zit.: Sack, Beil. BB 2/1987)

*Sack, Rolf,* Das Anstandsgefühl aller billig und gerecht Denkenden und die Moral als Bestimmungsfaktoren der guten Sitten, NJW 1985, S. 761

*Sack, Rolf,* Die lückenfüllende Funktion der Sittenwidrigkeitsklauseln, WRP 1985, S. 1

*Sack, Rolf,* Der wettbewerbsrechtliche Schutz gegen den Gebrauch des Namens verstorbener Persönlichkeiten zu Wettbewerbszwecken, WRP 1982, S. 615

*Sack, Rolf,* Deliktsrechtlicher Verbraucherschutz gegen unlauteren Wettbewerb, NJW 1975, S. 1303

*Sack, Rolf,* § 1 UWG und Wirtschaftspolitik, WRP 1974, S. 247

*Salger, Hanns-Christian,* Anmerkung zum Urteil des BGH vom 24. Januar 1991 – Telefonwerbung IV, WuB V B. § 1 UWG 6.91, S. 1176

*Schade, Jürgen,* Geschäfte an der Haustür durch unbestellte Vertreter, Köln, Berlin, Bonn, München 1978 (zit.: Schade)

*Schäfer-Newiger, Ulrich,* Die strikte Trennung von Direktmarketing und Marktforschung, WRP 2001, S. 782

*Schaller, Gerd,* Organisation der Erfolgskontrolle im Direct Marketing, in: *Dallmer, Heinz* (Hrsg.), Handbuch Direct Marketing, 6. Auflage, Wiesbaden 1991, S. 591 (zit.: Schaller/Dallmer, Handbuch)

*Scharf, Heike,* Auswirkungen der Briefkastenwerbung in der Praxis, WRP 1996, S. 393

*Scherer, Inge,* „Cold Calling" in der europäischen Rechtsvergleichung, WRP 2001, S. 1255

*Scheuch, Fritz,* Marketing, 3. Auflage, München 1989

*Schloßer, Philipp,* Telefonische Direktansprache – unlautere Personalabwerbung i.S.v. § 1 UWG?, WRP 2002, S. 1349

*Schmidt, Hans-Benno,* Telefonische Abwerbung – neue Sitten braucht das Land? – Zu den Urteilen OLG Karlsruhe, WRP 2001, 1092 ff. und LG Mannheim, WRP 2001, 974 ff, WRP 2001, S. 1138

*Schmidt-Jortzig, Edzard,* Recht der Werbung und Werberecht, Edition ZAW, Bonn 1997 (zit.: Schmidt-Jortzig)

*Schmittmann, Jens M.,* Telefaxübermittlungen im Zivilrecht unter besonderer Berücksichtigung des Wettbewerbsrechts, Münster 1999 (zit.: Schmittmann, Telefaxübermittlungen)

*Schmittmann, Jens M.,* Anmerkung zum Beschluss des LG Traunstein zu „Wettbewerbswidriger E-Mail-Werbung", MMR 1998, S. 53

*Schneider, Tilmann,* Der Begriff des Verbrauchers im Recht, BB 1974, S. 764

*Schober-Naegele, Marisa,* Werbung am Telefon gilt als Eindringen in Privatsphäre, Welt am Sonntag vom 28.03.1993

*Schoss, Joachim,* Strategisches Telemarketing, in: *Greff, Günter/Töpfer, Armin* (Hrsg.), Direktmarketing mit neuen Medien, 3. Auflage, Landsberg/Lech 1993, S. 189 (zit.: Schoss in Greff/Töpfer)

*Schotthöfer, Peter,* Handbuch des Werberechts in den EG-Staaten, Österreich, Schweiz und USA, 2. Auflage, Köln 1997 (zit.: Schotthöfer/Bearbeiter, Land)

*Schotthöfer, Peter,* Neuere Entwicklungen im Werberecht in der EG und den europäischen Ländern, EuZW 1992, S. 760

*Schrey, Joachim/Westerwelle, Kai,* „Junk-Emails" im Internet – Wenn der elektronische Briefkasten ungewollt verstopft wird, BB 1997, Beilage 18/Supplement Kommunikation & Recht, S. 17

*Schrick, Alexandra,* Direktmarketing mittels E-Mail und seine Entwicklung, MMR 2000, S. 399

*Schricker, Gerhard,* Zur wettbewerbsrechtlichen Beurteilung der Telefonwerbung im geschäftlichen Bereich, GRUR Int. 1998, S. 541

*Schricker, Gerhard (Hrsg.),* Recht der Werbung in Europa, Loseblatt-Ausgabe, Baden-Baden 1995 (zit.: Schricker/Bearbeiter, Land)

*Schricker, Gerhard,* Deregulierung im Recht des unlauteren Wettbewerbs?, GRUR Int. 1994, S. 586

*Schricker, Gerhard,* Die europäische Angleichung des Rechts des unlauteren Wettbewerbs - ein aussichtsloses Unterfangen?, GRUR Int. 1990, S. 771

*Schricker, Gerhard,* Die Durchsetzbarkeit deutscher Werberegelungen bei grenzüberschreitender Rundfunkwerbung, GRUR Int. 1982, S. 720

*Schricker, Gerhard,* Schadensersatzansprüche der Abnehmer wegen täuschender Werbung? GRUR 1975, S. 111

*Schricker, Gerhard,* Möglichkeiten zur Verbesserung des Schutzes der Verbraucher und des funktionsfähigen Wettbewerbs im Recht des unlauteren Wettbewerbs, ZHR 139 (1975), S. 208

*Schricker, Gerhard,* Wettbewerbsrecht und Verbraucherschutz, RabelsZ 36 (1972), S. 315

*Schricker, Gerhard,* Unlauterer Wettbewerb und Verbraucherschutz, GRUR Int. 1970, S. 32

*Schroeder, Dirk/Federle, Anne,* Das Keck-Urteil: Tatsächlich eine Abkehr von „Yves Rocher"?, ZIP 1994, S. 1428

*Schütz, Jörg,* Nachahmungsgefahr und Unlauterkeit – Zugleich eine Anmerkung zur Entscheidung BGH WRP 92, 646 („verdeckte Laienwerbung") -, WRP 1993, S. 168

*Schultz, Hans-Jürgen,* Unlauterer Wettbewerb in Italien, WRP 1991, S. 556

*Schweitzer, Michael/Hummer, Waldemar,* Europarecht, 5. Auflage, Neuwied 1996 (zit.: Schweitzer/ Hummer)

*Shaw, Terri,* Dialing for Your Dollars; Calls from Strangers could be Fraud – or Just a Terrible Nuisance, The Washington Post vom 12.13.1991, T09

*Siegert, Michael,* Zivilrechtliche Aspekte des Direct Marketing, in: *Dallmer, Heinz* (Hrsg.), Handbuch Direct Marketing, 7. Auflage, Wiesbaden 1997, S. 81 (zit.: Siegert/ Dallmer, Handbuch 1997)

*Siegert, Michael,* Telefonmarketing im Spiegel des Rechts, 2. Auflage, Ettlingen 1996 (zit.: Siegert)

*Simon, Jürgen,* Direktmarketing: Optimierungsimpulse durch Rechtsschranken, CR 1986, S. 3

*Simon, Jürgen,* Telemarketing und Verbraucherschutz, CR 1991, S. 457

*Smith, Jack,* If Telemarketing Types Have Your Number, Hang Up, Los Angeles Times 10.02.1992, p. 1

*Smythe, Hebe R.,* Fighting Telemarketing Scams, 17 Hastings Communications and Entertainment Law Journal 347 (1994) (zit: Smythe, 17 Hastings Comm. & Ent. L.J.)

*Spindler, Gerald/Schmittmann, Jens M.,* Unerwünschte E-Mail-Werbung – Zivil- und wettbewerbsrechtliche Zulässigkeit in Europa, MMR-Beilage 8/2001, S. 10

*Steckler, Brunhilde,* Die wettbewerbsrechtlichen Unlauterkeitskriterien bei Verwendung teletechnischer Kommunikationsmedien im Direktmarketing, GRUR 1993, S. 865

*Steindorff, Ernst,* Unvollkommener Binnenmarkt, ZHR 158 (1994), S. 149

*Steindorff, Ernst,* Unlauterer Wettbewerb im System des EG-Rechts, WRP 1993, S. 139

*Steppeler, Wolfgang,* Anmerkung zum Urteil des BGH vom 08. Juni 1989 – Telefonwerbung II, WuB V B. § 1 UWG 5.89, S. 1471

*Streinz, Rudolf,* Gibt es eine europäische Verkehrsauffassung?, ZLR 1991, S. 242

*Teplitzky, Otto,* Wettbewerbsrechtliche Ansprüche: Unterlassung – Beseitigung – Schadensersatz, 7. Auflage, Köln 1997 (zit.: Teplitzky)

*Töpfer, Armin/Greff, Günter,* Marketing – direkt zum Zielkunden: Eine fortschrittliche Rückbesinnung auf individuelle Kundenkontakte, in: *Greff Günter/Töpfer Armin* (Hrsg.), Direktmarketing mit neuen Medien, 3. Auflage, Landsberg/Lech 1993, S. 3 (zit.: Töpfer/Greff in Greff/ Töpfer)

*Tholen, Jon,* Direktmarketing und Telemarketing in den USA, in: *Greff, Günter/Töpfer, Armin* (Hrsg.), Direktmarketing mit neuen Medien, 3. Auflage, Landsberg/Lech 1993, S. 527 (zit.: Tholen in Greff/Töpfer)

*Thomas, Heinz/Putzo, Hans,* Zivilprozessordnung, Kurzkommentar, 24. Auflage, München 2002 (zit.: Thomas/Putzo)

*Thompson, Roger H.,* Unwanted Telephone Calls – A Legal Remedy? 1967 Utah Law Review 379 (1967) (zit.: Thompson, 1967 Utah L. Rev.)

*Trube, Claus Moritz,* Zur telefonischen Abwerbung von Beschäftigten, WRP 2001, S. 97.

*Ulmer, Eugen,* Das Recht des unlauteren Wettbewerbs in den Mitgliedstaaten der Europäischen Wirtschaftsgemeinschaft, Gutachten erstattet im Auftrag der Kommission, Bd. IV, Frankreich, bearbeitet von Rudolf Kraßer; Bd. VI, Vereinigtes Königreich von Großbritannien und Nordirland, bearbeitet von v. Westerholt; Bd. VII, Griechenland, bearbeitet von Elisa Alexandridou (zit. Ulmer/Bearbeiter)

*Ulmer, Peter/Brandner, Hans Erich/Hensen, Horst-Dieter,* AGB-Kommentar, 7. Auflage, Köln 1993 (zit.: Bearbeiter in Ulmer/Brandner/Hensen)

*Ulrich, Gustav-Adolf,* Die Telefonwerbung, des Haustürwiderrufsgesetz und die Ineffizienz der Rechtsprechung, WRP 1996, S. 1011

*Ulrich, Gustav-Adolf,* Der wettbewerbsrechtliche Schutz der Privatsphäre, in: *Baur/Jacobs/Lieb/ Müller-Graff* (Hrsg.), Festschrift für Vieregge zum 70. Geburtstag am 6. November 1995, Berlin 1995, S. 901 (zit.: Ulrich, Festschrift für Vieregge)

*Ulrich, Gustav-Adolf,* Anmerkung zum Urteil des BGH vom 08. Dezember 1994 – Telefonwerbung V, LM H. 6/1995 Nr. 677 zu § 1 UWG, Bl. 1078 (Rs.)

*Ulrich, Gustav-Adolf,* Anmerkung zum Urteil des BGH vom 08. November 1989 – Telefonwerbung III, BGH EWiR § 1 UWG 2/90, S. 187

*Ulrich, Gustav-Adolf,* Beweisführung und Beweislast im Wettbewerbsprozess, WRP 1986, 584.

*Unger, Martin/Sell, Michael,* Unzulässigkeit der Telefaxwerbung, DB 1993, S. 623

*Völp, Fromut,* Ist der Verkauf an der Wohnungstür generell wettbewerbswidrig?, WRP 1973, S. 63

*Weise, Stefan,* Briefkastenwerbung als Persönlichkeitsverletzung? – Zugleich eine Besprechung des Urteils des BGH vom 20.12.1988 – Briefkastenwerbung – , GRUR 1989, S. 653

*Weiße, Dirk,* Sprachdialogsysteme, Direkt Marketing, Juli 1994, S. 16

*Westphalen, Friedrich Graf v.,* BB-Kommentar zu BGH, Urteil vom 16.03. 1999, BB 1999, S. 1131

*Wilcox, Gregory J.,* Man Fights Telemarketing Calls in Court - Bank of America Ordered to Pay for not Heeding Request, Los Angeles Daily News vom 22. Juni 1995, B1 (zit: Wilcox, L.A. Daily News v. 22.06.1995).

*Wiltschek, Lothar,* Wettbewerbs- und Markenrecht in Österreich, Teil I, WRP 1993, S. 602 und Teil II, WRP 1993, S. 657

*Wohlgemuth, Frank K.,* Das Recht des unlauteren Wettbewerbs in Belgien, WRP 1992, S. 457

*Wolber, Tanja/Eckhardt, Jens,* Zulässigkeit unaufgeforderter E-Mail-Werbung?, DB 2002, S. 2581

*Wronka, Georg,* Marktsegmentierung und Direktmarketing, WRP 1988, S. 586

*Zentralausschuss der Werbewirtschaft (ZAW),* Positionspapier zur europäischen Werberechtsordnung, Bonn (zit.: ZAW, Positionspapier)

*Zentralausschuss der Werbewirtschaft (ZAW),* Werbung in Deutschland, edition ZAW, Bonn (zit.: ZAW, Werbung in Deutschland – Jahr –)

*Zentralausschuss der Werbewirtschaft (ZAW),* Jahrbuch Deutscher Werberat, edition ZAW, Bonn (zit.: Jahrbuch Deutscher Werberat – Jahr –)

*Zentralausschuss der Werbewirtschaft (ZAW),* ZAW-service (zit: ZAW-service, Nr.)

*Ziem, Claudia,* Spamming – Zulässigkeit nach § 1 UWG, Fernabsatzrichtlinie und E-Commerce-Richtlinienentwurf, MMR 2000, S. 129

*Zöller, Alexander,* Telefonwerbung ist nicht grundsätzlich unzulässig, GRUR 1992, S. 297

*Zuck, Rüdiger,* Blick in die Zeit: My house is my castle, MDR 1991, S. 937

# Sachregister

**Studien zum Europäischen und Internationalen Wirtschaftsrecht**
**Studies in European and International Economic Law**

Herausgeber/Editors: Peter Hay, Meinhard Hilf, Herbert Kronke und Wolfgang Oehler

Band/Volume 1 Ralf Scheibach: Importrelevante Investitionsauflagen und das GATT. Eine Untersuchung über Investitionsmaßnahmen mit handelspolitischen Auswirkungen und ihre Vereinbarkeit mit dem GATT. 1992.

Band/Volume 2 Ilona Muráti: Gläubigerschützende Maßnahmen zur Sicherung der Kapitalaufbringung und der Kapitalerhaltung im spanischen Aktienrecht. Ein Vergleich mit der Rechtslage nach dem deutschen AktG unter Einbeziehung der EG-Richtlinien zur Koordinierung der Schutzbestimmungen auf dem Gebiet des Gesellschaftsrechts. 1993.

Band/Volume 3 Johannes Zügel: Mitwirkung der Arbeitnehmer nach der EU-Richtlinie über die Einsetzung eines Europäischen Betriebsrats. Eine Untersuchung der Richtlinie 94/45 und der vorangegangenen Richtlinienvorschläge unter Berücksichtigung der Praxis multinationaler Unternehmen. 1995.

Band/Volume 4 Torsten Straub: Zur Rechtswahl im internationalen Wechselrecht. Vergleichende Darstellung der Kollisionsnormen Deutschlands, Englands und der UNCITRAL unter dem Aspekt der Parteiautonomie. 1995.

Band/Volume 5 Andreas Kadletz: Haftung und Versicherung im internationalen Lufttransportrecht. 1998.

Band/Volume 6 Wolfram Bechtel: Umzug von Kapitalgesellschaften unter der Sitztheorie. Zur europarechtskonformen Fortentwicklung des internationalen Gesellschaftsrechts. 1999.

Band/Volume 7 Angela von Falkenhayn: Das Verhältnis von Factor und Debitor beim Factoring. Abtretungsverbot und andere Einwendungen im deutschen und amerikanischen Recht und nach der UNIDROIT-Konvention. 1999.

Band/Volume 8 Bettina Grünwald: Das Verbot der irreführenden Werbung nach § 3 UWG – ein Handelshemmnis? 2000.

Band/Volume 9 Hans-Eric Rasmussen-Bonne: Alternative Rechts- und Forumswahlklauseln. Eine vergleichende Darstellung. 1999.

Band/Volume 10 Werner Meier: Grenzüberschreitender Durchgriff in der Unternehmensgruppe nach US-amerikanischem Recht. Jurisdiktions- und Prozeßrecht, Kollisionsrecht, materielles Recht. 2000.

Band/Volume 11 Heiner Braun: Joint Ventures im amerikanischen und deutschen Internationalen Privatrecht. Inhalt und Grenzen des Vertragsstatuts. 2000.

Band/Volume 12 Hanno Naumann: Der Regelungsbereich des UN-Kaufrechts im Spannungsfeld zwischen Einheitsrecht und Kollisionsrecht. 2000.

Band/Volume 13 Markus A. Papmehl: Die Schiedsfähigkeit gesellschaftsrechtlicher Streitigkeiten. 2001.

Band/Volume 14 Heike Bruhn: Niederlassungsfreundliche Sitzverlegung und Verschmelzung über die Grenze nach italienischem Recht. Eine rechtsvergleichende Untersuchung unter Berücksichtigung der europäischen Niederlassungsfreiheit. 2002.

Band/Volume 15 Necla Agdag-Güney: Umwandlung öffentlicher Unternehmen in der Türkei. Eine rechtsvergleichende Untersuchung zum deutschen und türkischen Recht der Umwandlung von öffentlichen Wirtschaftsunternehmen im Rahmen eines Privatisierungsvorhabens. 2002.

Band/Volume 16 Valerio Sangiovanni: Die Ad-hoc-Publizität im deutschen und italienischen Recht. 2003.

Band/Volume 17 Renate Dendorfer: Aktives Telefonmarketing. Erfassung und Neubewertung der wettbewerbsrechtlichen Beurteilung unerbetener Werbeanrufe. Unter Berücksichtigung europarechtlicher Entwicklungen und US-amerikanischer Regelungen. 2003.